도암집

이 책은 2015 · 2016년도 정부(교육부)의 재원으로 한국고전번역원의 지원을 받아 수행된 '권역별거점연구소협동번역사업'의 결과물임.

This work was supported by Institute for the Translation of Korean Classics - Grant funded by the Korean Government.

한국고전번역원 한국문집번역총서/단국대학교 동양학연구원

도암집 4

陶菴集

이재 지음
李縡

최예심 옮김
장유승
권진옥
이승용

일러두기

1. 이 책의 번역은 한국고전번역원에서 간행한 한국문집총간 194집 소재《도암집(陶菴集)》을 대본으로 하였다. 번역 대본의 원문 텍스트와 원문 이미지는 한국고전종합DB(http://db.itkc.or.kr)에서 확인할 수 있다.
2. 내용이 간단한 역주는 간주(間註)로, 긴 역주는 각주(脚註)로 처리하였다.
3. 대본의 본문과 원주의 구분이 명확하지 않은 경우는 역자가 임의로 조정하였다.
4. 한자는 필요한 경우 이해를 돕기 위하여 넣었으며, 운문(韻文)은 원문을 병기하였다.
5. 맞춤법과 띄어쓰기는 한글 맞춤법과 표준어 규정을 따랐다.
6. 이 책에서 사용한 부호는 다음과 같다.

( ) : 번역문과 음이 같은 한자를 묶는다.

〔 〕: 번역문과 뜻은 같으나 음이 다른 한자를 묶는다.

“ ” : 대화 등의 인용문을 묶는다.

‘ ’ : “ ” 안의 재인용 또는 강조 문구를 묶는다.

「 」: ‘ ’ 안의 재인용을 묶는다.

『 』: 「 」 안의 재인용을 묶는다.

《 》: 책명 및 각주의 전거(典據)를 묶는다.

〈 〉: 책의 편명 및 운문·산문의 제목을 묶는다.

차례

도암집 제10권

서書

도임집 제11권

서書

도암집 제12권

서書

도암집 제13권

서書

도암집 제14권

서書

도암집

제10권

書서

박상보[1] 필주 에게 답하다 경술년(1730, 영조6)

答朴尙甫 弼周○庚戌

재(縡)는 머리를 조아리고 재배하며 아룁니다. 국가의 변고[2]로 모든 사람들이 지극히 애통해하고 있는데, 손수 쓰신 서신을 5월에 받으니 말뜻이 간곡하고 온후하였습니다. 그러나 여름 내내 병을 앓느라 힘을 내어 답장을 쓰지 못하고 때때로 그대가 그리울 때면 편지를 읽으면서 스스로 위로할 뿐이었습니다.

갑자기 날씨가 매우 쌀쌀해졌는데, 도리(道履)[3]의 조섭이 더욱 평안하리라 생각됩니다. 저는 모친을 여의고서 간신히 모진 목숨을 부지하고 있는데 문득 가을이 날로 깊어짐을 보니 끝없이 울부짖을 뿐입니다. 일찍 노쇠하여 병이 많은지라, 전부터 치아는 열 개 중에 예닐곱 개가 빠진데다 근래에는 머리털마저 모두 세었으며 사물을 거의 분별할 수 없을 정도로 눈도 더욱 침침해졌습니다. 우리들 젊은 시절이 엊그제만 같은데 어찌 갑자기 이렇게 되었단 말입니까. 신백증(申伯曾 신로(申魯))처럼 평소에 비교적 강건했던 사람도 이미 저세상 사람이 되었는데, 이 몸이 어찌 지금까지 살아있는지 모르겠습니다. 안부 편지를

1 박상보(朴尙甫) : 박필주(朴弼周, 1665~1748)로, 본관은 반남(潘南), 호는 여호(黎湖)이고 자가 상보이다.

2 국가의 변고 : 1730년(영조6) 3월 궁인(宮人)들이 세자와 옹주를 저주하기 위해 흉물(凶物)을 파묻은 사건이 발각되었는데, 1728년에 죽은 효장세자(孝章世子)의 죽음이 이 때문이었다는 사실이 국문 결과 밝혀졌다.

3 도리(道履) : 도황(道況)과 같은 뜻으로, 높은 학자에게 안부를 물을 때 쓰는 말이다.

받으니 가엾게 여겨주시는 마음에 실로 감사드립니다.

묵묵히 생각해 보건대, 반평생 동안 몇 권의 책을 잘못 읽었는데 지금은 책이 있어도 읽을 수 없는 처지이니, 끝내 이름도 알려지지 않은 채 죽을까 두려울 뿐입니다. '배우지 않으면 곧장 늙고 쇠약해진다.'[4] 하였으니, 제 몸이 이런 것이 당연합니다. 익숙히 마음을 보존하고 성품을 기르신 그대야 어찌 이러하겠습니까. 부디 계절에 따라 몸을 보중하시어 사문(斯文)에 다행스러운 일이 되게 하십시오.

4 배우지……쇠약해진다 : 정자(程子)의 말로, 《근사록》 권2 〈위학(爲學)〉에 보인다.

박상보에게 답하다 을묘년(1735, 영조11)

答朴尙甫 乙卯

세전(歲前)에 보내신 편지가 달을 넘겨서야 왔습니다. 질병이 위독하여 인사를 전폐한 데다 눈마저 더욱 침침해졌습니다. 남을 시켜 답장을 쓰는 것이 거만한 일인지라 시일을 끌다가 오늘까지 이르렀으니, 생각할 때마다 목멘 듯이 마음이 답답하였습니다.

봄이 이미 절반이 지났는데, 도(道)를 음미하며 조용히 조섭하시는 체후가 만복하시리라 생각됩니다. 저는 몸과 마음을 살펴보건대, 올해가 작년만 못함을 깨달을 뿐입니다. 비단 노쇠함과 질병만 그런 것이 아니니, 돌이켜보면 부끄럽고 두려워 참으로 어찌할 바를 모르겠습니다. 이전 편지의 가르침은 저를 비루하게 여기지 않고 해주신 말씀이라 매우 감사드리니, 과루한 제가 실로 듣기 좋아하는 바입니다. 그러나 근래에 문자상에 또한 진실하게 공부한 곳이 없기에 지금까지 아뢰지 못하고 있으니, 옛 사람의 강학은 결코 이처럼 허술하지 않았을 것입니다. 현재 한두 가지 의심스러운 점에 대해서 우선 이렇게 여쭙니다. 절간에서 만나자는 약속은 이룰 수 있을런지요. 참으로 기대됩니다.

별지(別紙)

우리들의 학문이 진전되지 못하는 것은 바로 용감하지 못하기 때문이니, 곤이지지(困而知之)와 면강이행지(勉强而行之)[5]는 진실로 용(勇)

5 곤이지지(困而知之)와 면강이행지(勉强而行之) : 《중용장구》 제20장에 "어떤 사

을 위주로 삼습니다. 요사이 이러한 뜻이 분명함을 느끼는데, 용은 오성(五性)[6] 중에 어디에 소속시켜야 합니까? 《중용》에서는 용을 삼달덕(三達德)에 나누어 배열하였는데,[7] 호연장(浩然章)에서는 또 기(氣)에 소속시킨 듯합니다. 부디 이에 대해 철저히 분석하시어 몽매한 저를 시원하게 일깨워주십시오.

《주자대전(朱子大全)》 40편 〈하숙경(何叔京)에게 답한 편지〉의 "지난날 의심하던 것은……이 일이 아님이 없다."[8]는 부분에서 '이로 말미암는다〔由是〕'의 '이것〔是〕'과 이른바 '이 일〔此事〕'이란 무엇을 가리켜 말한 것입니까?

윤서응(尹瑞膺 윤봉구(尹鳳九))이 질문한 심설동이(心說同異)에 대한 그대의 소견은 어느 쪽입니까? 윤서응의 소지(小紙)를 찾아서 올리니, 또한 세세하게 가르쳐 주십시오.

람은 태어나면서부터 도를 알고, 어떤 사람은 배워서 알고, 어떤 사람은 애를 써서 알지만, 알고 난 뒤에는 똑같다. 어떤 사람은 편안하게 도를 행하고, 어떤 사람은 이롭게 여겨서 행하고, 어떤 사람은 애써 노력하여 행하지만, 이루고 난 뒤에는 똑같다." 하였다.

6 오성(五性) : 인의예지신(仁義禮智信)을 말한다.

7 중용(中庸)에서는……배열하였는데 : 《중용장구》 제20장에 "지·인·용 세 가지는 천하의 공통된 덕이다.〔智仁勇三者, 天下之達德也.〕" 하였다.

8 지난날……없다 : 자세한 내용은 다음과 같다. "지난번에 의심하던 것은 이미 얼음이 풀리듯 풀렸는지요? 만약 분명하게 본다면, 천성과 인심, 미발과 이발 등이 혼연히 일치되어 더 이상 다른 사물이 없을 것입니다. 이로 말미암아 극기(克己)와 거경(居敬)에 힘써 그 업을 마친다면 일상생활 어느 것이든 이 일 아님이 없을 것입니다."

박상보에게 답하다 계해년(1743, 영조19)

答朴尙甫 癸亥

지난달 22일 보내신 편지를 이달 6일 사위 유군(兪君 유언흠(兪彦欽))이 올 때 비로소 전해 받았습니다. 비록 한참 전에 쓰신 편지지만 몹시 고맙고 위안이 됩니다. 상소를 올려 사직을 고하고 이미 포의(布衣)로 돌아왔다고 들었는데, 근래 청명하고 화창한 날씨에 덕리(德履)가 더욱 평안하시리라 생각됩니다.

저는 병이 조금 나았을 때 더욱 조심하라는 경계를 잃어 왼쪽 몸이 마비되는 병이 다시 발작하였습니다. 중풍은 거듭 재발하는 것을 가장 꺼리는데 와사(喎斜 입이 돌아가는 병)가 또 새로 발병한 탓에 침상에 누운 채 남의 도움 없이는 움직이지도 못하고 있습니다. 마침내 노쇠하고 병든 늙은이 꼴이 되었으니 어찌하면 좋겠습니까.

거취에 관한 일을 감사하게도 하문해 주셨는데, 이는 실로 마음을 비우고 유익함을 구하는 겸손한 덕에서 나왔으니, 구구한 제가 어찌 즐거이 고하지 않겠습니까마는, 지금 이미 때가 늦은지라 매우 한탄스럽습니다. 그러나 진정을 다해 하신 말씀이 있으니 제가 어찌 감히 숨기고 말하지 않겠습니까.

천하에는 두 가지 방도가 있으니 관직에 나아가는 것과 물러나는 것뿐입니다. 시대적 상황과 자신의 역량을 헤아려 도를 행할 수 있으면 관직에 나아가고 도를 행할 수 없으면 물러나니, 공자께서 벼슬할 만하면 벼슬하고, 그만둘 만하면 그만두고, 오래 할 만하면 오래하고, 빨리 떠날 만하면 빨리 떠난 것이 또한 이 도에 따른 것입니다. 사대부는 별 것 아닌 진퇴에도 가볍게 처신하지 않으려 하는데, 더구나 그대의 처지는 바로 옛 하남처사(河南處士 정이(程頤))와 같은 분이십니다. 초야에서 몸을 일으켜 임금의 부름에 응하였으니 스스로 믿음이 있지 않았다면 반드시 하지 않았을 것입니다. 알지 못하겠으나 지금의 세도가 과연 현자가 관직에 나아갈 만한 때입니까. 다만 편지의 말씀으로 살펴보면, 은수(恩數)에 감격하고 분의(分義)에 몰려서 나아가신 듯합니다. 은수는 진실로 세상에 드문 은전이고 분의 또한 폐할 수 없는 의리지만, 선비의 출처는 실로 풍속의 성쇠와 관계되니 신중을 기하지 않을 수 없습니다. 그대의 말씀 중에 "가령 어쩔 수 없이 한번 나아가더라도 이는 단지 분의를 펴는 것뿐이다."라는 말씀은 혹 시속(時俗)의 말에 가까운 듯합니다. 제가 을사년(1725, 영조1) 연대(筵對) 때 망령되이 아뢴 말이 있는데, 지금의 일과 대략 서로 부합하는 점이 있습니다. 이에 사람을 시켜 베껴서 올리겠으니, 이를 보시면 저의 견해를 알 수 있을 것입니다.

제가 본디 그대의 출사를 원하지 않은 것은 아닙니다만, 애석한 점은 사려가 부족했다는 것입니다. 비루한 저를 천거하신 일은 진실로 이해할 수 없는 점이 있습니다. 그대 생각에 현재의 시의(時義)를 벼슬에 나아가 도를 행할 수 있는 것으로 생각했다면 천거하고 이끌어 함께 공정하게 다스리는 것이 괜찮습니다. 본인은 이미 머물고자 하지 않으면서 또 다른 사람을 끌어들이니, 이는 나아가서 도를 행하게 하려는 것입니까. 아니면 마음속으로 나아갈 수 없다는 것을 알면서도 우선 추천하여 임금의 보고들을 꺼리로 삼은 것일 뿐입니까. 전자라면 덕으로 사람을 사랑하는[9] 뜻이 아니요, 후자라면 임금에게 진실을 고하는 도가 아닙니다. 알지 못하겠지만, 그대께서는 이 두 가지 중에 어느

쪽이십니까.

돌아오기에 앞서 올리신 여덟 조목의 상소[10]를 지금 한번 읽어보았는데 글자에 오류가 많아 읽을 수가 없고, 연석(筵席)에서의 품주(稟奏)도 전해 듣는 것이 한 군데가 아니기에 단번에 믿을 수가 없습니다. 만일 상소의 부본 및 전후 연석(筵席)의 대화를 기록한 것을 일일이 보내주신다면 또한 계속하여 득실을 논할 수 있을 것입니다. 이는 진실로 격물치지(格物致知)의 일단이요, 절차탁마(切磋琢磨)의 의리에도 보탬이 있을 것입니다. 어떻게 생각하시는지요.

을사년 8월 주강(晝講)에 입시할 때 동지사 이재(李縡)가 아뢰기를, "임금이 나라를 다스림에 반드시 어진 이를 등용하는 데 힘써야 합니다. 우리나라는 오로지 과거만 숭상하고 있는데, 과거에 합격한 사람들이 반드시 모두 어질다고는 할 수 없습니다. 암혈(巖穴)에서 독서한 선비를 조정으로 초치한다면 치도(治道)에 어찌 크게 유익하지 않겠습니까. 한(漢)나라 때 은자가 부름을 받고서 탄식하기를, '수천 명의 후궁을 줄일 수 있겠는가. 만 필의 마구간 말을 줄일 수 있겠는가.'라고 하며 끝내 가지 않았다고 합니다.[11]

9 덕으로 사람을 사랑하는 : 《예기》 〈단궁 상(檀弓上)〉에 "군자는 도덕에 입각해서 사람을 사랑하는 반면, 소인은 그저 고식적으로 사람을 좋아한다.〔君子之愛人也以德, 細人之愛人也以姑息.〕" 하였다.

10 돌아오기에……상소 : 한국문집총간 196집에 수록된 《여호집(黎湖集)》 권5에 〈고귀진팔조소(告歸進八條疏)〉라는 제목으로 실려 있다.

11 한(漢)나라……합니다 : 《후한서(後漢書)》 권53〈주황서강신도열전(周黃徐姜申屠列傳)〉에 "환제(桓帝) 때 안양(安陽) 사람 위환(魏桓)은 자가 중영(仲英)이다. 환제

은자도 이러한데 하물며 도학(道學)으로 자중하는 선비이겠습니까. 천하의 선비들로 하여금 그 조정에 서고 싶게 만드는 것은 모두 임금의 정치가 어떠한가에 달려 있습니다. 선(善)을 즐기고 덕(德)을 좋아하며 정치와 교화가 맑고 밝다면 어진 이들이 장차 계속해서 이를 것입니다. 더구나 성의와 예로써 대우한다면 어찌 이르지 않을 리 있겠습니까.

일찍이 효묘조(孝廟朝) 때 선정신 송시열(宋時烈)과 선정신 송준길(宋浚吉)이 동시에 부름을 받고 왕정(王庭)을 보필하였습니다. 그러나 근래에는 유자들이 나오지 않는 것이 하나의 법도를 이루어 간혹 문밖도 나가지 않고 앉아서 정승의 지위에 이른 경우도 있습니다. 대체적으로 어진 이를 대우하는 도리는 성의가 서로 신실한 것이 중요합니다. 은전이 지나치게 융숭하게 할 필요가 없으며, 작질(爵秩)을 갑자기 높여서도 안 됩니다. 은전이 지나치게 융숭하면 당사자가 감당하기 어렵고, 작질이 갑자기 높아지면 나오기가 더욱 어려워집니다.

예전에 정자(程子)가 포의로 부름을 받고 교서랑(校書郎)에 제수되자 한 번 입견한 뒤에 관리에 임명해 줄 것을 원했으며, 그러다가 숭정전 설서(崇政殿說書)에 충원되자 또 사양하면서 말

가 여러 번 부르자 고향 사람들이 갈 것을 권유하였다. 위환이 말하기를 '녹봉을 구하고 등용되기를 구하는 것은 자신의 뜻을 행하려고 해서이다. 지금 천 명이나 되는 후궁을 줄일 수 있겠으며, 만 필이나 되는 마구간의 말을 줄일 수 있겠으며, 좌우의 권신들과 호강한 자들을 제거할 수 있겠는가.' 하니, 모두 대답하기를 '불가능하다.' 하였다. 위환이 마침내 탄식하기를 '가령 내가 살아서 갔다가 죽어서 돌아온다면 여러분에게 무슨 유익함이 있겠는가.' 하고는 마침내 몸을 숨기고 나아가지 않았다." 하였다.

하기를 '만약 말이 시행될 수 있다면 감히 직무에 나아가지 않겠습니까.'[12]라고 하였으니, 선비의 법문(法門)은 본래 이와 같습니다. 바라건대 전하께서는 부르는 모든 선비들을 작질로 헛되이 얽매지 마시고 은전으로 지나치게 얽지 마십시오. 성의를 쌓기를 힘써서 기필코 초치하여 그들을 경석(經席)에 출입시켜 군덕(君德)을 돕게 한다면 세도에 매우 다행일 것입니다."

하였다. 상이 이르기를,

"진달한 바가 모두 좋으니 유념하지 않을 수 있겠는가. 다만 옛사람의 말에 '남을 책망하는 데에는 밝다.'[13]는 말이 있다. 경 자신은 물러나려고 하면서 오히려 암혈에서 독서하는 선비를 반드시 초빙하라고 청하는 것은 과연 어떠한가."

하니, 이재가 아뢰기를,

"신은 본래 과거를 통해 등용된 평범한 벼슬아치로 본디 재능이

12 정자(程子)가……않겠습니까 : 송(宋)나라 철종(哲宗)이 정이(程頤)를 초치하여 경사에 이르니 비서성 교서랑(祕書省校書郞)에 제수하였다. 사양하면서 말하기를 "조종조에 포의를 초치했던 고사가 있으니, 입견(入見)하지 않고서는 감히 명을 받을 수 없습니다." 하였다. 이에 소대한 후 숭정전 설서로 삼으려고 하니, 또 사양하면서 경연(經筵)에 대한 세 가지 일을 논하였다. 그리고 말하기를 "만일 말이 행해질 수 있다면 감히 직무에 나아가지 않겠습니까마는 쓸 수 없을 것 같다면 사직의 청을 들어주십시오." 하였다. 《晦菴集 卷98 伊川先生年譜》

13 남을……밝다 : 범순인(范純仁)이 자제를 경계하며 말하기를 "사람이 비록 지극히 어리석더라도 남을 책망하는 데에는 밝고, 비록 총명함이 있더라도 자기를 용서하는 데에는 어둡다. 너희가 다만 항상 남을 책망하는 마음으로 자신을 꾸짖고 자신을 용서하는 마음으로 남을 용서한다면 성현의 경지에 이르지 못함을 근심하지 않을 것이다." 하였다. 《小學集註 嘉言》

부족하니 어찌 감히 암혈에 은거하는 현인과 비견되겠습니까. 신이 반드시 물러나 돌아가려고 하는 것은 병들고 허물이 있는 몸이라 벼슬에 종사하는 것을 감당할 수 없어서이니, 그저 일단의 염치와 의리를 지키기를 바랄 뿐입니다."

하였다.

박상보에게 답하다

答朴尙甫

지난달 26일에 보내신 답장을 어제 미호(渼湖 유척기(兪拓基))에게 전해 받고는 종이가 해지도록 읽고 또 읽었습니다. 근래에 새로운 병증이 더해서 날마다 앓고 계신다고 들었습니다. 초야에서 유유자적하던 성품이 조정과는 맞지 않는 데다 왕래하느라 수고로이 애쓰셨으니, 어찌 이렇게 되지 않겠습니까. 부디 더욱 몸조심하여 속히 쾌차하시어 걱정하는 제 마음을 위로해 주시기 바랍니다.

저는 줄곧 병이 낫지 않는 통에 몇 개월 동안 아무 일도 하지 못하고 허구한 날 병상에 누워 있으니, 비록 아침에 도를 듣고 저녁에 죽고 싶은 소망[14]이 있지만 이루지 못할까 두렵습니다. 남의 부축을 받아 절하는 것도 힘을 내기 어려운지라, 기제(忌祭)와 묘사(墓祀)를 번번이 모두 남에게 대신 시키고 있습니다. 설령 신음하며 오래 산다 한들 어찌 세상에 살 뜻이 있겠습니까.

회답해 주신 다소의 말씀이 몽매한 제 소견을 시원하게 열어주었으니, 참으로 붕우 간에 강마하는 유익함이 없어서는 안 됩니다. '제이의(第二義)[15]로 떨어지지 않는다.'라는 말씀은 관대하게 용서하시는 마음

14 아침에……소망 : 도(道)를 터득하고자 하는 갈망을 뜻한다. 《논어》 〈이인(里仁)〉에 "아침에 도를 죽으면 저녁에 죽어도 좋다.〔朝聞道夕死可矣〕"라는 구절이 있다.

15 제이의(第二義) : 한국문집총간 196집에 수록된 《여호집(黎湖集)》 권12 〈답이희경(答李熙卿)〉에 "출처에 대한 그대의 말씀이 매우 훌륭하시니, 참으로 이른바 제이의로 떨어지지 않는다는 것입니다. 이에 대해서 누가 감히 이견이 있겠습니까."라는 말이

에서 하신 말씀임을 참으로 알겠으나, 제가 주제넘게 기대하는 바도 실로 여기에 있습니다. 다만 말하기는 쉽고 실행하기는 어렵기에 전전긍긍할 뿐입니다.

제 자신을 스스로를 살펴보건대, 평소에 힘을 기울이는 것이 맹자(孟子)의 이른바 '먼저 그 큰 것을 세운다'[16]는 뜻에 있습니다. 천하의 의리와 같은 것은 정묘하고 무궁하여 거친 마음과 좁은 소견으로 극진히 할 수 있는 것이 아닌지라, 지극히 은미한 부분에 저울질하고 따진 것이 전혀 없어 언의(言議)에 드러나는 것이 매양 치우치고 막힘이 많았습니다. 만일 그대의 출처에 대한 논의를 통해 이것이 바뀐다면 그 은혜가 클 것입니다.

유생 이의철(李宜哲)이 일전에 편지를 보내어 제 말의 잘못된 점을 바로잡아 주었습니다. 그 말이 대체로 그대의 견해와 같았는데, 제 본의를 제대로 다 알지 못한 듯하기에 답장을 보내어 다음과 같이 말하였습니다.[17]

"출처의 의리는 여러 가지이니 끝내 하나의 잣대로 단정할 수가 없

있다. 제이의는 불교 용어로서, 궁극적인 진리를 제일의(第一義), 방편적인 진리를 제이의라고 한다.

16 먼저……세운다 : 마음을 굳게 세우는 것을 말한다. 《맹자》 〈고자 상(告子上)〉에 "귀와 눈의 기능은 생각하지 못하여 물건에 가리어지니, 물건이 물건과 사귀면 거기에 끌려갈 뿐인 반면, 마음의 기능은 생각할 수 있으니, 생각하면 얻고 생각하지 못하면 얻지 못한다. 이것은 하늘이 우리 인간에게 부여해 주신 것이니, 먼저 그 큰 것을 확립한다면 그 작은 것이 이를 빼앗지 못할 것이다. 이것이 바로 대인이 되는 이유이다." 하였다.

17 그……말하였습니다 : 본서 제19권 〈이원명에게 답하다〔答李原明〕〉에 보인다.

네. 그러나 공자의 제가지사(際可之仕)와 공양지사(公養之仕)[18]가 단지 어찌 일찍이 '벼슬할 만하면 벼슬하고, 그만둘 만하면 그만두고, 오래 할 만하면 오래하고, 빨리 떠날 만하면 빨리 떠나는〔仕止久速〕' 네 경우에서 벗어나 하나의 '가(可)'자로 모두 결정한 것이겠으며, 맹자가 나열한 '영지치경(迎之致敬)' 이하 여러 조목[19] 또한 어찌 모두 올바름에서 나온 것이 아니겠는가. 관문을 지키며 목탁을 치거나 가축을 기르고 창고를 관리하는 것은 모두 가난 때문에 하는 벼슬이니,[20] 이 일에서 증거로 삼을 것이 아니네.

18 제가지사(際可之仕)와 공양지사(公養之仕) : 맹자는 공자가 벼슬한 성격에 따라 분류하여 "공자는 도가 행해질 수 있는지를 보고 벼슬한 경우〔見行可之仕〕도 있고, 예우에 따라 벼슬한 경우〔際可之仕〕도 있고, 임금이 봉양에 따라 벼슬한 경우〔公養之仕〕도 있다. 계환자(季桓子)에 대해서는 도가 행해질 수 있는지를 보고 벼슬한 경우였고, 위 영공에 대해서는 예우에 따라 벼슬한 경우였고, 위 효공(衛孝公)에 대해서는 봉양함에 따라 벼슬한 경우였다." 하였다. 《孟子 萬章下》

19 영지치경(迎之致敬)……조목 : 맹자가 벼슬에 나아갈 경우와 벼슬에서 물러날 경우를 각각 3가지씩 예를 들어 설명하면서, "공경을 다하고 예우를 갖추어 맞이하며 말한 대로 시행하겠다고 하면 나아가고, 예우하는 태도가 줄어들지는 않았으나 말이 시행되지 않으면 떠나는 경우이다. 그 다음은, 비록 말한 대로 시행하지는 않으나 공경을 다하고 예우를 갖추어 맞이하면 나아가고, 예우하는 태도가 줄어들면 떠나는 경우이다. 그 아래는, 아침도 먹지 못하고 저녁도 먹지 못하여 굶주려서 문밖을 나설 수도 없을 때 임금이 이 소식을 듣고 '내가 크게는 그 도를 행하지 못하고, 또 그 말을 따르지도 못하고서 나의 땅에서 굶주리게 하는 것을 내가 부끄럽게 여긴다.' 하고 구휼해 주면 그것을 받을 수 있지만, 죽음을 면할 정도에서 그쳐야 한다." 하였다. 《孟子 告子下》

20 관문을……벼슬이니 : 《맹자》 〈만장 하(萬章 下)〉에 "높은 자리를 사양하고 낮은 자리에 처하며, 많은 녹봉을 사양하고 적은 녹봉에 처하려면 어떻게 해야겠는가? 관문을 지키며 목탁을 치는 일이다. 공자는 예전에 위리(委吏)가 되어 '회계를 마땅하게 할 뿐이다.' 하였고, 승전(乘田)이 되어 '소와 양을 잘 키울 뿐이다.' 하였다."라는 내용

내가 박씨 어른의 출사를 그르다고 여기는 것은 아니네. 출사한 시기가 적당하지 않은 듯하고, 또 그 결론이 잠시 분수와 의리를 펴는 것으로 끝났기 때문이네. 참으로 도를 행하고 세상을 구원하는 것을 자신의 임무로 삼는다면 학문이 미치고 힘이 닿는 데까지 우선 목전의 당연한 책무를 다하고 천천히 하늘의 명을 따라야 하네. 그러다가 만에 하나 발을 헛디딜 경우 그대가 말한 것처럼 몸을 빼서 물러난다면 나 또한 어찌 '나아가고 물러나는 데에 느긋하게 여유가 있다.'[21]고 말하지 않겠는가. 내가 박씨 어른의 출처를 불만스럽게 생각하는 이유는 바로 자부함이 그다지 무겁지 않고, 자신을 기약함이 그다지 원대하지 않아 억지로 잠시 나갔다가 이유 없이 갑자기 돌아왔기 때문이네.

어진 이를 천거하는 것이 임금을 섬기는 첫 번째 의리라는 것은 진실로 그대의 말과 같네. 나는 진실로 어진 사람이라는 지목을 감당할 수 없지만, 행여 출사한다면 또한 '하루를 조정에 있어도 하루의 효험이 있다.'라는 그대의 말처럼 되기를 바랄 것이네. 그러나 박씨 어른은 단지 나를 천거할 수는 있어도 반드시 나아가게 할 수는 없을 듯하니, 그렇다면 이는 또한 빈말일 뿐이니 나라에 무슨 도움이 되겠는가.

이 있다.

21 나아가고……있다 : 맹자에 나오는 구절이다. 《맹자》 〈공손추 하(公孫丑下)〉에 "내가 들으니, '관직을 맡은 자는 그 직책을 수행할 수 없을 때 떠나야 하고, 간언(諫言)의 책임이 있는 자는 그 말이 받아들여지지 않을 경우 떠나야 한다.' 하였다. 나는 관직을 맡지도 않았고 간언의 책임도 없으니, 내가 나아가고 물러나는 데에 어찌 느긋하게 여유가 있지 않겠는가." 하였다.

공자가 이르기를, '군신의 의리를 어찌 폐할 수 있겠는가.' 하였으니, 이는 영원한 인도(人道)의 큰 법이네. 나는 여러 해 동안 은명(恩命)을 저버린 나머지 마음속의 충정을 바치지 못하여, 정자(程子)의 이른바 '다소 본분을 다하지 못한 곳'[22]이라고 한 말에 실로 부끄러우니, 잠시 분수와 의리를 펴는 것을 내게 요구하는 것이라면 괜찮네.-작년에 원자 보양관(元子輔養官)에 제수되었을 때 이군이 힘써 출사를 권하며 '잠시 분수와 의리를 펴는 것을 주목적으로 삼으라.'고 말했기 때문입니다.- 그런데 마침내 내게 요구했던 것을 박씨 어른에게 요구하는 것은 또한 잘못이 아니겠는가. 유자(儒者)의 출처는 과거로 등용된 평범한 벼슬아치와는 매우 다르네. 예로부터 군자와 소인이 같은 말을 해도 뜻이 달랐으니, 비단 '분의(分義)' 두 글자만 그런 것이 아니네. 지금 분의를 말하는 것을 전적으로 속된 의론으로 치부하면서 군자가 여기에 지극히 신중할 필요가 없다고 말하는 것이 어찌 이치에 맞겠는가. 나의 견해 또한 어찌 일찍이 이와 같은 것이겠는가."

제 편지의 내용이 대략 이러하니, 이군이 보내온 원 편지와 함께 올립니다. 그대가 답장에서 하신 말씀이 또한 여기에서 벗어나지 않으니 어찌 번거롭게 별도로 말하겠습니까.

을사년(1725, 영조1) 경연에서 성상께 아뢴 말씀을 그대에게 올렸는데,[23] 여기에서 국가가 현자를 부르는 데 도가 있음을 알 수 있습니

22 정자(程子)의……곳 : 《근사록(近思錄)》 권1 〈도체류(道體類)〉에 "천지가 물건을 낳음에 각각 부족한 이치가 없으니, 군신・부자・형제・부부간에 다소 본분을 다하지 못한 곳이 있음을 항상 생각해야 한다.〔天地生物, 各無不足之理, 常思天下君臣父子兄弟夫婦, 有多少不盡分處.〕"라는 정자의 말이 있다.

23 을사년……올렸는데 : 저자가 앞서 보낸 편지에서 "제가 을사년 연대(筵對) 때 망

다. 유자가 출사하지 않는 것이 본래 의리가 아니지만 출사할 때 또한 때를 살피지 않아서는 안 됩니다. 그대 생각에 이 일과 같지 않다고 여기신다면[24] 제 마음이 이미 믿음을 받지 못한 것이니, 더 이상 말하지 않겠습니다. 저는 진실로 우활하고 변통이 적어 분수와 의리에 어긋남이 많음을 스스로 알고 있습니다. 그러나 또한 어찌 일찍이 세상을 잊는 데에 과감한 자이겠습니까. 충후측달(忠厚惻怛)[25] 네 글자는 바로 성인이 남기신 뜻이니, 이렇게 지극한 가르침을 받고서 배나 두려워하고 삼가서 감히 받들어 실행하지 않겠습니까.

너무 심한 일은 하지 않음이 진실로 중니(仲尼)가 중니가 되신 이유입니다.[26] 그러나 혹 가함도 없고 불가함도 없는 성인[27]도 아니면서

령되이 아뢴 말이 있는데, 지금의 일과 대략 서로 부합하는 점이 있습니다. 이에 사람을 시켜 베껴서 올리겠으니, 이를 보시면 저의 견해를 알 수 있을 것입니다."라는 말을 하였다.

24 그대……여기신다면 : 《여호집》 권12 〈답이희경〉에 "을사년 연대(筵對)에서 아뢴 일이 오늘과 대략 비슷하다는 것은 무슨 일인지 모르겠습니다.〔乙巳筵白與今日畧相似者, 未知爲何事耶.〕"라는 말이 있다.

25 충후측달(忠厚惻怛) : 《여호집》 권12 〈답이희경〉에 "그대는 충후측달에 있어 혹 분수에 부족함이 없을 수 있겠습니까.〔得無於忠厚惻怛上或欠分數耶〕"라는 말이 있다.

26 너무……이유입니다 : 《맹자》 〈이루 하(離婁下)〉에 "공자께서는 너무 심한 것은 하지 않으셨다.〔仲尼不爲已甚者〕" 하였다.

27 가함도……성인 : 《논어》 〈미자(微子)〉에 초야에 은둔했던 백이(伯夷), 숙제(叔齊), 우중(虞仲), 이일(夷逸), 주장(朱張), 유하혜(柳下惠), 소련(少連)에 대한 공자의 평가가 나오는데, "백이와 숙제에 대해서는 자신의 뜻을 굽히지 않고 자기 몸을 욕되게 하지 않았고, 유하혜와 소련은 뜻을 굽히고 몸을 욕되게 하였으나 말이 의리에 맞고 행실이 생각과 맞았고, 우중과 이일은 숨어 살면서 말을 함부로 하였으나 몸가짐은 청고(淸高)에 맞았고 스스로를 폐한 것은 권도(權道)에 맞았다. 나는 이들과 달라서

대번에 너무 심한 일[28]을 하지 않으려 할 뿐이라면 출처와 진퇴 사이에서 더러 유속의 해에 빠지지 않을 수 없으니, 이 점에 대해서도 몰라서는 안 됩니다.

제가 인용한 위로 하남처사(河南處士 정이(程頤))와 아래로 후한(後漢)의 은자(隱者)[29]는 단지 그 처지와 거취의 종적을 취했을 뿐이지, 어찌 일일이 그 사람들과 비교하여 반드시 모두 똑같이 하겠습니까. 오늘의 형세를 논하자면 그 근심이 후궁과 마구간의 말보다 큰 것이 있으니, 군자가 때를 살피는 의리에 있어 돌이켜 살피고 조심할 줄을 알아야 합니다. 만약 성인이 나아가서 도를 행하는 것으로 마음을 삼는다면 천하에 하지 못할 때가 없으니, 적당한 때인지 아닌지는 본래 논할 것이 아닙니다. 그러나 성인 이하의 사람이라면 어찌 때를 살피고 움직이지 않을 수 있겠습니까.

"내가 나아간 것은 애당초 적당한 때인지 아닌지와는 아무 상관이 없다."라는 그대의 말씀은 더욱 감히 이해할 수 없습니다. 설사 잠시 나왔다 하더라도 이미 나온 것이요, 적당한 때라면 적당한 때이고 적당

가(可)한 것도 없고 불가(不可)한 것도 없다." 하였다.

28 너무 심한 일 : 임금을 만나지 않기 위해서 피하는 일을 말한다. 《여호집》 권12 〈답이희경〉에 "너무 심한 일은 군자가 하지 않으니, 만나려는 뜻이 절박하면 만날 수 있다는 분명한 가르침이 있습니다. 〔已甚之事, 君子不爲, 迫斯可見, 厥有明訓.〕"라는 말이 있다. 만나려는 뜻이 절박하면 만날 수 있다는 것은 《맹자》 〈등문공 하(滕文公下)〉에 나오는 내용으로, "옛날에는 신하가 되지 않으면 임금을 만나지 않았으니, 단간목(段干木)은 담을 넘어서 피하였고, 설류(泄柳)는 문을 잠그고 들어오지 못하게 하였다. 이는 모두 너무 심하니, 만나려는 뜻이 절박하면 만날 수 있다." 하였다.

29 위로……은자(隱者) : 앞 편지에 나오는 내용이다.

한 때가 아니라면 적당한 때가 아닙니다. 이는 반드시 확정된 명분이 있으니 어찌 중간의 온탄난(溫吞煖)[30]한 지점이 있겠으며, 또 어찌 서로 무관할 리 있겠습니까.

일찍이 하남처사가 선인 태후(宣仁太后)에게 올린 글을 읽어보니, 출사하느냐 출사하지 않느냐 사이에서 심사숙고하였지, 애초에 잠시 출사하려는 뜻을 두었던 것이 아닙니다. 이러한 뒤에야 비로소 자중하는 선비라고 할 것입니다. 서감(西監)에 나아간 일[31]이라면 노년에 유배에서 풀려난 뒤의 일이니, 어찌 시초의 출처와 관련이 있겠습니까. 그대는 일생 공자와 정자의 글을 읽었는데, 지금 출처에 관한 큰일에 있어서 어찌 그저 미치기 어렵다 하여 따르지 않으려 할 수 있겠습니까. 또 그대를 사모하는 무리들도 어찌 공자와 정자의 도를 그대에게 바라지 않을 수 있겠습니까.

오늘날 도를 행하는 일에 대해서는 말할 것도 없고, 비록 잠시 출사할 때조차도 어디로 가야할지 몰라 더듬거리니, '단지 도와주는 사람 없는 소경과 같다.'라는 말씀[32]이 실로 과언이 아닙니다. 이런데도 마침

30 온탄난(溫吞煖) : 《심경부주(心經附註)》 권4 계명이기장(鷄鳴而起章)에 나오는 말이다. 이(利)와 선(善)의 중간에 대해 묻자, 주희(朱熹)가 "냉수가 아니면 펄펄 끓는 물이지, 그 중간인 미지근한〔溫吞煖〕것은 없다." 하였다.

31 서감(西監)에 나아간 일 : 서감은 관명으로 서경 국자감(西京國子監) 교수의 약칭이다. 정이(程頤)가 부주(涪州)로 귀양 갔다가 풀려 돌아오자, 철종(哲宗)이 서감에 임명하였다. 이에 취임하자 문인(門人) 윤돈(尹焞)이 의심하니, 정자가 말하기를, "상께서 막 취임하신 뒤 맨 먼저 받은 큰 은혜이니, 이렇게 하지 않으면 무엇으로 덕의(德義)를 우러러 받들겠는가. 그러나 내가 벼슬할 수 없는 것은 이미 분명하니, 한 달치 봉급을 받은 뒤에는 내가 원하는 대로 할 뿐이다." 하였다. 《宋名臣言行錄 外集 卷4 程頤》《二程遺書 附錄 伊川先生年譜》

내 가벼이 나아갔으니 이찌 사려가 부족한 증거가 아니겠습니까. 성상의 융숭한 은혜와 예우에 운신할 방도가 없었을 것이니 지극히 궁지에 몰린 처지라 할 수 있습니다. 전혀 꿈쩍 하지 않는 것도 이러한 도리는 없을 듯하니, 어쩔 수 없었다면 그저 성 밖에 나아가 엎드려 실정을 모두 아뢰고, 군덕(君德)과 세도(世道)에 있어 마땅히 논해야 할 큰 절목을 겸하여 아뢴 다음 성상의 처분을 듣고서 그 말이 시행될 수 있으면 나아가고 시행될 수 없으면 물러나야 합니다. 그대를 위한 계책이 이보다 나은 것이 없을 듯하지만, 때늦은 쓸데없는 말에 불과한지라 이전 편지에서 언급하지 않았습니다. 끝까지 들려주기를 원한다는 말씀이 있은지라 감히 다 아뢰지 않을 수 없으니, 혹 뒷마무리를 잘할 계책에 보탬이 될런지요.

미천한 신이 엄한 전지를 받고서 오래될수록 더욱 두려웠는데, 저를 생각해주는 그대의 마음으로 이렇게까지 곡진하게 저를 해명해주시니, 어찌 그대의 생각을 알지 못하겠습니까. 그러나 빈료(賓僚)의 자리가 나기를 기다려 저를 보임한 것이 이미 그대가 밀어주고 끌어준 힘이니, 천거했다고 말하더라도 불가할 것이 없습니다. 저의 명위(名位)가 외람되게 높아서 남의 천거를 기다림이 없을 듯하지만[33] 이전에도 남에게 천거받은 적이 이미 많습니다. 그대는 어찌 이렇게 편안치 못한

32 단지……말씀 : 《여호집》 권12 〈답이희경〉에 "누구에게도 문의할 사람이 없으니, 단지 도와주는 사람 없는 소경처럼 어디로 가야할지 몰라 더듬거립니다.〔無誰問議, 直似無相之瞽, 倀倀冥擿.〕"라는 말이 있다.

33 저의……듯하지만 : 《여호집》 권12 〈답이희경〉에 "그대의 명위가 어떠한데, 도리어 남의 천거를 기다리겠습니까.〔台之名位, 爲如何也, 而尙待於人之薦乎?〕"라는 말이 있다.

말을 지나치게 하십니까.

어유봉(魚有鳳)이 경연에서 아뢰었다는 것[34]은 지금 처음 듣는 말입니다. 이곳이 이처럼 외진 곳이라, 그대의 말이 거조(擧條)에 나오지 않았다면 또한 거의 알지 못했을 것입니다. "임금에게 고한 것이 정성스럽지 않다."[35]라는 말씀은 단지 "마음속으로 나아갈 수 없다는 것을 안다"는 구절에 붙여서 보아야 합니다.

제가 이군에게 답장을 보낸 뒤에 우연히 주자(朱子)의 글을 보니, "맹자는 벼슬에 나아가는 세 경우와 벼슬에서 물러나는 세 경우[36]에 대해 말하였는데, 최상은 그 말이 시행되는가 시행되지 않는가로 거취를 삼는 것이니, 이것이 벼슬하는 올바른 도리이다. 그 다음은 예우하는 태도가 줄었는가 줄지 않았는가로 거취를 삼는다. 또 그 다음으로 부득이하여 구휼을 받는 것이라면 어찌 군자의 본심이겠는가. 그러나 맹자는 상하를 통틀어 말한 것이다. 군자가 자처하는 바라면 택하는 바가 있다."는 구절이 있었습니다. 이 한 부분을 이군에게 말하지 않고

34 어유봉(魚有鳳)이……것 : 《여호집》 권12 〈답이희경〉에 "작년에 어 찬선(魚贊善)이 그대에 대하여 아뢰었는데 성상께서 대번에 노한 기색을 보이셨습니다."는 말이 있다.

35 임금에게……않다 : 《여호집》 권12 〈답이희경〉에 "지금 이것을 가지고 임금에게 고한 것이 정성스럽지 않다고 한다면 어찌 원통하지 않겠습니까.〔今以是爲告君不誠, 則豈不寃乎?〕"라는 말이 있다. 저자가 앞서 박필주에게 보낸 편지에 "본인은 이미 머물고자 하지 않으면서 또 다른 사람을 끌어들이니, 이는 나아가서 도를 행하게 하려는 것입니까? 아니면 마음속으로 나아갈 수 없다는 것을 알면서도 우선 추천하여 임금의 보고들을 꺼리로 삼은 것일 뿐입니까. 전자라면 덕으로 사람을 사랑하는 뜻이 아니요, 후자라면 임금에게 진실을 고하는 도가 아닙니다."라고 하였기 때문에 한 말이다.

36 벼슬에……경우 : 《맹자》 〈만장 하(萬章下)〉에 보인다.

그대에게 말하는 이유는 제 뜻이 대개 그대가 택하는 바가 '임금이 지극히 공경하여 예의를 갖추어 맞이하는' 데에 있지 않고, '도가 행해질 수 있는 지를 보고 벼슬하는' 데 있게 하고자 해서입니다.

"오직 성인이라야 인륜을 극진히 할 수 있으니,[37] 본디 보통 사람이 이를 수 있는 것이 아니다. 그러나 마음을 세우는 근본은 마땅히 극진함으로 법을 삼아야지, 극진하지 못함으로 기준을 삼아서는 안 된다."라고 주자가 말하지 않았습니까. 저는 항상 이 말을 음미하면서 매번 동지들에게 말하곤 하였습니다. 그러나 제 처신은 뜻이 높고 말이 커서 옛사람에게 뜻을 두면서도 실천이 말을 따르지 못하였고,[38] 남에게는 말이 터무니없이 커서[39] 받아들여지지 않았으니, 스스로도 우활함이 심함을 비웃고 있습니다.

아우 민사위(閔士衛 민익수(閔翼洙))가 제게 "우리 형은 지나치게 남에게 높은 수준을 요구한다."라고 누차 경계하였습니다. 이 때문에 즉시 장횡거(張横渠)가 말한 "보통 사람의 수준으로 남에게 기대하면 남이 따르기 쉽다."라는 한 구절을 직접 써서 경계를 담았습니다. 그런데 지금 또 그대에게 함부로 말하고 말았으니, 사위가 살아있지 않은 것이

37 오직……있으니 : 《순자(荀子)》〈해폐(解蔽)〉에 "성인이란 인륜을 극진히 한 사람이다.〔聖也者, 盡倫者也.〕" 하였다.

38 뜻이……못하였고 : 《맹자》〈진심 하(盡心上)〉에 "그들은 뜻이 높고 말이 커서 입만 열면 '옛사람이여, 옛사람이여.' 하고 말하지만, 평소 그들의 행실을 살펴보면 실천이 말을 따르지 못하는 자들이다." 하였다.

39 말이 터무니없이 커서 : 《장자》〈소요유(逍遙遊)〉에 "내가 접여에게 말을 들었는데, 그의 이야기는 터무니가 없고 앞으로 나갈 줄만 알았지 돌아올 줄을 몰랐다.〔吾聞言於接輿, 大而無當, 往而不返.〕" 하였다.

더욱 한스럽습니다. 그러나 《춘추(春秋)》의 책비(責備)하는 뜻[40]을 그대에게 구하지 않고 다시 누구에게 구한단 말입니까. 제 말은 비록 지나치지만 제 마음은 그대를 아끼는 것이며 그대를 아끼는 마음은 고식이 아닙니다. 남을 포용하는 그대의 넓은 도량으로 어찌 제 마음을 알고 지나친 말을 용서하지 않겠습니까.

경연에서 아뢴 말씀 세 통은 받들어 읽고서 돌려보냅니다. 그대의 상소는 이곳에 있던 등본(謄本)을 마침 남이 빌려간지라, 돌아오는 대로 다시 비교하여 세세히 살펴보겠습니다. 이 언의(言議)의 득실에 관하여 일부러 인이불발(引而不發)[41]하는 것이 아니라, 형편상 또한 미칠 겨를이 없어서입니다. 단지 이전에 논란했던 일로 제 말을 끝맺으니, 혹 부당한 점이 있거든 통렬히 분석하여 가르쳐주신다면 또한 다행이겠습니다.

지극히 정밀하게 쓰신 깨알 같은 글자를 보니, 아직 쇠하지 않은 학문의 힘을 징험하겠습니다. 망령되이 흉내 내고 싶지만 글자는 비뚤비뚤하고 먹은 흐릿하여 볼 수가 없기에 어쩔 수 없이 남에게 대신 쓰게 하니, 어리석음과 지혜로움의 차이가 어찌 삼십 리 정도에 그치겠습니까. 송구스럽고 한탄스럽습니다.

40 춘추(春秋)의 책비(責備)하는 뜻 : 자그마한 결점까지도 모두 통렬하게 지적하고 고치게 하여 완전한 인격을 갖추게 한다는 뜻이다. 《당서(唐書)》 〈태종기(太宗紀)〉에 "《춘추》의 법을 보건대, 현자에게는 항상 완전무결하게 되기를 요구하고 있다.〔春秋之法, 常責備於賢者.〕" 하였다.

41 인이불발(引而不發) : 《맹자》 〈진심 상〉에 나오는 말로, 활쏘기를 가르치는 자는 시위를 당기는 것까지만 도와주고 쏘지는 않는다는 말이다. 즉 자신의 생각을 다 말하지 않고 단서만 제시한 채 상대로 하여금 생각하게끔 만든다는 뜻이다.

박상보에게 답하다

答朴尙甫

3일에 보내신 답장을 또 미호(渼湖 유척기(兪拓基))에게 전해받았습니다. 그러나 병든 몸으로 무더위에 시달리다 보니 평범한 편지조차 스스로 쓰지 못해 이 달이 지나도록 답장을 올리지 못했으니 송구한 마음을 금치 못하겠습니다.

근래 날씨가 조금 시원해졌는데, 잘 조섭하시어 더욱 건강하신지요? 저는 오래 쌓인 병으로 원기가 크게 빠져나가 연이어 젖을 먹고 있습니다. 또 친구들의 도움으로 겨우 경옥고 사분의 일을 먹었는데 제법 원기를 돋우는 효과를 보았습니다. 그러나 다리 힘이 없고, 말을 더듬고, 입이 돌아가는 등 여러 증상은 괴롭게도 나을 가망이 없으니, 그저 폐질로 자처할 뿐입니다. 어찌하면 좋겠습니까.

저는 평생 성품이 졸렬하여 친구가 적은 데다 또 남을 응대하는 일에 게을러 세상 사람들이 말하는 의리에 관한 긴 편지는 쓸 수 없을 뿐 아니라 또한 쓰지 않았습니다. 지금 그대의 출처에 관한 일도 하문에 따라 대답하다 보니 자연 길게 이어졌습니다. '너무 수고로운 것이 아닌가.'라는 그대의 말씀을 듣고 저도 그렇다고 스스로 웃었으니, 앞으로 더는 말하지 않겠습니다. 다만 한두 가지 대답할 일이 있습니다.

제가 편지에서 "그대가 택하는 바가 '임금이 지극히 공경하여 예의를 갖추어 맞이하는' 데에 있지 않고"라고 말한 것은 그 뜻이 대개 도를 행하는 길을 택하기를 바라는 뜻입니다만, '도가 행해질 수 있는지를 본다.〔見行可〕'는 말은 과연 잘못 끌어온 말이니, 저의 잘못입니다.[42]

혹 제 뜻을 이해하시고 제 말을 너그러이 용서해주신다면 다행이겠습니다.

"이의철(李宜哲) 군의 서찰에서 나의 상소를 온당치 못하다고 여긴 곳이 어느 부분인가?"라고 하문하셨는데, 그는 편지에서 제게는 인이불발(引而不發)[43]을 꾸짖으면서 그 자신도 발설한 바가 없습니다. 그의 뜻이 어떠한지는 모르겠으나 어리석은 제 생각으로 말씀드리겠습니다.

옛사람이 일을 논할 적에는 먼저 의리를 말하고 반드시 당세 정사의 득실을 가지고 실증을 들었으니 그런 뒤에 의리가 더욱 분명하였습니다. 그런데 지금 그대의 상소는 전적으로 이치만 말하고 일은 말하지 않았으니, 예전의 주자(朱子)나 근세의 우옹(尤翁 송시열(宋時烈))의 소장과 차자는 이와 같지 않았을 듯합니다. 이군이 온당치 못하다고 여긴 것도 아마 또한 이 때문일 테지요. 고향으로 돌아가신 뒤에 올린 상소는 부례(府隷)가 아직 베껴서 보내지 않았지만 달포 전에 올린 상소와 마찬가지라고 하니, 그대가 말을 올리는 체제가 오로지 손여(巽與)를

42 제가……잘못입니다 : 저자가 앞서 보낸 편지에 "제 뜻이 대개 그대가 택하는 바가 '임금이 지극히 공경하여 예의를 갖추어 맞이하는〔迎之致敬以禮〕' 데에 있지 않고, '도가 행해질 수 있는 지를 보고 벼슬하는〔見行可之仕〕' 데에 있게 하고자 해서입니다."라는 내용이 있었는데, 이에 대해 박필주가 답장을 보내어 "《맹자》 주석에 근거하건대, '임금이 지극히 공경하여 예의를 갖추어 맞이하는' 것이 바로 '도가 행해질 수 있는가를 보는' 것이지, 두 가지가 있는 것이 아닙니다.……이를 다시 점검하시는 것이 어떻겠습니까?"라고 하였다. 《黎湖集 卷12 答李熙卿》《맹자》〈고자 하(告子下)〉의 "영지치경이례(迎之致敬以禮)" 주석에 "이른바 도가 행해질 수 있는지를 보고 하는 벼슬이다."라고 되어 있다.

43 인이불발(引而不發) : 42쪽 주41 참조.

위주로 하여 우리 임금에게 매우 열역(悅繹)의 효과를 기대한다는 것[44]을 알겠습니다.

별지 別紙

왕년에 벗 윤봉구(尹鳳九)의 질문으로 인해 함부로 심설(心說) 한 통을 지어 답장을 보내고, 이어 그의 문목을 그대에게 올려 가르침을 청하였는데, 그대는 그 사람을 알지 못한다고 거절하셨습니다. 이 문제는 도리에 있어 감히 반드시 그렇다고 자신할 수 없고 저도 관심이 사라진 터라, 더 이상 어리석은 견해를 여쭙지 않아 이 몽매한 소견을 시원하게 트이지 못하고 지금까지 답답하게 지내왔습니다. 지금 그간에 그와 주고받은 서신을 보여주시고 또 그 득실을 듣고자 하시니 이러한 뜻은 너무도 훌륭합니다. 지극히 감격스러우니 어찌 스스로 숨길 수 있겠습니까.

윤봉구의 편지는 장황하게 끝없이 논의를 열고 닫아 천여 마디에 달하는 데다 왕왕 자신의 견해를 부연하여 스스로 말을 꺼내고 스스로 답하여 그 두서를 헤아릴 수 없을 듯합니다만, 그 결론을 요약해보면 기(氣)를 주장하는 것이 너무 지나쳐 각종 병폐가 이루 말할 수 없을 정도입니다. 그의 주장대로라면 지극히 정미하고 지극히 깨끗한 천리

44 손여(巽與)를……것 : 공손하고 부드러운 말을 하여 상대가 기뻐하고 그 말의 참뜻을 찾아내기를 기대한다는 말이다. 《논어》 〈자한(子罕)〉에 "바르게 깨우쳐 주는 말을 따르지 않을 수 있는가. 그러나 허물을 실제로 고치는 것이 중요하다. 공손하고 부드러운 말을 좋아하지 않을 수 있는가. 그러나 그 말의 참뜻을 찾아내는 것이 중요하다. 좋아하기만 하고 그 말의 참뜻을 찾지 않거나 겉으로만 따르고 허물을 실제로 고치지 않는다면 그런 사람은 나도 어쩔 수가 없다." 하였다.

(天理)가 완전히 기의 구덩이로 떨어졌으니, 맹자가 성선(性善)을 말한 공효가 이에 이르러 거의 없어졌습니다. 세도의 근심이 어찌 끝이 있겠습니까. 그대의 논의가 명백하고 통쾌하여 그의 병통에 딱 들어맞는데, 겨울과 봄이 지난 뒤로 다시 논란한 바는 없는지요? 그가 혹 자신의 잘못을 스스로 깨닫는다면 매우 다행스러운 일입니다만, 또한 쉽지 않을 듯합니다.

“성(性)이 기(氣)에 갇혔다.”라는 것은 이미 대단히 병통이 되는 말입니다. “비록 기와 떨어지지는 않지만 또한 기에 갇히지도 않았다.”라는 그대의 말씀은 힘껏 두들겨도 깨지지 않을 논리라 할 수 있으니, 이러한 시비(是非)는 진실로 알기 쉽습니다.

미발시(未發時)의 경계를 논한 부분에서 “단지 기가 없는 것과 비슷하다”고 말씀하셨는데, 이 한 구절은 참으로 터득한 바가 지극하고 말씀한 바가 정미하니, 비단 윤봉구의 고집스러운 견해를 꺾을 뿐만이 아닙니다. 어리석은 저로서는 형용할 수 없었던 말이니, 공경히 따르지 않을 수 없습니다. 당시에 저의 답설(答說)은 “심(心)은 본디 기(氣)이지만 기에만 소속시켜서는 안 된다. 반드시 이(理)와 기(氣)를 합하여 말해야만 그 뜻이 갖추어진다.”는 것이었는데, 그는 반드시 사람들로 하여금 오로지 기를 주장하고 이(理)자를 금지하게 시켜서 혹시라도 그 속에 들어갈까 두려워합니다. 이것이 바로 핵심인데 그대가 이미 극진하게 논하였으니 다시 무슨 말을 하겠습니까.

윤서응 봉구 이 심설변문에 답하나 을묘년(1735, 영조11)

答尹瑞膺 鳳九 心說辨問 乙卯

“심(心)은 전체적으로 말하면 성정(性情)을 통괄하지만, 개별적으로 말하면 기(氣)이다. 이 기가 비록 품부받은 정화(精華)로서 마음에 들어있기는 하지만, 기라는 것은 동등하지 않은지라 품부받은 기의 차이에 따라 각각 맑고 탁함이 있다. 그러므로 성인(聖人)과 범인(凡人)이 똑같은 성(性)을 지니고도 범인은 성인처럼 곧바로 발현되지 못하니, 단지 맑고 탁함에 구속되어 다를 수밖에 없는 것이다. 반드시 변화의 공부를 더하여 조금의 찌꺼기도 없는 청명하고 순수한 데 이른 뒤에야 그 성을 극진히 할 수 있으니, 이렇게 되면 성인과 똑같아진다.” 이것이 일설(一說)입니다.

“성인과 범인이 똑같은 것은 성뿐만이 아니라, 심도 똑같다. 심의 본체는 담연허명(湛然虛明)하여 애초에 성인이나 범인, 맑음이나 탁함에 대해 말할 만한 것이 없다. 같지 않은 것은 신체와 혈기로, 맑고 탁하고 순수하고 박잡함의 차이가 있다. 탁하고 박잡함에 가려서 본체의 담연함이 발현되지 못하기에 비로소 성인과 범인의 차이가 생기는 것이다.” 이것이 또 일설입니다.

이는 문의(文義)와 훈고(訓詁)의 차이가 아니라, 실로 심학(心學)의 근원과 관계되는 문제인만큼 한번 분명하게 밝히지 않을 수 없습니다. 더구나 각자 주장하는 것이 또 한두 어린 학동이 우연히 발설한 것이 아니니, 후생들이 어느 설을 따르고 어느 설을 버려야 할지 또한 어지럽게 두어서는 안 됩니다. 모르겠습니다만, 그대의 정론(定論)은 무엇입니까?

생각건대, 심(心) 본디 기(氣)에 속하지만 반드시 성(性)과 기를 합하여 말해야만 그 뜻이 갖추어집니다. 그러므로 예로부터 심을 말함에 있어 오로지 기로 단정하여 말한 적이 없습니다.-주자(朱子)가 형이상(形而上)과 형이하(形而下)에 대한 어떤 사람의 질문에 대답할 적에도 오로지 한쪽에만 소속시키지 않았습니다.- 그러나 그 속에 나아가 단지 기만 가리켜 말한다면 이(理)는 하나지만 기는 둘이기에 성인과 중인의 마음이 같지 않은 것입니다. -이 두 말은 바로 성(性)을 논함에 있어 본연지성(本然之性)과 기질지성(氣質之性)의 차이가 있는 것과 같습니다.- 그러나 기질이라는 물(物)은 비록 맑고 탁하고 순수하고 박잡함의 차이는 있지만 그 근원은 담일(湛一)뿐입니다. 심은 또 기의 정화(精華)이고 또 이(理)와 합하여 말하고 있으니, 그렇다면 오로지 하나의 기(氣) 자에만 붙여서는 안 됩니다. 그러므로 그 본체의 담연함은 성인이나 중인이나 동일하다는 것을 미발시(未發時)에 알 수 있습니다. 어떻게 생각하는지요?

윤서응의 변문에 답하다 병진년(1736, 영조12)

答尹瑞膺辨問 丙辰

심(心)은 기(氣)인데, 그 이치가 성(性)이고 발한 것이 정(情)입니다. 나누어 말하면 심과 성과 정이 각자 가리키는 바가 있지만, 총괄해서 말하면 심을 들면 성과 정이 포함되어 있으니, 이것이 맹자(孟子)가 말한 "인의(仁義)의 양심(良心)"이며, 장자(張子 장재(張載))가 말한 "성과 지각을 합하여 심이라는 명칭이 있다."[45]는 것입니다. 예로부터 성현들이 심을 논할 적에 대부분 이렇게 총괄해서 말한 경우가 많았으니, 이 점은 그대의 말씀이 참으로 옳습니다. 다만 지금 논란하는 바는 나누어 말한 가운데서 단지 개별적으로 기라고 말한 심을 가리켜, 그 기의 맑고 탁함이 성인(聖人)과 범인(凡人)의 차이가 있느냐 없느냐의 문제입니다.

기란 것은 동등하지 않습니다. 음양오행(陰陽五行)의 정기를 품부받는 초기를 따져보면 맑고 탁함과 순수하고 박잡함이 천만부동입니다. 성인이 품부받은 바는 음양오행이 균정하여 순수하게 맑고 아름다운데, 그 심이 바로 균정하여 맑고 아름다운 것의 정화(精華)

45 장자(張子)가……있다 : 《장자전서(張子全書)》 권2 정몽(正蒙)1 태화편(太和篇) 제1에 나오는 말로, 《맹자집주》 〈진심 상(盡心上)〉 제1장의 해설에도 인용되어 있다. "태허로 말미암아 '하늘'이라는 명칭이 있고, 기가 만물로 화생(化生)함을 말미암아 '도'라는 명칭이 있고, 태허와 기를 합하여 '성'이라는 명칭이 있고, 성과 지각을 합하여 '심'이라는 명칭이 있는 것이다.〔由太虛, 有天之名; 由氣化, 有道之名; 合虛與氣, 有性之名; 合性與知覺, 有心之名.〕" 하였다.

이기 때문에 홀로 청명하고 순수할 수 있습니다. 중인(衆人)이 품부받은 바는 음양오행이 균정하지 못하여 맑고 탁함이 섞여 있는데, 그 심이 바로 균정하지 못해 섞인 것의 정화이기 때문에 강하고 나약하고 어둡고 밝음이 각기 같지 않은 것입니다. 만물 가운데서 사람이 품부받은 바가 그 정수를 얻어 그 마음이 신령하고, 우리 사람 중에서 성인이 품부받은 바가 또 그 최고의 정수를 얻어 그 마음이 가장 신령합니다. 이 설이 이미 채씨(蔡氏)의 전(傳)에 상세합니다.-〈태서(泰誓)〉 주석- 이 때문에 청명하고 순수한 마음을 지닌 상성(上聖)은 하고 싶은 대로 하더라도 천리가 곧바로 발현되어 법도에 어긋나지 않고, 이보다 한 등급 아래는 반드시 징치(澄治)[46]의 공부를 더하여 탁하고 더러운 것을 점차 소멸시키고 맑고 밝은 것을 날로 자라게 하여 그 본성을 회복해야 합니다. 대개 중인의 잡박한 마음이 비록 성인의 순수한 마음에는 미치지 못하지만, 마음은 정화인지라 본래 스스로 살아 움직이니, 간, 콩팥, 허파, 지라의 기가 한쪽으로 치우쳐 변화할 수 없는 것과는 다릅니다. 만약 정밀하게 살피고 방도에 맞게 바로잡을 수 있다면 탁함이 바뀌어 맑음이 되고, 박잡함이 변하여 순수함이 되고, 나약했던 것이 강해지고, 어두웠던 것이 밝아질 것이니, 이른바 기질을 변화시킨다는 것을 여기에서 말할 수 있습니다.

46 징치(澄治) : 사람은 누구나 착한 성품을 가지고 태어났으나 살아가면서 여러 가지 요인으로 나쁘게 변하는 것이 마치 맑은 원초수(源初水)가 흘러가면서 오염되어 더러워지는 것과 같으니 그 물을 맑게 정화하듯이 성품도 정화한다는 말이다. 《近思錄 卷1 道體》

저들은 개별적으로 기(氣)라고 말한 심(心)을 가지고서 성인과 범인의 구별이 없다고 하면서 맑고 탁하고 순수하고 박잡한 차이는 신체와 혈기에 옮겨 심지어 '심은 본래 선하다.〔心本善〕'는 설을 가지고 위로 맹자의 성선(性善)의 공로에 짝하듯이 하고 있습니다. 과연 이 설과 같다면 맹자는 무엇 때문에 성이 선하다는 말만 하고 심이 선하다는 말은 한 마디도 언급하지 않았으며, 정자(程子)와 주자(朱子)는 또 무엇 때문에 심지어 "재(才)는 맑고 탁함이 있으며, 기품(氣稟)은 동등하지 않다."는 논을 두어[47] 심이 본래 선하다는 설과 상반되는 주장을 했겠습니까.

심은 한 몸의 주재자(主宰者)입니다. 이처럼 주장하는 것이 오로지 이 심에 있는데, 성(性)이 본래 선(善)과 같고 심 또한 구별이 없다면 대체 중인이 성인에게 미치는 못하는 이유는 무엇입니까? 만약 성인과 중인이 구별되는 이유가 오로지 신체와 혈기의 맑고 탁함의 차이에 있다고 한다면 이는 주안점이 혈기에 있고 마음은 도리어 일삼는 바가 없는 것이니, 어찌 옳겠습니까.

그대가 "개별적으로 기(氣)만을 가리켜 말하면 성인과 중인의 마음이 같지 않음이 있다."고 하셨으니, 다행스럽게도 제 주장이 그대의 견해와 어긋나지 않습니다. 그러나 그 아래의 "이 두 말은 바로

47 정자(程子)와……두어 : 《맹자》〈고자 상(告子上)〉에 "불선을 하는 것으로 말하면 타고난 재질의 죄가 아니다.〔若夫爲不善, 非才之罪也.〕"라고 하였는데, 정자는 "재(才)는 기(氣)에서 받았으니, 기에는 맑고 탁함이 있어 맑은 기를 받은 자는 현인(賢人)이 되고 탁한 기를 받은 자는 우인(愚人)이 된다." 하였고, 주자는 "맹자와 정자의 말이 비록 다르나 각기 해당되는 바가 있다. 그러나 사리로 따져보면 정자의 말이 더욱 치밀하다." 하였다.

성을 논할 적에 본연지성(本然之性)과 기질지성(氣質之性)의 차이가 있는 것과 같다."라는 쌍주(雙註)에 대해서는 제 마음에 의심이 없을 수 없습니다. 이른바 본연지성과 기질지성은 본래 두 개의 성이 아닙니다. 이치만을 개별적으로 가리킨 것이 본연지성이고, 이 성에다 기질을 겸한 것을 기질지성이라고 하니, 실제로는 하나의 성이자 또한 한 사람의 성에 대해 말한 것입니다. 지금 그대의 말씀과 쌍주의 뜻을 가지고 맞추어보면 성인은 본연지심은 있고 기질지심은 없으며, 중인은 기질지심은 있고 본연지심은 없는 것이 됩니다. 이런 식으로 설명하는 것이 과연 어떠하겠습니까.

성은 이(理)와 기(氣)를 개별적으로 가리키는가 겸하여 가리키는가의 차이로 인해 이렇게 두 명칭을 두지만, 심은 단지 기일 뿐인데도 또 본연과 기질이라는 다른 명칭을 둔다면 끝내 온당하지 못할 듯합니다. 발(發)하는 것은 기이지만, 미발(未發)과 이발(已發)은 전적으로 마음이 하는 것입니다. 비록 중인의 잡박한 마음일지라도 오르내리고 날아 움직이는 사이에 혹 미발의 경지를 만나면 탁함이 힘을 쓰지 못하여 또한 청명할 수 있습니다. 이러한 때는 그 담일(湛一)한 기상이 성인과 다름이 없습니다만, 이것을 가지고 본래 처음부터 맑음과 탁함이 섞여있는 때가 없이 성인과 그 품부받은 것이 같다고 말해서는 안 됩니다. 어떻게 생각하시는지요?

그대가 말씀하신 것을 살펴보면, "개별적으로 기라고 말한 심을 가리킨 것이라면 성인과 범인이 본디 다르지만, 심은 성에서 떠날 수 없는 만큼 성을 위주로 말한다면 또한 다르다고 말할 수는 없다."는 뜻입니다. 저의 망령된 억측이 과연 전적으로 잘못된 것은 아니겠지요. 이는 의리가 참으로 옳습니다. 《대학》의 명덕(明德)이 비록 심성정(心性情)을 통틀어 말했지만 중하게 여기는 바가 덕에 있습니다. 덕은 바로 성입니다. 이 때문에 명덕은 선악(善惡)의 분수를 말할 수 없는 것입니다. 그대의 주장을 상세히 들을 수 있겠습니까?

심설(心說)에 대해 가르쳐주심을 받았으니, 과루한 제게 있어 매우 다행한 일입니다. 그 중 한두 가지 인정해 주신 대목에서 저를 비루하게 여기지 않는 뜻을 더욱 알았습니다만, 의리의 핵심에 대해서는 아직도 모두 부합하지 못한 것이 있습니다.

심은 본래 기에 속하지만, 예로부터 성현들이 심을 말할 적에 반드시 성과 합하여 말하였지, 오로지 기만을 말한 적은 없습니다. 지극히 허명하고 신묘하여 헤아릴 수 없는 부분을 말할 때조차 성인과 중인을 나누어 말한 적이 없었으니, 그 뜻이 우연이 아닙니다. 지금 나누어 말하고자 한다면 심은 바로 기인데 기는 동등하지 않습니다. 그 품부받은 것에 대해 말한다면 성인과 중인이 어찌 똑같을 리 있겠습니까. 그러나 이 기는 이(理)와 상대하여 말하면 본디 둘이지만, 그 근본은 또한 하나일 뿐입니다. 중인이 품부받은 바가 비록 맑고 탁하고 순수하고 잡박한 차이가 있지만, 그 탁하고 잡박한 속에 본체의 담연함이 들어있지 않은 적이 없습니다. 더구나 기라는 물은 변동이 무궁하니, 한 가지로 고정되어 바뀔 수 없는 형질(形質)과는 같지 않습니다. 그러므로 징치의 힘을 더하면 탁한 것이 맑아질 수 있고, 박잡한 것이 순수해질 수 있습니다. 그렇지 않다면 기질을 변화시키는 공부를 또한 어느 곳에 시행하겠습니까. 다만 품질에 구속당하고 물욕에 가려져서 담일한 본체가 쉽게 드러나지 않으니, 오직 미발시에만 대략 볼 수 있습니다. 저는 《중용(中庸)》 수장(首章)에서 매번 미발시에는 기질 두 자를 붙여서는 안 된다고 생각하였으니, 지금의 논 또한 "심은 성에서 떠날 수 없다"는 그대의 말씀 같을 뿐만이 아닙니다.

기질지성과 본연지성은 이전 편지에서 이미 "이 두 말은 바로……"라고 하였으니, 저것을 빌려 이것을 밝히는 데 불과할 뿐입니다. 그러나 그대의 말씀을 가지고 논한다면, 성인의 성 또한 일찍이 기질에서 떠난 적이 없습니다만, 말할 만한 편벽되고 박잡함은 없습니다. 그러므로 기질에 대한 말은 전적으로 중인을 위한 말입니다. 심에 대하여 개별적으로 말하면 또한 이와 같습니다. 더구나 미발시의 담연한 본체는 성인과 중인이 이미 똑같으니, 중인은 본연지심이 없다고 하는 것이 옳겠습니까.

호중(湖中)의 사우(士友)들이 대부분 명덕(明德)에 분수가 있다는 설을 주장한다는 말을 듣고 마음속으로 오랫동안 근심하고 탄식하였는데, 그대의 말씀은 그렇지 않으니 아마도 전한 자가 잘못 말한 듯합니다. 그러나 명덕이 바로 본심인데, 그대의 견해는 이미 심에서 기를 주장하는 것이 너무 지나칩니다. 그렇다면 덕을 전적으로 성에 소속시키고자 하더라도 성 또한 심에서 떨어질 수 없으니, 끝내 분수가 있는 데서 면치 못할 듯합니다. 상하의 어의(語意)가 혹 크게 어긋난 것이 아니겠습니까. 지금 논한 바는 모두 심오한 의리이니 과루한 제가 어찌 여기에 참여할 수 있겠습니까. 그런데도 의심나는 점을 망령되어 아뢰는 것은 실로 가르침을 구하기 위함입니다.

윤서응에게 답하다 계해년(1743, 영조19)

答尹瑞膺 癸亥

별지(別紙)에 하신 말씀[48]은 새로운 말이 아니라, 단지 제 편지 속의 잘못된 부분을 지적하여 논하신 것입니다. 이는 몽매한 제게는 실로 매우 다행스런 일입니다만, 아마도 제 본의에 대해 충분히 살피지 못함이 있는 듯합니다.

"탁하고 잡박한 속에 본체의 담연함이 들어있지 않은 적이 없다."라는 부분에 대해 말씀드리겠습니다. 본연지성(本然之性)은 실로 기질(氣質) 속에 들어 있습니다. 작년 저의 심설(心說)에서도 진실로 저것을 빌려 이것을 밝힌 것이지, 어찌 그대 말씀처럼 '탁하고 잡박한 것'과 '본체의 담연한 것'이 각각의 분야를 차지하고 있다고 생각했겠습니까. 그대의 말씀을 가지고 본다면, 기품(氣稟)은 애초에 고정되지 않고 살아 움직여 탁한 것이 때때로 맑아지고 잡박한 것이 때때로 순수해지니, 저 또한 그렇게 말했을 뿐입니다. 비록 기(氣)를 개별적으로 가리켜 말하더라도 기의 체단(體段)은 본래 이러합니다. 그런데 저는 애초에 "반드시 이(理)와 기(氣)를 합하여 말해야만 심(心)이라고 할 수 있다." 하였고, 그대는 단지 기만 말하고 사람들이 이(理)자와 함께 말하는 것을 싫어하여 일체 금절시켰으니, 이것이 그대와 저의 소견이 끝내 합치될 수 없는 이유입니다.

48 별지(別紙)에 하신 말씀 : 한국문집총간 203집에 실린 《병계집(屛溪集)》 권11 〈답이희경(答李熙卿)〉에 보인다.

"기질지성(氣質之性)은 오로지 중인(衆人)을 위해 말한 것이다."라는 이 한 줄의 구절 또한 저의 뜻을 다 이해하지 못하신 듯합니다. 성인이라 해서 어찌 기질을 떠날 수 있겠습니까마는, 중인은 편벽되고 박잡한 병통이 있고 성인은 이런 병통이 없습니다. 그러므로 기질 두 글자는 중인의 위한 말에 넣어야 하니, 장횡거(張橫渠 장재(張載))의 '성(性)으로 여기지 않는다'는 말[49]을 가지고 살펴보면 더욱 어찌 분명하지 않겠습니까.

"명덕(明德)의 분수"에 대한 변론은 그대의 뜻 또한 분수가 있다고 여기고자 하지는 않는 듯합니다. 그러나 이를 밝히는 방법이 "심의 기가 다르다는 것으로 심지어 허령(虛靈)이 각기 다르다고 한다면, 명덕이 분수가 있는 데서 면치 못하여 사람의 성이 각기 다르게 된다."라고 말씀하는 데 불과하였습니다. 감히 알지 못하겠습니다만, 저는 허령이 다만 심의 기가 아니라는 것을 감히 알지 못하겠습니다만 심의 기 밖에 또한 별도의 이른바 허령이라는 것이 있다면 이것은 무슨 물건입니까? 이외의 말씀은 여러 번 읽어도 이해하기 어려운 부분이 많습니다. 이는 진실로 저의 우둔한 자질 때문입니다만, 혹시라도 말이 명백하지 않아 그렇지는 않을런지요. 만일 다시 분명한 가르침을 받는다면 또한 마땅히 답변을 드리겠습니다. 어떠하신지요?

이 몇 가지 설이 모두 지엽적인 문제인데, 뜻이 부합하지 않는 관건을 상세히 듣고자 하는 것은 그대의 말씀이 매우 마땅하니, 저 또한

49 장횡거(張橫渠)의……말 : 장재는 "형체가 있은 뒤에 기질지성이 있으니, 이를 잘 회복하면 천지의 본성이 그대로 보존된다. 그러므로 기질지성을 군자는 성으로 여기지 않는다." 하였다. 《孟子集註 告子上》

어찌 감히 다 말씀드리지 않겠습니까.

일찍이 저는 "천지 사이에는 이(理)도 있고 기(氣)도 있으니, 서로 떨어지지는 않지만 또한 서로 섞이지도 않는다. 기가 이를 이기면 어지럽고 이가 기를 이치면 다스려진다."라고 생각하였습니다. 요컨대 성현들의 수많은 말씀은 모두 '이가 기의 주인이 된다〔理爲氣主〕'는 네 글자에서 벗어나지 않습니다. 맹자(孟子)의 공적은 '성의 선함을 말한〔道性善〕' 것이 가장 크니, 기질 속에서 '성'자를 도출하여 사람들로 하여금 보통사람과 요순(堯舜)이 본래 두 성이 없다는 것을 알게 했기 때문입니다.

지금 그대의 논은 허다한 변설(辨說)이 오로지 기를 위주로 하여 천하의 지극히 정결(淨潔)한 이치를 온통 기의 구덩이 속에 떨어뜨리고 심지어는 마음의 허명한 곳조차 여기에서 벗어나지 못하게 하였으니, 거의 옛날의 이른바 '맑은 하늘을 오염시킨'[50] 것과 유사합니다. 설령 일종의 의리를 성취한다 한들 이것이 사람의 심(心)에 무슨 보탬이 되겠습니까. 만일 이와 같다면 맹자가 하나의 '성'자를 수고롭게 말한 뜻이 이에 이르러 도로 어두워질 것입니다. 더구나 미발(未發) 두 글자는 실로 천명(天命)의 성에서 나온 것이니, 미발이 곧 성인데도 여기에다 기질을 붙이셨습니다. 이른바 기질은 본디 선도 있지만 악이 없는 것도 아니니, 이미 기질이라고 일컫는다면 서로 섞여있는 데 가깝

50 맑은 하늘을 오염시킨 : 진(晉)나라 태부(太傅) 사마도자(司馬道子)가 밤하늘의 맑은 달을 보고 찬탄하자, 사중(謝重)이 옆에 앉아 있다가 "엷은 구름이 살짝 엉겨 붙어 있는 것만 못하다.〔不如微雲點綴〕" 하니, 태부가 "경의 마음가짐이 깨끗하지 못하다. 어째서 다시 맑은 하늘을 억지로 오염시키려 하는가.〔卿居心不淨, 乃復强欲滓穢太淸耶?〕"라고 조롱하였다. 《世說新語 言語》

지 않겠습니까. 이것이 제가 항상 두려워하며 걱정하는 이유입니다. 이는 의리의 가장 핵심적인 문제인데 이처럼 의견이 다르니, 어찌 서로 부합한다고 할 수 있겠습니까. 진실로 바라건대, 한때의 승리를 취하려 하지 마시고 깊이 근심하고 멀리 생각하시어 속히 생각을 바꾸시어 사문(斯文)에 다행스런 일이 되게 하십시오.

유서응에게 답하다 갑사년(1744, 영조20)

答尹瑞膺 甲子

자세히 일러주신 말씀에서 스승(권상하(權尙夏))을 위하는 그대의 마음[51]을 알 수 있으며, 제 어리석음을 깨우쳐주신 것도 아껴주는 마음에서 나온 것입니다. 이 일은 오랫동안 큰 분란을 일으켰으니 말하기에도 지리(支離)합니다. 그러나 질문을 주셨으니 또 어찌 답하지 않을 수 있겠습니까.

두 선생(송시열과 송준길)을 문묘(文廟)에 배향하는 순서의 선후에 대해서는 제 생각이 본래 사원(士元 민우수(閔遇洙))과 같지 않은데[52] 이런 비난이 일어난 것은 단지 윤영(尹令 윤급(尹汲))에게 답한 편지[53]에서

51 스승을……마음 : 저자가 윤급(尹汲)에게 보낸 편지에 "정유년(1717, 숙종43) 온양(溫陽)의 행궁에 입대했을 때 수암(遂菴 권상하)이 선정(先正)을 천거하며 아뢸 때 동춘을 먼저 언급하고 우옹을 나중에 언급하였는데, 사우들이 이에 대해 묻자, '동춘과 우옹은 형제의 차서가 있고 또 징소된 시기도 선후의 차이가 있다. 비록 만년에 우옹이 먼저 정승이 되어 이후부터 조정의 사체(事體) 때문에 부득불 우옹을 먼저 하고 동춘을 뒤로 하였지만, 사림에서의 칭호는 처음과 변함이 없으니 서원의 위패 차서만 보아도 알 수 있다.'라고 하였다."라는 내용이 있었는데, 이에 대해 윤봉구가 편지를 보내어 자신의 스승인 권상하의 본뜻에 매우 어긋난다고 반박하였다.

52 제……않은데 : 본서 본권 〈정성서에게 답하다〉에 따르면, 저자는 송시열을 송준길보다 먼저 배향해야 한다고 하였고, 민우수(閔遇洙)는 나이로 고하를 삼아 송준길을 먼저 배향해야 한다고 주장하였다.

53 윤영(尹令)에게 답한 편지 : 본서 제12권 〈윤경유에게 답하다[答尹景孺]〉는 제목으로 실려 있다.

기인합니다. 종전에 두 선생의 문묘 종사를 청할 적에 춘옹(春翁 송준길)의 경우엔 그 덕업을 기술한 말이 전혀 비슷하지 않았고 억지로 맞추는 듯함이 있었으니, 사위(士衛 민익수(閔翼洙))가 살아 있을 때도 이에 대해 서로 말을 나누었습니다. 지난번에 윤영이 보여준 충청도 선비들의 상소를 보니, 그 문장이 매우 훌륭하였고, 또 춘옹을 위해 그 덕업을 진술한 것이 제법 힘을 다한 듯하여, 지난날 다른 상소에서 두리뭉실하게 말했던 바에 비할 바 아니었습니다. 문자가 훌륭하다고 칭했던 것은 참으로 이 때문입니다.

문묘 배향에 누구를 먼저 할 것인가 하는 문제에 대해서는 비록 그 편지 속에 저의 속뜻을 드러내었는데, 그대 또한 이미 이 편지를 보시고도 제 마음을 잘 알지 못하는 듯이 하십니다. 제 생각은 단지 벌을 받은 충청도 선비들이 더욱 과격하게 행동할까 염려되었기에 그 상소의 말이 황당무계에서 나온 것이 아님을 말하여 양쪽을 화합시키고자 도모했던 것뿐입니다. 어찌 혹 사원이 편지에서 말한 '정론(定論)'이라는 두 글자에 얽매여서 그런 것이겠습니까.

춘옹 집안의 자손들은 기뻐하고, 우옹 집안의 자손들은 화를 냈다는 말은 그 당시 실로 정확하게 보고 들은 것이 있습니다. 제가 늘 '근래 동족간의 싸움이 이미 여기에서 시작되었다.'라고 생각했던 터라, 이 때문에 편지를 쓸 때 별 생각 없이 언급하고 말았습니다. 근심하고 한탄하는 구구한 저의 뜻이 도리어 두 집안이 서로 화를 내는 단서가 되고 말았으니, 다시 스스로 한 번 웃을 뿐입니다.

심설(心說)은 누차 가르침을 받았으나 끝내 서로의 뜻이 부합하지 않습니다. 죽기 전에 식견이 다행히 조금 진보하여 이전의 견해가 잘못이었다고 참으로 느낀다면 감히 다시 가르침을 청하지 않겠습니까.

정성서[54] 희하 에게 답하다 신해년(1731, 영조7)

答鄭聖瑞 羲河○辛亥

화전(花田)에서 만났을 때 책면(責勉)할 필요도 없이 형이 반드시 체직될 뜻을 둔 줄 알았는데, 추후에 형이 힘써 임소로 부임했다는 소식[55]을 듣고는 문득 개탄스러웠습니다. 지금 사류가 의지할 사람은 한두 원로뿐인데, 그 집안 자제들이 이처럼 이 세계 속의 사람에게 끌려 들어가는 것을 면치 못한다면 장차 세도(世道)를 어디에 두겠습니까. 이에 대해서는 사장(士長 민형수(閔亨洙))이 수죄(首罪)에 해당하고 형이 그 다음입니다. 한 고을에 부임하느냐 마느냐의 문제는 진실로 매우 작은 일입니다만, 이 문제는 단지 형들의 거취만을 가지고 논해서 안 되니, 처음에 깊이 생각하지 못하고 행동한 것이 안타깝습니다. 예로부터 '분수와 의리에 편안하지 못하다.〔分義未安〕'는 네 글자가 얼마나 많은 사람들을 그르쳤습니까. 그 처지는 또한 참으로 절박합니다만, 저는 일찍이 "나를 위하는 것과 부모를 위하는 것은 한 가지 일이다."라는 정부자(程夫子)의 말[56]을 망령되게도 제일의 도리라 여겼습니다.

54 정성서(鄭聖瑞) : 정희하(鄭羲河, 1681~1747)로, 본관은 영일(迎日), 호는 취석당(醉石堂)이고 자가 성서이다. 정철(鄭澈)의 6세손이다.

55 형이……소식 : 정희하는 1731년(영조7) 8월 23일 진천 현감(鎭川縣監)에 제수되고, 그해 10월 27일에 하직하였다.《承政院日記 英祖 7年 8月 23日, 10月 27日》

56 나를……말 :《근사록》권7 〈출처(出處)〉에 보인다.

태아(泰兒)의 벼슬길에 대한 말씀은 미처 생각하지 못한 일입니다. 이는 필시 그 사이에 지극한 이치가 있을 것이나 또한 감히 추측할 수 없으니, 성인의 능력을 지니지 못했다면 단지 졸법(拙法)을 지킬 뿐입니다. 벼슬에 나아간 뒤에는 속히 하루의 책임을 다해야 하는데, 근래에 왕래하는 이웃 고을 인사를 통해 이미 그대의 치적을 들었으니, 진천(鎭川)의 백성을 위해 다행스럽게 생각합니다. 오랫동안 머물 뜻이 없다고 말씀하셨는데, 장차 무엇에 의거하여 반드시 풀려나시렵니까. 이미 하문을 받은 터라, 지난 일은 본디 논하지 않는 법이지만 또한 감히 바로 속마음을 아뢰지 않을 수 없으니, 너그러운 이해를 바랍니다.

정성서에게 답하다 경신년(1740, 영조16)

答鄭聖瑞 庚申

서원의 인편을 통해 편지를 받으니 구구한 마음이 몹시 위로됩니다. 다만 문장이 애통하여 한 글자를 읽을 때마다 눈물을 흘렸습니다.[57] 상고시대에는 아버지가 자식을 곡하는 일이 없었고, 형이 아우를 곡하는 일이 없었는데,[58] 이미 그 시대에 태어나지 않았으니 탄식한들 어찌하겠습니까. 마음을 누그러뜨리고 자중자애하기 바랍니다. 근래에도 독서에 더욱 부지런한지요? 나태하고 산만하기 그지없는 저로서는 단지 부러울 뿐입니다.

장령(長令)[59]의 일은 그 생질에게 들었습니다. 사마시 합격 축하연이 발단이 되어 이런 지경에 이르렀으니, 이 군이 본디 치밀하지 못하고 엉성하지만 평소 사위(士衛 민익수(閔翼洙))가 얼마나 기대하던 사람입니까. 조심스럽고 치밀해야 하는 데도 조심스럽고 치밀하지 않고, 주밀하고 상세한 듯하면서도 주밀하고 상세하지 않으니, 《시경》에서 말한 "현명한 사람치고 어리석지 않은 사람이 없다.〔靡哲不愚〕"는 것이 이 사람을 두고 하는 말이 아니겠습니까. 또한 시운에 관련된 바이니 개탄한들 어찌하겠습니까.

57 문장이……흘렸습니다 : 정희하(鄭羲河)가 아우의 상을 당했기 때문에 한 말이다.

58 상고시대에는……없었는데 : 상고시대에는 자식이 아버지보다 먼저 죽지 않았고, 아우가 형보다 먼저 죽지 않았다는 말로, 인수(仁壽)를 지극히 누리고 요절하지 않았다는 말이다.

59 장령(長令) : 사장(士長) 민형수(閔亨洙)를 말하는데, 저자의 외사촌이다.

정성서에게 답하다 계해년(1743, 영조19)

答鄭聖瑞 癸亥

정원 앞의 매실이 이미 많이 열렸고 달도 보름달이 되어 갑니다. 꽃 아래에서 대작(對酌)하던 일이 마음과 눈에서 떠난 적이 없습니다. 마침 덕촌(德村)으로 가는 인편이 있으니, 정해진 기한대로 그곳에 간다면 청주종사(青州從事)가 오유선생(烏有先生)이 되지는 않겠지요?[60] 우스갯소리입니다.

삼가 들으니 율옹(栗翁)의 별집 한 본을 그대 선친께서 정리한 것이 있다고 하는데, 찾아서 보여주신다면 다행이겠습니다.

60 청주종사(青州從事)가……않겠지요 : 필시 좋은 술을 보내줄 것이라는 말이다. 청주종사는 좋은 술을 가리키는 은어(隱語)로, 진(晉)나라 때 환온(桓溫)의 주부(主簿) 가운데 술맛을 잘 품평하는 자가 술을 맛보고서 좋은 술일 경우에는 '청주 종사'라고 칭하고, 나쁜 술일 경우에는 '평원 독우(平原督郵)'라고 칭한 데서 온 말이다. 오유선생(烏有先生)은 실재하지 않는다는 뜻으로, 사마상여(司馬相如)의 자허부(子虛賦)와 상림부(上林賦)에 등장하는 가공의 인물이다. 소식(蘇軾)의 〈장질부가 술 여섯 병을 보냈는데 편지만 오고 술이 오지 않아 장난삼아 짧은 시를 지어 묻는다〔章質夫送酒六壺書至而酒不達戲作小詩問之〕〉에 "백의사자에게 술을 보내 도연명을 춤추게 하니, 급히 집을 쓸고 망가진 잔을 씻었네. 어찌 생각했으리, 청주종사 여섯이 오유선생 하나로 변했을 줄을.〔白衣送酒舞淵明, 急掃風軒洗破觥. 豈意青州六從事, 化爲烏有一先生?〕" 하였다.

정성서에게 답하다

答鄭聖瑞

초열흘 이후 덕촌(德村)으로 가는 노복이 있어 그에게 들러서 안부를 여쭙게 하였는데, 지금까지 돌아오지 않으니 아마도 도중에 역병을 만나 그런 듯합니다.

저는 본래 육식(肉食)[61]할 상이 아닌데다 술마저도 인연이 적은지라, 한편으로는 우습고 한편으로는 한탄스럽습니다. 이러한 때 홀연 백의(白衣)[62]를 보내셨는데, 술병을 열어 따라서 마셔보니 맛과 색이 매우 훌륭하였습니다. 이 뜻이 참으로 후하십니다. 정원의 꽃은 비록 다 떨어졌지만 온 산에는 녹음이 짙고 앵무새는 오르내리니, 예전 밤처럼 한 자리에 앉아 취하지 못하는 것이 한스럽습니다.

편지를 읽고 조심하시는 바가 있다는 것을 알았습니다. 저 또한 오래된 위완통(胃脘痛)으로 여러 날 고통스럽게 누워있으니 우리 둘 모두 노년의 인사가 매우 가련합니다.

61 육식(肉食) : 고관대작의 후록(厚祿)을 비유한 말이다. 후한(後漢) 때 한 관상쟁이가 반초(班超)에게 말하기를 "그대는 제비의 턱에 범의 목이라 날아서 고기를 먹는 상이니, 이는 만리후에 봉해질 상이다.〔生燕頷虎頸, 飛而食肉, 此萬里侯相也.〕"라고 하였는데, 뒤에 과연 그가 서역(西域)의 50여 국을 평정하여 정원후(定遠侯)에 봉해졌던 데서 온 말이다.《後漢書 卷47 班超列傳》

62 백의(白衣) : 술을 가지고 오는 사람을 말한다. 진(晉)나라 도잠(陶潛)이 중양일(重陽日)에 술이 없었는데, 강주 자사(江州刺史) 왕홍(王弘)이 백의 입은 사자를 시켜 술을 보내왔다는 고사에서 온 말이다.《宋書 卷93 隱逸列傳 陶潛》

정성서에게 답하다
答鄭聖瑞

사위(士衛)를 어디에서 얻을 수 있단 말입니까.[63] 누누이 하신 말씀에서 저처럼 마음 아파하고 애석해 하는 줄 알겠습니다. 지금 저는 겨우 기력이나 이어가는 처지이니 문자는 말할 겨를도 없습니다. 조만간 몸소 불러주겠다고 하였는데, 한 차례 왕복이 헛걸음이 되기 십상이니 부디 제 몸이 조금 건강해진 때를 분명히 알아보시고 계획하는 것이 어떻겠습니까. 조카님이 만일 저를 만나려는 성심이 있었다면 어찌 타고 갈 것이 없다고 걱정하겠습니까. 더구나 거듭 부형의 말씀을 듣고도 어버이를 위해 편지를 전하지 않았으니, 참으로 소년이 사리를 알지 못함이 이러합니다. 훗날 만나면 통렬하게 꾸짖으려 합니다.

그대의 말씀은 과연 제 의견과 일치합니다. 말씀하신 사습(士習)은 온 세상이 거의 똑같으니 어찌 그대 고을만 이러하겠습니까. 눈 뜨고 볼 만한 것이 없게 한다는 말씀은 반복하여 읽으며 개탄하였습니다.

강학절목(講學節目) 한 통을 사람을 시켜 베껴서 올립니다. 서원마다 각기 규정이 다르니 모두 다 시행할 수는 없고, 또 그 중에는 필시 시행할 수 없는 것도 있을 것입니다. 차분하게 생각하여 뜻에 따라 고칠 부분을 표시하여 돌려보내면 봄에 제육을 가져오는 인편을 통해 비로소 재임(齋任)에게 보낼 것이니 다시 그와 상의하여 정하십시오.

63 사위(士衛)를……말입니까 : 사위는 저자의 외사촌 민익수(閔翼洙)로, 이 편지를 쓴 1743년(영조19)의 한 해 전인 1742년 세상을 떠났다.

정성서에게 답하다

答鄭聖瑞

만사를 제쳐놓고 날마다 술만 마시는 것은 제가 형에게 바라는 바가 아닙니다. 천상(天象)과 인사(人事)로 인해 근심이 산처럼 쌓인지라, 차라리 영원히 잠들고 깨어나지 않기를 바라는 시인(詩人)의 소망[64]이 있어 그런 것이 아니겠습니까. 부디 삼가고 절제하여 온극(溫克)의 경계[65]를 소홀히 여기지 마십시오.

대사헌 박필주(朴弼周)의 상소는, 듣자니 글이 공손하고 부드러웠는데도 임금께서는 기뻐하여 그 참뜻을 찾아내는[66] 유익함은 없이 한참만에 겨우 내린 비지(批旨)에 단지 "이미 대유(大諭)에서 다 말하였으니, 경은 잘 헤아리라"라는 하교만 있었다고 하고, 대유를 볼 수는 없지만 대사헌에 대해서도 온당하지 못한 말이 있었다고 합니다.

편지 말미에 제 어리석음을 깨우쳐주셨으니 실로 성대한 뜻에 감사드립니다. 제 처지가 본래 위축된 데다, 근래에 비록 과분한 성은을 입었어도 평소에 충신(忠信)과 선도(善道)로 임금의 마음과 결속되지 못한 터라 제대로 말하지도 못할 것인데, 형께서 혹 깊이 생각하지 못한 것이 아닐지요.

64 차라리……소망 : 《시경》 〈토원(兎爰)〉에 "온갖 근심 모여드니, 차라리 잠이 들어 깨어나지 말았으면.〔逢此百罹, 尙寐無吪.〕" 하였다.

65 온극(溫克)의 경계 : 《시경》 〈소완(小宛)〉에 "엄숙하고 성스러운 사람은 술을 마시되 온순하고 이성을 지켜야 한다.〔人之齊聖, 飮酒溫克.〕"라고 하였다.

66 공손하고……찾아내는 : 《논어》 〈자한(子罕)〉에 "공손하고 부드러운 말을 좋아하지 않을 수 있는가. 그러나 그 말의 참뜻을 찾아내는 것이 중요하다." 하였다.

정성서에게 답하다 갑자년(1744, 영조20)

答鄭聖瑞 甲子

일전에 홍기해(洪器海) 군이 지나는 길에 신년 문안 인사차 들렀는데, 제가 장남삼아 답하기를, "나이로 따지면 그대 부친이 나보다 전관(前官)이고 성서(聖瑞)가 나보다 후관(後官)이니, 이처럼 서로 계승하다가 끝내 마칠 때가 있을 것이다."라고 하였습니다. 죽기 전에 병들지 않은 것만도 다행이지만, 봄이 왔는데도 아직 성묘 한번 못했으니 모든 다른 일을 알 수 있습니다. 듣자니 전관 또한 잘 다스리지 못했다고 하는데, 후관의 정치는 어떠한지 모르겠으나 깨어있는 날이 취한 날보다는 많겠지요?

지금 우러러 아뢰고자 하는 일이 하나 있습니다. 공자 집안에서 아내를 내친 일은 《대기(戴記)》에 나타난 것이 많습니다.[67] 이 책이 본디 다 믿을 책을 아니지만, 설령 이런 일이 있었다 하더라도 이는 집안을 다스리는 도라고 할 수는 있지만 집안이 다스려졌다고는 할 수 없으니, 성인도 인사(人事)에 있어 극진히 할 수 없었던 하나의 증거가 아니겠습니까. 성인 이하의 사람으로서 이런 변고가 있는 자는 마땅히 집안을 다스리지 못한 것으로 질책해야 합니다.

67 공자…많습니다 : 《예기》 〈단궁 상(檀弓上)〉에, 공자의 아들 백어(伯魚)가 쫓겨난 어머니의 상(喪)에 곡하다가 공자에게 '심하다'는 꾸중을 들었던 일과 자사(子思)가 아들 자상(子上)에게 쫓겨난 어머니의 상을 치르지 못하게 한 일이 실려 있다. 대기(戴記)는 《예기》의 이칭이다.

아녀자의 성품이 편협하여 비록 유순하고 순종하는 미덕을 잃었을지라도 군자는 견식과 도량으로 마땅히 숨겨줌이 곧음이 되는 의리[68]를 따라야 합니다. 더구나 형은 평생 몇 권의 책을 읽었는데 마침내 부녀자 하나 용납할 수 없단 말입니까. 필부필부가 제 살 곳을 얻지 못하는 것은 인자(仁者)가 매우 부끄럽게 여기는 바입니다. 만일 아들은 내심 아내를 사랑하는 마음이 있고, 며느리는 마음속에 '내 잘못이 무엇이란 말인가'하는 원한을 품고 있다면 인륜을 손상시킴이 어떠하겠습니까. 우리나라 풍속에서 이혼을 가벼이 허락하지 않은 것은 뜻한 바가 있기 때문입니다. 비록 이것이 한때 잠시 내치는 것이라 할지라도 어찌 쉽게 할 수 있는 일이겠습니까.

저는 붕우의 말석을 차지하고 또 혼인의 우호가 있는지라, 처음 사우(士友)를 통해 이 말을 듣고는 놀라움과 탄식을 금치 못하였습니다. 속히 편지를 써서 경계를 올리려고 했으나, 어떤 이가 '형의 성품이 급하여 한층 격화되기 쉽다' 하기에 그만두었습니다. 그러나 지금은 이미 여러 해가 바뀌었으니, 오이를 상하게 한 노여움[69]은 그치고 대추가 익었다는 노래[70]를 듣고 계실 것입니다. 더구나 지금은 성녀(聖女)

68 숨겨줌이……의리 : 《논어》 〈자로(子路)〉에 "섭공(葉公)이 공자에게 '우리 고을에 정직하게 행동한 자가 있는데, 아버지가 양(羊)을 훔치자 그것을 고발하였습니다.'라고 하자, 공자는 '우리 고을의 정직한 자는 이와 달라서 아버지는 자식을 위해 숨겨주고 자식은 아버지를 위해 숨겨주니 정직은 그 속에 있는 것이다.'" 하였다.

69 오이를……노여움 : 증자(曾子)가 오이 밭을 매다가 잘못하여 그 뿌리를 자르자, 아버지 증석(曾晳)이 막대기로 증자의 등을 내리쳤다는 고사가 있다. 《孔子家語 六本》

70 대추가 익었다는 노래 : 아들과 며느리의 효도하려는 마음을 말하는 듯하다. 대추는 증자의 아버지 증점이 좋아하던 것으로, 증자는 부친이 별세한 뒤에 대추를 보면

가 시대에 부응하고 주량(舟梁)이 길일에 맞으니,[71] 이남(二南)[72]의 교화가 마땅히 대부(大夫)의 집에서 시작되어야 합니다. 아울러 깊이 생각하시어 잘 처리하십시오.

아버지 생각이 간절하여 차마 먹지 못하였다.《孟子 盡心下》

71 성녀(聖女)가……맞으니 : 사도세자의 혼례를 말하는데, 1744년(영조20) 1월 11일에 가례(嘉禮)를 행하였다. 성녀는 성덕을 지닌 여자로, 장차 왕비가 될 사람을 가리킨다. 주량(舟梁)은 배를 이어서 다리를 만드는 것을 말하는데, 왕비를 맞아들이는 경사를 가리킨다. 주 문왕(周文王)이 태사(太姒)를 맞이하는 광경을 노래한《시경》〈대명(大明)〉에 "큰 나라에서 따님을 두셨으니 하늘에 견줄만한 여인이라네. 점을 쳐서 폐백의 예로 길일을 정하고 위수에서 친영하였네. 배를 만들어 배다리를 놓으시니 그 영광이 어찌 드러나지 않으리.〔大邦有子, 俔天之妹. 大定厥祥, 親迎于渭. 造舟爲梁, 不顯其光?〕"라고 한 데서 온 말이다.

72 이남(二南) :《시경》주남(周南)과 소남(召南)을 말하는데, 주남은 문왕(文王)의 후비인 태사(太姒)의 덕을, 소남은 후비의 교화를 입은 제후국 왕비의 덕을 읊은 것이다.

정성서에게 답하다
答鄭聖瑞

다소의 말씀에 매우 감격하여 칭송합니다. 다른 일은 두 현인을 배우지 못하고 그 병만 배웠으니, 비록 가당찮은 비유인 듯하나 이처럼 비교되는 것 또한 참으로 영광입니다. 다만 제 분수에는 무슨 도움이 되겠습니까. 형은 지금 다시 산을 오르는 다리 힘을 시험하여 올해는 지팡이도 필요 없으니, 두 현인의 다른 일은 배우고 병은 배우지 않은 듯합니다. 시인의 우스갯소리를 어찌 인용까지 하십니까. 우습습니다.

보내주신 새로 빚은 술은 받자마자 마시고 취하였는데, 빛깔과 맛이 과연 매우 좋았습니다. 용렬한 의원의 말을 믿을 수는 없으나 늙은이의 기운을 부지하는 효과는 이것이 제일이라 합니다. 제 천성이 본디 술을 좋아하지만 많이 마시지 못하여 그저 조금 취하면 그만 마십니다. 이 방법이 가장 좋으니, 남의 좋은 점을 취하는 일이 될 수 있을 듯합니다.

《주서차의(朱書箚疑)》 초본(草本)은 지금 막 대교(對校)하여 겨우 〈강의편(講義編)〉에 이르렀습니다. 반드시 끝까지 한 번 다 보아야 돌려드릴 수 있으니, 충분한 시간을 주십시오. 강학은 금년에는 우선 봄가을의 가운데 달에 대향(大享)을 지낸 뒤에 시작하고, 앞으로 사맹(四孟)[73]이나 매달 시행하는 문제는 차분히 상의하여 처리하는 것이 좋겠습니다. 어떻게 생각하시는지요?

73 사맹(四孟) : 봄 · 여름 · 가을 · 겨울 사계절의 각 첫 달로, 음력 1월, 4월, 7월, 10월을 말한다.

정성서에게 답하다
答鄭聖瑞

말씀하신 정자(程子)의 글은 제가 기억하고 있는 내용입니다. 그러나 일찍이 율곡 선생의 〈어록(語錄)〉을 보니, "의(義)로 결단하면 차마 할 수 없는 일을 하게 된다." 하였습니다.[74] 차마 할 수 없는 일을 하면 부자와 부부 사이에 손상되는 바가 많으니, 이 뜻을 깊이 생각하지 않아서는 안 될 듯합니다. 제 말이 이미 받아들여지지 않았으니, 더 이상 무슨 말을 하겠습니까. 오직 이천(伊川)의 말 중에 "자신을 수양하여 집안에 모범을 보인다〔修身刑家〕"는 네 글자에 뜻을 기울이시길 바랍니다만, 자신을 수양하는 것이 또 더욱 힘쓸 부분입니다. 어떻게 생각하시는지요?

유씨(兪氏) 집안의 일은 왕년에 또한 여러 장로들의 서론(緖論)에서 익히 들었습니다. 정자의 정론(定論) 또한 그 당시 한쪽 편에서 끌어와 중하게 삼은 것인데, 유씨 집에서 이에 대처한 방법은 매우 좋지 못합니다. 무릇 죄를 따지고 들면 갈수록 더욱 새로운 죄가 나오는 법이니 반드시 이혼시킨 뒤에야 그치려 할 것입니다. 이혼시키려는

74 율곡……하였습니다 : 《율곡전서(栗谷全書)》 권31 〈어록 상(語錄上)〉 〈김진강소록(金振綱所錄)〉에 "단류이위인(斷流而爲忍)을 묻자, 오늘날 부자와 부부 사이에 의로 결단하여 끝내 차마 하지 못하는 데 이르는 경우가 많은 것과 같다.〔今父子夫婦之間, 多以斷而終至於忍.〕" 하였다. 단류이위인(斷流而爲忍)은 〈성학집요(聖學輯要)〉에 나오는 내용인데, "의(義)가 어긋날 때는 지나친 판단으로 차마 할 수 없는 일을 하게 된다.〔義之差也, 則斷流而爲忍.〕" 하였다.

뜻이 실로 아들을 위한 일인 만큼 인류의 변고에 사의(私意)가 섞여서는 안 됩니다. 그 아들 입장에서 처신이 더욱 어떠하겠습니까. 이것이 인심이 매우 불평스럽게 생각하는 이유입니다. 죽장(竹丈)도 본디 순수하지 못한 혐의가 없지는 않고 저 또한 외숙 지재공(趾齋公 민진후(閔鎭厚))의 논의를 따르고 있습니다. 그대의 뜻을 살펴보건대, 아마도 이혼은 중하게 여기고 친정으로 돌려보내는 것은 가볍게 여기는 듯합니다. 그러나 돌려보내고 다시 돌아오게 하지 않으면 이는 관청에 알리지 않은 이혼입니다. 처음은 조금 다르다 해도 실제로는 똑같으니, 이 또한 어찌 쉽게 할 수 있는 일이겠습니까.

"성인이라도 행하지 못하는 바 있다."라는 한 구절[75]은 후인(後人)의 처지에서 성인을 본다면 진실로 의심할 만한 듯합니다. 그러나 성인의 마음은 비록 이미 능한 일에도 항상 능하지 못한 듯이 하셨습니다. 성인도 오히려 이러한데 하물며 일반사람은 어떻겠습니까. 부자(夫子)께서 이른바 군자의 도 네 가지에 대해 비록 스스로 능하지 못하다고 하셨으나,[76] 이는 실은 당연한 도이고 사람들이 공통으로 행하는 것입니다. 만약 그대의 말씀대로라면 이 네 가지는 장차 성인이 능하

75 성인이라도……구절 : 《중용장구》 제12장의 "필부필부의 불초한 수준으로도 행할 수가 있지만, 그 도의 지극한 차원에 이르러서는 비록 성인이라도 행하지 못하는 바가 있다.〔夫婦之不肖, 可以能行焉, 及其至也, 雖聖人, 亦有所不能焉.〕"라는 구절을 말한다.

76 부자(夫子)께서……하셨으나 : 《중용》 13장에 "군자의 도 네 가지 중에 나는 한 가지도 잘하지 못한다. 자식에게 바라는 것으로 부모를 섬기는 일을 잘하지 못하며, 신하에게 바라는 것으로 임금을 섬기는 일을 잘하지 못하며, 아우에게 바라는 것으로 형을 섬기는 일을 잘하지 못하며, 벗에게 바라는 것을 내가 먼저 벗에게 베푸는 일을 잘하지 못한다." 하였다.

지 못한 바라고 하여 일반사람들에게 요구해서는 안 되는 것입니까.

친정으로 돌려보내는 것은 집안을 다스리는 방도인데, 이는 그대가 이미 행하셨습니다. 잘못을 뉘우치기를 기다려 즉시 돌아오게 한다면 이는 집안이 다스려진 것입니다. 이것이 어찌 그대로 하여금 그 방도를 버리고 대번에 그 효과를 구하게 하려는 것이겠습니까. 이 또한 우매한 제가 의심스럽게 여기는 바입니다. 그러나 그대가 이미 작은 인〔小仁〕으로 자처하지 않고자 하시는 만큼 지금은 비록 면목이 없지만 후일에는 필시 장구한 인정이 될 것이니[77] 이는 오히려 기쁜 일입니다.

77 작은……것이니 : 주희(朱熹)가 왕자합(王子合)에게 답한 편지에서 한 말이다. 사람을 너그럽게 대하는 작은 인〔小仁〕은 상대를 그르치게 하므로 큰 인〔大仁〕에 해롭고, 사람을 엄하게 대하면 면목은 없지만 크게 진보시키므로 장구한 인정이라고 하였다. 《朱子大全 卷49 答王子合》

정성서에게 답하다

答鄭聖瑞

봄에 정원의 매화가 일찍 피었다가 중간에 서리와 눈을 맞은 탓에 작년처럼 무성하지 꽃을 피우지 못했으니 참으로 너무나 한탄스럽습니다. 우연히 "꽃 앞에서 조촐하게 마시며 벗을 기다린다."라는 시구를 지었는데, 벗은 오지 않고 꽃은 이미 다 저버렸습니다. 그대를 향한 그리움을 어찌 그칠 수 있겠습니까. 이러한 때 그대 생질의 가노(家奴)가 그대의 편지를 전해주니, 한 번 뵙는 것처럼 위로되었습니다. 전혀 따뜻한 기운이라곤 없는 날씨에도 몸 건강히 계시다니, 매우 기쁩니다.

제가 궁벽한 지역에 살아 서울 사람들과 드물게 접하다 보니 사원(士元 민우수(閔遇洙))에 대한 비방이 세상에 가득하다는 것을 뒤늦게 들었는데, 지금 보내신 편지를 보니 그 소문을 더욱 믿을 수 있겠습니다. 사원이 본래 일에 끼어들어 간섭하려 하지 않는 성품이라, 저는 항상 고요함을 좋아하고 활동을 싫어하는 그 성품을 병통으로 여겼지, 지금 이렇게 절로 시비 속으로 들어갈 줄은 참으로 생각지도 못했습니다.

처음부터 그의 생각이 저와는 같지 않았습니다. 저는 "두 선생(송시열과 송준길)은 마음이 같고 덕이 같으니 감히 선후의 우열을 두어서는 안 된다. 그러나 임금의 지우(知遇)의 융숭함과 청나라에 대한 설욕의 책임으로 보면 우옹(尤翁)이 주인이고 춘옹(春翁)은 보좌이니, 우옹을 먼저 배향하고 춘옹을 나중에 배향해야 하는 것이 비단 벼슬 때문에 그런 것만은 아니다."라고 하였고, 그는 "이 말도 우열을 두는데 가까우니, 그저 나이를 가지고 고하를 삼는 것이 사리상 마땅한 일이다. 춘옹이 우옹보다 나이가 많으니 춘옹을 우옹보다 먼저 배향한다면 우옹에 있어 손상되는 바가 없지만, 우옹을 춘옹보다 먼저 배향한다면 이는 고하를 정한 셈이 되니, 매우 온당히 못한 일이 아니겠는가. 이로써 감히 구차하게 의견을 같이 할 수 없다."라고 하였습니다.

이정욱(李挺郁)이 단거(單擧)[78]를 청한 일에 대해서는 사원뿐만 아니라 저 또한 배척하는 바입니다. 문묘 배향의 법규가 단지 한 사람만 취해야 한다면 춘옹이 우옹에게 양보해야겠지만, 그렇지 않다면 후인이 어찌 감히 그 사이에서 경솔하게 결정하겠습니까. 이는 선후의 순서를 다투는 것과는 사체의 경중이 자별하기 때문입니다.

사람의 도덕과 공열은 백세 뒤의 성인의 평가를 기다려야 합니다. 비록 이 분을 먼저 배향하고 저 분을 나중에 배향하고, 또 혹은 저 분을 먼저 배향하고 이 분을 나중에 배향하더라도 이것이 어찌 그분들의 본분이 더해지고 덜해지겠습니까. 이는 두 선생에게 있어선 전혀 중요한 문제가 아닌데, 후생의 무리들이 저들끼리 피차를 만들어 함부로 선후의 순서를 정하고자 다투어 무너진 세도(世道)를 또 더욱 무너뜨리고 말았으니, 이는 하늘의 뜻입니까, 사람의 뜻입니까. 말한들 무엇하겠습니까.

사람들의 소견이 비록 각기 다르지만 대체(大體)를 가지고 말하면, 우옹을 높이는 자들은 또한 춘옹을 높이지 않아서는 안 됩니다. 그런데 지금 우옹을 먼저 배향하자고 주장하는 자들은 춘옹에 대해 불손한

78 단거(單擧) : 문묘(文廟) 배향에 어느 한 사람만 천거하는 것으로, 송준길을 먼저 언급하고 송시열을 뒤에 언급한 권상하를 구실로 내세워 송준길만 천거하자고 주장하는 것을 말한다.

말을 하는 자가 많습니다. 이에 사원처럼 쉽게 흥분하지 않는 사람조차도 분노하여 긴 편지에 드러낼 정도이니, 이는 매우 경계하지 않아서는 안 됩니다. 한 후생이 언급한 '덕이 높다〔德尊〕'는 두 글자를 통렬히 배척하신 점에서 그대의 뜻을 또한 알 수 있습니다. 그러나 편지의 말씀 중에 가리지 않고 말씀한 것이 있는 듯하니, 부디 더욱 돌이켜 살펴보십시오.

권우(權友)에게 보내셨던 편지는 받들어 읽고서 돌려보냅니다. 외람되이 지적한 말을 받아들여주셨으니, 또한 어찌 감히 스스로 숨기겠습니까. 안자(顔子), 증자(曾子), 정자(程子), 장자(張子)에게 정해진 명칭이 있다는 말씀은 바로 후인들의 말일 뿐입니다. 오늘날 두 선생에 대한 우리들의 경우는 한 집안의 자제들이 부형을 말하는 것과 같으니, 이와는 사체가 절로 다릅니다. 만일 이런 부분에서 말을 너무 쉽게 한다면 질책을 받은 후생이 혹 "선생님의 행위도 정도에서 나오지 않았다."라고 말하지 않겠습니까. "성현을 시비하는 것은 어리석은 사람이 자기 아버지와 할아버지의 나이를 따지는 것과 같다"는 주자(朱子)의 말씀이 절로 명언입니다. 제가 본래 남에게 누차 말했던 것을 또 형의 편지에서 보았으니, 참으로 두렵습니다.

문묘 종사에 춘옹만 단거하자는 의논은 일찍이 듣지 못한 바로, 이런 이치는 없을 듯합니다. 아마도 흥분한 나머지 평정을 잃은 말이 아니겠습니까. 수옹(遂翁 권상하(權尙夏))이 행궁(行宮)에서 아뢴 말은 바로 사원이 중요하게 의거하는 바로, 논쟁의 단서를 그치게 하려고 한 말입니다. 만일 그대의 말씀과 같다면 이것은 끝내 실속도 없이 힘만 허비하는 것입니다. 그러나 '수옹의 본뜻이 훗날 종향의 위차를 정하려는 생각에서 언급한 것이다'라고 말한다면 잘못된 것이지만, 말하던 차에 우연히 춘옹을 먼저 언급했다고 하는 것도 실상은 아닐 것입니다.

제가 당시에 마침 유도 시종신(留都侍從臣)의 말석에 있었기에 사우들 사이에서 실로 귀로 듣고 눈으로 목격한 것이 있습니다. 그러므로 지난번에 제가 남에게 준 편지[79]에 "수옹의 이 말씀으로 인해 춘옹 집안의 자손들은 매우 기뻐하고 우옹 집안의 자손들이 매우 노하였으니, 그 기뻐하고 노하는 것은 모두 자잘한 사의(私意)이다."라고 한 것입니다. 이 편지가 한번 퍼지자 두 집안 자손들이 모두 노하여, "우리 집 부형이 어찌 기뻐하였나." "우리 집 부형이 어찌 노하였나."라고 하기에, 제가 "기뻐하고 노한 것이 실로 근래에 일어난 동족 싸움의 원인이니, 비록 이런 일이 없었다고 말해도 저는 믿을 수 없습니다."라고 답하였습니다. 이로 인해 저도 시비의 마당 속에 들어가게 된 것인데, 형은 아직 듣지 못하셨습니까?

이어 편지에 언급하신 "이는 은밀히 예론(禮論)을 주관하여 사류에게 화를 전가하는 낡은 수단이자, 탕평의 남은 계책을 답습하려는 어떤 이에게서 기인하였다."라는 말씀은 필시 분명하게 가리키는 사람이 있을 터인데, 저는 알지 못하겠으니 우둔하기 그지없습니다. 이에 대해 듣고 싶습니다. 제 견해 중에 이치에 맞지 않는 부분에 대해서도 이후 인편을 통해 상세하게 가르쳐주시고, 이정욱이 올린 상소의 잘잘못에 대해서도 그대의 생각을 알고 싶습니다.

79 남에게 준 편지 : 본서 제12권에 실린 〈윤경유에게 답하다〔答尹景儒〕〉를 말한다.

정성서에게 답하다

答鄭聖瑞

지난달에 그대 조카님이 몇 폭이나 되는 그대의 긴 편지를 소매에 넣어 와 전해주었는데, 지금도 펼쳐서 읽노라면 차마 손에서 놓을 수가 없습니다.

금강산 유람은 즐거우셨습니까? 망양정(望洋亭)과 월송정(月松亭) 일대까지 다 돌아보시고도 단옷날에 맞추어 돌아오셨으리라 생각됩니다. 노년의 근력으로 어찌 피로하지 않겠습니까마는 가슴은 확 트였을 것이니, 얻은 바가 적지 않을 것입니다. 세상만사 어떤 일이든 하나를 잃으면 하나를 얻지 않겠습니까. 자리에서 겨우 목숨만 부지하는 있는 저는 그저 양충(壤蟲)[80]의 부러움만 있을 뿐입니다.

이전 편지에서 아뢴 열여덟 글자에 대해 외람되이 그대의 인정을 받아 그 대체(大體)가 이미 같으니 어찌 세세한 절목을 따지겠습니까. "우옹을 높이는 자는 춘옹을 높이지 않아서는 안 되고, 춘옹을 높이는 자는 우옹을 높이지 않아서는 안 된다."는 말도 인정을 받았으니, 어리석은 제 견해가 이치에 그다지 어긋나지 않아 다행입니다. 그러나 "춘옹 집안에 치우친 것 같다."라는 말씀은 오히려 제 마음을 잘 알지 못함이 있는 듯하니, 어째서입니까?

80 양충(壤蟲) : 상대적으로 극히 보잘 것 없음을 뜻한다. 《회남자(淮南子)》〈도응훈(道應訓)〉의 "나를 부자(夫子)에 비교하면 한 번에 천리를 나는 황곡과 한 번에 한 치 정도 꼼틀거리는 양충과도 같다."라는 구절에서 나온 말이다.

또 그대가 권우(權友)에게 보낸 편지는, 그 본뜻을 따져보면 그를 아끼는 마음에서 나온 것입니다. 그런데 근래에 들으니 심중량(沈仲良)의 손자 계연(繼衍)이라는 자가 "조부를 팔아 영화를 탐했다."는 죄목으로 권우의 아들을 벌주었는데, 그대의 말을 근거로 삼았다고 합니다. 말을 너무 쉽게 하면 그 폐단이 바로 드러나니, 거듭 경계해야 하지 않겠습니까.

흥원(興原) 사람에 대한 말씀은 또한 잘 알겠습니다. 춘옹 집안의 후손 가운데 명문(明文)과 사원 같은 이들[81]은 본래 이 사람과는 연(燕)나라와 월(越)나라[82]처럼 기상이 다르건만, 의심하는 말이 이 지경에 이르렀습니다. 이에 대해서는 결코 이런 일이 없었다고 장담합니다. 더구나 현석(玄石 박세채(朴世采))의 평소 언론이 오늘날 조정 논의의 근저가 된 것이 이상할 것도 없습니다. 춘옹이 어찌 일찍이 털끝만큼도 이와 비슷한 점이 있었겠습니까. 춘옹의 자손들이 비록 죄다 형편없다고 하더라도 이에 빙자하여 이른바 대탕평(大蕩平)에 부합할 자는 없을 듯하니, 부디 지나치게 걱정하지 마십시오. 이로써 본다면 이리저리 오가는 말을 참으로 일일이 믿어서는 안 됩니다.

81 춘옹(春翁)……이들 : 사원(士元 민우수)의 조부 민유중(閔維重)은 송준길의 사위이다. 명문(明文)은 미상이다.

82 연(燕)나라와 월(越)나라 : 연나라는 중국 북방에 있고 월나라는 중국 남방에 있어, 서로 간에 차이가 많은 것을 형용하는 말로 쓰인다.

정성서에게 답하다
答鄭聖瑞

다소의 말씀은 잘 알았습니다. 양호(羊祜)와 두예(杜預)[83]의 교제로 자처하시니, 대우를 받음이 참으로 두텁습니다. 그러나 사람들 말이 있더라도 만일 저를 잘 아신다면 그저 한번 웃고 말 일인데, 어찌하여 덩달아 이처럼 말씀하셨습니까. 말을 해도 믿지 않는다는 것은 성인께서 이미 《주역》 곤괘(困卦)에 드러내셨으니,[84] 단지 입을 다물고 묵묵히 있어야 마땅하지만, 또 감히 대답하지 않아 거만하다는 혐의를 받을 수는 없습니다. 부디 너그러이 살펴주십시오.

83 양호(羊祜)와 두예(杜預) : 진(晉)나라의 장수로서 함께 오나라를 토벌에 의견을 같이하였으며, 양호가 죽을 때 두예를 자신의 후임으로 천거하였다.

84 말을……드러내셨으니 : 《주역》 〈곤괘〉에 "말을 하면 믿지 않을 것이다.〔有言不信〕" 하였다.

정성서에게 답하다 을축년(1745, 영조21)

答鄭聖瑞 乙丑

봄이 끝나갈 때에야 비로소 봄기운이 돕니다. 조용히 조섭하시는데 더욱 평안하신지요? 한파에 눌려 정원의 매화는 꽃봉오리 한두 개도 피우지 못하였고 게다가 피차간에 늙고 병들어 함께 어울릴 길이 없습니다. 지난날 매화 아래에서 조촐하게 마시던 일을 생각나지만 다시 이런 기회를 얻기 쉽지 않으니, 서글피 탄식한들 어찌하겠습니까.

저는 다리 힘이 빠져서 걷지 못하고 입을 열지 못해 말을 할 수 없는지라, 완전히 중병환자 꼴입니다. 어제 홍군석(洪君錫) 부자가 찾아주었는데, 말 한 마디 못하고 그저 바라 볼 뿐이었으니, 한탄스럽습니다.

구구한 저의 생각으로는 서원이 있는데 독서하지 않으면 이름이 실상에 맞지 않으니 장차 어디에 쓰겠습니까. 이 때문에 제가 서원 원장 자리에 있을 때엔 모두 강학을 시켰는데, 혹은 따르기도 하고 혹은 행하지 않았습니다.

그대 마을의 서원은 다른 서원과는 비교할 바가 아닙니다. 선정(先正)의 유택(遺澤)이 오래되지 않은 데다 노형(老兄)과 여러 사우들이 살고 있는 만큼 강학하기가 쉬울 듯한데도 몇 년 운영하는 사이에 끝내 폐해지고 말았습니다. 그렇다면 어찌 사우들의 수치가 아니겠습니까. 여기에는 많은 사람이 필요하지 않습니다. 형이 만약 형 집안의 여러 자제를 권면하여 일으키고, 유생 홍겸해(洪謙海) 또한 함께 일할 만한 동지 10여 명을 천거하여 각각 통고하고 하나의 강학안(講學案)을 만들어 4월부터 시작하여 사계절에 한 번씩 회강(會講)하기로 약정한다면 일이 쉽게 이루어질 것입니다.

김존보[85] 신겸 에게 답하다 기유년(1729, 영조5)

答金尊甫 信謙○己酉

지난번 사원(士元 민우수(閔遇洙))이 오는 편에 8월에 보내신 편지를 받았습니다. 근후하신 뜻을 입으니 애감(哀感)[86]이 끝이 없습니다. 그때가 마침 상제(祥祭) 때라 슬프고 경황이 없어 사원이 돌아가는 편에 답장을 부치지 못했고, 여주(驪州)의 인편이 근래에 또 드물어 지금까지 답장하지 못하였습니다. 어느덧 이미 두꺼운 얼음이 얼었는데, 궁벽한 산골에서 경서를 끼고 지내시니 기운이 맑고 한가로울 것입니다. 형제분에 대한 근심이 있다고 들었는데 이미 안정되었으리라 생각됩니다.

저는 모질게도 죽지 않고 살아남아 어느덧 담제(禫祭)를 지냈습니다. 끝없이 울부짖고 쓰러지는 통에 지금 눈이 전혀 보이지 않아 책을 볼 수는 없고 그저 익숙한 《대학》과 《논어》를 간혹 한두 편씩 외우며 조금 재미를 느끼지만, 참된 마음으로 궁구하지 못하고 사특한 생각을 제거하지 못하고 있습니다. 한 생각이 끊기면 하루의 공부가 무너지고, 하루를 허술하게 보내면 한 달의 공부를 잃는 법인데, 이 일도 갈수록 하기 어려워지니, 바삐 50여 년을 보내다가 끝내 이름도 없이 죽게 될 듯합니다.

85 김존보(金尊甫) : 김신겸(金信謙, 1693~1738)으로, 본관은 안동(安東), 호는 증소(橧巢)이고 자가 존보이다.

86 애감(哀感) : 저자가 모친상 중에 있기 때문에 한 말이다.

우리들이 오늘날 힘쓸 것이 오직 주자(朱子)의 구경법(究竟法)[87]인데, 붕우 중에 박실하고 중후하여 이 학문을 짊어지고 갈 자를 쉽게 볼 수 없습니다. 보내신 편지에서 사원에게 정성을 쏟은 것도 아마 말세를 걱정하는 뜻이겠지요. 감탄스럽습니다. 더구나 남에게 이처럼 요구하시는 것을 보면 자임하시는 것을 알 수 있습니다. 이 도가 외롭지 않으니, 얼마나 다행입니까.

사원은 타고난 자품이 본디 매우 훌륭하지만 평생 기력이 부족하여 유속(流俗)을 통렬히 벗어나지 못했습니다. 그가 이름이 알려지는 것을 두려워하여 선을 행하는 방도를 극진히 하지 못한 것은 또한 선이 참으로 행할 만한 것임을 알지 못했기 때문입니다. 그러나 수년 전과 비교해보면 매우 노력하는 듯합니다. 그를 만났을 때 율곡선생(栗谷先生)의 "조금이라도 성인에 미치지 못하면 나의 할 일이 끝나지 않았다."는 말씀[88]을 보여주었는데, 그는 황공해하며 감당하지 못하였습니다. 그러나 이런 말을 함부로 한 것은 또한 보내신 편지에서 나약함을 권면하신 덕분입니다. 이후에도 매사에 절차탁마하여 우리의 도를 크게 부지해 주시기를 그대에게 매우 바랍니다. 벗에게 바라는 바를 먼저 벗에게 행하는 것을 성인이 어찌 능하지 못했겠습니까.[89] 그런데도 이

87 주자(朱子)의 구경법(究竟法) : 《주자어류(朱子語類)》 권8에 "세간의 온갖 일은 잠깐 사이에 변화하여 없어지는 것인 만큼 모두 가슴속에 담아 둘 가치가 없다. 오직 궁리하고 수신하는 것이 구경법이 될 뿐이다.〔世間萬事, 須臾變滅, 皆不足置胸中, 惟有窮理修身, 爲究竟法耳.〕" 하였는데, 구경은 최고의 경지, 극치, 결과 등의 뜻으로, 구경법은 최고의 목표를 향해 나아가는 방법을 말한다.

88 율곡선생(栗谷先生)의……말씀 : 《율곡전서(栗谷全書)》 권14 〈자경문(自警文)〉에 나오는 구절이다.

렇게 말씀한 것은 그 마음이 겸손하여 부족한 듯이 여기기 때문입니다. 다시 바라오니, 마음을 비우고 뜻을 공손히 하며 외화(外華)를 버리고 내실(內實)을 힘써서 날마다 독실하게 공부하는 유익함이 있다면 이택(麗澤)[90]의 도움을 어찌 사원에게만 의지하겠습니까. 이는 또 매우 다행스런 일입니다.

그대 집안의 백춘(伯春)[91]은 또한 어떻게 지냅니까? 아우 유(維)가 상처(喪妻)한 것은 실로 집안의 운수와 관련이 있습니다. 지금 여기에서 함께 지내고 있는데, 외롭고 적막하던 마음이 자못 위로됩니다. 서로 멀리 떨어져 있는지라 훌륭하신 논의를 한번 듣고서 몽매한 견해를 시원하게 트일 길이 없기에 그저 그리워할 뿐입니다.

89 벗에게……못했겠습니까 : 《중용》 13장에 "군자의 도 네 가지 중에 나는 한 가지도 잘하지 못한다. 자식에게 바라는 것으로 부모를 섬기는 일을 잘하지 못하며……벗에게 바라는 것을 내가 먼저 벗에게 베푸는 일을 잘하지 못한다."라는 구절을 말한다.

90 이택(麗澤) : 인접해 있는 두 못이 서로 윤택하게 한다는 뜻으로, 벗끼리 서로 도와 학문과 덕행을 닦는 일을 비유한다. 《주역》 〈태괘(兌卦) 상(象)〉에 "붙어 있는 택(澤)이 태(兌)이니, 군자가 보고서 붕우들과 강습한다.〔麗澤兌, 君子以, 朋友講習.〕"라고 한 데서 온 말이다.

91 백춘(伯春) : 김원행(金元行, 1702~1772)으로, 본관은 안동(安東), 호는 미호(渼湖) 또는 운루(雲樓)이며, 자가 백춘이다. 김신겸의 종질(從姪)이다.

김존보에게 답하다 경술년(1730, 영조6)

答金尊甫 庚戌

5월에 보내신 그대의 편지를 7월에 받았는데 저를 생각해 주시는 뜻이 몹시 두터웠습니다. 그러나 비통에 잠겨 정신이 혼미한 탓에 힘을 내어 답장을 쓸 수 없어 머뭇거리다 지금까지 이르렀습니다. 위독한 병을 잠깐 앓으셨다고 얼핏 들었습니다. 근래에 하늘의 뜻이 고가(故家)에만 유독 화를 내리는 듯하여 믿을 수 없고, 게다가 궁벽한 산골에는 의약(醫藥)도 없었을 터인데, 빨리 회복되신 것이 다행일 뿐입니다. 처음에는 놀랐다가 나중에는 기뻤으니 그 심정을 말로 다할 수 없습니다.

그대 말씀이 명백하고 간절하여 지극히 사람을 깨우치셨는데, 그중에서도 도움을 구하는 뜻은 매우 훌륭하십니다. 다만 평소 그대에게 인정을 받은 것이 극히 얕은지라, 비록 망령되게 말씀드리고 싶어도 어찌 바다처럼 깊은 그대의 생각을 이 얕은 소견으로 그 한둘이라도 헤아릴 수 있겠습니까.

지금 그대 스스로 병통이라고 말한 것을 가지고 살펴본다면, "평소에 함양하는 한 가지 공부가 결여된 탓에 마음이 어지러워 침잠하고 순일(純一)한 맛이 없다."는 주자(朱子)의 말을 통렬히 살피지 않아서는 안 될 듯합니다.

제 몸의 진덕수업(進德修業)[92]의 순서야 어찌 말할 만한 것이 있겠습

92 진덕수업(進德修業) : 덕을 향상시키고 학업을 닦는다는 뜻으로, 《주역》〈건괘

니까. 다만 종전에 다소의 책을 잘못 읽어 실제로 힘을 얻은 곳이 하나도 없는 것이 매우 두려워 만년에 이를 수습하여 아침에 도를 듣고 저녁에 죽고 싶은 소망[93]을 실현하고 싶지만, 기질은 변화시키기 어렵고 정력마저도 이미 미치지 못합니다. 이 때문에 더욱 훌륭한 벗의 곁에 한번 몸을 두고 싶지만 어찌 바랄 수 있겠습니까.

사우 간에 서로 도와서 닦아야 한다는 말씀은 시대의 병통에 절실히 들어맞으니, 그대가 아니면 어디에서 이런 말을 들을 수 있겠습니까. 부디 동지들과 힘쓰십시오.

백춘(伯春 김원행(金元行))을 오랫동안 보지 못했는데, 학문의 진전이 어떠한지 모르겠습니다.

별지 別紙

"성(性)이 선(善)함을 알고 충(忠)과 신(信)을 주된 근본으로 삼는다."는 정자(程子)의 말[94]에서 마음을 열고 진보할 곳이 있음을 크게 깨달을 수 있으니, 이것을 매번 동지들에게 보여주십시오.

저는 항상 "학문을 하는 대방(大方)은 주자(朱子)의 〈경의재기(敬義齋記)〉 이상은 없다."고 생각하였으니, 거의 종신토록 사용하여도 다함이 없을 것입니다. 다만 실제로 힘을 얻는 곳이 없음이 걱정일 뿐입

(乾卦)〉에 나오는 말이다.

93 아침에……소망 : 31쪽 주14 참조.

94 성(性)이……말 : 《근사록》 권2 〈위학(爲學)〉에 나오는 정호(程顥)의 말로, "성이 선함을 알고 충과 신을 근본으로 삼으면 이것이 먼저 큰 것을 확립하는 것이다." 하였다.

니다.

자하(子夏)는 날마다 자기에게 없는 것을 알고 달마다 자기가 능한 것을 잊어버리지 않았으니,[95] 고인의 독실함을 어찌 미칠 수 있겠습니까. 근래에 이것을 모범으로 삼아 날마다 횡거(橫渠 장재(張載))의 육유(六有)[96]를 외우며, 또 덕성을 높이고 학문에 힘쓴다.〔尊德性道問學〕[97]는 것을 마음으로 삼고서 "잠시 동안도 한가하게 보내지 말아야 한다"[98]는 말로 매사 단속하려 하나 끝내 중단될 때가 많으니 어찌하면 좋겠습니까.

제 성품이 지나치게 너그럽지만 세상에 격분하고 세속을 미워하는 뜻이 없을 수는 없습니다. 《주자어류(朱子語類)》에 이런 구절이 있습니다. "언제쯤이나 태평시대를 볼 수 있을까요?"라고 질문에, 주자는 "이런 몸과 마음으로는 또한 태평시대를 볼 수 없다."고 대답하였습니다. 이 글을 읽고는 마음이 평정해지는 것을 깨달았습니다. 그대의 말씀에도 이런 병통이 있는 듯하기에 시험삼아 아룁니다.

95 자하(子夏)는……않았으니 : 《논어》 〈자장(子張)〉에 나오는 말이다.

96 횡거(橫渠)의 육유(六有) : 장재(張載)가 《정몽(正蒙)》 〈유덕(有德)〉에서 말한 "말에는 가르침이 있고〔言有教〕, 행동에는 법도가 있어야 하며〔動有法〕, 낮에는 하는 일이 있고〔晝有爲〕, 밤에는 터득하는 바가 있어야 하며〔宵有得〕, 숨 쉬는 사이에도 본성을 기르고〔息有養〕, 눈 깜짝하는 사이에도 마음을 보존해야 한다.〔瞬有存〕"는 것이다.

97 덕성을……힘쓴다 : 《중용장구》 27장에 나오는 말이다.

98 잠시……한다 : 《근사록》 권2 〈위학(爲學)〉에 나오는 구절로, "잠시 동안도 한가하게 보내지 말아 날마다 이와 같이 한다면 3년이면 거의 진전됨이 있을 것이다." 하였다.

유자공[99] 숙기 에게 주다 갑자년(1744, 영조20)

與兪子恭 肅基○甲子

호남과 호서 사이에 있는 죽림서원(竹林書院)[100]은 산과 바다의 승경(勝景)이 이에 필적할 곳이 드물고 사체(事體)의 엄중함이 다른 서원에 비할 바가 아닌데도, 시골 풍속이 몽매하여 서원의 도가 무너짐이 심합니다. 강학이 아니면 그 적폐를 구제할 길이 없는데, 지금 반드시 먼저 강장(講長)을 정해야만 손을 쓸 수 있습니다. 선비들의 바람이 그대에게 있고 내 생각에도 진실로 부합하니, 이를 수락하시어 공무의 여가에 가서 가르치는 수고를 꺼리지 않을 수 있겠는지요?[101]

지금은 세속이 우세하고 도학(道學)이 미약한 시대입니다. 시의(時義)로 보면 아직 이런 일을 대번에 말할 수 없지만, 서원이 있는 만큼 강학하지 않을 수 없습니다. 그러므로 나는 서원 원장을 맡으면 매번 이것을 권면하였습니다. 부탁을 수락하는 여부는 남에게 달려있지 나에게 달린 일이 아닌데, 나는 나의 직임을 수행하려는 것뿐입니다. 다른 사람들이야 본디 심히 우활하다고 말하겠지만, 그대는 혹 이러하

99 유자공(兪子恭) : 유숙기(兪肅基, 1696~1752)로, 본관은 기계(杞溪), 호는 겸산(兼山)이고, 자가 자공이다. 김창흡(金昌翕)의 문인이다.

100 죽림서원(竹林書院) : 전라도 여산(礪山)에 있는 서원으로, 이이(李珥), 성혼(成渾), 김장생(金長生), 조광조(趙光祖), 이황(李滉), 송시열(宋時烈)을 제향한 곳이다.

101 지금……있겠는지요 : 당시 유숙기가 임피 현령(臨坡縣令)으로 재직중이었으므로 이런 부탁을 한 것이다.

지 않겠지요? 만일 불가하다고 여기지 않으신다면 아끼면서도 돕지 않는 이런 도리가 어디 있겠습니까.

얼핏 들으니 원규(院規)에서 이전부터 인근 고을의 수령을 장의(掌議)로 차임하였기 때문에 이번에는 강학이라는 두 글자를 특별히 붙였다고 합니다.

이번에 가는 이생(李生) 광국(光國)은 여산(礪山) 사람으로 현재 도유사(都有司)[102]로 있는데 수년 전부터 이 일을 맡아 온 자입니다. 그가 직접 그대를 뵙고 청한다고 하기에 편지를 써서 소개하니, 부디 만나서 정성껏 대우하고 그 사정을 세심하게 물어보는 것이 어떻겠습니까?

절목(節目)을 이제부터 지어 올리려 하지만 먼 지역의 사정을 여기서 헤아릴 수 없습니다. 만약 먼저 초고를 지어 보여주신다면 마땅히 내 소견으로 수정하고 다듬어서 다시 교정을 기다리겠습니다. 어떻게 생각하시는지요?

102 도유사(都有司) : 향교나 서원의 사무를 맡은 우두머리를 말한다.

유자공에게 답하다

答兪子恭

죽림서원(竹林書院)의 강장(講長)을 수락하시어 많은 선비들의 바람을 위로하였으니 다행스런 일입니다. 그대가 녹사(祿仕)[103]의 율령에 힘써 종사하여 문서 처리에 시달리느라 옛 학문에 전념할 수 없을 듯하니, 이것이 그대를 아끼는 사람으로서 늘상 하는 탄식입니다. 시골 풍속이 몽매하여 함께 공부할 사람을 많이 얻지는 못하겠지만, 십실(十室)의 작은 마을에도 충신한 자가 있으니[104] 사람이 없음은 걱정할 필요가 없습니다. 하물며 어린아이를 가르치는 데는 또한 네 가지 유익함이 있으니,[105] 자신을 이루고 남을 이루어주는 공부에 어찌 대소의

103 녹사(祿仕) : 어버이 봉양을 위한 벼슬이라는 뜻으로, 한유(韓愈)의 〈쟁신론(爭臣論)〉에 "벼슬은 가난 때문에 하는 것이 아니지만 가난 때문에 해야 하는 경우도 있다고 맹자가 말했으니 이것을 녹사라고 한다.〔古之人有云, 仕不爲貧, 而有時乎爲貧, 謂祿仕者也.〕" 하였다.

104 십실(十室)의……있으니 : 《논어》 〈공야장(公冶長)〉에 "열 가구쯤이 사는 작은 마을에도 나처럼 충신한 사람이 있겠지만, 나처럼 학문을 좋아하는 자는 별로 없을 것이다."고 한 데서 온 말로, 아무리 작은 마을이라도 반드시 인재가 있다는 말이다.

105 어린아이를……있으니 : 《근사록》 권9에 나오는 장재(張載)의 말로, "사람이 어린아이를 가르침에 또한 유익함을 취할 수 있으니, 자기를 얽매어 출입을 못하게 함이 첫 번째 유익함이고, 사람을 자주 가르치다보면 자신도 문의(文義)를 알게 됨이 두 번째 유익함이고, 상대하는데 반드시 의관을 바로하고 시선을 높게 함이 세 번째 유익함이고, 항상 자신으로 인해 남의 재주를 무너뜨릴까 걱정하여 감히 게으름을 피울 수 없음이 네 번째 유익함이다." 하였다.

구별이 있겠습니까. 한 고을의 현가(絃歌)[106] 소리에 백성이 새로운 교화를 우러러 바라보고 이것이 인근 고을에까지 퍼져나간다면 그 유익함이 더욱 넓어질 것이니, 호남과 호서 사이가 어찌 성대하게 흥기하는 효과가 없겠습니까.

106 현가(絃歌) : 거문고를 타며 시가를 읊조리는 것으로, 예악(禮樂)으로 백성들을 교화하는 뜻이다. 공자의 제자 자유(子遊)가 무성(武城)의 읍재(邑宰)가 되어 백성들에게 예악을 가르쳐 곳곳마다 현가 소리가 울렸다고 한다. 《論語 陽貨》

유자공에게 답하다 을축년(1745, 영조21)

答兪子恭 乙丑

강학하는 일로 연이어 왕림하여 호남과 호서의 많은 선비들로 하여금 현송(絃誦)의 성대함을 알게 하였으니, 이제부터 거의 흥기하여 크게 변화하는 공효가 있을 것입니다. 이는 그 은혜가 비단 한 고을에 미칠 뿐만이 아닙니다. 자신을 이루고 남을 이루어주는 그대의 좋은 뜻이 없었다면 어찌 이와 같이 할 수 있겠습니까. 감탄하여 마지않습니다. 끝까지 그만두지 마시기를 다시 한 번 부탁드리니, 이 일은 한번 중단되면 그대로 폐해지기 쉽거니와, 일년이 지나 습관이 된다면 차츰 공효가 있을 것입니다. 공무가 비록 바쁠 것이나 어찌 하루의 여가가 없겠습니까. 간절히 바랍니다.

유자공의 《중용》 문목에 답하다
答兪子恭中庸問目

문 서문(序文)에 "도심은 오직 미미하다.〔道心惟微〕" 하였는데, '미(微)'는 미소(微小)와 미매(微昧) 두 가지 뜻이 있습니다. 어느 것이 올바른 뜻입니까?
답 도심은 밝아지기 어렵고 어두워지기 쉽기 때문에 은미하다고 한 것이니, 미매의 뜻을 따라야 할 듯합니다.

문 편제(篇題)의 소주(小註)에 "백이(伯夷)와 숙제(叔齊)의 행동은 전혀 용(庸)이 아니다."라는 주자(朱子)의 말이 있습니다. 맹자(孟子)가 말한 "백이는 편협하다"[107]는 부분 같은 것은 진실로 용이라고 말할 수 없지만, 말고삐를 잡고 간한 일[108]까지도 아울러 용이 아니라고 하는 것은 어떠한지 모르겠습니다. 혹자는 말하기를, "탕왕(湯王)이 걸(桀)을 추방하고 무왕(武王)이 주(紂)를 토벌한 것을 이미 평상(平常)이라고 말했기 때문이다."[109]라고 합니다. 만약 경도(經道)와 권도(權

107 백이는 편협하다 : 《맹자》〈공손추 상(公孫丑上)〉에 "백이는 편협하고, 유하혜는 공손하지 못하다.〔伯夷隘, 柳下惠不恭.〕" 하였다.

108 말고삐를……일 : 무왕(武王)이 은(殷)나라 주(紂)를 정벌하려 하자, 백이와 숙제가 말고삐를 잡고서 "아버지가 죽어 장례도 치르지 못했는데 전쟁을 벌이는 것을 효라고 할 수 있겠습니까. 신하로서 임금을 시해하는 것을 인이라고 할 수 있겠습니까."라고 간한 일을 말한다. 《史記 卷61 伯夷列傳》

109 이미……때문이다 : 탕왕과 무왕의 일을 이미 평상(平常)이라고 말했기 때문에

道)로 말한다면, 백이와 숙제는 경도이고 탕왕과 무왕은 권도입니다. 권도를 행한 탕왕과 무왕을 이미 평상이라고 말했으니, 그렇다면 경도를 지킨 백이와 숙제가 어찌 평상이 되지 못하겠습니까. 혹자는 말하기를, "탕왕과 무왕 시대에는 추방하고 토벌하는 것이 평상이 되지만, 백이와 숙제는 지나치게 경도를 지키다가 중도를 잃었기 때문에 평상이 될 수 없다."라고 합니다. 이 설은 그럴 듯하지만 잘못입니다. 이미 경도를 지켰다고 말했으니 어찌 지나쳐서 중도를 잃었다고 말할 수 있겠으며, 이미 중도를 잃지 않았으니 또 어찌 평상이 아니라고 말할 수 있겠습니까. 옛사람의 양시론(兩是論)으로 말한다면 백이와 숙제는 경도를 지켜 중도를 얻은 분들이고, 탕왕과 무왕은 권도를 행하여 중도에 부합한 분들입니다. 중도가 있는 바가 바로 용(庸)입니다. 그러나 이미 한쪽은 경도이고 한쪽은 권도로 그 일이 같지 않은데도 똑같이 평상이라고 한다면, 변치 않는〔不易〕[110] 이치라는 것이 또한 어디에 있단 말입니까. 끝내 의심스럽습니다.

답 중(中)은 정체(定體)가 없어서 때에 따라 그 도가 있으니, 이것이 평상의 이치입니다. 탕왕과 무왕 때는 추방하고 토벌하는 것이 평상이니, 바로 주자가 말한 "권도이지만 경도에서 떠나지 않는다."라는 것입니다. 백이와 숙제는 능히 경도를 지켰지만 함께 권도를 행할 수는 없었으니, 비록 지킨 것이 경도이긴 하지만 이를 중도라고는 할 수

백이와 숙제를 용(庸)이라고 할 수 없다는 뜻이다. 주자(朱子)가 편제(篇題) 주석에서 "중은 치우치지 않고 기울지 않으며 지나침도 없고 모자람도 없는 것이요, 용은 평상이다.〔中者, 不偏不倚, 無過不及; 庸, 平常也.〕"라고 했기 때문이다.

110 변치 않는 : 정자(程子)는 "변치 않음을 용(庸)이라 이른다.〔不易之謂庸〕" 하였다.

없습니다. "이미 경도를 지켰다고 말했으니 어찌 지나쳐서 중도를 잃었다고 말할 수 있겠는가."라는 그대의 말씀은 논리가 통하지 않는 듯합니다. 군신(君臣)과 부자(父子)가 어찌 모두 큰 경도가 아니겠습니까마는, 더러 충(忠)에 지나치고 효(孝)에 지나친 경우가 있으니, 어찌 한편으로 경도라고 말했다고 해서 과불급(過不及)이라고 말할 만한 것이 없겠습니까.

문 솔성지도(率性之道)[111]에서, 성(性)은 혼연한 하나의 이치이고 도는 천차만별입니다. 같은 것이 이(理)이고 다른 것이 기(氣)이니, 그렇다면 도는 순수한 이는 아닐 듯합니다. 그런데 선현들의 설이 모두 "도는 기를 섞어서 말해서는 안 된다."라고 하는 것은 어째서입니까? 사람과 물이 각기 그 성의 자연을 따르면 각기 마땅히 행해야 할 길이 있으니, 그 천차만별이 본디 기에서 떠나지 않습니다. 그러나 '성을 따름〔率性〕'에 대해서 말한다면 전적으로 이(理)만 말해야지 기(氣)를 섞어서는 안 됩니다. 《주자어류(朱子語類)》에 천명지성(天命之性)을 논한 제일 첫 단락[112]이 지극히 분명합니다.

111 솔성지도(率性之道) : 《중용장구》 제1장에 "하늘이 모든 사물에 부여해 준 것을 성이라 하고, 성을 따르는 것을 도라 한다.〔天命之謂性, 率性之謂道.〕" 하였다.

112 주자어류(朱子語類)에……단락 : 《주자어류》에 "명(命)은 임명장과 같다. 성(性)은 해야 할 직사(職事)이니, 주부(主簿)가 문서를 기록하고 삭제하는 일과 현위(縣尉)가 순찰하고 체포하는 일 같은 것이다. 심(心)은 관리이다. 기질(氣質)은 관리의 습상(習尙)이니, 너그럽기도 하고 사납기도 하다. 정(情)은 관청에서 일을 처리하는 것이니 현위가 도적을 체포하는 것과 같다. 정은 발현하는 곳이고 성은 인의예지(仁義禮智)이다. 천명(天命)은 기질(氣質)과 함께 섞여 있으니, 천명이 있으면 곧바로 기질이 있어서 서로 떨어질 수 없다. 이 중에 하나라도 없으면 생물이 태어날 수 없다.

계구(戒懼)는 전체를 총괄하는 공부이고 근독(謹篤)은 세부적인 공부입니다. 《농암집(農巖集)》의 설명이 분명하고 절실하니,[113] 참으로 정론(定論)이 되어야 합니다. 계구가 전체를 총괄하는 공부인 만큼 동정(動靜)을 포괄함을 알 수 있고, 근독이 세부적인 공부인 만큼 동(動)한 쪽 전체를 차지해서는 안 됨이 분명합니다. 그런데 그 아래 "중과 화를 지극히 한다〔致中和〕"에 대한 장구(章句)의 "계구로부터 단속한다〔自戒懼約之〕"와 "근독으로부터 정밀하게 한다〔自謹獨精之〕"[114]는 글의 어세(語勢)를 보면, 계구는 전적으로 정 한쪽에만 속하고 근독은 동 한쪽 전체를 차지하는 듯하니, 의심스럽습니다. 농옹은 "계구로부터 단속한다"는 부분의 "계구"도 동정을 포괄하는 것으로 보았는데, 다만 《중용혹문(中庸或問)》의 "보고 듣기 전부터 계신(戒愼)하고 공

천명이 있어도 기(氣)가 있어야만 이(理)를 받을 수 있으니, 기가 없으면 이가 어디에 안착되겠는가.〔命, 便是告箚之類. 性, 便是合當做底職事, 如主簿銷注, 縣尉巡捕. 心, 便是官人. 氣質, 便是官人所習尙, 或寬或猛. 情, 便是當廳處斷事, 如縣尉捉得賊. 情便是發用處, 性只是仁義禮智. 所謂天命之與氣質, 亦相衮同, 才有天命, 便有氣質, 不能相離. 若闕一, 便生物不得. 旣有天命, 須是有此氣, 方能承當得此理. 若無此氣, 則此理如何頓放.〕"라고 하였다.

113 농암집(農巖集)의……절실하니 : 《농암집》 권25에 〈계신공구가 동정을 포괄한다는 설〔戒愼恐懼通貫動靜說〕〉이 실려 있다.

114 계구로부터……한다 : 《중용장구》 제1장의 끝 구절 "중과 화를 지극히 하면 천지가 제자리를 편안히 하고 만물이 잘 생육될 것이다.〔致中和, 天地位焉, 萬物育焉.〕"에 대한 주자의 주석으로, "계구로부터 자신을 단속하여 지극히 정(精)한 가운데에 편벽되고 치우친 바가 없어 그 지킴을 잃지 않는 데 이르면 그 중(中)을 지극히 하여 천지가 제자리를 편안히 할 것이다. 근독으로부터 자신을 정밀하게 하여 사물을 응하는 곳에 조금도 잘못됨이 없어 가는 곳마다 그렇지 않음이 없는 데 이르면 그 화(和)를 지극히 하여 만물이 생육될 것이다." 하였다.

구(恐懼)함이……"라는 말[115]과 따져보면 또 부합되지 않는 듯합니다. 어떻게 생각하시는지요?

답 계구는 모두 동정을 포괄하여 말한 것입니다. "계구로부터 단속한다"는 것은 보고 듣는 것에서부터 보고 듣기 전에 이르기까지 모두 계구해야 하지만, 중(中)이 지극한데 이를 수 있는 까닭을 미루어보면 반드시 계구로부터 단속하여 지극히 정(精)한 가운데 편벽되고 치우침이 없는 경지에 이르렀다는 뜻일 뿐이니, 또한 어찌 계구를 전적으로 정 한쪽에만 소속시킨 것이겠습니까. "보고 듣기 전부터〔自其不睹不聞之前〕"라는 말에는 이미 "자기〔自其〕" 두 글자 속에 보고 듣는 것이 포함되어 있으니, 부합되지 않는 점을 볼 수 없습니다.

문 비(費)와 은(隱)[116]은 애초에 두 개의 물사(物事)가 아닙니다. 단지 이 이치가 가득차서 두루 흘러내리는 것을 가지고 말하면 '비'이고, 이 가득차서 두루 흘러내리는 것이 또 애초에 볼 수 있는 형상이 없기 때문에 또 '은'이라고 한 것입니다. 그렇다면 '비'가 바로 '은'이고, '비' 외에 이른바 '은'이라는 것이 별도로 있는 것이 아닙니다. 그런데 장구(章句)에서 반드시 체용(體用)으로 말하여[117] 마치 두 층으로 나누어

115 중용혹문(中庸或問)의……말 : 《중용혹문》에 "오직 군자라야 보고 듣기 전부터 계신(戒愼)하고 공구(恐懼)함이 더욱 엄하고 전일하여 조금의 치우침도 없이 지키면서 항상 잃어버리지 않을 것이니, 그리하면 중(中)을 지극하게 하게 되어 대본(大本)의 확립이 날로 더욱 견고해질 것이다." 하였다.

116 비(費)와 은(隱) : 《중용장구》 제12장에 나오는 말로, "군자의 도는 광대무변(廣大無邊)하고 은미(隱微)하다.〔君子之道，費而隱.〕" 하였다.

117 장구(章句)에서……말하여 : 《중용장구》의 "비(費)는 용(用)이 넓음이요, 은

소속시킴이 있는 듯이 한 것은 의심이 없을 수 없습니나.

답 '비'가 다시 '은'이고, '은'이 다시 '비'이니, 본래 두 개의 물사가 아닌 만큼 나누어서 설명해서는 안 됩니다. 그러나 그 이치에 대하여 형용한다면 체와 용으로 말하지 않을 수 없는데, 하나의 근원으로서 간격이 없다는 의미가 진실로 그 속에 밝게 드러나 있습니다. "두 층으로 나누어 소속시킴이 있는 듯하다."는 그대의 의심은 아마도 말에 병폐가 있는 듯합니다.

문 《주자어류》에, 문울(文蔚)이 "중용(中庸)이 흩어져 만사(萬事)가 되는 것이 이른바 '비(費)'이고, '성(誠)' 한 글자만으로도 충분히 포괄하는 것이 이른바 '은(隱)'입니다."라고 하자, 주자(朱子)가 "그렇지 않다. '비' 속에 '은'이 있고, '은' 속에 '비'가 있다. 범사(凡事)가 모두 그런 것이지, 성(誠)을 가리켜 말한 것이 아니다."라고 말한 내용이 있습니다. 삼가 생각건대, 주자는 일관(一貫)의 뜻을 논할 적에 이미 '하나의 근본〔一本〕'과 '만 가지로 달라지는 것〔萬殊〕'을 가지고 체와 용으로 나누었고, '비'와 '은'에 대해서도 이치의 체와 용으로 나누어 말하였습니다. 그렇다면 문울이 '비'를 '만 가지로 달라진 이치'로 여기고, '은'을 '하나의 근본인 성(誠)'으로 여긴 것은 그 뜻을 제대로 이해한 듯한데 주자가 잘못이라고 말한 것은 무슨 뜻입니까?

답 '하나의 근본〔一本〕'과 '만 가지로 달라진 것〔萬殊〕' 및 '비'와 '은'에 대해 진실로 똑같이 체와 용으로 말하지만, 말하는 상황이 각각 다르니 혼합하여 말할 필요는 없습니다. '비' 속에 '은'이 있고 '은' 속에

(隱)은 체(體)가 은미함이다."라는 부분을 가리킨다.

'비'가 있는데, '성'은 '비'와 '은'을 포괄하니 어찌 단지 '은'에서만 '성'을 말하고 '비'에서는 말할 수 없겠습니까. 바야흐로 '비'와 '은'을 논하다가 별도로 그 한쪽에 '성' 자를 붙인 것입니다. "성을 가리켜 말한 것이 아니다."라는 주자의 말은 이 때문일 것입니다.

"나는 한 가지도 능하지 못하다〔某未能一〕"[118]는 말은 성인(聖人)의 겸사에 불과하고, 윗장의 참으로 능하지 못한"[119] 것과는 같지 않은데, 장구(章句)에서 이 부분을 합하여 말했으니[120] 의심스럽습니다. 대개 윗장에서는 도의 전체를 들어 말하였기 때문에 긴요하지 않은 일에 대하여 능하지 못한 바가 있다고 하는 것은 괜찮지만, 이 장은 인륜의 일상적인 도리로서 '비(費)'의 작은 부분인데도 성인이 참으로 능하지 못한 바가 있다고 말한다면 매우 통하지 못합니다. 어떻게 말해야 옳을지 모르겠습니다.

답 성인이 능하지 못하다는 것을 앞장에서는 도의 큰 부분에 나아가 말하고, 이 장에서는 '비'의 작은 부분에 나아가 말했으니 과연 통하지 않는 듯합니다. 그러나 성인은 마음속으로는 자신을 성인으로 여기면

118 나는……못하다 : 《중용장구》 제13장의 "군자의 도가 네 가지인데, 나는 그 중에 한 가지도 능하지 못하다."〔君子之道四, 丘未能一焉.〕"라는 구절을 말한다.

119 윗장의……못한 : 《중용장구》 제12장의 "필부필부의 불초한 수준으로도 행할 수가 있지만, 그 도의 지극한 차원에 이르러서는 비록 성인이라도 능하지 못하는 바가 있다.〔夫婦之不肖, 可以能行焉, 及其至也, 雖聖人, 亦有所不能焉.〕"라는 구절을 말한다.

120 장구(章句)에서……말했으니 : 《중용장구》의 "도가 사람에게서 멀지 않다는 것은 필부필부도 능한 바이고, 나는 한 가지도 능하지 못하다는 것은 성인도 능하지 못한 바이다.〔道不遠人者, 夫婦所能; 丘未能一者, 聖人所不能.〕"라는 부분을 말한다.

서 억지로 능하지 못하는 것처럼 하신 적이 없습니다. 그렇다면 윗장의 참으로 능하지 못한 것과는 비록 다르지만, 능하지 못하다고 말하는 것이 해가 되지는 않습니다. 인륜의 일상적인 도리가 참으로 '비'의 작은 것이지만, 그 지극히 정미하고 세미한 경지를 말한다면 성인이라도 스스로 능하지 못하다고 여겼으니, 모두 '비'의 뜻을 드러낸 것입니다. 그러나 이는 앞장의 어구(語句)를 차용한 데에 불과하니 융통성 있게 보아야 할 듯합니다.

문 귀신(鬼神)에 대하여 이미 양능(良能)과 공용(功用)이라고 말하였으니,[121] 만물의 근간이 되어 빠뜨릴 수 없는[122] 증험을 말할 때는 마땅히 하늘과 땅의 오르내림, 해와 달의 차고 기욺, 만물의 소멸과 생성의 변화처럼 분명하게 드러나 알기 쉬운 것으로 증거를 삼아야 더욱 명백하고 충실할 듯한데, 이것은 놔두고 말하지 않고 굳이 아득하고 황홀하여 예측할 수 없는 제사의 귀신을 가지고 말한 것[123]은

121 귀신(鬼神)에……말하였으니 : 《중용장구》 제16장 "귀신의 덕이 성대하도다.〔鬼神之爲德, 其盛矣乎!〕"의 주석에, 정자(程子)의 "귀신은 천지의 공용이요 조화의 자취이다.〔鬼神, 天地之功用, 而造化之迹.〕"라는 말과 장자(張子)의 "귀신은 음양의 양능이다.〔鬼神者, 二氣之良能也.〕"라는 말이 있다.

122 만물의……없는 : 《중용장구》 제16장 두 번째 구절에 "보아도 보이지 않으며 들어도 들리지 않으나, 만물의 근간이 되어 빠뜨릴 수 없다.〔視之而弗見, 聽之而弗聞, 體物而不可遺.〕" 하였다.

123 아득하고……것 : 《중용장구》 제16장 세 번째 구절의 "천하 사람들로 하여금 깨끗이 재계하고 의복을 성대히 입고 제사를 받들게 하면, 신명이 충만하여 마치 위에 있는 듯하고, 좌우에 있는 듯하다.〔使天下之人, 齊明盛服, 以承祭祀, 洋洋乎如在其上, 如在其左右.〕"라는 말을 가리킨다.

어째서입니까?

답 귀신이야말로 사물의 근간이 되는 증험입니다. 하늘과 땅의 오르내림, 해와 달의 차고 기욺, 만물의 소멸과 생성 같은 것들이 어찌 분명하게 드러나 알기 쉬운 것이 아니겠습니까. 그러나 이처럼 허공에 걸린 말은 귀결되는 곳이 없을 듯합니다. 대개 제사에 흠향하는 귀신은 바로 내 마음의 귀신이며, 내 마음의 귀신은 바로 천지 음양의 변화하는 귀신이니, 하나의 이치가 감통(感通)하여 막히는 바가 없습니다. 이 장은 비은대소(費隱大小)의 중간에 있으니,[124] 반드시 이처럼 증명한 뒤에야 비로소 평소의 일상적인 행동으로 말미암아 미루어서 하늘과 사람을 감동시키고 신명을 통하는 지극한 공효에 이를 수 있습니다. 어떻게 생각하시는지요?

문 귀신은 기(氣)이고 비은(費隱)은 이(理)이니, 둘 사이에는 응당 분별이 있어야 합니다. 그런데도 주자(朱子)가 귀신의 보이지 않고 들리지 않음을 이(理)의 은(隱)으로 삼고, 귀신의 양양하게 위에 있고 좌우에 있는 듯함을 이(理)의 비(費)로 삼아 도기(道器)를 섞어서 하

124 비은대소(費隱大小)의 중간에 있으니 : 비은대소는 《중용장구》 제12장부터 제19장까지를 말한다. 귀신장(鬼神章)은 16장으로, 장하주(章下注)에 "보이지 않고 들리지 않음은 은(隱)이며, 사물의 근간이 되어 존재하는 것 같음은 또한 비(費)이다. 이 앞의 세 장은 비의 작은 것을 가지고 말하였고, 이 뒤의 세 장은 비의 큰 것을 가지고 말하였으며, 이 장은 비와 은을 겸하고 큰 것과 작은 것을 포함하여 말하였다." 하였다. 남송의 경학가 요로(饒魯, 1194~1264)는 〈중용독법(中庸讀法)〉의 분절에 따라 1장은 중화(中和), 2장~11장은 중용(中庸), 12장~19장은 비은대소(費隱大小), 20장~26장은 천도인도(天道人道), 27장~32장은 대덕소덕(大德小德), 33장은 부신수장(復申首章)으로 나누었다.

나로 만든 것은 어째서입니까? 소주(小註)에서 쌍봉 요씨(雙峰饒氏)는 "이 장은 귀신의 비은을 빌려서 도의 비은을 밝혔다."고 하였는데, 이 설의 득실은 또한 어떠합니까?

답 귀신은 본디 기(氣)이니, 이 장의 중점은 양능(良能)에 있습니다. 쌍봉요씨의 설은 귀신과 도를 나누어 둘로 만들었으니 병폐가 있는 듯합니다.

문 지(智)·인(仁)·용(勇)은 모두 성(性)의 덕인데, 용은 오성(五性) 중에 어디에 속합니까?

답 용은 오성 중에서 의(義)에 속해야 될 듯합니다.

문 삼근(三近)[125] 구절 주석의 이른바 "삼지(三知)[126]는 지(知)이고, 삼행(三行)[127]은 인(仁)이다."라는 것과 "이 삼근은 용(勇)의 다음이다."라는 것은 모두 나누어서 말한 것입니까? 아니면 등급으로 말한 것입니까? 또 삼지와 삼행을 지와 인으로 분속했는데 삼근은 겨우 용의 다음이라면 용의 자리는 무엇으로 메워야 합니까?

답 삼지와 삼행과 삼근은 나누어서 말한 것인 듯합니다. 삼근이 용의

125 삼근(三近) : 《중용장구》 제20장의 "배우기를 좋아함은 지혜에 가깝고, 힘써 행함은 인에 가깝고, 부끄러움을 앎은 용기에 가깝다.〔好學, 近乎知; 力行, 近乎仁; 知恥, 近乎勇.〕"라는 구절을 말한다.

126 삼지(三知) : 《중용장구》 제20장에 나오는 말로, 태어나면서부터 아는 것〔生而知之〕, 배워서 아는 것〔學而知之〕, 애를 써서 아는 것〔困而知之〕을 말한다.

127 삼행(三行) : 《중용장구》 제20장에 나오는 말로, 편안히 행하는 것〔安而行之〕, 이롭게 여겨 행하는 것〔利而行之〕, 억지로 힘써서 행하는 것〔勉强而行之〕을 말한다.

다음이니, 그렇다면 "알게 되는 것〔知之〕과 공을 이루는 것〔成功〕은 똑같다"[128]는 것이 응당 용의 자리를 메워야 할 것입니다. 어떻게 생각하시는지요?

128 알게……똑같다 : 《중용장구》 제20장에 "어떤 사람은 태어나면서부터 도를 알고, 어떤 사람은 배워서 알고, 어떤 사람은 애를 써서 알게 되지만, 그 도를 알게 되는 점에 있어서는 모두 똑같다. 어떤 사람은 편안하게 도를 행하고, 어떤 이는 이롭게 생각해서 행하고, 어떤 사람은 억지로 힘써서 행하지만, 공을 이루는 점에 있어서는 모두 똑같다"라고 한 것을 말한다.

채군범[129] 지홍 에게 답하다 경신년(1728, 영조4)

答蔡君範 之洪○庚申

초강서원(草江書院) 책자[130]를 보여주시니 정성스런 뜻에 참으로 감사드립니다. 수암선생(遂菴先生 권상하(權尙夏))께서 사우들과 주고받은 말을 들은 적이 있고, 그대 또한 익숙히 들었다고 말씀하시니, 어찌 반드시 문자 기록이 있어야만 믿을 수 있겠습니까.[131] 그러나 지난날 영봉서원(迎鳳書院)의 칸막이 제도[132]와 관련하여 퇴옹(退翁)이 주고

129 채군범(蔡君範) : 채지홍(蔡之洪, 1683~1741)으로, 본관은 인천(仁川), 호는 봉암(鳳巖)·삼환재(三患齋)·봉계(鳳溪)·사장와(舍藏窩)이고, 자가 군범이다. 권상하(權尙夏)의 문인인 강문팔학사(江門八學士)의 한 사람이다.

130 초강서원(草江書院) 책자 : 〈초강서원사적기(草江書院事蹟記)〉이다. 이와 관련한 내용이 한국문집총간 205집에 실린 《봉암집(鳳巖集)》 권5 〈답도암(答陶菴)〉에 보인다. 초강서원은 충청도 영동에 있는 서원으로, 1611년(광해군3) 박연(朴堧), 박사종(朴嗣宗)의 학문과 덕행을 추모하기 위해 창건하였는데, 뒤에 김자수(金自粹), 송방조(宋邦祚), 송시영(宋時榮), 송시열(宋時烈), 윤황(尹煌)을 추가로 배향하였다.

131 수암선생(遂菴先生)……있겠습니까 : 《봉암집》 권5 〈답도암(答陶菴)〉에 "제가 일찍이 선사(先師) 문순공(文純公 권상하)의 문하에 출입하면서 우암 선생이 신항서원(莘巷書院)의 위차를 온당치 않게 여기셨다는 이야기를 익숙히 들었지만, 근거할 만한 문자가 없기 때문에 감히 질정하여 말하지 못했습니다."라는 내용이 있다.

132 영봉서원(迎鳳書院)의 칸막이 제도 : 영봉서원은 이조년(李兆年), 이인복(李仁復), 김굉필(金宏弼)을 봉안하기 위해 경상도 성주(星州)에 세운 서원이다. 처음 건립할 때 유생들이 모두 김굉필만 독향(獨享)으로 하려 하였고, 이인복을 배향하려는 자는 10여 명밖에 되지 않았으며, 이조년을 병향(幷享)하려고 하면 모든 선비는 들은 척도 하지 않았는데, 이는 이조년의 유상(遺像)이 염주를 들고 있었기 때문이었다. 이에 대한 논의가 분분하자 이황(李滉)은 김굉필을 수위(首位)로, 이조년과 이인복을 차위

받은 다소의 편지가 모두 원집(原集)에 들어 있는데, 퇴옹께서도 온당치 못하다고 여기지 않은 적이 없습니다. 후현(後賢)들이 칸막이 제도를 준용(遵用)할 때도 그 뜻이 이러하였지만 부득이한 점이 있었기 때문에 그대로 따랐던 것뿐입니다.

노선생(老先生 송시열)의 초년과 만년의 말씀이 어떠했는지 감히 알 수는 없지만, 비석을 세운 뒤라 이미 달리 변통할 수 없으니, 후학들은 단지 한결같이 묘정비(廟庭碑)[133]에 실린 대로 따라야 하고 중간에 경솔하게 바꾸는 잘못을 고쳐야 합니다. 제가 단연코 바로잡고서 의심하지 않는 것은 "율곡(栗谷)은 전향(專享)해야 한다."[134]는 노선생의 한 구절의 말씀이 끝내 백세토록 변함없는 정론(定論)이기 때문에 그런 것입니다. 어떻게 생각하시는지요? 다시 공평한 마음으로 헤아려주시기를 바랍니다.

(次位)로 하여 함께 배향하되, 부득이 위패 사이를 칸막이로 막아 봉안하도록 하였다.

133 묘정비(廟庭碑) : 《송자대전(宋子大全)》 권171에 실려 있는 〈신항서원묘정비(莘巷書院廟庭碑)〉를 말한다.

134 율곡(栗谷)은 전향(專享)해야 한다 : 《송자대전》 권143 〈청주신항서원중수기(淸州莘巷書院重修記)〉에 나오는 말이다.

채군범에게 답하다 신유년(1741, 영조14)

答蔡君範 辛酉

정성스럽게 말씀해주시니 성대한 뜻에 깊이 감사드립니다. 화양서원(華陽書院)[135] 원유(院儒)들과 주고받은 말을 자세히 기억할 수는 없지만, 저는 일찍이 "율곡선생을 하나의 사당에 전봉(專奉)하는 것이 어찌 정당하지 않겠는가. 그러나 이미 그렇게 할 수 없어 제현(諸賢)과 함께 제향해야 한다면 칸막이를 두는 제도를 써서 전적으로 높이는 뜻을 조금이라도 두지 않을 수 없다."고 생각하였습니다. 이것이 노선생(송시열)의 묘정비(廟庭碑)와 기문(記文)[136]에 거듭 언급한 이유이고, 작년에 제가 바로잡기를 감히 조금도 느슨히 할 수 없었던 이유이기도 합니다. 당시의 어맥(語脈)이 여기에서 벗어나지 않았는데, 유생(儒生)들이 상단의 말을 통문(通文)에까지 올렸으니, 어찌 이리도 경솔함이 심한지요.

제 생각이 바뀌었다는 그대의 말씀은 또한 잘못 들어 그런 것이 아니겠습니까. 별묘(別廟)는 사체가 중대하여 지금 가벼이 논의하기 어렵습니다. 이미 가벼이 논의할 수 없다면 마땅히 예전대로 할 뿐이니, 제 생각에 어찌 전후의 차이가 있겠습니까. 칸막이에 대한 논의는 춘옹

135 화양서원(華陽書院) : 충청도 괴산에 있는 서원으로, 1695년(숙종21) 송시열을 제향하기 위해 설립된 서원이다.

136 노선생의 묘정비(廟庭碑)와 기문(記文) : 송시열이 지은 〈신항서원묘정비(莘巷書院廟庭碑)〉와 〈청주신항서원중수기(淸州莘巷書院重修記)〉를 말한다.

(春翁 송준길)이 퇴도선생(退陶先生)의 설을 따라 주장한 것인데, 당시 우옹(尤翁 송시열)이 이후연(李厚淵)에게 답한 편지에서 그 뜻을 볼 수 있습니다. 그대가 작년에 지은 문자와 이번 편지의 말씀은 아마도 이런 사실을 제대로 고찰하지 못해서 그런 듯합니다. 노선생의 초년과 만년의 말씀에 대해 제가 운운한 것[137]은 바로 수옹(遂翁 권상하)의 말씀[138]을 믿어서 그런 것인데, 보내신 말씀을 보면 이러한 사실을 알지 못하는 듯하니 어찌 이전의 제 말이 분명하지 못해 그런 것이 아니겠습니까. 송구스럽습니다.

137 노선생(老先生)의……것 : 저자가 채지홍(蔡之洪)에게 앞서 보낸 편지에서 "노선생의 초년과 만년의 말씀이 어떠했는지 감히 알 수는 없지만, 비석을 세운 뒤라 이미 달리 변통할 수 없으니, 후학들은 단지 한결같이 묘정비에 실린 대로 따라야 하고 중간에 경솔하게 고치는 잘못을 고쳐야 합니다."라고 말한 것을 가리킨다.

138 수옹(遂翁)의 말씀 : 송시열이 신항서원(莘巷書院)의 위차(位次)에 대해 온당치 못하게 여겼다는 권상하의 말을 가리킨다. 《鳳巖集 卷5 答陶菴》

이 위솔[139] 재형 의 문목에 답하다 무오년(1738, 영조14)

答李衛率 載亨 問目 戊午

심의(深衣)의 소대(小帶)에 대해서는 《예기》에 기록되어 있지 않아 그 꿰매는 곳을 자세히 알 수는 없지만, 《가례(家禮)》의 〈양금상엄도(兩襟相掩圖)〉를 보면 그 오른쪽은 겨드랑이 아래를 꿰매고 왼쪽은 옷깃 옆을 꿰매어 겨드랑이 아래에서 서로 묶는 것을 알 수 있습니다. 단지 옷의 앞섶이 곧장 내려와 사폭(斜幅)[140]이 없는 것만 지금의 의제(衣制)와 다른데, 옷깃이 겨드랑이 아래에 있으면 하의의 앞자락이 필시 올라가서 가지런하지 않게 될 것입니다. 모르겠습니다만, 옷을 마름질할 때 조금 길이를 더해서 입은 뒤에 가지런하게 하는 방도를 취하는지요?

한 구암(韓久菴 한백겸(韓百謙))은 소대를 좌우 옷깃 옆에 꿰매어 서로 마주 묶는다고 하였는데, 이는 '양쪽 깃을 서로 덮는다.〔兩襟相掩〕'는 글에 어긋나니 따라서는 안 될 듯합니다. 어떠한지요?

심의를 만드는 법에 조금 길이를 더한다는 설은 이미 《가례집람(家禮輯覽)》에 상세하게 나와 있으니, 앞에는 4치를 남기고 뒤에는 1치를 남깁니다. 어떤 이들은 "길이를 남기는 것은 주자(朱子)의 본뜻이 아니다. 차라리 방령(方領)[141]을 만들 때 두 어깨 위에 3치를 재단하여

139 이 위솔(李衛率) : 이재형(李載亨, 1665~1741)으로, 본관은 전주(全州), 자는 가회(嘉會), 호는 송암(松巖)이다.

140 사폭(斜幅) : 베를 비스듬히 경사지게 재단한 가장자리이다.

안으로 들이고 뒤집어 접은 다음 잘라낼 때 곧바로 접지 말고 비스듬히 접는 것이 나으니, 그렇게 하면 상의의 아랫자락이 저절로 전폭(全幅)이 되어 두 옷깃이 만나는 곳이 모나게 하지 않아도 저절로 모나게 될 것이다. 비록 길이를 남겨놓지 않더라도 하의의 아랫자락이 저절로 정돈되어 베가 평평하고 곧아 비뚤어지는 걱정이 없을 것이니, 이렇게 하면 영연(領緣)[142]의 폭을 2치로 한 주자의 설이 절로 분명해진다." 하였습니다. 이 말이 어떠한지요?

한 구암의 설은 잘못인 듯합니다.

141 방령(方領) : 저고리 앞판 좌우 옷깃의 자락을 서로 여미어 옷섶[衽]이 겨드랑이 아래 닿으면 두 깃이 만나는 곳이 저절로 네모가 되는 것을 말한다.

142 영연(領緣) : 옷깃의 가장자리를 싸서 돌린 것을 말한다.

이 위솔에게 답하다 기미년(1739, 영조15)

答李衛率 己未

지난달에 고을 인편에게 답장을 부쳤는데, 또 그대의 편지를 받으니 소식이 거의 이어지는 듯하여 관새(關塞)[143]가 멀리 있는 줄 느끼지 못하겠습니다. 어느덧 매우 쌀쌀해진 날씨에 덕리(德履)가 만복하리라 생각됩니다. 그대를 향한 그리움이 더욱 간절합니다.

저는 금년 여름에 서독(暑毒)을 겪은 뒤로 쇠락함이 날로 심해져서 일용공부(日用工夫)가 퇴보하기만 하고 진보가 없으니 가슴을 치며 탄식하는 심정을 어찌 말로 다할 수 있겠습니까.

새로 온 통판은 만나보았습니까? 평사(評事) 홍문요(洪文饒)가 돌아온 뒤에 그대를 만나보았는지 물어보니, "어떤 이를 끊어버리지 않았다는 말을 듣고 몹시 의심스러워 끝내 찾아가지 않았다." 하였습니다. 알지 못하겠지만, 가만히 상(象)을 관찰하실 때[144] 혹 과감하게 결단하는 의리에 소홀히 하셨습니까? 우연히 언급했으니 그대를 아끼는 저의 마음을 이해하실 것입니다. 한번 모시고서 서론(緖論)을 받들 길이 없는지라, 생각할 때마다 서글픕니다.

143 관새(關塞) : 이재형(李載亨)이 살고 있는 곳이 함경도 경성(鏡城)이기 때문에 한 말이다.

144 가만히……때 : 《주역》 〈계사 상(繫辭上)〉에 "군자는 가만히 있을 때는 그 상을 보고 그 말을 살펴보며, 움직일 때는 그 변화함을 보고 그 점을 살펴본다.〔君子居則觀其象而玩其辭, 動則觀其變而玩其占.〕" 하였다.

이 위솔에게 답하다 경신년(1740, 영조16)

答李衛率 庚申

상대(霜臺)에 제수되는 새로운 명이 그대에게 내렸으니,[145] 지역을 따지지 않고 등용하는 성조(聖朝)의 성대한 뜻이 원근의 사람들을 고무시킴을 우러러 알 수 있습니다. 그러나 그대는 평소 겸손함을 견지하시는 분이라 어찌할 줄 몰라 머뭇거리고 계시리라 생각됩니다. 저는 여름이 지난 뒤로 쇠락함이 날마다 심해져 옛 학업을 탐구하는 것조차 뜻대로 되지 없으니 어찌하면 좋겠습니까.

제 아들이 외람되이 막관(幕官)에 제수되어[146] 아침에 명을 듣고 저녁에 길에 올랐지만, 시험 날짜가 임박하였으니 끝내 북관(北關) 시소(試所)에 제때 도착하지 못할 우려가 있을 듯합니다. 이생에서는 더 이상 얼굴을 뵐 가망이 없지만 아들이 돌아오면 자세히 그대 소식을 물어볼 수 있을 것이니, 어찌 직접 뵌 것과 다르겠습니까.

145 상대(霜臺)에……내렸으니 : 상대는 사헌부의 별칭이다. 이재형이 이때 사헌부 지평에 제수되었다. 《承政院日記 英祖 16年 7月 14日》

146 제……제수되어 : 저자의 아들 이제원(李濟遠)이 이때 북평사에 제수되었다. 《承政院日記 英祖 16年 7月 23日》

도암집

제11권

書서

유전보에게 척기○병오년(1726, 영조2)

與兪展甫 拓基○丙午

삼가 들으니 역사를 편수하는 일[1]을 한 지 이미 십 년이 넘었다고 합니다. 무진년(1688, 숙종14)은 집사가 맡았는데, 선조(先祖)[2]께서 세상을 떠나신 때가 바로 이 해입니다. 연대가 오래되어 그분이 조정에서 벼슬한 전말은 집사처럼 지식이 해박한 사람도 전부 알지 못할 수 있으니, 삼가 가장(家狀)[3] 한 통을 보내드립니다. 곁에 두고서 역사를 편수하는 여가에 조용히 참고하시는 것이 어떻겠습니까.

삼가 생각건대, 선조께서 효성스럽고 우애하였으며 충성스럽고 어질고 후덕하였으며 공손하고 검소하였다는 것은 이미 나라 사람들에게 신뢰를 받고 있으며, 중외에서 세운 공적도 분명히 드러나 있습니다. 재주가 뛰어난 종친을 선발하자는 청[4]으로 말하자면, 실로 죽음을 앞두고 주머니에 담은 글을 올린 한충헌(韓忠獻)[5]에게 부끄러움이 없습니

1 역사를 편수하는 일 : 《숙종실록(肅宗實錄)》의 편찬을 말한다. 당시 유척기는 실록청 당상(實錄廳堂上)을 맡고 있었다.

2 선조(先祖) : 저자의 조부 이숙(李翻, 1626~1688)을 말한다.

3 가장(家狀) : 본서 제47권에 실려 있는 〈조고 우의정 부군 가장(祖考右議政府君家狀)〉을 말한다.

4 재주가……청 : 1687년(숙종13) 이숙이 종학(宗學)을 설치하고 뛰어난 종친을 선발하여 교육하도록 청하였다. 《肅宗實錄 13年 2月 12日》

5 죽음을……한충헌(韓忠獻) : 한충헌은 송(宋)나라 명신 한기(韓琦)로, 충헌은 시호이다. 《송사(宋史)》 〈한기열전(韓琦列傳)〉에는 이러한 내용이 보이지 않는다.

다. 특히 궁금(宮禁)을 엄하게 하라는 경계를 간곡히 하였는데, 겨우 한 해가 지나자 기사년(1689)의 화[6]가 일어났으니, 나라를 걱정하는 일편단심은 더욱 뚜렷하여 알 수 있습니다.

다만 평소 언론이 강직하여 대각과 이조에 있을 때 오로지 선악을 엄하게 구별하는 것을 위주로 삼았습니다. 허적(許積)이 윤휴(尹鑴)를 편들자 허적의 잔당에게 원망과 질시를 받아 사사로운 원수처럼 보기까지 하였으니, 그들이 유감을 품고 해독을 끼치려고 무슨 짓인들 못하였겠습니까. 이것은 사필(史筆)을 잡은 분이 나란히 보고 묵묵히 살펴 시비의 진상이 먼 훗날에도 혼란스럽지 않도록 하는 데 달려 있습니다. 이것이 어찌 한 사람 한 집안에게만 다행스러운 일이겠습니까. 지극히 간절히 기도하는 마음을 견디지 못하겠습니다.

6 기사년(1689)의 화 : 기사환국을 말한다.

유전보에게

與兪展甫

이미 순행을 떠났다고 들었습니다.[7] 백성의 근심이 눈에 가득한데, 무슨 방법으로 덜어줄 것입니까. 남쪽에서 온 사람마다 칭송하니, 멀리서 영남 사람들을 위해 기뻐합니다. 다만 지나치게 마음과 힘을 쓰는 것은 오래 할 수 있는 방법이 아닌 듯합니다. 완평(完平) 상공의 퇴장(退狀)에 관한 일[8]을 듣지 못했습니까. 총명하다고 좋아하지 말고 중요한 것만 지키고 사소한 것은 생략하여 아끼는 사람의 마음에 부응하는 것이 어떻겠습니까.

《백가유찬(百家類纂)》[9]을 간행해 보내주셨는데, 이렇게 빠를 줄은 생각지 못하였습니다. 더구나 보충하여 엮는 것은 작은 일이 아니니, 아끼는 마음 어찌 끝이 있겠습니까.

7 이미……들었습니다 : 유척기가 경상도 관찰사에 임명된 일을 말한다. 《英祖實錄 2年 4月 5日》

8 완평(完平)……일 : 완평은 완평부원군 이원익(李元翼)이며, 퇴장은 정장(呈狀)을 반려하는 것이다. 그의 문집에 제사(題辭)를 쓰거나 반려하는 백성의 정장은 그때그때 내어 주라는 내용이 보인다. 공무를 신속히 처리하는 방안이다. 《梧里集 補遺 書贈李甥之任》

9 백가유찬(百家類纂) : 명(明)나라 심진(沈津)이 편찬한 책이다. 제자백가의 말을 엮은 것이다. 1692년 민창도(閔昌道)가 경상도 관찰사로 부임하여 간행하고 판목을 경상 감영에 보관하여 여러 차례 인출되었는데, 유척기가 경상도 관찰사로 부임하여 인출해 보낸 것으로 보인다.

유전보에게 임자년(1732, 영조8)

與兪展甫 壬子

성상의 체후가 편치 않으시니 멀리서 걱정하는 마음 갑절이나 간절합니다. 편지를 보내신 뒤로 혹시 이미 나았다는 좋은 소식이 있습니까? 서울 소식은 다른 세상처럼 아득하고, 행여 귀에 들어오더라도 원래 듣고 싶지 않습니다. 오직 편지 말미에 말씀하신 내용이 가장 좋은 소식이니, 횡거(橫渠)의 기쁨[10]을 몇 달 안으로 볼 수 있을 것입니다.

평소 명성이 실정보다 지나친 것이 부끄럽다는 것은 원래 알고 있습니다만 당신이 운운하신 말씀을 어찌 생각이나 했겠습니까. 이는 아마도 큰 화를 당하고 모욕을 초래하는 단서일 것입니다. 당신처럼 나를 아끼는 사람도 힘껏 만류하려 하지 않으니, 다른 사람이야 말해 무엇하겠습니까. 하지만 당신이 들은 이야기가 기나칠 수도 있으니, 어찌 이런 걱정이 있겠습니까.

장생(莊生)의 근명(近名)[11]에 대한 말은 예전에 그대에게 충고를 들었으나 비유하자면 한 글자도 기억하지 못하는 것과 같습니다. 성현의 도는 단지 사람에게 선행에 힘쓰도록 가르쳤을 뿐 애당초 사람에게

10 횡거(橫渠)의 기쁨 : 원자의 탄생을 말한다. 횡거는 송(宋)나라 유학자 장재(張載)의 자이다. 장재는 신종(神宗) 때 황자(皇子)가 태어났다는 소식을 듣고 기뻐하였다. 《近思錄 卷14 觀聖賢》

11 장생(莊生)의 근명(近名) : 장생은 장자(莊子)이며, 근명은 명예를 추구하는 것이다. 상사가 이르기를, "선을 행하더라도 명예를 가까이하지 말고, 악을 행하더라도 형벌을 가까이하지 말아야 한다.〔爲善無近名, 爲惡無近刑.〕" 하였다. 《莊子 養生主》

명예를 구하라고 가르친 적이 없으며, 또 사람에게 명예를 피하라고 가르친 적도 없습니다. 이는 실로 정당한 도리인데, 집사께서는 혹시 저를 경계로 삼아 더욱 선행을 게을리 하는 것이 아닙니까. 우스운 일입니다.

유전보에게

與兪展甫

호서에서 올린 상소[12]의 전말은 당신이 알려준 덕택에 방금 들었습니다. 모든 일은 분수에 맞지 않으면 반드시 허물이 생기는 법이니, 이는 모두 평소 외람된 짓을 한 죄입니다. 그러나 성상의 하교가 엄중하여 함부로 행동한 자로 하여금 경계할 줄 알도록 하기에 충분하니, 장차 옥성(玉成)[13]의 은혜를 입게 될 것입니다. 다만 당신처럼 나를 아끼는 사람도 처음에 힘써 만류하려 하지 않은 것이 한스러우니, 앞으로는 앞일을 거울삼아 뒷일을 경계할 일이 있으면 좌시하지 마십시오.

12 호서에서 올린 상소 : 충청도 유생 곽수엽(郭守爗) 등이 저자를 불러들이기를 요구하며 올린 상소를 말한다. 《英祖實錄 8年 10月 19日》

13 옥성(玉成) : 인격을 완성하는 것을 말한다. 장재(張載)의 〈서명(西銘)〉에 "빈천과 우려는 그대를 옥으로 만들어주는 것이다.〔貧賤憂戚, 庸玉汝於成也.〕"라는 말에서 나왔다.

유전보에게 답함

答兪展甫

새로 제수된 진휼하는 직임[14]은 낭패를 당할 것이라 이미 예상하였습니다. 당신이 처음에 지조를 지키며 세속에 섞여 더러워지지 않으려 한 뜻이야 어찌 좋지 않겠습니까. 다만 강화도에 부임한 일 때문에 남에게 곤란을 당하게 되었고, 요즘 관직에 나가지 않고 버티면서도 그렇게 하는 이유를 한번 토로할 수가 없습니다.[15] 외면으로 보기에는 의의가 없는 듯하고, 성상의 명령이 날로 엄해지니 형세상 거부할 수 없어 필경 어쩔 수 없이 나가게 될 것입니다. 어쩔 수 없이 나갈 바에야 차라리 어려운 일을 해결하는 의리를 따르는 것이 낫지 않겠습니까. 그렇지만 한번 발을 옮기면 곧 수습할 수 없게 된다는 것은 참으로 당신의 염려와 같습니다. 어찌할 방법을 모르겠습니다.

얼마 전 오백옥(吳伯玉 오원(吳瑗)) 군이 엄한 하교를 받은 뒤에 찾아와 병조의 거취에 대해 물었는데[16], '오늘날의 의리는 모두 그대가 심각하게 보는가 대수롭지 않게 보는가에 달려 있다.'라고 대답하였습니다.

14 새로……직임 : 유척기가 비변사 진휼당상(備邊司賑恤堂上)에 임명된 일을 말한다.《承政院日記 英祖 8年 12月 7日》

15 강화도에……없습니다 : 유척기는 1730년(영조6) 강화 유수에 임명되었다.《英祖實錄 6年 4月 19日》이후로는 임명된 관직을 모두 사양하고 나아가지 않았는데, 별다른 이유 없이 사직을 일삼아 물의를 일으킨 상황을 말하는 듯하다.

16 오백옥(吳伯玉)……물었는데 : 오원은 1732년 7월 8일 병조 정랑에 임명되었는데, 기한이 지나도록 숙배하지 않아 개차되었다.《承政院日記 英祖 8年 7月 8日》

이번에도 달리 할 말이 없으니, 깊이 헤아려 신중히 처신하기 바랍니다. 진휼을 마칠 때까지 다른 관직에 제수되는 것을 일체 힘껏 사양하면 그래도 본심을 드러낼 수 있을 것입니다. 그렇지만 한번 토로하지 않으려 한 것은 전후에 차이가 없으니, 장차 무어라 말할지 모르겠습니다. 혹시 억지로 힘써 명을 받는다면, 죽어가는 수만 명의 생명을 살리는 데 마음을 다할 뿐입니다. 그렇지만 〈쾌괘(夬卦)〉의 '약유(若濡)'[17]와 〈복괘(復卦)〉의 '중항(中行)'[18]의 의미를 깊이 생각한다면 몹시 다행이겠습니다.

17 쾌괘(夬卦)의 약유(若濡) : 《주역》 〈쾌괘(夬卦) 구삼(九三)〉에 "군자가 결단함을 쾌하게 하면 홀로 가다가 비를 만나 젖는 듯이 여겨 노여우나 허물이 없으리라.〔君子夬夬, 獨行遇雨, 若濡有慍, 無咎〕" 하였다. 젖는 듯이 여긴다는 것은 더러움에 젖는다는 뜻이다.

18 복괘(復卦)의 중항(中行) : 《주역》 〈복괘(復卦) 육사(六四)〉에 "음(陰) 가운데를 행하나 홀로 돌아온다.〔中行獨復〕" 하였다. 소인들 사이에서 홀로 도를 행하는 군자를 말한다.

유전보에게 답함 계축년(1733, 영조9)

答兪展甫 癸丑

거듭 경계하신 뜻은 명심해 마지 않겠습니다. 외간의 동향이 이와 같으니, 사절하기를 기다리지 않아도 이미 고요합니다. 다만 그대 집안의 젊은이 및 박사수(朴士洙) 등이 때때로 왕래합니다. 나를 절실히 걱정해 주는 것이 당신에게는 미치지 못하지만, 나 역시 일절 굳게 거절할 수도 없으니 당신의 뜻을 저버린 것이 많습니다. 여기서도 그대의 치적을 실컷 들었으니, 다른 곳에서도 백성을 위하기 바랍니다. 기대가 크면 책임도 큰 법인데, 장차 어떻게 부응할지 모르겠습니다.

유전보에게

與兪展甫

예전에 조홍중(趙弘重)[19]을 구휼해 달라는 뜻을 누누이 부탁드렸는데, 으레 지급하는 환곡 외에는 전혀 돌보지 않으셨습니다. 나는 내 마음을 다해 말했는데, 베풀고 베풀지 않고는 다른 사람에게 달려 있으니, 참으로 어쩔 수가 없습니다. 이 뜻은 이미 당신 아드님에게 언급하였는데, 오늘 심부름꾼이 와서 아쉽게도 그가 죽었다고 하였습니다. 제가 처지를 바꾸어 처신하였다면 똑같이 취급하는 방법을 지키더라도 행여 다른 방도가 있었을 듯한데, 지금은 어쩔 수 없으니 말해 무슨 소용이겠습니까.

다만 장례를 지내는 방도를 실로 손쓸 수가 없어 과부와 젖먹이가 그저 손을 놓고 울고 있을 뿐입니다. 속히 직접 가서 상을 치르고 싶지만 기제(忌祭)가 며칠 남지 않았고, 아이가 오래 병을 앓아 대신 갈 수가 없기에 어쩔 수 없이 당신에게 사람을 보내 급히 호소하는 것입니다.

부디 상을 치르는 일에 능숙한 장교 또는 아전을 정해서 가서 돌보게 하십시오. 지금과 같은 때 사채(私債)를 조금이나마 얻을 곳이 있겠습니까. 약간의 공전(公錢)을 헤아려 지급하시면 다행이겠습니다. 그에게는 이미 익은 보리와 농사를 시작한 벼가 있으니, 당장은 팔기 어렵겠지만 조금 있으면 갚을 수 있을 것입니다. 이 또한 믿기 어렵다면

19 조홍중(趙弘重, 1706~1733) : 저자의 제자이다. 1733년 5월 25일 전염병으로 세상을 떠났다.《陶庵集 卷44 學生趙君墓誌》

제 집에서 채워 바칠 것이니 걱정하지 마십시오. 며칠 안으로 관에 시신을 넣을 수 있게 해 준다면 이 역시 어진 정사의 한 가지가 아니겠습니까. 이렇게 한다면 나도 죽은 사람도 유감이 없을 것입니다. 부디 헤아려 각별히 베풀어주시기 바랍니다. 그에게는 가까운 친척이 없으나 예전에 듣기로 육촌 친척 한 사람이 가까운 마을에 있다고 하였는데, 가서 모든 일을 의논하게 하는 것이 어떻겠습니까.

유전보에게 답함
答兪展甫

고을 일[20]을 생각하면 머리가 아픕니다. 그렇지만 어떤 사람이 그대의 최목(最目)[21]을 외어 전하는데, "다스림이 이와 같으니 모든 일에 무슨 어려움이 있겠는가." 하였습니다. 다만 죽거나 도망한 이를 보충하는 군정(軍政)은 지혜로운 사람이라도 손쓸 방도가 없습니다. 군제(軍制)를 대폭 경장(更張)하지 못하였으니, 소소한 방편으로 보충하는 것은 구차히 눈앞의 일을 넘기는 것 뿐입니다. 형세상 필시 백성이 없어진 뒤에야 그칠 것입니다. 백성이 없으면 나라도 없으니 장차 어찌하겠습니까.

특별히 보임되어 사직할 길이 없으니, 하루 직임을 맡으면 하루의 책임을 다해야 합니다. 이밖에 어찌 다른 논의가 있겠습니까. 그렇지만 가을 이후에 내직으로 옮겨도 이런 우려가 없을 것이라고 할 수 없습니다. 근래에 또 이 고을을 거쳐 품계가 올라 영의정의 자리에 오른 사람도 있으니, 전후로 아름다움을 나란히 하지 않겠습니까.

20 고을 일 : 이때 유척기는 남양 부사(南陽府使)로 재직 중이었다. 《承政院日記 英祖 8年 12月 13日》

21 최목(最目) : 관원의 근무성적을 평가하는 전최(殿最)에서 가장 높은 등급의 최(最)에 해당하는 제목(題目)을 말한다. 제목은 관원의 근무성적을 8자로 표현한 것이다.

유전보에게 답함 갑인년(1734, 영조10)

答兪展甫 甲寅

황해도 관찰사에 새로 제수되는 명을 받았다는 소식을 들었는데[22], 온 고을이 의지하게 되었으니 조정의 입장에서는 골라야 할 사람을 알았다고 하겠습니다. 그렇지만 남쪽 백성을 위해 허전하게 여깁니다. 바라보면 갈수록 멀어지니, 또 어쩔 수 없이 서글픈 마음이 들 뿐입니다.

당신의 거취는 본디 유념하고 있었는데, 더구나 당신의 질문을 받았으니 어찌 감히 도외시하겠습니까. 다만 끝내 별다른 계책이 없을 뿐입니다. 기왕 나아가기 어려운 의리가 있다면 진심을 남김없이 아뢰고 엄한 명을 들어야 할 것이니, 자연히 버티는 것을 걱정하지 않아도 될 것입니다. 그렇지만 전에 하지 못했던 것을 뒤에 와서 어찌 쉽게 말할 수 있겠습니까. 이것도 할 수 없으니 형세상 부득불 혹자가 권유한 대로 최하책에 해당하는 한 가지 이야기대로 해야 하는데, 역시 발을 붙이지 못할까 걱정입니다.

옛사람은 종종 내직을 사양하고 외직을 차지한 경우가 있는데, 행여 이러한 의리를 따를 수도 있겠지만 옛날과 지금은 형세가 다르고, 공적인 일과 사적인 일에 대한 생각이 또 교차합니다. 한 번 나오고 두 번 나오면 더욱 수습하기 어려울 것이니, 이 어찌 주서(朱書)에 이른바

22 황해도……들었는데 : 유척기는 1734년(영조10) 2월 4일 황해도 관찰사에 임명되었다. 《承政院日記 英祖 10年 2月 4日》

"지금은 우선 목전의 계책을 도모한다."[23]라는 말이 아니겠습니까.

견책을 받을 때 노여워하지 않는다는 하교는 단지 나오게 하려는 것인데, 나오는 자가 모두 이러한 따위의 어구에 핑계를 댑니다. 아랫단락의 말씀은 참으로 부끄러우나 이 또한 일신의 일에 불과합니다. 19일의 비망기[24]가 내린 뒤로 나아가기 어려운 의리는 더욱 중대한 관건이 되었습니다. 가장 중요한 의리는 다른 사람에게 양보하였으니, 참으로 부지런히 물으신 뜻에 답할 수가 없습니다. 가는 곳마다 직분을 다하라는 것 외에 달리 무슨 말을 하겠습니까. 그저 깊이 헤아려 처신하기를 바랍니다.

23 지금은……도모한다 : 《회암집》 권24 〈여위원리서(與魏元履書)〉에 보인다.

24 19일의 비망기 : 1733년(영조9) 1월 19일, 영조가 탕평(蕩平)의 일과 관련하여 내린 비망기를 말한다. 《英祖實錄 9年 1月 19日》

유전보에게 답함

答兪展甫

중국 사람은 성만 다르면 가까운 친척이라도 곧 혼인을 맺으니, 이는 원래 본종(本宗)을 중시하는 의리입니다. 우리나라 풍속은 그렇지 않아 6,7촌 사이라도 머뭇거리는 경우가 많으니, 참으로 지나칩니다. 말씀하신 내외 형제 집안의 경우는 예법에 상고할 데가 없습니다. 다만 주자의 외손이 도로 주자의 손녀사위가 되었으니,[25] 이로 미루어보건대 당신 집안에서 논의하는 일은 비교적 가벼운 듯합니다. 그렇지만 우리나라는 최근 이래로 끝내 인용하여 증거로 삼을 만한 경우가 하나도 없으니, 어찌 감히 분명히 말하겠습니까. 오직 깊이 헤아려 처신하기 바랍니다.

별지 別紙

"율곡(栗谷) 선생은 '노년에 경계할 것은 여색이다.'라는 경계를 신중히 지켰다. 한번은 말씀하시기를, '감사가 되어 1년 동안 혼자 살기는 몹시 어려우니, 확고한 의지력이 없는 자는 방탕하게 되기 쉬운 까닭이다. 이는 맹렬히 성찰하지 않으면 안 된다.'라고 하였다. 한번은 누이를 만나려고 길을 떠났다가 황주(黃州)에 도착하였는데 이름난 기녀가 방에서 가까이 오자 즉시 촛불을 밝히고 거절하였다. 잘 어울리면서도 휩쓸리지 않고, 보이지 않는 곳에서도 상제(上帝)가 임한 듯이

25 주자의……되었으니 : 주자가 외손 황로(黃輅)를 손녀사위로 삼은 일을 말한다.

여기는 것이 이와 같았다."-유사(遺事)에 보인다.-

병중에 우연히 《동유사우록(東儒師友錄)》을 보다가 이 단락을 얻었기에 사람을 시켜 기록하여 바칩니다. 이것을 집사의 명약(名藥)으로 삼는 것이 어떻겠습니까.

유전보에게 답함 병진년(1736, 영조12)

答兪展甫 丙辰

헤어진 지 이미 5년이 되었습니다. 당신이 조정으로 돌아온 뒤로는 소식이 조금 가까워진 듯하지만, 이 몸은 얽매여 있는 듯하고 당신도 소란한 곳을 드나들고 있으니 언제쯤 만날 수 있을지 모르겠습니다. 계속 버티고 있다고 하셨는데, 끝내 벗어나지 못할 듯합니다. 그렇지만 주자의 "부귀는 얻기 쉽고 절개는 지키기 어렵다.〔富貴易得, 名節難保〕"[26]라는 여덟 글자를 잊지 말고 유념하기 바랍니다. 만약 이 말이 우활하다고 여긴다면 삼가 입을 닫겠습니다. 어떻게 생각하십니까?

26 부귀는……어렵다 : 《회암집》 권54 〈답석응지(答石應之)〉에 보인다.

유전보에게 답함 정사년(1737, 영조13)

答兪展甫 丁巳

총애를 받아 발탁되었다는 소식을 들었는데, 공적으로나 사적으로나 어찌 몹시 기쁜 일이 아니겠습니까. 그렇지만 걱정이 기쁨보다 심하니, 감히 남들을 따라서 경하하는 말을 하지 못하겠습니다. 지난 겨울 한 번 만난 것은 오랫동안 떨어져 있던 뒤에 생긴 일인데, 바빠서 마음 속에 품은 생각을 다 말하지 못하였으니, 마음 속에서 늘 잊지 못합니다.

꿈에도 생각난다고 하셨는데 '같은 소리는 서로 응한다.'라는 말이 어찌 빈말이겠습니까. 그러나 저는 율곡이 했던 일을 할 수 없고, 설령 하더라도 일일이 따라 쓸 수가 없을 듯합니다. 백로(白老 백인걸(白仁傑))의 경지에도 어찌 쉽게 도달할 수 있겠습니까. 그렇다면 이 꿈은 끝내 징험될 날이 없을 것입니다. 하하.

지위가 높아질수록 책임은 더욱 무거워지니, 이것이 참으로 걱정입니다. 그렇지만 당장의 진퇴가 참으로 어려우니, 장차 어떻게 결말이 날지 모르겠습니다. 부디 조용한 날에도 의리에 관한 글을 가까이 하고, 큰 재주를 간직했다가 움직여[27] 시대를 구제하는 데 쓰기 바랍니다.

27 큰……움직여 : 《주역》 〈계사전 하(繫辭傳下)〉의 "군자가 큰 재주를 몸에 간직했다가 때를 기다려 움직인다면 어찌 이롭지 않은 일이 있겠는가.〔君子藏器於身, 待時而動, 何不利之有?〕"라는 구절을 인용한 것이다.

유전보에게 답함
答兪展甫

견책을 받아 보임되신[28] 뒤로 편지를 보내 문안했어야 하는데, 뒤늦게 들은 데다 인편도 없어 지금까지 하지 못하였는데 먼저 편지를 보내주셨습니다. 사직 상소가 반려된 지 여러 날이 되었는데, 지금은 이미 정해진 계획이 있습니까?

관찰사는 외직에 보임된 관원이 아니니, 한 주(州)나 한 현(縣)을 맡아 사사로운 분의가 편안한 것만 못합니다. 그렇지만 이미 근래의 잘못된 규례가 되었으니, 참으로 벗어날 수 없을 듯합니다. 사사로운 계책으로 말하자면, 몹시 불편한 점이 많고 이해관계가 달려 있으니 지나친 걱정이 없을 수 없습니다. 그렇지만 영남이 불행히 범령(範令)[29]을 잃었으나 또 다행히 대감을 얻었으니, 대감이 가지 않는다면 영남의 일흔 고을은 어떻게 하겠습니까. 전일 범령에게 기대하던 것은 대감에게도 차이가 없으니, 이는 끝내 공(公)이 사(私)를 이긴 것입니다.

다만 세도와 인심이 십년 사이에 몇 길이나 추락하였는지 모르고, 대감의 정력도 아마 이와 비슷할 것입니다. 구구한 제가 바라는 것은

28 견책을 받아 보임되신 : 유척기가 경상도 관찰사로 보임된 일을 말한다. 《英祖實錄 13年 3月 10日》

29 범령(範令) : 이기진(李箕鎭, 1687~1755)을 말하는 듯하다. 자는 군범(君範)이다. 유척기에 앞서 경상 감사에 임명되었으나 병으로 사직하였다.

오직 정신을 아끼고 욕심을 조절하여 먼저 몸을 조심하는 계책으로 삼고, 명분을 엄격히 하고 시비를 분명히 하여 시속을 바로잡는 방도에 힘을 다하여 우리 성상께서 남쪽을 돌아보시는 우려를 풀어주기 바랍니다.

유전보에게 답함
答兪展甫

방금 조보를 받아보니, 영남에서 상소를 올린 자가 국청(鞫廳)에 나아갔다고 합니다.[30] 성상의 처분이 엄정하니, 종전에 의리가 불분명했던 것은 모두 신하들이 인도하지 못한 죄라는 것을 알겠습니다. 결말이 어떻게 날지 모르겠습니다. 이 기회를 타고 성상의 말씀처럼 옛것을 개혁하고 새로 가다듬어 대거 정도(正道)로 돌아오게 하는 것[31]이 유풍을 계승하고 교화를 펼치는 사람의 책임이 아니고 누구의 책임이겠습니까. 천 번 만 번 유념하여 남쪽을 돌아보는 성상의 우려를 풀어주기를 간절히 바라니, 우활하게 여기지 마십시오.

30 영남에서……합니다 : 김성탁(金聖鐸)이 이현일(李玄逸)의 신원을 청하는 상소를 올렸다가 국문을 받은 일을 말한다.《英祖實錄 13年 5月 22日》

31 옛것을……것 : 영조가 김성탁을 친국하겠다며 내린 전교에 나오는 내용이다.《英祖實錄 13年 5月 22日》

유전보에게 답함

答兪展甫

법을 어긴 일은 대감에게 기대하던 바가 전혀 아닙니다. 지난날 우연히 당신의 종제 청보(淸甫 유직기(兪直基))를 만났는데 입에서 나오는대로 한바탕 통렬하게 이야기하고 말았으니, 어리석고 망령된 행동에 스스로 웃습니다. 지금은 다시 번거롭게 이야기하고 싶지 않습니다.

'지주중류(砥柱中流)' 네 글자는 인동(仁同)에 있는 야은서원(冶隱書院)에 있는데, 얼마 전에 보았더니 매우 좋았습니다. 만약 하나를 잘 탁본하여 족자를 만들어 주신다면, 아침 저녁으로 걸어놓고 보면서 행여 나약함을 일깨우는 효과가 있을지요.

유전보에게 답함 무오년(1738, 영조14)

答兪展甫 戊午

안동(安東)의 괴변[32]은 외진 곳에 있느라 듣지 못했습니다. 지금 박대감(박사수)의 상소를 보니 참으로 너무도 놀랍고 통탄스럽습니다. 그중에 당신에 대해 언급한 내용[33]은 해명할 말이 없을 듯합니다. 아니면 혹시 이미 엄하게 다스리고 천천히 장계로 아뢰었는데 아직 도착하지 않아 남의 비난을 잘못 초래한 것입니까.

그 비답이 대엿새가 지나도록 내려오지 않았는데, 이는 필시 처치하기 곤란하기 때문일 것이니 차대(次對)에서 널리 묻고 결정할 듯합니다. 그렇지만 엄하게 징계할 수 없을 것이 분명합니다. 이 일은 관계가 지극히 중대하니, 이를 소홀히 여긴다면 다투어 관리를 죽이는 변란이 목전에 닥칠 것입니다. 깊이 생각하고 돌아보아 난리의 근원을 막지 않으면 안 되니, 이 또한 영남의 득실이 갈라지는 전기(轉機)입니다.

장계 또는 상소로 흉당의 정상을 자세히 아뢰어 법으로 통렬히 다스리고, 이 서원을 속히 건립하고 사액(賜額)하여 사람들의 마음을 바르게 하고 더러운 풍속을 새롭게 하지 않으면 안 된다고 성대하게 아뢰어

32 안동(安東)의 괴변 : 안동의 선비들이 김상헌(金尙憲)을 배향한 학동서원(鶴東書院)을 부순 일을 말한다. 공조 판서 박사수(朴師洙)의 상소로 조정에 알려졌다. 《英祖實錄 14年 6月 20日》

33 당신에……내용 : 사건 당시 유척기가 경상 감사였는데, 박사수가 올린 상소의 "감사와 수령은 두려워하며 감히 한 마디도 하지 못했습니다."라는 내용을 말한다. 《承政院日記 英祖 14年 6月 20日》

야 합니다. 이는 터럭만큼도 의심할 것이 없으니, 대감께서 어찌 이렇게 하지 못하시겠습니까. 그러나 구구하게 이 이야기를 하는 것은 현명한 사람이 어쩌다가 실수를 할까 두려워 함부로 제기하여 깨우치는 것입니다. 이해관계를 벗어나 국가를 위해 멀리 헤아리고 잘 처리하시기 바랍니다.

유전보에게 답함
答兪展甫

당신이 올린 상소[34]의 대체는 매우 좋습니다. 후한 녹봉을 차지하고 있는 때 흔들리지 않고서 나라를 깊이 염려하고 사론(士論)을 부축하여 한 가지 일로 몇 가지 선(善)을 겸하였으니 잘 마무리했다고 하겠습니다.

다만 상소의 말에는 끝내 뼈에 사무치는 절실함이 부족합니다. 또 패악한 짓을 저지른 것은 약간의 역적 무리이니, 안동 온 고을이 모두 그러한 것은 아닙니다. 삼계(三溪)의 통문(通文)을 보아도 알 수 있습니다. 이 한 가지는 두렵게 하여 흔들려는 그들의 기세를 꺾을 만한데 전혀 보이지 않으니, 앞으로 형세를 보아서 말할 것입니까? 비답도 없이 도로 내주었으니,[35] 예(禮)로 신하를 부리는 체모를 크게 잃었습니다. 대감으로서는 나아가기 어려운 단서로 삼을 수 있지만, 성조(聖朝)의 조처가 더욱 걱정스럽고 한탄스럽습니다.

지금은 비록 마음을 열고 받아들이겠다는 하교가 없지만, 나중에 힘을 얻지 못할 것이라고 단정할 수 없습니다. 두 번째 상소도 볼 만할 것인데, 이미 어떻게 말을 만들었는지 모르겠습니다. 어리석음을 일깨

34 당신이 올린 상소 : 안동에 김상헌의 서원을 다시 세우도록 청하는 상소로, 《승정원일기》 영조 14년(1738) 8월 10일에 실려 있다.

35 비답도……내주었으니 : 영조는 유척기의 상소가 본직인 호조 판서의 업무와 관련 없는 서원의 일이라는 이유로 도로 내주었다. 《承政院日記 英祖 14年 8月 10日》

우는 말씀을 해주셨는데, 참으로 비루하게 여기지 않고 부끄럽게 여기지 않는 성대한 뜻에 감사드립니다. 그러나 이미 때늦은 일이고 멀리서 헤아리기도 어려우니, 그 한둘도 보답하지 못합니다. 기대에 부응하지 못하여 부끄럽습니다.

유전보에게 답함

答兪展甫

나라가 호조 판서의 적임자를 얻었으니,[36] 어찌 다행이 아니겠습니까. 그러나 종전의 나아가기 어려운 의리와 그간 내직을 사양한 제방(堤防)이 지금은 남김없이 사라졌습니다. 《시경》에 이르기를, "어찌 선(善)할 수 있겠는가, 함께 빠지게 될 것이다."[37]라고 하였는데, 어떻게 생각하십니까? 그렇지만 대감은 평소 중임을 자부하셨으니, 어찌 한 사람의 수를 채우는 데 그치려 하겠습니까. 넘어지는 것을 부축하고 부서진 것을 보수하는 공로를 만분의 일이나마 바라지 않을 수 없으니, 마음이 서글픕니다.

별지 別紙

《시경》에 이르기를, "현명한 사람 치고 어리석지 않은 이가 없다."라고 하였는데, 현명하다면 어리석을 리가 없으나 단지 사사로운 이익과 손해에 어지럽혀졌기 때문입니다. 이른바 이익이라는 것도 반드시 이익이 되지는 않고, 손해라는 것도 반드시 손해가 되지는 않으니, 이것이 어리석은 이유입니다.

36 나라가……얻었으니 : 유척기가 호조 판서에 임명된 일을 말한다. 《英祖實錄 14年 8月 1日》

37 어찌……것이다 : 《시경》 〈상유(桑柔)〉에 나오는 구절이다. 세상을 선으로 이끌지 못하고 함께 몰락한다는 말이다.

지금 대감께서 한 번 나가는 것은 화를 두려워하는 뜻이 많기 때문입니다. 만약 화를 두려워하는 마음이 위주가 된다면 선(善)은 한 가지도 할 수 없으니, 불선(不善) 또한 어떻게 막겠습니까. 가령 대감께서 나아가지 않아 벌을 받는다면, 벌은 무거워도 견책에 불과할 것이지만, 이미 이 좋은 기회를 잃었습니다.

눈앞의 벼슬과 녹봉은 본디 세상 사람들이 복이라고 하는 것이지만, 두렵기는 더욱 심합니다. 차라리 화복을 치지도외하고 오직 세도(世道)와 군덕(君德)을 마음에 두어 뜻이 맞으면 행하고 뜻이 맞지 않으면 떠나야 합니다. 비록 한 마디 말이나 한 가지 일로 벌을 받더라도 어찌 복이 아닐 줄 알겠습니까. "복에는 화가 숨어 있고, 화에는 복이 숨어 있다."[38]라고 하였으니, 이 말을 깊이 유념하시기 바랍니다.

안동에 서원을 세우는 일은 대감이 이미 상소하여 청하였습니다. 경연(經筵)하는 자리에서 조용히 도리를 아뢰고 본도의 형세를 함께 아뢰어 성상으로 하여금 두려워할 것이 없고 믿을 데가 있다는 것을 분명히 알도록 한다면 청을 허락받지 못할 걱정은 없을 것입니다. 허락받지 못하면 그만두지 말고, 비록 거취를 가지고 쟁집하더라도 안 될 것이 없으니, 이 또한 선비들의 바람을 위로할 수 있습니다. 아뢸 적에는 "바라건대 성상께서는 깊이 유념하여 서원을 다시 세우는 일을 특명으로 나오게 해야 체모를 얻을 것입니다."라고 하는 것이 어떻겠습니까?

대감께서 나가신 뒤로는 서로 위해줄 수 없을 듯하지만 그래도 그칠

38 복에는……있다 : 《도덕경(道德經)》에 보인다.

줄 모르고 충고하는 것은 어진 이에게 완벽을 요구하는 《춘추》의 의리와 시골에서 세상을 걱정하는 뜻 때문이니, 비단 구구한 인척 관계이기 때문만은 아닙니다. 만약 저의 쓴말을 견딜 수 없다면 당신의 뜻을 분명히 보여 다시는 실언하는 죄를 짓지 않도록 하시기 바랍니다.

유전보에게 답함 기미년(1739, 영조15)

答兪展甫 己未

영광스럽게 정승에 제수되셨으니,[39] 참으로 사람들의 기대에 걸맞습니다. 저 역시 어찌 기쁘지 않겠습니까. 다만 시대의 어려움이 갈수록 심해지니, 걱정이 기쁨보다 심하여 감히 남들을 따라 의례적으로 축하하지 못합니다. 얼마 전 먼저 보내주신 편지를 받았는데 곤궁한 저의 처지를 물으셨으니, 저의 감격스럽고 송구한 마음을 어찌 다 말할 수 있겠습니까. 강가는 가을이라 싸늘한데, 정사를 보시는 대감의 체후에 복이 더하시리라 생각합니다.

지난 밤 우레의 변고는 또 너무도 비상하였으니, 근심거리가 산과 같다는 말도 참으로 헐후한 말입니다. 재야에 있는 저의 마음도 이와 같은데, 하물며 온갖 책무가 모인 자리에 있는 당신은 어떻겠습니까.

교지가 내린 뒤로 서울과 지방의 민심은 모두 합하 한 사람의 진퇴에 국가의 존망이 달려 있다고 여깁니다. 사류들의 바람은 더욱 간절하니, 평소 어떻게 이러한 명성을 얻었으며, 앞으로 또 어떻게 그 책임을 수행할지 모르겠습니다.

지금의 제일 가는 의리는 임금의 마음을 바로잡는 것보다 더한 것이 없습니다. 그러나 대인의 덕[40]은 본디 말하기 쉽지 않고, 이러한 덕이

39 영광스럽게 정승에 제수되셨으니 : 유척기가 우의정에 임명된 일을 말한다. 《英祖實錄 15年 8月 30日》

40 대인의 덕 : 주자가 "오직 대인의 덕이 있어야 임금의 바르지 않은 마음을 바로잡아

있더라도 빠른 시일 내에 효과를 기대할 수 없습니다. 오직 '도(道)로 임금을 섬기다가 할 수 없으면 그만둔다.'[41]라는 여덟 글자를 당장 사용할 긴요한 방법으로 삼아야 합니다. 이는 비록 임금을 바로잡고 나라를 안정시키는 공로에는 미치지 못하는 듯하지만, 세도를 유지하고 나라의 형세를 부지하는 공로가 어찌 적겠습니까.

신하의 몸은 본디 자기 소유가 아니고, 더구나 지위가 이렇게 높은 지위에 이르렀으니 나라가 있는 줄만 알고 제몸이 있는 줄은 모른 채 부귀에 연연하지 말고 화복을 계산하지 말아야 합니다. 그렇게 한다면 무슨 일인들 하지 못하겠으며 무슨 변고인들 대응하지 못하겠습니까. 이렇게 마음을 먹으면 일은 이미 반 넘게 된 것입니다. 걱정스러운 것은 또 견식이 미치지 못하는 것 뿐입니다.

작년에 매번 합하에게 독서를 권한 이유는 오늘날과 같은 일이 있을 줄 알았기 때문입니다. 이는 합하를 위해서가 아니라 실로 국가를 위해서입니다. 이제는 돌이켜 생각할 수 있을 것이니, 그래도 우활하다고 여기십니까?

송 태조(宋太祖)의 "책을 펼치면 유익하다."[42]라는 말은 진실하여 좋습니다. 속히 주서(朱書)의 〈시사(時事)〉, 〈출처(出處)〉 등 한두 편을 아침 저녁으로 완미하며 항상 기억한다면 더욱 유익할 것입니다.-그중

바르게 할 수 있다."라고 한 말을 인용한 것이다. 《孟子集註 離婁上》

41 도(道)로……그만둔다 : 공자가 "이른바 대신은 도로 임금을 섬기고, 할 수 없으면 그만둔다.〔所謂大臣者, 以道事君, 不可則止.〕"라고 한 말을 인용한 것이다. 《論語 先進》

42 책을 펼치면 유익하다 : 송 태조가 말하기를, "짐은 성품이 독서를 좋아하니, 책을 펼치면 유익하여 피로한 줄 모른다."라고 하였다. 《宋史全文 卷3》

에 〈양 승상에게 답한 편지〉는 더욱 유념해야 합니다.- 어떻습니까? 눈이 흐려 글씨가 엉망이라 공경이 부족하니 황공합니다.

별지 別紙

여름 무렵에 짧은 편지를 보냈는데 지금까지 회답이 없으니, 합하의 도량으로도 듣기 싫은 기색을 보이는 것을 면하지 못한다고 함부로 생각하였습니다. 그런데 뒤늦게 간곡히 말씀하시며 성대한 뜻을 보여 주셨으니, 비로소 지난날에 합하를 제대로 몰랐다는 것을 알게 되었습니다. 두려워 흐르는 땀이 그치지 않습니다. 경계를 그만두지 말라는 말씀으로 말하자면, 이처럼 허심탄회하게 좋은 말을 받아들이시니, 무슨 일인들 이루지 못하겠습니까. 이는 나라의 복입니다.

윗 단락의 일은 입대한 뒤에야 아뢸 수 있습니다. 혹시 엄한 하교가 내리거든 물러나거나 인혐하여 이로써 거취를 정한다면 어찌 여유롭지 않겠습니까. 숙배하기도 전에 사직하는 글을 갑자기 들인다면, 비단 요구한다는 혐의가 있는 정도에 그치지 않습니다. 기왕 승낙한 공들 속에 들어가지 않았으니 스스로 인혐할 필요는 없습니다. 가령 인혐할 단서가 있어 스스로 인혐하면 늦으니, 끝내 들어가 아뢰어 체모를 얻는 것이 낫습니다.

근일의 지나친 거조로 말하자면, 지금 사면을 청하고 있으니 어찌 이를 언급할 겨를이 있겠습니까. 안동의 서원에 대해서도 한번 통렬히 아뢰지 않을 수 없습니다. 그렇지만 반드시 성상으로 하여금 영남의 정세와 이해를 분명히 깨닫게 한 뒤에야 청을 허락받을 가망이 있을 것이니, 이는 사소한 사업이 아닙니다. 다른 곳까지 해가 미칠지 여부는 본디 미리 헤아리기도 어렵고, 또 어찌 논할 필요가 있겠습니까.

새로 정승이 되어 처음으로 연석에서 입대하는 것이니, 윗사람과 아랫사람이 눈을 비비고 바라보고 있습니다. 군주의 덕과 지금의 정사에 절실한 것을 먼저 대체부터 아뢰고, 기강을 세우고 법령을 신중히 하고 인재를 등용하고 관직을 아끼고 조급한 풍조를 억누르는 것은 모두 대신의 직분입니다. 반드시 이를 자신의 임무로 삼아야 합니다. 그밖에 관계가 사소한 사무는 반드시 벗어나야 합니다. 사람이 윗사람에게 모욕받고 아랫사람의 기대를 저버리는 것은 바로 이러한 따위의 일 때문이니, 이는 경계하지 않으면 안 됩니다.

입대할 때 다른 정승을 돈독히 권면하는 것은 근래의 규례입니다. 그러나 한 사람은 을사년(1725, 영조1) 무렵 토죄할 때 합하가 함께 한 사람이며, 다른 한 사람은 동료의 자리에서 이미 힘껏 옹호하였으니,[43] 어찌 잘못을 본받을 필요가 있겠습니까. 근래 명령과 행동이 평정을 잃은 것은 참으로 몹시 걱정스럽고 개탄스럽습니다. 그러나 연석의 하교에서 종종 선한 단서가 발현되니, 부축하고 배양하기에 겨를이 없어야 합니다. 저들이 '십년 동안 고심하였다.'라는 따위의 말을 다시 성상 앞에서 반복하는데, 비록 본래의 재주이기는 하지만, 아, 어질지 않은 사람입니다. 일마다 구차하게 같이 하지 말아야 사류의 기대에 부응할 수 있을 것입니다.

43 한……옹호하였으니 : 이때 영의정은 이광좌(李光佐), 좌의정은 김재로(金在魯)였다.

관원을 규찰하여 바로잡고 인물을 등용하고 내치는 일을 한결같이 공적인 이치에 따라야 사람들을 심복하게 할 수 있습니다. 하나의 사정(私情)이야말로 가장 제거하기 어려우니, 호조 판서로 있을 때 한두 사람을 스스로 천거한 것을 보면 알 수 있습니다. 정승은 보통 관원과는 다르니, 천 번 만 번 가다듬어 스스로 새로워져서 무너진 풍속을 바로잡는다면 몹시 다행이겠습니다.

별지 別紙

경연하는 자리에서 군주와 신하가 허심탄회하게 정사를 논한 아름다운 일에 대해서는 재야의 백성인 저도 그중 한두 가지를 들었습니다. 기쁘고 다행하기가 이루 말할 수 없으니, 당신의 뜻이 보통을 벗어났다는 것도 알 수 있습니다. 김령(金齡)과는 예전에 알던 사이가 아닌데, 그 사람이 과연 남쪽을 돌아보는 성상의 근심을 누그러뜨릴 수 있겠습니까.

다만 작년에 피혐하여 사직한 일로 논하자면, 성상의 하교에 있는 '사실대로 아뢰지 않았다.〔不白直〕'라는 세 글자가 지당합니다. 직첩을 돌려주는 것을 허락하지 않고 있는데, 윤허하지 않는 이유를 모르겠습니다. 합하께서 숙배하신 이후의 일로 말하자면, 바로잡을 것이 어찌 끝이 있겠습니까. 그런데 전혀 들은 것이 없으니, 소자(邵子)가 이른바 "시행하는 것은 천 균의 노와 같이 한다.〔施爲欲似千勻弩〕"[44]라는 뜻이

44 소자(邵子)가……한다 : 소자는 북송(北宋)의 소옹(邵雍)이다. 이 시는 《격양집(擊壤集)》 권3에 실려 있는 〈하사음기삼성부상공(何事吟寄三城富相公)〉의 함련(頷聯)이다. 주자가 이 시를 인용하자 어떤 이가 '천 균의 노'의 뜻을 물었는데, 함부로

아니겠습니까.

안(安) 대간[45]이 멀리 유배되었으니 이는 무슨 죄입니까. 그 뒤 논계를 정지한 대간은 더욱 논죄하여 파직하지 않으면 안 됩니다. 합하께서 안동 서원의 일을 유념한다는 것은 알고 있지만, 이에 대해 소홀하시니, 국청이 파한 뒤에 하려는 것입니까? 지난달 한 사우(士友)가 서울에서 찾아왔는데, 좌의정의 사업은 단지 황해도 관찰사를 재촉하여 부임하게 한 것뿐이니, 나랏일을 알 수 있다고 하였습니다. 합하께서는 이러한 비난을 면할 수 있겠습니까?

저는 무홍(茂弘)처럼 친족을 버릴 수 없다면[46] 지방관으로 임명하기 어렵다고 여겼습니다. 노봉(老峰, 민정중(閔鼎重)) 상공이 이른바 위태로운 방법[47]이라는 말은 실로 유념할 만합니다. 근래에는 조정에 있으면 병권을 잡고 외직에 있으면 번방을 지키는데, 비록 성상께서 포용하시는 도량이 크기 때문이기는 하지만, 묘당에 있는 사람은 더욱 신중하지 않을 수 없습니다. 어떻게 생각하십니까?

움직이지 않는다는 뜻이라고 하였다. 《朱子語類 卷100》

45 안(安) 대간 : 사간 안상휘(安相徽)를 말한다. 김상헌의 서원을 다시 세우는 일로 전계하였다가 해남으로 유배되었다. 《英祖實錄 15年 9月 8日》

46 무홍(茂弘)처럼……없다면 : 무홍은 진(晉)나라 왕도(王導)의 자이다. 종형 왕돈(王敦)이 반란을 일으키자 토벌을 청하였다. 《晉書 卷65 王導列傳》

47 노봉(老峰)……방법 : 민정중은 "역적들의 친척은 반드시 모두가 왕도(王導)와 같은 사람이라는 것을 안 뒤에야 등용할 수 있다. 그렇지 않은데 등용한다면 이는 위태로운 방법이다."라고 하였다. 《肅宗實錄 35年 2月 1日》

별지 別紙

회답하신 말씀은 잘 알겠습니다. 애초에 급하게 명에 응한 것은 비록 일의 형세 때문이지만 이미 자중하는 뜻을 잃었고, 지금 또 잠시 들어갔다가 곧 나왔습니다. 지금 선한 이들이 합하에게 거는 기대가 큰데, 이는 다름이 아니라 수법이 전부 드러나 믿을 수 없는 다른 정승과는 다르기 때문입니다. 만약 다시 인순하고 미루느라 세월을 끌면서 조정에서 두려워하며 시위소찬하고, 빈대(賓對)에서 묵묵히 인원수만 채운다면 다른 정승과 무슨 차이가 있겠습니까.

앞으로 닥칠 사변을 헤아리기 어려운데, 한 마디 말도 아뢰지 못하고 한 가지 사업도 하지 못하다가 행여 다른 일로 낭패를 당하여 물러난다면 '무엇을 듣고 왔다가 무엇을 보고 가는가.'[48]라는 말에 가깝지 않겠습니까. 만약 이렇게 된다면 비단 선한 무리가 다시는 바라볼 곳이 없을 뿐만 아니라 나라에 급한 일이 생기면 장차 누구에게 의지하겠습니까. 일찌감치 한 마디 말을 하여 거취를 결정하는 것이 제일입니다. 만에 하나 성상의 마음을 감동시킨다면 참으로 몹시 다행이지만, 비록 그렇게 하지 못하더라도 세도를 유지하고 사람들을 기쁘게 감복하게 할 수 있을 것입니다.

연대(筵對)에서는 말을 조리있고 분명하게 하기 어렵고, 성상께서도 듣기 싫어하여 필시 말을 끊고 막을 것이니, 결코 말을 마칠 수

48 무엇을……가는가 : 삼국시대 위(魏)나라 종회(鍾會)가 혜강(嵇康)을 방문하였으나 혜강은 상대하지 않았다. 종회가 떠나려 하자 혜강이 "무엇을 듣고 왔다가 무엇을 보고 가는가?"라고 물으니, 종회는 "들은 것을 듣고 와서 본 것을 보고 간다."라고 대답하였다. 종회는 이 일로 혜강에게 유감을 품고 참소하여 죽게 하였다.《世說新語 簡傲》 여기서는 아무 것도 하지 못하고 떠난다는 뜻이다.

있을 리가 없습니다. 이는 끝내 크게 잘못한 계책입니다. 공무를 마치고 집으로 돌아온 여가에 조용히 차자 한 통의 초고를 지어 속히 올리는 것이 마땅합니다. 연(淵) 등의 사소하고 계산하는 말을 어찌 들을 것이 있겠습니까. 절대 의심하지 않는다면 천만다행이겠습니다.

안동 서원에 관한 일은 덧붙여 아뢰지 않으면 안 됩니다. 합하께서 이러한 논의를 다시 아뢰지 않는다면 어떻게 중외의 사우들의 기대를 위로할 수 있겠습니까? 이밖에 또 긴급한 일이 있습니까? 이전 차자의 조목은 매우 좋으니, 이중에서 자세히 고르거나 늘려서 채운다면 좋을 것입니다. 구구하게 누차 번거롭게 해 드리면서도 그칠 줄 모르는 것은 나라를 위해서이지 합하를 위해서가 아닙니다. 헤아려 주실 수 있겠습니까.

별지 別紙 경신년庚申(1740, 영조16)

두 대신을 신원하는 은전은 성상의 결단이 참으로 분명합니다. 합하의 한 마디 말씀도 성상의 마음을 돌리는 힘이 되었다고 하겠습니다. 더구나 대신이 도(道)를 거취로 삼는다는 것을 합하에게서 처음 보았으니 어찌 훌륭하지 않겠습니까. 그러나 복관(復官)하는 비망기에 온당치 않은 곳이 몹시 많은데, 조정으로 돌아와 인대(引對)하던 날 묵묵히 한 마디 말도 없이 나왔으니, 이미 선비들의 기대를 크게 저버렸습니다.

근래 들으니 사우 중에 이 일을 가지고 말하는 자가 있다고 하기에 번번이 교분이 얕으면서 심각한 이야기를 하는 것이라고 대답하였습니다. 차대(次對)는 한달 안에도 하는 경우가 지극히 드물다고 하니, 언제쯤 윗사람과 아랫사람이 서로 믿고 다하지 못하는 말이 없을지 모르겠습니다. 사람들의 마음이 지극히 답답해 하는데 저는 늙고 병들어 곧 죽을 것이니, 어떻게 황하가 맑아지는 날을 보겠습니까. 어떤 이가 말하기를, 근래 합하께서 반드시 좌의정과 이 일을 함께 하고자 한다는데, 이는 결코 이루어지지 않을 것입니다.

별지 別紙

집의 조성복((趙聖復)[49]은 참혹한 화를 당하여 죽었는데, 수년 동안 혹독한 형신을 받았는데도 끝내 다른 말이 없었으니 참으로 철석간장을 지닌 사람입니다. 당초 견책을 받은 것은 벗의 손에서 나온 것인데, 이는 겁을 주려는 것에 불과하였습니다. 그런데 흉인들이 반드시 죽이고야 말려고 했던 것은 그 사람을 미워해서가 아니었습니다. 국문을 청한 그들의 계사를 보면 동궁을 무함하고 핍박하는 말 아닌 것이 없습니다. 그들의 마음을 분명히 알 수 있지 않겠습니까.

지금 성상께서 비록 "연명으로 차자를 올려 대리청정을 청하였으니 의리가 분명하다."라고 하셨으니, 이 사람이 가장 먼저 신원하는 은전을 받아야 합니다. 무옥(誣獄)이 밝혀지면 이 일은 차례로 시행될 것입니다. 그러나 이 일은 연명으로 차자를 올려 대리청정을 청한 것과 한 줄로 꿴 것 같으니, 지체할 필요는 없습니다. 어떻게 생각하십니까. 그 당시 사실에 대해 혹시 자세히 알지 못할까 걱정되어 상소의 등본을 보내드립니다. 훑어보고 남겨두시기 바랍니다.

49 조성복((趙聖復, 1681~1723) : 1721년(경종1) 세제(世弟)의 대리청정을 청하는 상소를 올렸다가 국문을 받고 제주에 유배되었다. 1723년 다시 의금부로 잡혀왔는데 옥중에서 음독 자살하였다. 《景宗實錄 3年 4月 28日》

설령 이 사람이 곧장 대리청정을 청했더라도 지금처럼 의리가 밝아진 날에는 신원해야 합니다. 하물며 뜻은 같은데 말은 가벼운 경우이겠습니까. 가장 참혹한 화를 당했으니 어찌 불쌍히 여기고 유념하지 않을 수 있겠습니까.

삼가 들으니, 지난 겨울 연석에서 남풍이 연이어 부는 것을 걱정하셨다고 하니, 성상의 마음을 우러러볼 수 있습니다. 설령 또 무신년(1728, 영조4)의 변란이 일어나더라도 이는 강역 밖에서 일어난 병란과는 차이가 있습니다. 오직 명분과 의리를 바로잡고 엄하게 토벌하고 복수하여 우리의 굳세고 큰 기상을 높여 저 흉역의 마음을 꺾어야 합니다. 지금 화를 방지하고 훗날 변고에 응하는 방법은 모두 이를 벗어나지 않으니, 깊이 유념하시기 바랍니다. 입대할 때 이 뜻을 분명히 아뢰어 성상의 귀를 넓히고 백성의 마음을 진정시켜 사업을 하는 근본으로 삼지 않으면 안 됩니다. 이 말을 우활하다고 여기지 마시기 바랍니다.

묘당의 천거는 일단 뒤섞는 조치가 없었으니, 이는 사류의 마음을 크게 위로합니다. 탕평 속에 있는 사람을 제외하면 실로 변통하기 어렵습니다. 그러나 그중에서 반드시 가려야지 한갓 품계만 따라서는 안 됩니다. 예컨대 황(黃), 윤(尹) 등은 흔들리지 않고 정도를 지키는 사람입니다. 앞으로 속히 먼저 조용하여 공론을 따르는 것이 어떻겠습니까.

힘을 써서 동료와 구차하게 영합하려는 뜻이 있다고 들은 듯한데 과연 그렇습니까. 필시 사류의 마음을 크게 잃을 것이니 걱정스럽습니다.

별지 別紙

별지에 회답한 말씀은 잘 알겠습니다. 11일 비망기의 온당치 못한 곳이라고 운운한 것은 다름이 아니라 '패악한 아들과 악독한 손자'[50] 따위의 하교를 가리킨 것입니다. 무옥(誣獄)이 신원되면 두 정승도 절로 그 안에 있을 것입니다. 다만 사람의 역량이 미치지 못해 두 정승의 일을 거론하기는 오히려 쉽고, 무옥의 일을 거론하기는 더욱 어려우니, 합하께서도 이를 면하지 못하였습니다. 두 정승이 요행히 신원되더라도 무옥에 대해 이전처럼 덮어놓고 감히 말하지 못한다면, 의리의 핵심은 끝내 밝혀질 날이 없을 것입니다. 천하에 어찌 이런 일이 있겠습니까. 제가 누차 번거롭게 일깨워드리는 것은 참으로 이 때문입니다.

지금 당신이 하신 말씀은 이 말을 고치기를 청해야 하는데 고치기를 청하지 않은 보통 문자처럼 보셨으니, 이 단락과 무옥을 신원하고 과거를 파방하는 일[51]을 각기 다른 조목으로 나열하여 일관적으로 보지 않았기 때문이 아니겠습니까. 소결(疏決)한다는 이야기를 들은 뒤로 이 기회를 놓치기 어렵다고 생각하였는데, 또 묵묵히 나가게 되는 결과를 면하지 못할까 두렵습니다. 지금 여러 공과 합사(合辭)하여

50 패악한……손자 : 1740년(영조16) 1월 11일 영조가 이이명(李頤命)과 김창집(金昌集)에 대한 유감을 풀었다는 뜻으로 내린 비망기의 "패악한 아들과 손자가 어찌 선조에게 누를 끼치겠는가[悖子若孫, 豈累於其祖.]"라는 구절을 말한다. 패악한 아들과 손자는 목호룡(睦虎龍)의 고변에 연루되어 죽은 김창집의 아들 김제겸(金濟謙)과 손자 김성행(金省行)을 말한다.

51 무옥을 신원하고 과거를 파방하는 일 : 1722년(경종2) 임인옥사로 죽은 이들을 신원하고, 이듬해 열린 토역정시(討逆庭試)를 파방하는 일을 말한다.

청을 아뢴 글을 보았는데, 비록 윤허를 받지는 못하였으나 말투가 그다지 쓸쓸하지는 않았으니 몹시 다행입니다. 앞으로는 그래도 가망이 있을 것입니다.

다만 당장의 일로 보건대, 무옥을 신원하지 못하고 단지 허다한 역적만 풀어주었으니, 이것이 무슨 일입니까. 천하의 일을 논하는 데는 요점을 아는 것이 중요합니다. 오늘 시사가 이 지경에 이르게 된 것은 몇해 전 이쪽 당파와 저쪽 당파에 모두 역적이 있다는 비망기 하나에서 비롯되었습니다. 그러므로 당장 가장 중요한 의리는 무옥을 신원하고 과거를 파방하는 것이 제일입니다.

조보에 실려 있는 성상의 하교에 효경(梟獍)을 불령(不逞)에 상대하여 말씀하셨는데,[52] 이쪽과 저쪽을 가리켜 말한 듯합니다. 어찌 이번에 보여주신 상소의 조어가 이와 같아 그러한 것이겠습니까. 불영이 역적에 비하면 가볍지만, 이 또한 반드시 말할 필요는 없습니다. 만약 함부로 헤아리는 사람이 있다면 대신이 말을 할 때 신중하지 않을 수 없다는 점이 더욱 분명해집니다. 작년에 원경하(元景夏)가 찾아와서 이 일을 언급하였는데, 제가 "무옥에 걸린 사람 중에 아래로 백망(白望)[53]에 이르기까지 만약 함부로 비난하는 사람이 있다면 끝내 역적 편 사람일 것이다."라고 하였더니, 원경하가 묵묵히 가버렸습니다. 이 말을 깊이 유념하십시오.

52 효경(梟獍)을……말씀하셨는데 : 영조는 임인옥사를 일으킨 김일경(金一鏡), 목호룡(睦虎龍) 등을 올빼미 같은 자〔梟獍〕라고 하고, 역모를 자백한 김용택(金龍澤), 이천기(李天紀) 등을 무도한 자〔不逞〕라고 하였다.《承政院日記 英祖 16年 6月 13日》

53 백망(白望, 1627~1722) : 신임옥사에 연루된 인물로, 비수를 품고 대궐로 들어가 경종을 시해하려 하였다는 혐의를 받았다.

이른바 '크게 경장하고 크게 변통한다'[54]라는 것은 아무런 이익 없이 그저 번거롭기만 할 것이니, 합하가 이런 잘못을 할까 염려하지는 않습니다. 걱정스러운 것은 너무 신중한 나머지 지나치게 생각하다가 도리어 미혹되는 것입니다. 기한에 맞춰 문서를 처리하고 대충 땜질하며 날을 보내는 것이 어찌 대신의 직무이겠습니까. 임금의 덕을 성취하는 것은 경연에 달려 있으니, 이것이 실로 급선무입니다. 을사년(1725, 영조1)의 사람들이 이미 앞에서 잘못하였으니, 합하께서는 앞일을 거울 삼아 뒷일을 경계하고 잘 도모할 수 있겠습니까. 이 뜻은 매우 좋습니다.

선한 이가 불선한 이를 변화시키는 것은 참으로 다행이지만, 선한 이가 불선한 이에게 변화를 당하는 것은 몹시 불행한 일입니다. 이것이 구차하게 영합하는 것을 경계하는 이유입니다. 음백(蔭伯)의 관문(關文)은 이미 묘당을 거쳤으니, 행여 끌어주느라 힘을 허비하지 마십시오. 앞으로의 인사에서 또 어떤 사람의 투식을 따르려는 것입니까. 감작(監作)을 6품으로 올려달라는 청은 몹시 외람됩니다. 이를 경계로 삼아 본받지 말기 바랍니다.

성균관 유생들의 상소는 젊은 혈기로 함부로 올린 듯합니다. 아니면 주도하는 자가 있습니까? 얼마 전에 누군가와 이 이야기를 주고받았

54 크게……변통한다 : 1740년(영조16) 7월 8일 대사성 심성희(沈聖希)의 상소에 성균관의 재정을 크게 경장하고 크게 변통해야 한다는 내용이 있는데, 이를 가리키는 듯하다. 《承政院日記 英祖16年 7月 8日》

는데, 제 소견으로 이 일은 삼사에서 앞장서고 성균관에서 뒤를 이어야 하니, 서둘러 할 필요는 없을 듯하다고 여겼습니다. 그 사람이 답하기를, '삼사가 이미 말하지 못했으니 성균관이 어찌 앞장서지 않을 수 있겠는가.'라고 하였는데, 이 말 역시 통합니까. 선비의 기운이 꺾여 다시 거론할 수는 없을 듯한데, 앞으로 만약 견책을 받는 일이 있다면 원기를 부지하는 것이 어찌 대신의 책임이 아니겠습니까.

차자에 기왕 아들과 손자에 대해 언급한 단락이 있으니, 아래에 '원래 연루될 일이 아닙니다.'라는 말이 있어야 하는데, 마치 피해간 것처럼 전혀 없습니다. 만약 명백히 설파하지 않으면 애당초 이 말을 제기하지 않는 것이 낫습니다. 대저 무옥(誣獄)을 모두 탕척하면 정승의 신원은 저절로 될 것입니다. 지금 논하는 자들은 이 일을 억지로 구별하여 마치 두 사건으로 나누는 것처럼 하는데, 참으로 통탄스럽습니다.

을사사화가 일어났을 때 자백을 받아내어 처형한 자도 많았습니다. 그러나 율곡은 구별하지 않고 모두 신원하였으니, 이로 인해 시비가 크게 정해졌습니다. 《무정보감(武定寶鑑)》 및 《율곡연보(栗谷年譜)》와 《경연일기(經筵日記)》를 참고하면 알 수 있을 것입니다. 이는 세도의 성쇠와 관계된 큰 기회입니다. 앞으로 연석에서 이러한 일에 대한 이야기가 나오면 반드시 한결같이 율곡의 의리를 위주로 삼는 것이 어떻겠습니까. 이는 미리 생각해 두어 변화에 대응할 방도로 삼지 않으면 안 됩니다.

유전보에게

與兪展甫

"몸이 물러나자 명성이 더욱 무거워졌다."라고 하였으니, 이것은 범진(范鎭)이 소식(蘇軾)의 말에 서글퍼한 이유입니다.[55] 구구한 제가 감히 함부로 축하할 수는 없으나 아마 합하께서도 강호에 있다고 해서 나라 걱정하는 마음을 조금이라도 놓지는 못할 것입니다. 요즘 날씨가 무더운데 대감의 몸과 마음에 더욱 복이 있을 것이라고 생각합니다.

연석의 하교는 종종 풍문으로 전해 듣고 있는데 저로 하여금 대신 두렵게 합니다. 그러나 어진 하늘 같은 성상께서 기왕 완전히 성취하게 해 주셨으니, 어찌 또 다른 걱정이 있겠습니까. 저는 합하께서 정승의 자리에 오른 뒤로 대체는 참으로 바르지만 역량을 크게 넓히지 못하고 사사로운 뜻을 완전히 이기지 못하여 사람들의 마음에 차지 못한 점이 제법 있었다고 생각합니다. 이것은 완벽하기를 요구하는 《춘추》의 의리이니, 훗날 세도(世道)의 책임을 합하께서는 사양할 수 없을 것입니다. 간절히 바라건대, 지금처럼 한가한 때를 이용하여 의리에 관한 문자를 더욱 가까이 하여 임금을 바로잡고 나라를 안정시킬 근본으로

55 몸이……이유입니다 : 범진이 왕안석과 대립하다가 치사(致仕)하자 소식이 축하하며, "공은 비록 물러났으나 명성은 더욱 무거워졌습니다."라고 하자, 범진이 서글퍼하며 말하기를, "군자는 말을 들어주고 계책을 따라주면 미연에 우환을 없애 천하로 하여금 아무도 모르게 그 혜택을 입게 해야 한다. 그러나 내가 정사를 하지 못하여 천하가 그 피해를 입게 되었는데 내가 명성을 누린다면 내 마음이 어떻겠는가." 하였다. 《宋史 卷337 范鎭列傳》

삼으신다면 몹시 다행이겠습니다. 저는 참으로 우활하고 어리석어 믿는 것이라곤 그저 "양은 없었던 적이 없다.〔陽未嘗亡〕"[56] 네 글자 뿐입니다. 이 때문에 이렇게 지나치게 걱정하는 말을 한 것입니다. 한가로이 지내는 가운데 한번 웃을 일이 늘어난 것이 아니겠습니까.

별지 別紙

지난번 편지에서 말씀드린 내용은 몹시 참람되지만, 너그러이 보아주시고 다시 부지런히 물으셨습니다. 이는 옛사람이 자신의 과실을 들으려 했던 뜻이니, 참으로 훌륭합니다. 제가 보기에 근래에 사사로운 뜻이 점차 우세해지고 수단이 조금 교묘해져 거의 사람들의 비난을 면하지 못하게 되었습니다. 이번 일은 잘 망친 것이라 하겠습니다. 늙어 급제한 사람이 새로 관각에 들어오는 것은 참으로 쉬운 일이 아닙니다. 어찌 다른 사람이 나만 못하다는 뜻이겠습니까. 이밖에는 감히 자세히 말씀드리지 않겠습니다. 그러나 한 가지 생각이 싹텄을 때 몸소 바로잡는다면 다행입니다. 묘당의 천거는 한 번도 잘못된 적이 없으니, 이는 작지 않은 사업입니다. 다만 성상께서 만약 쫓아내지 않으시고 혁신을 요구하신다면 과연 처음처럼 확고할 수 있겠습니까. 이조판서의 정사는 앞뒤가 판연히 다른 사람 같으니 웃음이 나옵니다. 어진 하늘 같은 성상께서 완전하게 성취해주려는 덕을 합하에게 유독 후하게 베푸신다는 것을 더욱 잘 알겠습니다.

56 양은……없다 : 《주역》 곤괘(坤卦)의 "곤은 비록 양이 없으나 양은 없었던 적이 없다.〔坤雖无陽, 然陽未嘗无也.〕"라는 말을 인용한 듯하다.

무옥(誣獄)을 담당 관사에 맡기고 성상의 뜻을 여쭈어 처결하라는 명이 내렸다는 소식을 들었습니다.[57] 성상의 하교 중에 '대부덕(對否德)'[58]이라는 한 구절의 말은 조현명(趙顯命), 송인명(宋寅明) 등의 말에 깊이 빠져 그러한 것입니다. 합하께서 온갖 일을 떨쳐내고 정성을 다해 힘껏 청하지 못하여 끝내 한 번의 좋은 기회를 놓친 것이 더욱 한스럽습니다. 부정(不靖)이 불령(不逞)에 비해 조금 가볍지만,[59] 끝내 평소의 생각이 의리와 일의 기미를 보지 못하여 임기응변할 때마다 번번이 착오를 초래하는 것입니다.

말씀하신 두 가지 이야기 중에 첫 번째 이야기로 말하자면, 제가 《무정보감(武定寶鑑)》에 실려 있는 내용을 보니, 율곡은 무고로 자복한 자를 구별한 일이 없었는데, 이는 본받을 만합니다. 유취장(柳就章), 우홍채(禹洪采) 등의 을사처분[60]에 대해서는 자세히 들은 적이 없습니다. 집의 조성복(趙聖復)의 일에 대해 얼마 전 연석에서 한번 말이 나오자, 성상께서 처음에 위리안치를 청한 계사를 터무니없다고 말씀하셨다고 하는데,[61] 그렇습니까? 삼가 바라건대, 예전에 입으로

57 무옥(誣獄)을……들었습니다 : 1740년(영조16) 6월 13일 임인옥사의 옥안(獄案)을 고친 일을 말하는 것으로 보인다. 《英祖實錄 16年 6月 13日》

58 대부덕 : 영조가 이날 내린 전교에 "대소 신료는 저 의릉(懿陵)을 바라보고 부덕한 나를 돌아보라." 하였는데, 이를 가리키는 듯하다. 《承政院日記 英祖 16年 6月 13日》

59 부정(不靖)이……가볍지만 : 부정은 편안하지 않다는 뜻이고 불령은 무도하다는 뜻이다. 이날 영조는 임인옥사로 죽은 김용택(金龍澤)과 이천기(李天紀) 등을 불령하다고 비난하였다. 《承政院日記 英祖 16年 6月 13日》

60 유취장(柳就章)……을사처분 : 유취장과 우홍채는 모두 신임옥사 때 처형당하였으며, 을사처분은 1725년(영조1) 신임옥사를 무고로 규정한 처분이다.

61 성상께서……하는데 : 영조가 "조성복을 역적의 죄로 몰아넣은 것은 더욱 터무니

아뢰고 귀로 들은 이야기를 자세히 기록하여 보여주십시오.

합하께서는 모든 일을 아뢸 때 단서만 꺼내고 끝맺음이 없어 성상께서 어렵게 여기시면 곧 중지하고 감히 다시 청하지 못한다고 하는데, 이 말이 허무맹랑하지는 않을 것입니다. 무신년(1728)에 단암(丹巖 민진원(閔鎭遠)) 상공이 사면을 받은 이후 저는 강호에 꼼짝 않고 누워 함부로 거취를 정하지 말라고 권하였는데, 여기에는 실로 뜻이 있었으나 그분은 따르지 않았습니다. 비록 그분의 일편단심은 윗사람과 아랫사람의 믿음을 얻었으나 세도에 반드시 도움이 되지는 않았습니다. 합하께서는 깊이 생각하시어 성상께서 환하게 깨닫기 전에는 절대 함부로 왕래하지 않으신다면 다행이겠습니다.

없다.〔驅聖復於逆科, 尤無狀矣.〕"라고 한 말을 가리키는 것을 보인다.《承政院日記 英祖 16年 10月 25日》

유전보에게

與兪展甫

일년에 서너 번 존호를 올리는 것은 실로 고금에 드문 일입니다. 나라의 경사가 이처럼 겹쳤으나, 재야에 있는 저는 걱정이 지나쳐 기쁨보다 거의 갑절이나 되니, 무슨 마음 때문인지 모르겠습니다. 강가 누각의 맑은 흥취는 정신을 상쾌하게 합니다. 다만 항상 지내는 곳으로는 산야(山野)에 미치지 못하여 종종 마비 증상의 조짐이 이미 나타나고 있습니다. 늙은 이후로 이치를 제법 익숙하게 보았으니, 천하의 일에 어찌 좋기만 한 것이 있겠습니까. 더욱 조심하시기 바랍니다.

음식 재료를 구하기가 몹시 어렵다고 들은 듯한데, 좋아지고 나빠지는 것은 우선 논할 수 없습니다. 새 집이 좋더라도 서울 집 생각을 쉽게 막을 수 없을 듯합니다. 이와 같이 경륜하는 기술로는 너무 허술하지 않겠습니까. 그렇지만 나아갈 줄만 알고 물러날 줄 모르는 세상 사람들과 비교하면 같은 선상에 놓고 이야기할 수 없습니다. 이 뜻이 어찌 좋지 않겠습니까. 옛날에 누대를 지을 땅도 없었던 상공[62]이 있었습니다. 이것이 태백(泰伯)이 문왕(文王)보다 더욱 높은 뜻[63]입니다. 행여 남을 책망하기를 그만두지 않는다고 여기시는지요? 말이 농담에

62 누대를……상공 : 송(宋)나라 구준(寇準)을 말한다. 30년 동안 정승을 지냈으나 사제(私第)를 경영하지 않았다. 위야(魏野)가 시를 지어 "관직이 있어 정승 자리에 올랐으나 누대를 지을 땅이 없었네.〔有官居鼎鼐, 無地起樓臺.〕"라고 하였다.

63 태백(泰伯)이……뜻 : 주자가 양지인(楊志仁)에게 답한 편지에 "그 뜻을 논한다면 문왕이 무왕보다 높고 태백의 처신이 또 문왕보다 높다." 하였다.

가까우니 황공한 마음을 이기지 못하겠습니다.

별지 別紙

당권(堂圈)[64]에 관한 일은 당신의 말씀이 이와 같으니, 제 말은 자취를 근거로 의심한 것을 면하지 못합니다. 그러나 이 일은 으레 대신이 주관하였으니, 이조 판서에게 맡겨서는 안 됩니다. 대제학이 추가로 넣었는데 끝내 사람이 지나치게 많아지는 잘못을 저질렀습니다. 이전의 홍문록에서도 삭제한 사람이 적으니, 이는 실로 속습을 따르려는 뜻이 우세하고 관직을 아끼는 뜻이 가벼운 소치입니다. 식자들의 비난에 대해 해명할 길이 없을 듯한데, 어찌하겠습니까.

64 당권(堂圈) : 홍문관 관원의 후보로 올릴 사람을 권점을 통해 선발하는 절차를 말한다.

유전보에게 답함
答兪展甫

농사가 큰 풍년이 들려다가 홀연 큰 흉년이 들었습니다. 이는 비단 재야에 있는 몇 사람의 걱정에 그치지 않으니, 어찌하겠습니까. 회답하신 위 산인(魏山人)[65]의 과장된 글로 말하자면, 반드시 그렇지 않다고 감히 보장하지는 못하겠습니다. 그렇지만 옛사람의 도를 지금 논하자면 작은 과실 때문에 좋은 점을 믿지 않아서는 안 됩니다. 선한 점을 취한다면 자신에게도 선이 될 수 있을 듯한데, 어떻습니까? 어리석은 제 자식이 먼 길을 떠나 어느덧 먼 하늘 고개 너머의 사람이 되었으니,[66] 생각하면 서글픕니다.

65 위 산인(魏山人) : 위창조(魏昌祖, 1703～?)를 가리키는 듯하나 미상이다.

66 어리석은……되었으니 : 1740년(영조16) 7월 23일 저자의 아들 이제원(李濟遠)이 북평사에 임명되어 부임한 일을 말하는 듯하다.

유전보에게 답함

答兪展甫

말씀하신 뜻은 잘 알겠습니다. 몇 해 전 영릉(寧陵)에 행차했을 때[67] 지금 호조 판서(이병상(李秉常))가 호서에서 와서 길가에서 문안하였습니다. 선배들은 이런 일이 없었는데, 만났을 때 이 일을 이야기했더니 옛날과 지금이 다르다고 하였습니다. 지금 당신의 말씀을 듣고 보니 제 소견과 참으로 부합합니다. 논자들에게서도 그가 잘했다는 이야기를 듣지 못했습니다. 합하께서 머무는 곳이 고양(高陽)과 파주(坡州) 사이에 있다면 비록 몸을 드러내는 혐의가 있더라도 어찌 피할 수 있겠습니까. 깊이 헤아리시기 바랍니다.

며칠 전 우레가 치는 이변이 일어나 걱정되어 잠을 이루지 못하고 있습니다. 지금 우리 성상을 사랑하는 것은 오직 하늘 뿐인데 이렇게 경고하였으니 혹시 잘 될 가망이 있겠습니까. 묵묵히 기도할 뿐입니다.

67 몇……때 : 1730년(영조6) 6월 25일 영조가 영릉에 행차한 일을 말한다. 《英祖實錄 6年 6月 25日》

유전보에게 답함

答兪展甫

강가에서 밤낮으로 모시고 이야기를 나누었는데 정취가 맑고 뛰어났으니, 부귀한 사람의 기상이 전혀 아니었습니다. 지금까지도 마음에서 맴돌고 있습니다. 그러다가 보내주신 문안 편지를 받으니 보살펴주시는 뜻이 몹시 간곡합니다. 저는 돌아온 뒤 예전처럼 형편없이 지내고 있습니다. 제 아들도 아무 일 없이 속히 돌아왔으니, 서로 마주하고 하늘 같은 성상의 은혜를 송축할 뿐입니다.

번천(樊川 오언주(吳彦胄))이 잠시 들렀는데 조용히 회포를 풀 겨를이 없었습니다. 그의 뜻은 조정에 돌아가고 싶지 않은데 지금 고집하여 말할 일이 없으니, 낭패한 처지가 몹시 염려됩니다. 대나무막걸리가 도착하는 즉시 한바탕 취하고, 취한 뒤에는 웃으며 남에게 말하기를, "상공께서 관직에 매여 흠뻑 빠져 골몰하고 있다면 어찌 이 산속에 사는 한가한 놈을 기억할 수 있겠는가. 이 또한 강호에서 편안하고 조용히 지낸 덕택이다."라고 하였으니, 이 말이 과연 어떻습니까?

유전보에게 답함

答兪展甫

자세히 하문하시니, 실로 마음을 터놓고 말씀하시는 은혜를 입었습니다. 이 정승이 인용한 이전의 일이 정확히 맞지 않다는 것은 참으로 당신의 말씀과 같습니다. 지금 세도가 무너지고 염치가 모두 사라졌으니 사류가 믿고 의지하는 사람은 합하 한 사람 뿐입니다. 거취가 중요하니 스스로 조심하지 않을 수 있겠습니까.

작은 종이에 보여주신 내용은 뜻이 참으로 좋습니다. 다만 윗사람과 아랫사람이 해당 사안을 버려두고 그저 그림자와 메아리만 접한다면 성실한 도리가 전혀 아닙니다. 차라리 지난번 성상께서 꾸짖은 일에 대해 곧바로 나아가 그 본심을 낱낱이 아뢰어, 상소 서두에 있는 두 글자[68]의 주석으로 삼는 것이 낫습니다. 그렇게 한다면 그 사이에 저촉되고 거스르는 단서가 많을 것이나, 일부러 이 때문에 성상의 돌보심을 멀리하려는 것이 아닙니다. 이미 거두어 불러주는 은혜를 입었으니 이렇게까지 군색하고 위축된 상황에서 어찌 한번 글을 올려 진심을 아뢰지 않을 수 있겠습니까.

이와 같이 하였는데도 여전히 다시 돈유하신다면, 이 한 단락은 말이 다하고 뜻이 궁한 때 쓰더라도 늦지 않습니다. 앞으로 십분 어려운 상황이 분명히 생기겠지만, 일전의 '섬기지 않으려 한다.'[69]라는 비답은

68 상소……글자 : 상소 서두의 '죄를 지은 신하 유척기〔負罪臣兪拓基〕'의 '부죄' 두 글자를 말한다.

이미 너무도 황송합니다. 이러한 상황에서 그 실정을 다시 아뢰지 않고 다시 어느 때를 기다릴 것입니까? 의리는 이와 같아야 하는데, 어떻습니까?

과거에 단암(丹巖 민진원) 상공이 이러한 상황을 만났는데, 한 번 상소를 올린 뒤에 즉시 사관을 불러들이라고 명하였습니다. 깊이 생각하시기 바랍니다. 《화양어록(華陽語錄)》을 얻어보아 몹시 기쁩니다. 앞으로 이와 같은 서책은 매번 보여주신다면 더욱 다행이겠습니다.

69 섬기지 않으려 한다 : 유척기의 사직 상소에 대해 영조가 "조제(調劑)할 때 섬기지 않으려 하는데 한결같이 붙잡고 구차하게 권면한다면 진실하다고 할 수 있겠는가."라고 한 말을 가리키는 듯하다. 《承政院日記 英祖 16年 9月 17日》

유전보에게 답함
答兪展甫

자세히 말씀하신 내용은 잘 알겠습니다. 이 일을 비록 감히 두려워하거나 꺼려서는 안 된다고 하지만, 일부러 스스로 막는 것을 혐의로 여긴다면 오랜 세월이 지나도 끝내 성상께서 사관을 돌아오게 할 리가 없습니다. 병을 핑계대는 것이 어찌 편리하고 좋지 않겠습니까마는 이것이 걱정되고 답답합니다.

전에 말씀하신 하책(下策)은 의리가 참으로 정당하지만 해당 사안을 내버려두는 결과를 면하지 못하니, 이것은 시마(緦麻)와 소공(小功)을 살피는 꼴[70]이 될 듯합니다. 그러므로 완급과 선후에 더욱 유의하기를 간절히 바랄 뿐입니다.

'버티면서 섬기지 않는다.'[71]는 비답은 애당초 정확히 어느 달에 내렸는지 기억하지 못합니다. 지금 이미 오랜 시간이 지났으니 형세상 십분 어려운 상황이 되기를 기다렸다가 부득이하게 해당 사안을 자세히 아뢰고, 시험삼아 한가할 때 상소 한 통을 지어 기다려야 합니다. 그

70 시마(緦麻)와……꼴 : 시마는 3개월간 입는 상복, 소공은 5개월간 입는 상복이다. 맹자가 말하기를, "삼년상은 제대로 치르지 못하면서 시마와 소공을 살핀다.〔不能三年之喪, 而緦小功之察〕" 하였다.《孟子 盡心下》 중요한 일을 버려두고 사소한 일에 집착한다는 뜻이다.

71 버티면서 섬기지 않는다 : 1741년(영조17) 5월 11일 유척기의 상소에 대한 영조의 비답에 "경은 과연 버티면서 끝내 나를 섬기지 않을 것인가.〔卿果撕捱, 而終不事小子乎?〕"라고 한 구절을 말하는 듯하다.

전에는 예전처럼 병을 핑계대는 것 외에 다른 방도가 없습니다.

친구들이 권한 방도가 참으로 여러 가지인데 각자 소견이 있고, 범태(範台)[72]는 또 선배의 고사를 인용하였습니다. 그러나 이것은 반드시 아래에서는 실정을 자세히 아뢰고 위에서는 진실한 마음으로 해명하여 한번 이러한 단계를 거친 뒤에야 쓸 수 있습니다. 10~20리 조금 나아간다면 도성 밖으로 나아가는 것보다 오히려 낫지 않겠습니까. 이 또한 너무도 황공하게 된 다음에야 의논할 수 있을 것입니다. 그렇지만 지금 정승 자리에 일이 있으니 행여 거북을 버리고 침을 흘리는 것[73]에 가깝지 않겠습니까. 형세를 보아 대응하는 것이 마땅할 듯합니다.

고을의 감옥으로 달려가는 것으로 말하자면 결코 안 됩니다. 초당(草堂)의 거처가 가깝고 풍원부원군(豐原府院君 조현명(趙顯命))의 글이 장차 올라올 것인데 또다시 그 전철을 밟을 필요가 있겠습니까. 외람되게 당신의 말씀을 들었으니 감히 터럭만큼도 숨기지 못하였습니다. 그렇지만 말이 농담에 가까울 수도 있으니 죄송합니다.

별지 別紙

담옹(湛翁 김인후(金麟厚))의 사실은 끝내 도학(道學)이 절의(節義)에 비해 조금 못한 듯합니다. 우로(尤老 송시열)의 뜻도 대체로 이와 같습니다. 집성(集成)[74]이라는 한 구절로 의심할 필요는 없습니다. 어떻습

72 범태(範台) : 이기진(李箕鎭, 1687~1755)을 말한다. 자가 군범(君範)이므로 이렇게 부른 듯하다.

73 거북을……것 : 《주역》 〈이괘(頤卦) 초구(初九)〉에 "너의 신령스러운 거북을 버리고 나를 보고서 침을 흘리니 흉하다.〔舍爾靈龜, 觀我朶頤, 凶.〕"라고 하였다. 지조를 버리고 욕심을 따르는 행위를 비유한다.

니까? 날마다 손수 기록한 것은 그 후손에게 한번 물어보겠습니다. 만약 빌려온다면 감히 보여드리지 않을 수 있겠습니까.

74 집성(集成) : 송시열이 지은 김인후 신도비명에서 "돌이켜 요약하였으니 참으로 집대성하였다.〔反以約之, 允矣集成.〕"라는 구절에 나오는 '집성'을 말하는 듯하다. 《宋子大全 卷154 河西金先生神道碑銘》

유전보에게 답함

答兪展甫

무옥(誣獄)의 옥안(獄案)은 비록 없앴으나 범처럼 위험한 자에게 무고당한 사람들이 모두 신원되지는 못하였으니, 이전과 같은 상황입니다. 그런데 당국자들은 오히려 이 일로 인해 암암리에 기뻐하고 있습니까? 거취에 대해 하신 말씀은 참으로 대감의 말씀이 옳습니다. 병으로 혼미하여 다 말씀드리지 못합니다.

유전보에게 답함
答俞展甫

보여주신 연설(筵說)은 차례로 받아보았습니다. 성상의 마음이 이미 소인들에 의해 무너져 걸핏하면 위협을 받아 의혹을 깨우칠 가망이 전혀 없으니, 하늘의 뜻입니다. 그렇지만 이는 실로 신하들의 죄입니다. 지난 답장에 하신 말씀은 제게 더욱 부지런히 물으시는 뜻이었는데, 지금 형세는 참으로 말을 하기가 어려운 듯합니다. 그렇지만 성의를 쌓고 생각을 다하여 하고자 한다면 어찌 할 말이 없다고 걱정하겠습니까. 그렇지만 대감의 역량으로는 이렇게 하기가 쉽지 않을 듯한데, 어찌 쓸데없이 이야기할 필요가 있겠습니까.

대신(臺臣)이 견책을 받은 뒤 점차 나라의 금기가 된 것 같지만 이는 나라를 위해 목숨을 바치는 대신(大臣)이 고려할 바가 아닙니다. 어떻습니까?

《무정보감(武定寶鑑)》에 대해서는 얼마 전 북쪽 선비의 편지를 받아보았더니 두루 찾아보았으나 구하지 못했다고 합니다. 당시의 사실은 끝내 자세히 알 수 없으니 함부로 증거로 삼아서는 안 됩니다.

일전에 어떤 사우(士友)와 이야기하다가 우연히 대감의 거취를 언급하였는데, 그 사람이 "이 노인에게는 충(忠)자가 부족한 듯하다."라고 하기에 무엇 때문인지 물었더니, "주자가 '자기를 다하는 것을 충이라 한다.'라고 하지 않았는가."라고 하였습니다. 이 말을 집사께 한번 들려드리지 않을 수 없으므로 우연히 언급하는 것입니다. 묘비의 명문(銘文)은 겉치레가 심하니 끝내 미안합니다. 그렇지만 시험삼아 병이 나은 뒤 써서 올리고 처분을 기다리겠습니다.

유전보에게 답함 임술년(1742, 영조18)

答兪展甫 壬戌

옛 별장으로 거처를 옮기는 것은 본디 편의를 도모하려는 사사로운 계책에서 나온 것입니다. 의약과 음식은 조섭하는 데 더욱 도움이 될 것입니다. 이와 같다는 것을 모르지 않으나 이미 늙은 몸이라 한번 몸을 땅에 붙이면 움직이기 어려우니, 그저 '요절하고 장수하는 데 마음을 두지 않고 수양하며 기다린다.〔天壽不貳, 修身以俟〕'[75]라는 여덟 글자를 지키고자 합니다. 자세히 하신 말씀은 실로 염려하는 성대한 뜻에서 나온 것인데 받들 길이 없으니 양해해 주시겠습니까.

대정현(大靜縣)의 유배객[76]은 남이 하지 못하는 것을 했다고 하겠습니다. 그렇지만 결국 창졸간에 대답을 잘못하여 도리어 제 몸을 지키고 처자를 보전하려는 무리의 웃음거리가 되었으니 몹시 한탄스럽고 애석합니다. 조보(朝報)를 요즘 받아보지 못한 지 제법 오래되었는데, 감히 알지 못하겠으나 성상의 차도는 어떠합니까? 나랏일은 하나도 믿을 만한 것이 없으니 앞으로 기우는 나라를 부지할 책임을 사양할 수 없을 듯합니다. 한가할 때 깊이 유념하시기를 간절히 바랍니다.

75 요절하고……기다린다 : 《맹자》〈진심 상(盡心上)〉에 보인다.

76 대정현(大靜縣)의 유배객 : 민창수(閔昌洙)를 말한다. 민정중(閔鼎重)의 아들로, 신임옥사가 무고(誣告)에서 비롯되었다고 주장하는 상소를 올렸다가 국문을 받고 제주 대정현에 유배되었다. 《英祖實錄 18年 1月 27日 · 29日》

유전보에게 답함

答兪展甫

아드님이 관직에 오른 것이 참으로 몹시 이르기는 하지만 사양할 의리는 없을 듯하니 장차 힘써 공경히 받들 것입니까? 짧은 편지로 말씀드린 내용은 감히 스스로 숨길 수 없었기 때문인데 물리치지 않으시고 이렇게 답장을 주셨으니, 당신의 뜻이 어디에 있는지 알 수 있습니다.

그렇지만 경신년(1740, 영조16)의 상소는 반드시 전말을 통렬히 아뢴 것이라고 할 수 없고, 성상께서 비답을 내려 후회하는 뜻을 보이신 것도 단지 가까운 자리에서 힘써 부응한 것 뿐이고 그간의 소장에 대해서는 모두 모호하게 말씀하셨습니다. 도성 동쪽에 있을 때의 부본(副本)으로 말하자면 마치 날조하여 허위로 서술한 제목 없는 글 같으니, 지난 번에 말씀드린 '충(忠)자가 부족하다.'라는 비판은 아마도 이 때문에 나온 듯합니다.

그렇지만 제가 지금 할 수 있다고 생각하는 것은 아닙니다. 이미 잃은 기회는 어쩔 수 없지만 조만간 다시 부름을 받으면 처음 부름을 받은 것과 같을 것이, 끝내 명백하게 지적하여 아뢰어 윗사람과 아랫사람이 나아가기 어려운 이치가 이와 같다는 점을 분명히 알도록 하지 않으면 안 됩니다. 모든 일은 미리 준비하면 이루어집니다. 이것을 깊이 유념할 한 가지 단서로 삼으시기 바랍니다. 어떻게 생각하십니까?

유전보에게 답함

答兪展甫

자세히 회답하신 말씀은 제 어리석은 생각을 깨우쳐주시는 점이 있습니다. 그렇지만 인용한 여러 조목은 예전에 말씀드린 '허위로 서술한다'는 것과 같은 듯합니다. 제 소견으로는 성상께서 간곡히 하시는 말씀이 비상한데도 끝내 감히 한 번 나아가지 못하는 것은 반드시 너무도 감히 억지로 나가기 어려운 정세가 있기 때문입니다. 그런데 그간 병이라는 한 글자만 말하였으니, 이른바 지은 죄라는 것이 무슨 일인지 알지 못하실 것입니다. 소회가 있는데도 다 아뢰지 않는다면 자신을 다하지 않는 한 가지 단서가 되지 않겠습니까.

앞으로 다시 부름을 받으면 이 일을 다시 아뢰어 윗사람과 아랫사람으로 하여금 그 정세가 이와 같고, 나아가기 어려워하기를 이와 같이 해야 한다는 점을 분명히 알도록 해야 합니다. 그렇지만 사람들의 견해는 합치하기 어려우니, 어찌 감히 억지로 같기를 요구할 수 있겠습니까. 앞으로 이 일에 대해서는 다시 말하지 않겠습니까.

유전보에게 답함
答兪展甫

민제(閔弟)[77]가 죽었는데 당신의 애도하는 말씀이 몹시 간절하였습니다. 이는 참으로 세상 걱정의 한 가지이지만 생사간의 정의가 범상치 않았기 때문이라는 것을 알 수 있으니, 거듭 이 때문에 감탄합니다.

아드님을 반년 만에 만났으니 얼마나 기쁠지 알겠습니다. 다만 산에 있는 서재가 안온하여 책 읽기에 참으로 좋으나 가증스러운 면목은 그대로이니, 그는 스스로를 속리(俗吏)로 대우하고자 하는 것인지 모르겠습니다. 외딴 집에서 쓸쓸히 지내고 있는데 봄 무렵에 한번 찾아오신다면 시골의 영광이 아니겠습니까마는 감히 바랄 수는 없습니다. 그저 일찌감치 조정으로 돌아와 이 세도(世道)를 구제하시기 바랄 뿐입니다.

보내주신 잣나무 막걸리를 연일 마시고 취하니, 당신의 은덕에 몹시 배가 부릅니다. 범태(範台 이기진(李箕鎭))의 내왕이 비록 구차하기는 하지만 그래도 맹렬하여 흔적이 있다는 혐의[78]는 없으니, 지난날 고향

77 민제(閔弟) : 민형수(閔亨洙, 1690～1741)를 말한다.

78 맹렬하여……혐의 : 거취를 결정함에 지나치도록 드러나게 행동해서는 안 된다는 뜻이다. 송(宋)나라 한기(韓琦)가 "부귀는 얻기 쉽지만 명절은 보존하기가 어렵다." 하였으며, 또 "거취를 드러내기 곤란한 상황에 처한 경우 맹렬하여 흔적이 있게 해서는 안 된다는 것이다.〔韓魏公有云, 富貴易得, 名節難保. 又云, 處去就之難者, 不可猛而有跡.〕" 하였는데, 그 주석에 "공자께서 작은 죄로써 떠나고자 하신 뜻이다.〔卽孔子欲以微罪行之義〕"라고 하였다.《明本釋 卷下》

으로 돌아가 죽겠다고 청한 것은 실착인 듯합니다. 당국자가 몹시 바쁘게 붙잡으니, 장차 어떻게 처신할지 모르겠습니다. 몹시 걱정스럽습니다.

유전보에게 답함

答兪展甫

《완평일기(完平日記)》는 예전에 한 번 보고자 하였으나 얻지 못하던 것인데, 몹시 다행입니다. 이밖에 야사(野史)는 비록 신기한 것이 아니라도 대감께서 갖고 계신 것이라면 모조리 일별하게 해 주시는 것이 어떻겠습니까. 이 참에 말씀드릴 것이 있습니다. 지금 사람들은 옛 역사에는 익숙하지만 우리나라 역사에 대해서는 전혀 모르니, 이러한 서책들을 한번 정리하여 조리있게 만들어 역대 조정의 사실이 한 질의 책에 분명히 나타나게 한다면 어찌 한가한 와중의 한 가지 사업이 아니겠습니까. 유념해 보시는 것이 어떻겠습니까?

아이가 거처하는 초당에 매화가 활짝 피었기에 흥이 나면 매번 찾아가서 술을 마시고 돌아오곤 합니다. 젊은 사우 중에 남은 술을 마시고 지나치게 취한 자가 있기에 이튿날 모임에서는 자리에서 쫓아내서 함께 마시지 못하게 하였습니다. 그가 물러나서 시를 지어 사과하였는데, 말미에 '죄를 지은 문인'이라고 하였습니다. 제가 그것을 보고 웃으며 "이것은 미호(渼湖 유척기)의 법문(法門)이니 이 사람도 지위가 삼정승에 이르겠구나." 하였습니다. 우연히 이 이야기를 언급하여 한가히 지내는 와중에 웃음거리 하나를 보태드립니다.

유전보에게 계해년(1743, 영조19)

與兪展甫 癸亥

매서운 추위가 풀리지 않았는데 어버이 모시고 지내시며 계속 잘 지내시는지 모르겠습니다. 그리운 마음 더욱 간절합니다. 저는 그럭저럭 지내고 있는데 병세가 예전에 비해 점차 나아지니, 도리어 장수할까 두렵습니다. 지금 천재지변과 시대 상황이 아침저녁을 기약할 수 없을 정도로 두렵습니다. 주자는 멀리 떠나고자 하였는데,[79] 이 역시 멀리 있는 걱정이 아닌 듯합니다. 다만 근래에 한가로이 지내며 독서하는 대신이 있다고 들었는데, 이러한 사람은 태평한 세상에도 없었습니다. 오직 이것을 가장 좋은 소식으로 여기고 있습니다.

대나무막걸리는 잘 받아 마시고 취하였습니다. 작은 종이로 회답하신 내용을 죄를 지은 문인에게 보여주었더니, "두 글자는 생각한 뒤에 쓴 것입니다. 그렇지만 저는 마음에서 나오는대로 반성하였을 뿐 달리 계산하는 마음은 없었습니다." 하고, 변려문 한 구를 읊었는데, "누가 오도가도 못하는 이리를 되레 산모퉁이에 웅크린 범으로 만들었나."[80] 라고 하였습니다. 이 사람은 과거 공부하는 자인데, 대감을 풍자하고자 한 것입니다. 알려드려도 무방하겠습니까?

79 주자는……하였는데 : 주자가 19세에 지은 〈원유부(遠遊賦)〉를 말하는 듯하다. 《晦庵集 卷1》

80 누가……만들었나 : 넘어진 이리는 《시경》 〈낭발(狼跋)〉에서 인용한 말로, 진퇴양난의 상황을 비유한다. 산모퉁이에 웅크린 범은 《맹자》 〈진심 하(盡心下)〉에서 인용한 말로, 기회를 보아 덤벼들 듯한 모습을 묘사한 것이다.

유전보에게

與兪展甫

단계(丹溪 하위지(河緯地))가 감옥에서 물건을 적어 보여준 의도[81]는 참으로 깨닫지 못하겠습니다. 장암(丈巖 정호(鄭澔))이 비록 은미한 뜻을 드러내는 말을 하였지만[82] 끝내 '그러한가, 어찌 그렇겠는가'[83]의 사이에 있을 뿐입니다. 뒷일로 말하자면 이미 선조(先朝)의 처분을 거쳤고, 여러 장로들의 말씀이 있었으니 후세에 신뢰를 받을 것이 분명합니다. 혹시 그 사이에 터럭만큼이라도 사실이 아닌 것이 있다면 이보다 더 온당치 않은 일이 있겠습니까.

사육신(死六臣)의 순수한 충성과 위대한 절개는 천지 사이에 높이 걸리고 해와 달처럼 빛나니, 오랜 세월이 지나더라도 사람들을 감동하

81 단계(丹溪)가……의도 : 하위지가 죽음을 앞두고 종이에 가산(家産)을 남김없이 기록하고 말미에 '시귀동국(示龜童礖)'이라고 쓴 뒤 서명하였다. 여기에 대해서는 해석이 분분한데, 귀동(龜童)은 하위지의 아들 원(源)의 아명이며, 국(礖)이라고 쓴 것은 훗날 이렇게 개명하라는 뜻으로 알려져 있다. 《丹溪遺稿 附錄 題遺券後》

82 장암(丈巖)이……하였지만 : 정호는 하위지가 세조에게 받은 녹봉은 자기 재산이 아니라고 여겼기 때문에 원래부터 자기 재산이었던 것만 따로 기록한 것이라고 하였다.

83 그러한가, 어찌 그렇겠는가 : 공자가 공명고(公明賈)에게 공숙문자(公叔文子)의 인품을 물으니, 공명고가 "그분은 때에 맞은 뒤에야 말씀하므로 사람들이 그의 말을 싫어하지 않으며, 즐거운 뒤에야 웃으므로 사람들이 그의 웃음을 싫어하지 않으며, 의리에 맞은 뒤에야 취하므로 사람들이 그의 취함을 싫어하지 않습니다."라고 하였다. 이 말을 들은 공자는 "그러한가, 어찌 그렇겠는가."라고 하였는데, 의심스럽다는 뜻이다. 《論語 憲問》

게 하겠지만, 자세한 내용을 알기 쉽지 않은 것이 있을 뿐입니다. 이러한 일들은 십분 신중히 하지 않으면 안 될 듯합니다.

별지 別紙

윤화정(尹和靖 윤돈(尹焞))은 남자(南子)를 만나겠느냐는 문인의 질문에 답하기를, "나는 공자가 아닌데 어찌 감히 남자를 만나겠는가."라고 하였으니,[84] 이것이 일반적인 도리입니다. 노재(魯齋 허형(許衡))로 말하자면 성인의 경지에 이르지 못하였으면서 성인의 행동을 하였으니, 이는 대(大)자 위에서 병통이 생겼기 때문입니다.[85] 후세의 공론에 죄를 얻은 것이 마땅합니다. 우암(尤菴 송시열)의 상소[86]는 끝내 바꿀 수 없는 정론입니다.

그러나 설경헌(薛敬軒 설선(薛瑄))은 여러 유자들 중에 노재를 가장 존숭하고 신봉하였으니, 지기(志氣)가 서로 감응하는 곳이 있었던 듯합니다. 정관재(靜觀齋 이단상(李端相))는 또 《독서록(讀書錄)》[87]을 몹시 좋아하였는데, 이 단락을 삭제하지 않았으니 역시 견해가 있는 듯합니다. 그렇지만 이 때문에 우암의 정론을 의심할 필요는 없습니다. 어떻습니까?

84 윤화정(尹和靖)은……하였으니 : 《주자어류(朱子語類)》 권33에 보인다.

85 이는…… 때문입니다 : 허형이 원(元)나라의 정통성을 강조하기 위해 요(遼)나라를 대요(大遼), 금(金)나라를 대금(大金)이라 칭한 일을 가리키는 듯하다.

86 우암(尤菴)의 상소 : 1657년(효종8) 송시열이 상소하여 문묘에서 허형의 위패를 제거하도록 청하였는데, 이 상소를 말하는 것으로 보인다. 《孝宗實錄 8年 8月 16日》

87 독서록(讀書錄) : 설선의 저술이다.

유전보에게

與兪展甫

동궁의 관례일이 점차 다가오니, 신민의 경축하고 기뻐하는 마음이 어떠하겠습니까. 대신은 다른 관료에 비할 바 아니고, 더구나 지난번 비답으로 독촉하신 말씀이 범상치 않습니다. 길한 일은 우환이 있을 때 듣는 경우와는 차이가 있지만, 대략 분의를 펴는 것이 의리에 무슨 해가 되겠습니까.

전에 말씀드린 야사(野史)를 교정하는 일에 속히 손을 대시기 바랍니다. 모든 일은 시작하기가 어려운 법이니, 시작한다면 어찌 끝이 없겠습니까.

유전보에게 답함
答兪展甫

삼가 들으니 성상께서 손수 쓰신 비답을 사관이 와서 선포하였는데, 하유하는 말씀이 범상치 않았다고 합니다. 나아가기도 물러나기도 어려우니, 참으로 당신 말씀대로인지라 공적으로나 사적으로나 걱정입니다.

남 정승의 일은 굳이 인용할 필요 없을 듯합니다. 당시 처분이 이미 엄정하고 공론이 한창 들끓었으니, 어찌 집사의 오늘날 정세에 비할 수 있겠습니까. '의리는 어찌하겠는가.'[88]라는 성상의 네 글자 하교는 지당합니다. 박장(朴丈 박필주)의 말처럼 애써 나아가 은명을 받들고 조용히 간절한 사정을 아뢰고 돌아가겠다고 하는 것이 상책입니다.

가까운 곳으로 나아가 거듭 호소하고 처소로 돌아오겠다고 하셨는데, 혹자의 말은 도리에 맞지 않는 듯합니다. '빙자하여 나아가기를 구한다'는 이야기로 말하자면 사소한 혐의인 듯합니다. 설령 중간 수준의 계책을 따르더라도 호소할 때 상소 첫머리의 두 글자는 먼저 빼지 않으면 안 됩니다. 이것이 비록 산기슭을 등지고 서 있겠다는[89] 평소의 계책에는 조금 어긋나지만, 한 가지 일 때문에 한 해가 지나도록 버티는 것은 너무 지리하지 않습니까. 한번 억지로 명을 받들기를 몹시

88 의리는 어찌하겠는가 : 《승정원일기》 영조 19년 6월 5일 유척기의 상소에 대한 비답에 보인다.

89 산기슭을……있겠다 : 180쪽 주80 참조.

바라는 것은 이 때문입니다. 어떻게 생각하십니까?

앉아서 생각하니 내일이 선왕의 기일입니다. 죽지 않은 미천한 신의 애통한 심정은 갑절로 간절합니다. 삼가 생각건대, 이러한 마음은 같을 것입니다.

유전보에게

與兪展甫

늦게서야 조보(朝報)를 받아보고서 도로 포의(布衣)가 된 지 이미 여러 날이 지났다는 것을 대략 알았습니다. 여러 해 멀리 떨어져 있다가 다시 조정에 올랐으니, 아마도 꿈처럼 황홀하였을 것입니다. 용안을 우러러보니 예전에 비해 어떠하였습니까? 강호로 돌아가 누우셨으니 쾌적함을 알 만합니다. 그러나 이미 맹호가 산기슭을 등지고 선 형세[90]를 잃었고, 조만간 조정으로 돌아갈 기약이 있으니, 나라를 경륜하는 대업을 잘 생각하였다가 때맞추어 조처하여 골짜기에 숨어 사는 미천한 저도 똑같이 혜택을 입도록 해 주시는 것이 저의 바람입니다.

요즘 제법 날이 서늘해졌는데 어버이 모시는 근황은 더욱 좋으십니까? 야사를 합쳐서 엮는 일은 요즘 이미 착수하였습니까? 조씨 집안의 《기년통고(紀年通攷)》[91] 6책은 마침 가는 인편이 있어 부쳐 보냅니다. 이 책은 천천히 베끼더라도 무방할 듯합니다. 《야곡집(冶谷集)》[92]은 기한이 이미 박두하였는데 과연 다 베꼈습니까? 《대동금석첩(大東金石帖)》[93]은 볼수록 더욱 좋아 차마 손에서 놓을 수 없는 데다 비에 젖을 듯하니 우선 그대로 두겠습니다.

90 맹호가……형세 : 180쪽 주80 참조.

91 기년통고(紀年通攷) : 조견소(趙見素, 1610~1677)가 편찬한 명나라와 조선의 역사책이다.

92 야곡집(冶谷集) : 조극선(趙克善, 1595~1658)의 문집이다.

93 대동금석첩(大東金石帖) : 낭선군(郎善君) 이우(李俁, 1637~1693)가 신라부터 조선 중기까지의 금석문을 모아 편찬한 《대동금석서(大東金石書)》를 말하는 듯하다.

유전보에게 답함

答兪展甫

그간의 거취는 어리석은 제 소견으로 보기에 온건한 듯하나 종종 여러 가지 시빗거리가 있습니다. 심지어 '무엇을 듣고 왔다가 무엇을 보고 가는가.'[94]라는 비난도 있는데, 이것이 일의 형세를 살피지 못하고 하는 말이기는 합니다. 그러나 합하께서 스스로 산모퉁이를 등진 형세[95]를 잃었을 뿐만 아니라 평소 기대하던 사류(士流)도 위청(衛靑)과 곽광(霍光)의 공업을 잃어버린 듯하다고 합니다. 훗날 기대에 부응하기 어려우리라는 점을 미루어 알 수 있습니다. 합하께서는 예전처럼 산모퉁이를 등지고 있다고 여기지만, 발을 디디고 설 수 없을 때가 오면 어찌할 방법이 없을 듯한데, 유독 지난날의 일을 보지 못했습니까? 어리석은 저의 바람은 그저 지위를 가진 것을 걱정하지 말고 지위를 가질 자격을 걱정하는 것뿐입니다.[96]

94 무엇을……가는가 : 삼국 시대 위(魏)나라 종회(鍾會)가 혜강(嵇康)을 방문하였으나 혜강은 상대하지 않았다. 종회가 떠나려 하자 혜강이 "무엇을 듣고 왔다가 무엇을 보고 가는가?〔何所聞而來, 何所見而去〕"라고 묻자, 종회는 "들은 것을 듣고 왔다가 본 것을 보고 간다.〔聞所聞而來 見所見而去〕"라고 하였다. 종회는 이 일로 혜강에게 유감을 품고 결국 참소하여 죽게 만들었다. 《世說新語 簡傲》

95 산모퉁이를 등진 형세 : 180쪽 주80 참조.

96 지위를……뿐입니다 : 《논어》〈이인(里仁)〉의 "지위가 없는 것을 걱정하지 말고 지위를 가질 자격을 걱정하라.〔不患無位, 患所以立.〕"라는 말을 변용한 것이다.

별지 別紙

평소 존왕양이(尊王攘夷)에 관한 일을 수집하여 책을 엮고자 하였습니다. 자의(諮議) 이태수(李泰壽)의 집에 이른바 《존주록(尊周錄)》이라는 것이 있다고 들은 듯한데, 중복하여 만들 필요는 없으므로 그 자손에 보여달라고 하였으나 거절당했습니다. 사직서 사람이 성상께서 새로 내리신 거조(擧條)를 보여주었는데, 직장(直長) 이수이(李壽頤)가 스승이 남긴 뜻을 따라 《존주록》의 속편을 편찬하였고, 송 정승(송인명(宋寅明))이 아뢴 일로 인하여 6품으로 올리라는 명이 있었습니다. 이제는 숨겨 보관할 수 없을 듯하기에 방금 이 낭청(이수이)에게 사람을 보내 보여달라고 하였습니다.

이 책에는 우옹(尤翁)의 사업이 반드시 실려 있지는 않겠지만 그저 수집할 자료로 삼고자 하는데, 쓸 만한지 모르겠습니다. 두보의 시에 "사방 이웃이 쟁기와 보습을 들고 나가니, 어찌 우리집까지 잡을 필요 있으랴."라고 하였는데, 이 뜻이 참으로 좋습니다. 대감의 말씀과 제 소견이 이 점에 대해서는 참으로 차이가 없습니다. 《설부(說郛)》에서 뽑아 적은 조목은 아직 정사(淨寫)하지 않았습니다. 훗날 말씀하신대로 보내겠습니다. 원래의 기록은 괜찮지만 후지(後識)는 어려우니, 감히 내놓을 수 없을 듯합니다.

별지 別紙

《존주록》은 얼마 전 사직서 사람이 돌아가는 편에 직장에게 그 책을 보고자 한다는 말을 전하게 하였더니, 남에게 빌려주었는데 아직 돌려받지 못했다고 대충 대답하였습니다. 그렇지만 책이 완성되지 않았다면 대신이 어떻게 보고서 성상께 아뢰기까지 했겠습니까. 은혜를 바라는 현직 정승에게는 보여줄 수 있지만 의리를 사모하는 사림에게는 보여줄 수 없다니, 이는 무엇 때문입니까. 알 수 없는 일입니다. 만약 이 책이 십분 좋다는 것을 안다면 어람을 청하거나 또는 간행을 청하여 온 세상 사람으로 하여금 세교(世敎)에 명백히 보탬이 된다는 사실을 알게 한 뒤 조용하는 상을 내려도 늦지 않을 것입니다. 나라를 경영하는 대신의 일처리가 어찌 이다지도 촉박합니까. 보고서 경계로 삼을 만합니다. 이 책은 이웃집의 쟁기나 보습 같아서 쓸 수 없을 듯합니다.

야사(野史)는 이 흡곡(李歙谷)의 집에 보관한 것이 오기를 기다렸다가 마음에 든다면 다시 이 책을 만들 필요는 없습니다. 오늘부터 시작하여 힘을 합쳐 편찬하고자 합니다. 제목은 어떻게 하면 좋겠습니까? 창졸간에 생각하다가 《일성록(日星錄)》-이천(伊川)의 〈춘추서(春秋序)〉에 나온다.- 세 글자를 얻었을 따름입니다. 이밖에 깊이 생각하여 말씀해주시기 바랍니다.

심하(深河) 전투에서 시작하여 화양동(華陽洞)의 만동묘(萬東廟), 후원(後苑)의 대보단(大報壇)에서 마치는 것이 어떻겠습니까? 위화도(威化島) 회군의 의리와 임진왜란의 재조지은(再造之恩)은 서발(序跋)에 들어가야 합니다. 건주(建州) 여진과 우리나라가 대화한 일이 어느 해에 있었는지 모르겠습니다. 심하의 일과 비교하면 선후가 어떻습니까? 이것으로 첫머리를 시작해도 좋으니, 자세히 살펴보시기 바랍니다. 범례 한 통을 먼저 완성해서 보여드립니다. 편찬할 때 수시로 수정하는 것이 마땅합니다. 어떻게 생각하십니까?

별지 別紙

아무 책의 이름을 《존양편(尊攘編)》이라고 지은 것은 참으로 좋습니다. 달리 찾을 필요가 있겠습니까. 제 생각에는 심하(深河) 전투로 첫머리를 시작하는 것이 마땅할 듯합니다. 혼조(昏朝 광해군)의 밀지(密旨)와 폐비(廢妃)의 언문 교서는 모두 삭제하는 것이 좋습니다. 다만 김 장군(金將軍 김응하)의 비문(碑文)에서 긴요한 말을 뽑아 의로운 절개를 드러내야 합니다. 명(明)나라에서 하사한 고명(誥命)은 미심쩍은 점이 있다고는 하지만 우옹(尤翁)의 글에서 나왔으니 근거삼을 만합니다.[97] 이 일로 끝맺는다면 어찌 선명하지 않겠습니까. 이 아래에 이어서 정묘년(1627, 인조5) 여러 군자들의 바른 논의를 싣고, 대보단(大報壇)과 만동묘(萬東廟) 등의 일로 마치는 것이 마땅할 듯합니다. 이 범례대로 들어갈 만한 내용을 수집하는 것이 어떻겠습니까?

여기 보내드리는 초구(貂裘)의 발문[98] 역시 존왕양이의 한 가지 단서입니다. 그중에 인용한 '선생을 위해 글을 올려 호소한 자'[99] 운운한 내용은 실제 어릴 적 익히 들어서 알고 있는 것입니다. 지금 연보를 두루 살펴보았는데 실려 있는 곳이 없으니 의아합니다. 어떤 이는 이

97 명(明)나라에서……만합니다 : 김응하가 전사한 이듬해(1620), 신종(神宗) 황제가 김응하에게 요동백(遼東伯)의 고명(誥命)을 하사하고 처자에게 백금(白金)을 하사하였다는 설을 말한다. 《宋子大全 卷171 詔贈遼東伯金將軍廟碑》

98 초구(貂裘)의 발문 : 본서 제24권에 실려 있는 〈영릉이 하사한 우암 선생의 초구에 대한 발문〔寧陵御賜尤菴先生貂裘跋〕〉을 말한다. 송시열이 효종에게 하사받은 초구에 대한 기록이다.

99 선생을……자 : 〈영릉이 하사한 우암 선생의 초구에 대한 발문〉에 실려 있는 "(송시열이) 북쪽으로 유배갔을 때 선생을 위해 글을 올려 호소한 자가 있었는데, '선왕께서 하사하신 초구가 요동의 눈보라를 막는 데 쓰이지 못하고 변방에서 추위를 막는 도구가 되었습니다.'라고 하였다."라는 내용을 말한다.

것이 당신 선대의 외조인 전주(全州) 이 상국(李相國)[100]의 상소에 나오는 말이라고 하는데, 연보에 누락된 것은 혹시 훗날 도제조의 비방에 연루된 것입니까? 감히 알지 못하겠습니다. 만약 그 뜻만 맞다면 자구는 다르더라도 상관없습니다. 그렇지만 그 사실을 자세히 알고자 하니, 묘도문자에서 찾아 이 한 단락을 자세히 기록하여 보여주시는 것이 어떻겠습니까. 발문 내용에 논의할 만한 부분이 있으면 바로잡아 주시기 바랍니다.

몇 해 전 정랑 안연석(安鍊石)[101]의 아들이 찾아와 선친의 묘갈을 청하였습니다. 저는 항상 정도(正道)로 귀의한 사람을 종신토록 의혹에 빠진 사람과 같은 선상에서 논할 수 없다고 생각하였습니다. 그렇지만 지금 논의하는 사람 중에 배척하는 이가 많으니, 이는 역적 편 사람이 되는 것을 면하지 못했기 때문입니다. 장려하여 나아가게 할 힘이 없어 한스러우니, 지금 부탁받은 글을 허락하지 않는다면 새로 귀의한 사람의 마음을 어떻게 위로하겠습니까. 남인과 소론들이 이 일을 가지고 제가 당론을 좋아한다는 한 가지 증거로 삼고, 함께 이야기할 수 없는 사람으로 여긴다고 하는데, 참으로 우스운 일입니다.

그렇지만 봄 무렵에 어떤 영남의 사우가 찾아와 머물며 독서하였는데, 그 가장(家狀)을 꺼내 보여주었더니, 책을 덮으며 "이 사람은 유별

100 당신……이 상국(李相國) : 미상이다. 유척기의 외조는 이두악(李斗岳)이며 본관은 용인(龍仁)이다.

101 안연석(安鍊石) : 1662~1730. 영남 남인으로 김장생(金長生)을 문묘에 배향해야 한다는 논의가 있었을 때 통문(通文)을 지어 김장생을 비방하였으나 훗날 노론에 귀의하였다. 《陶菴集 卷34 佐郎安公墓碣》

난 사람입니다."라고 하였습니다. 처음에는 그 사람에게 붓을 잡게 하고 입으로 불러 글을 지으려 하였으나 흥이 없어져 그만두고 지금까지 미루었습니다. 엊그제 홍령(洪令)이 당신의 말을 전하며 안공(安公)이 양산(梁山)에 있었을 때의 일[102]을 몹시 자세히 이야기하였습니다. 선과 악, 비방과 칭찬을 따지지 말고 그간의 견문을 자세히 서술하고 자신의 견해로 참고하여 보는 사람이 한 번 보고서 그 사람을 알게 만드는 것이 어떻겠습니까? 이 사람이 관직에 있을 때 받은 비방이 더욱 많은데 밝히기가 몹시 어렵습니다. 그러므로 합하께서 한 마디로 판결해주시기 바랍니다.

102 안공(安公)이……일 : 안연석이 양산 군수(梁山郡守)로 재직시 부정을 저질렀다는 이유로 박문수(朴文秀)의 탄핵을 받은 일을 말한다.

유전보에게 답함

答兪展甫

대감의 출처에 관한 의리는 예전에 강구했어야 하는데 지금은 논의할 필요가 없습니다. 예전에 죄를 지은 사람으로 자처하였으나 한번 명을 받든 뒤로는 곧 남김없이 혐의를 벗어던졌습니다. 이번 진연(進宴)[103]은 흉년과 재해로 말하자면 적당한 때가 아닙니다. 그러나 동조(東朝 인원왕후)께 경하를 드리고 성상의 장수를 축하하는 것은 실로 더없이 성대한 일인데, 별 탈 없이 가까운 강가 교외에 있는 대신이 어찌 나아가 참석하지 못할 이치가 있겠습니까. 자세히 헤아려 처리하기 바랍니다.

103 진연(進宴) : 영조의 오순(五旬)을 기념하여 인원왕후와 영조에게 올린 진연을 말한다. 1744년(영조20) 10월 4일과 7일에 거행되었다. 《英祖實錄 英祖 20年 10月 4日·7日》

유전보에게 답함

答兪展甫

별지에 회답하신 말씀은 잘 알겠습니다. 몇 해 전 호조 판서로 한번 나가지 않았다면 반드시 정승에 오르지는 못했을 것이며, 정승에 오르지 못했다면 어떻게 사업을 시행했겠습니까. 제 생각에 아무개가 '훗날 볼 만한 점이 없을 것이다.'라고 단정한 말을 감히 대뜸 믿을 수는 없지만, 집사께서도 지난 일만 허물하지 마시기 바랍니다. 그리고 '영수(領袖)'라는 두 글자에 대해서도 지나치게 겸양하지 마시고, 시종일관 이것으로 자임하시기 바랍니다.

저는 분에 넘치게 별유(別諭)를 받았으니 병을 앓고 있는 실상을 감히 아뢰지 않을 수 없습니다. 만약 병이 조금 나으면 한 번 나아가 명을 받들 생각에 먼저 이 본심을 아뢰었는데, 더욱 지나치게 융숭한 비답을 내려 즉시 올라오라고 재촉하셨으니, 자세히 살피지 못하시어 그런 듯합니다. 황공하고 위축되어 더욱 몸둘 바를 모르겠습니다. 새 책에 들어갈 만한 글을 이렇게 적어 보여주셨는데, 당신 집안의 절의는 사람을 놀라 감탄하게 만듭니다. 만약 힘을 합쳐 멈추지 않고 노력한다면 완성하기가 어찌 어렵겠습니까.

유전보에게

與兪展甫

오늘 무슨 마음으로 위로하는 말을 하겠습니까? 당신 아드님[104]의 기국과 식견은 초라하게 낮은 벼슬에 그칠 정도가 아니었습니다. 내 딸은 총명하고 화락하여 오래 복록을 누릴 것 같았는데, 단지 양가 부형의 명성과 지위가 지나치게 높아서 분수를 넘은 결과 재앙이 그들에게 미친 것입니다. 조용히 생각해보면 누구를 탓하겠습니까. 죽은 사람을 아쉬워하고 산 사람을 슬퍼하니, 이 마음이 칼로 도려내는 듯합니다. 서로 붙들고 대성통곡하여 슬픔을 조금이나마 달래지 못하는 것이 한스럽습니다.

올해 당신 집안의 상고(喪故)는 실로 사람들의 집안에 드문 일입니다. 어버이 모시는 가운데 참혹한 상황을 당하였으니 무슨 말로 위로하겠습니까. 사람이 태어나면 팽조(彭祖)와 상자(殤者)를 막론하고 죽기는 마찬가지입니다. 만약 그에게 후사가 있었다면, 산 사람이나 죽은 사람이나 무슨 한이 있겠습니까. 비유하자면 좋은 과일나무가 그 쓰임을 다하지 못하고, 또 종자 하나 남기지 못한 격이니, 이것이 안타깝습니다.

바람과 추위가 범상치 않은데 이러한 때 당신의 체후는 어떠하십니

104 당신 아드님 : 유척기의 아들 유언흠(兪彦欽)을 말한다. 저자의 딸과 혼인하였다. 1743년(영조19) 10월 8일 세상을 떠났다. 저자의 딸은 이듬해 11월 21일 뒤이어 세상을 떠났다. 《陶菴集 卷44 兪婿伯翼墓誌》《陶菴集 卷26 祭亡女兪氏婦文》

까. 마음을 편히 가지라는 말은 모두 귀담아 듣기 부족하고, 그저 무익(無益) 두 글자가 가장 절실합니다. 이것으로 마음을 가누고 지극한 슬픔을 통렬히 절제하여 위로는 어버이의 마음을 위로하는 한편, 선한 무리의 근심을 덜어주기 바랍니다.

별지 別紙

이조 판서의 첫 정사가 사류를 크게 실망시켰다고 하는데, 지금 보니 과연 그렇습니다. 오늘날 모양새는 '함께 구덩이에 빠졌다.'[105]라고 하겠습니다. 엊그제 과연 문안 편지를 받았는데, 이것은 선배들이 했던 좋은 일입니다. 저 역시 간략히 답장을 보냈는데, 과연 들어줄지 모르겠습니다.

기묘첩본(己卯帖本)[106]은 남에게 또 빌려주고 싶지 않습니다. 은거한 대신은 괜찮지만 조정의 이름난 선비는 안 됩니다. 그 사람이 부탁하였더라도 허락할 수 없습니다. 연말은 바꿀 수 없는 기한이 아니니 우선 그대로 두었다가 훗날 마음이 안정되기를 기다려 처음의 계획을 이루는 것이 좋겠습니다. 어떻게 생각하십니까? 때때로 펼쳐 보면 마음을 달랠 수 있을 것입니다.

105 함께 구덩이에 빠졌다 : 《시경》 〈상유(桑柔)〉의 "어찌 잘 될 수 있겠는가, 함께 구덩이에 빠질 뿐이네.〔其何能淑, 載胥及溺.〕"라는 말을 인용한 것이다.

106 기묘첩본(己卯帖本) : 기묘사화에 희생된 조광조(趙光祖), 김정(金淨), 기준(奇遵) 등의 필적을 판각한 《기묘제현수첩(己卯諸賢手帖)》을 말하는 듯하다.

유전보에게 답함
答兪展甫

삼가 보내주신 편지를 받으니 연달아 어버이께서 병환을 앓으시고 대감의 체후도 편할 날이 없다고 합니다. 참혹한 일을 당하였으니 어찌 그렇지 않겠습니까. 얼마 전 어떤 사우가 찾아와 직접 위로하러 갔을 때 목도한 정황을 전하였는데, 기운이 부족하여 말을 잇지 못하고, 겉으로는 마음을 달래고 억누르는 듯하였으나 속으로는 상처를 입었으니 실로 몹시 걱정이라 하였습니다. 집사께서는 위로 늙으신 어버이를 모시고 아래로는 사류의 기대를 받고 있는데, 어찌 이렇게 자중하지 않는 것입니까. 참으로 개탄스럽습니다.

제 딸은 지금까지 연명하고 있는데, 이 또한 의외입니다. 장사지낼 때 따라가겠다고 간청하였는데, 이 또한 힘을 헤아리지 않고 감정대로 하는 것입니다. 예법으로 따지자면 가지 못할 의리는 없으나, 그때는 필시 날씨가 몹시 추울 것인데, 실낱같은 목숨으로 며칠 걸리는 길을 어찌 다녀올 수 있겠습니까. 딸로 하여금 일체 시아버지의 명을 따라 행동하도록 하였는데, 어떻게 분부하셨는지 모르겠습니다.

이조 판서의 첫 정사에 대해 대감은 어떻게 생각하십니까. 피차를 균형있게 안배하는 것은 우선 논하지 않더라도 관직을 전혀 아끼지 않았으니 세도(世道)는 가망이 없습니다. 초사(初仕)의 경우는 조금 나으니 지난번 편지에서 한 말을 들어주지 않았다고는 할 수 없지만, 이른바 지난번 편지라는 것은 창졸간에 쓰느라 빠진 것이 많습니다. 다시 말할 생각이었는데 새로 승지를 차임한 정사를 보고는 이야기할 수 없기에 중지하고 말았으니 한탄스럽습니다.

청음(淸陰 김상헌)과 동계(桐溪 정온)의 상소는 읽으면 기운이 납니다. 이미 책에 넣었으니 큰 은혜를 입었습니다.

유전보에게 갑자년(1744, 영조20)
與兪展甫 甲子

거취에 대해 문의하셨는데, 당신의 뜻은 잘 알겠습니다. 나라에 경사스러운 예식이 있으니, 대단히 불편한 일이 없다면 한번 기쁜 마음을 펴는 것이 마땅합니다. 더구나 예전에 성상 앞에서 아뢴 말이 있으니 어떠하겠습니까.

성인이 《주역》을 지은 이유는 사람들로 하여금 괘상(卦象)과 점사(占辭)를 자세히 살펴 길한 데로 나아가고 정도를 찾게 하기 위해서입니다. 혐의를 피하는 것은 어진 이라면 하지 않습니다. 신령한 거북을 버리지 말고, 침을 흘릴 생각을 하지 말아야 할 뿐입니다.[107] 또 이미 차례대로 돌아왔다고 들었으니, 자리가 빌 염려는 없을 듯합니다. 설령 조정에 있을 때 불행히 또 지나친 거조를 만나더라도 요새 하는 것처럼 돗자리를 깐 채 관을 벗고서 바닥에 엎드리는 짓은 하지 마십시오. 대신의 위의와 조정의 모습이 이와 같아서는 안 될 듯합니다.

107 신령한……뿐입니다 : 《주역》 〈이괘(頤卦) 초구(初九)〉에 "너의 신령스러운 거북을 버리고 나를 보고서 침을 흘리니 흉하다.〔舍爾靈龜, 觀我朶頤, 凶.〕" 하였다. 지조를 버리고 욕심을 따르는 행위를 비유한다.

유전보에게

與兪展甫

가례(嘉禮)를 거행할 날[108]이 점차 다가오니, 종묘사직을 위해 몹시 기뻐하고 축하합니다. 애써 반열에 참석하려는 뜻이 있다고 하셨으니 몹시 다행입니다.

지금 조정의 상황은 아직까지 안정되지 않았는데, 가례 이후에 무슨 처분이 있을까봐 안팎에서 모두 걱정하고 있습니다. 이는 경동할까봐 미리 대비하려는 뜻에서 나온 듯한데, 헤아린 뒤에 들어가야 합니다. 설령 쟁론할 만한 지나친 거조가 있더라도 의연히 조정에 앉아 백관을 거느리고 청을 아뢸 뿐입니다.

간신(諫臣)[109]을 감률(勘律)한 것이 이미 두 차례나 되었는데, 점차 심해질 것 같지는 않지만 혹시 이런 일이 생긴다면 군주의 곁에서 '신(信)' 한 글자를 일깨워주어야 합니다. 그리고 사묘(私廟)[110]에 관한

108 가례(嘉禮)를 거행할 날 : 장헌세자와 혜경궁의 가례를 말한다. 1744년 1월 11일 거행하였다.

109 간신(諫臣) : 조중회(趙重晦)를 말한다. 1743년 11월 28일 조중회가 상소하여 종묘의 봉심과 수개는 봄 가을 중삭에 하는 것이 국법인데, 영조가 이를 소홀히 하면서 사묘(私廟)에는 번번이 행차한다고 지적하였다. 《英祖實錄 19年 11月 28日》

110 사묘(私廟) : 숙빈 최씨의 사당을 말한다. 조중회의 상소에 따르면, 영조가 중삭에 사묘를 전배하겠다고 하였는데, 이는 시향(時享)을 올리고자 하는 뜻이며, 시향은 평범한 작헌(酌獻)과는 달라 삼헌(三獻)과 축(祝)을 갖추어야 하므로 예절에 어긋나는 점이 많으니 어떻게 처리할지 모르겠다고 하였다. 《英祖實錄 19年 11月 28日》

일은 모두가 말하기 어려워하는데, 이 역시 그렇지 않습니다. 저 간신의 말은 나라에 충성하고 임금을 사랑하는 마음에서 나왔는데 단지 그간의 곡절을 몰라서 그러한 것입니다.

만약 비답에 "본래 추가로 높이려는 뜻은 없고, 가을 중삭(仲朔) 운운한 것은 작헌(酌獻)일 뿐 애당초 삼헌(三獻)이 있는 것이 아닌데, 어찌하여 너는 이렇게 함부로 헤아리는가."라고 하였다면 비단 그로 하여금 환하게 깨닫게 할 뿐만 아니라 신하들의 의혹도 풀 수 있었을 것입니다. 그간의 허다한 지나친 거조 역시 어디서 나왔겠습니까. 이러한 도리로 대면하여 아뢰거나 차자로 아뢴다면 성상의 귀와 눈을 열고 잘못을 바로잡는 데 유익하지 않겠습니까. 다시 바라건대, 형세를 살펴 선처하여 사류의 기대를 저버리지 마십시오. 종친(宗親)의 상소[111]를 통렬히 배척한 것은 실로 성상의 덕을 빛내니, 이것을 받들어 따를 단서로 삼아야 합니다.

연초인지라 인사가 몹시 번거로와《율곡집(栗谷集)》이 온 뒤로 한 번도 펼쳐 보지 못했으니 어찌 교정을 논하겠습니까. 범례와 연보가 가장 긴요하므로 먼저 보내드리니, 조용히 살펴보다가 글자가 틀린 것은 곧장 고치고 의논할 것은 알려주십시오. 책자에 첨지를 붙이지 말고 붉은 글씨로 쓰라는 말씀은 참으로 좋습니다. 임영본(臨瀛本)[112]

111 종친(宗親)의 상소 : 전은군(全恩君) 이돈(李墩)의 상소를 말한다. 영조가 조중회의 상소에 대해 분노하자 이돈은 영조에게 사친을 추숭할 뜻이 있다고 보고 추숭을 청하는 상소를 올렸다. 영조는 이 상소를 엄하게 배척하고, 추숭을 제기하는 자를 엄하게 다스리겠다고 하였다.《英祖實錄 20年 1月 4日》

112 임영본(臨瀛本) : 임영은 강릉(江陵)의 별칭인데, 강릉에서 만들어진《율곡집》을 말하는 듯하나 자세한 것은 알 수 없다.

과 《남계집(南溪集)》에 실려 있는 새로운 연보와 고증(考證) 등 여러 편[113]은 반드시 전부 대조한 뒤에 좋고 나쁨을 논할 수 있을 것입니다. 또 선생의 원집(原集), 속집(續集), 외집(外集), 별집(別集)은 모두 댁에 있을 것이고, 없는 것도 얻어올 수 있을 것입니다. 연보 외에 다른 권도 남겨두고 모두 차례로 점검할 것이니, 이 일도 힘닿는 대로 하고 속속 알려드리겠습니다. 이쪽 저쪽에서 번갈아 다 교정한 뒤에 정본을 만들 수 있으니, 도성에 들어오실 때 도로 감영으로 부쳐주실 계획을 미리 세우신다면 다행이겠습니다.

113 남계집(南溪集)에……편 : 박세채(朴世采)의 《남계집》 권85~86에 실려 있는 〈율곡이선생연보(栗谷李先生年譜)〉와 외집 권11에 실려 있는 〈율곡선생연고고증(栗谷先生年譜攷證)〉을 말하는 듯하다.

유전보에게 답함
答兪展甫

약원에 특별히 임명[114]된 것은 참으로 뜻밖의 일입니다. 총애가 남다르니 장차 어떻게 보답하실지 모르겠습니다. 조만간 입진하여 의논할 일이 없지 않을 것인데, 그저 다급히 달려가 명을 받들어야 합니다. 이해를 계산하며 나아가고 물러나기를 주저한다면 이것이 어찌 분의상 감히 할 수 있는 일이겠습니까.

범태(範台 이기진)가 지난밤 과연 찾아와 묵고 갔으니, 큰 후의를 입었습니다. 그러나 주인과 손님이 한 사람은 벙어리이고 한 사람은 귀머거리이니 묵묵히 마주앉아 있었을 뿐, 아무 일 없었다고 하겠습니다. 그러나 대감의 거취에 말이 미치자 "지극히 군색하고 다급할 것이니, 홍주 목사(洪州牧使)에 임명된 나를 부러워할지도 모르겠다."라고 하였습니다.

114 약원에 특별히 임명 : 유척기는 이해 1월 23일 내의원 도제조에 임명되었다.《承政院日記 20年 1月 23日》

유전보에게 답함
答兪展甫

그 사이 또 사직소를 올렸으나 윤허받을 가망이 없을 것이니, 형세상 필시 갑절로 군색하고 위축되었을 것입니다. 공적으로나 사적으로나 걱정입니다. '올라오기를 기다려 약을 의논하라.'라는 하교에서 반드시 불러들이려는 성상의 뜻을 알 수 있습니다. 따로 문안할 일을 기다리지 말고 즉시 달려가 명을 받들어야 하는데, 그렇게 하지 못하는 것은 계산하는 마음이 있기 때문입니다. 분의에 미안하지 않겠습니까. 기왕 별다른 정세도 없는데 계속해서 버틸 수 있겠습니까. 비답이 내리기를 기다렸다가 들어가 약을 의논하고, 성상 앞에 가서 사정을 힘껏 아뢰어 순조로이 체직된다면 몹시 다행일 것입니다. 그렇지 않으면 며칠 머물렀다가 상소를 올려 돌아가겠다고 하여 분주히 움직여 은혜와 의리를 모두 극진히 한다면 비록 구차하지만 무슨 해가 되겠습니까.

조만간 중복(重卜)[115]이 있을 것인데, 이 경우 정세와 사리상 다시 나갈 수 없다는 점을 통렬히 아뢰어 거취를 결정해야 합니다. 형세상 부득이 나가서 담당해야 한다면 조리하고 올라오라는 은혜로운 말씀에 부응할 수 있겠지만 그때는 정말로 난처할 것입니다. 어떻게 생각하십니까? 이렇게 하문을 받았으니 감히 정성을 다하지 않을 수 없습니다. 헤아리신다면 다행이겠습니다.

115 중복(重卜) : 한번 이상 의정(議政)을 역임하였던 사람을 다시 의정의 후보에 올려서 뽑는 것을 말한다.

유전보에게 답함

答兪展甫

지난달 받은 비답의 말씀은 너무도 황공하여 신하로서 감히 들을 수 없는 것이었습니다. 즉시 스스로 논열해야 하는데 지금까지 하지 않은 것은 깊이 생각할 점이 있어서입니다. 지금은 상소를 올리기에도 때가 늦었고, 여기서 사면을 청하는 것은 더욱 할 수 없으니, 우선 십수 일 동안 조리하였다가 만약 나아지면 한번 도성 밖으로 나아가 엄한 명을 청할 것입니다. 이 일은 스스로 근력을 헤아려야 하고, 또 의원의 입에서 결정될 것입니다. 거취가 이와 같으니 도리어 우습습니다. 그렇지만 감히 당신에게 질의하지 않을 수 없으니, 밝은 가르침을 내려주시기 바랍니다.

또 생각건대, 사면을 청하는 문자는 본래 수식이 적은 법입니다. 지난날 여호(黎湖 박필주) 어른 역시 어떤 사람을 만나서 저의 상소에 충후하고 간절한 뜻이 없다고 탄식하였으니, 참으로 저를 아껴서 한 말입니다. 만약 조용히 한 통의 초고를 지어 보름 이전에 왕래하는 인편으로 보내주신다면 또 얼마나 다행이겠습니까.

별지 別紙

연보는 여가를 이용하여 겨우 한 번 보았습니다. 말씀하신 첨지는 거의 다 붙였습니다. 범례는 다 보신 뒤 도로 보내주시는 것이 어떻겠습니까? 이 문집을 수정한 이유를 기록하지 않을 수 없습니다. 저는 발문을 짓고자 하였으나 이군이 서문을 요구하는데, 서문과 발문 중

어느 것이 체모에 맞는지 모르겠습니다. 삼가 밝은 가르침을 기다립니다.

글을 지을 때 범례가 없으면 안 되므로 우선 남겨두고자 합니다. 《사서석의(四書釋義)》와 현행 언해(諺解)가 다른 것을 이군에게 뽑아 모으게 하였는데 이렇게 두 책으로 만들어 왔습니다. 여기 보시라고 보내드립니다. 그는 문집의 말미에 붙였으면 하지만 저는 반드시 그럴 필요 없다고 생각하는데, 양쪽 의견의 잘잘못이 어떠합니까? 이 역시 말씀해주시기 바랍니다.

야사(野史)는 먼저 《존양편(尊攘編)》을 마친 뒤 착수할 수 있습니다. 비단 《율곡집》 교정이 눈앞에 있어서 그런 것만이 아닙니다. 남원(南原) 이생(李生)의 책자를 과연 빌려왔으나 미처 한 번 보지 못했습니다. 훗날 보내 드리려고 하는 것은 이 때문입니다. 헌상(軒相 이경석(李景奭))의 마비(麻碑 삼전도비(三田渡碑))는 반드시 《존양편》에 넣어 그 죄를 더욱 드러내야 합니다. 만약 제 말이 그르지 않다고 여기신다면, 그 글을 찾아 보여주시기 바랍니다.

유전보에게

與兪展甫

저는 별유로 소명을 받은 이래 태만한 죄를 저지른 두려움이 과거에 비해 더욱 심해졌습니다. 움직이는 것이 길할 따름이니,[116] 신중하지 않으면 안 된다는 것을 모르지 않으나 진퇴에는 정해진 법이 없고 오직 의리만 보고서 한쪽으로 치우치지 말아야 합니다. 그리고 처음 상소에 논열한 내용은 마치 군부에게 약속한 것과 같아 의리상 저버릴 수 없습니다. 이 때문에 한번 도성 밖으로 나아가려고 생각하였는데, 이렇게 말씀하시니 다시 깊이 생각해보겠습니다. 이번 인편에 초본을 보내주신다면 우선 현(縣)과 도(道)를 통해 바치고 처분을 청하겠습니다. 만약 정신과 기운이 모두 평소와 같아지기를 기다린 뒤에 당신의 뜻을 따른다면 기약이 없을 듯합니다. 어찌하겠습니까?

116 움직이는……따름이니 : 《주역》 〈계사전〉의 "길(吉), 흉(凶), 회(悔), 인(吝)은 움직임에서 생기는 것이다.〔吉凶悔吝者, 生乎動者也.〕"라는 말을 인용한 것이다.

유전보에게

與兪展甫

엊그제 답장을 보내주셨는데 제 마음에 이루 말할 수 없이 위안이 되었습니다. 이미 청을 허락받지 못했으니, 원자 보양관의 직임을 지닌 채로 계속해서 지방에 있다면 끝내 몹시 온당치 않습니다. 어버이의 병이 조금 나아지고 억지로 몸을 일으킬 정도로 묵은 병이 나아질 때 또다시 다녀오는 것이 분의상 마땅할 듯합니다. 필시 헤아려 처리하실 것이라 생각합니다.

저의 사직소는 이번에 말뜻이 제법 화려하였으니 행여 성상의 마음을 돌릴 힘을 얻기를 바랐는데 역시 바람을 저버렸습니다. 심지어 지금 고질병을 앓고 있는 상황도 모두 살펴주지 않으셨으니, 관례적으로 병을 핑계대는 부류처럼 보실까 걱정입니다. 이처럼 정성과 신의를 믿어주지 않으니, 이 한 가지만으로도 더욱 감히 염치를 무릅쓰고 나아갈 수 없습니다. 황송한 마음 어찌 다 말하겠습니까.

새 집이 얼마 전 완성되어 석척헌(夕惕軒)이라 편액을 달고자 합니다. 이 세 글자를 전서(篆書)로 써 주시면 어떻겠습니까?

유전보에게
與兪展甫

어제(御製) 두 편을 이렇게 적어 보여주시니, 세 번 반복하여 읽고 감탄하였습니다. 비를 내려주는 구름 같은 은택은 일반적인 격례를 훨씬 뛰어넘으니, 장차 어떻게 큰 은혜에 보답할지 모르겠습니다. 오늘날 신하들이 참으로 형편 없어 이렇게 지존께서 위에서 홀로 근심하고 수고하게 만들었습니다. 미천한 저의 거취로 말하자면 네 마리 기러기가 많고 적음에 상관 없는 것[117]과 무엇이 다르겠습니까. 그런데 조용히 조섭하고 계신 성상의 심려를 번거롭게 하였고, 엄격히 꾸짖으신 말씀이 이미 신하로서는 감히 들을 수 없는 것이었기에 황공하고 위축되어 몸둘 바를 모르겠습니다. 이미 도성에서 명을 청할 길이 없으니, 연달아 상소하여 번거롭게 해 드리는 것도 감히 할 수 없습니다. 그저 묵묵히 엄한 견책을 기다릴 뿐입니다. 어찌하겠습니까?

들으니 조정에서 논의하는 사람들은 모두 집사가 다시 나와서는 안된다고 말한다고 합니다. 이 말은 비록 그럴듯하지만 역시 하나만 고집할 수는 없습니다. 은혜와 의리는 때로 한쪽이 무거워지거나 가벼워지는 경우가 있으니, 그저 상황에 따라 경중을 헤아려 처리해야 할

117 네……것 : 양웅(揚雄)의 〈해조(解嘲)〉에 "아침에 권력을 잡으면 재상이 되고 저녁에 권력을 잃으면 필부가 되니, 비유하자면 강호의 언덕과 발해의 섬에 네 마리의 기러기가 모여도 많아지지 않고 한 쌍의 오리가 날아가도 적어지지 않는 것과 같다."라고 한 말을 인용한 것이다.

듯합니다. 사면을 청하여 승낙을 받는다면 참으로 다행이고, 돌아갈 때도 상소를 올려야 마땅하니, 감히 이전처럼 마음대로 할 수는 없을 듯합니다.

유전보에게

與兪展甫

《존양편(尊攘編)》을 염두에 둔 지 오래입니다. 이 때문에 예전에 서울에 들어갔을 때 《대보단등록(大報壇謄錄)》 큰 책 한 권을 가져다 살펴보니, 과연 오늘의 하교와 같았습니다. 그러나 그 책에 실려 있는 초기(草記) 따위 중에서 행여 채록할 것이 없지 않을 것인데, 자세히 살펴보고 뽑지 못하는 것이 한스럽습니다. 제사지낼 때의 의주(儀注) 역시 의절(儀節)의 한 가지이니, 수록하지 않을 수 없습니다. 그리고 대보단의 위치는 어디이며 남북 방향은 어떠하며 계단은 몇 개나 됩니까? 이곳은 젊은 시절 성상을 모시고 분주히 다니던 곳이지만 기억하는 것은 조종문(朝宗門) 하나뿐입니다. 만약 예조의 아전 중 똑똑하고 일을 잘 아는 자에게 분부하여 초기를 한번 살펴보고 요점을 뽑게 하고, 앞서 열거한 사항들을 보고듣는 대로 또는 가서 살펴보고 일일이 기록해 오게 한다면 다행이겠습니다.

유전보에게

與兪展甫

승지 박일성(朴日省)의 상소[118]는 읽으면 시원합니다. 그밖의 상소들이 누락된 것은 난리를 겪느라 그러한 듯합니다. 《존양편》은 이미 요동백(遼東伯 김응하)의 비문을 첫머리로 삼았으니, 이 아래에 박공의 상소를 수록하고, 이어서 아무아무 공 또한 상소하여 대의를 밝혔다고 해야 합니다. 그리고 김응하의 비문과 박 승지의 상소 사이에 반드시 정묘년(1627, 인조5) 오랑캐의 국서(國書) 및 묘당에서 강화한 곡절을 대략 기록한 뒤에야 연결이 분명해질 것입니다. 공사의 일기 중에서 그 요점을 뽑아 기록하여 보내어 원래의 책자에 즉시 베껴 전하도록 해 주시는 것이 어떻겠습니까?

118 승지 박일성(朴日省)의 상소 : 정묘호란 때 박일성이 올린 화의를 반대하는 내용의 상소를 말한다. 《仁祖實錄 5年 2月 4日》

유전보에게

與兪展甫

정묘년(1627, 인조5) 강화한 일과 대보단의 의절은 우선 보내주신 편지에 실려 있는 대로 책에 기록해 두었으니 얻는 대로 보충할 생각입니다. 갑신년(1704, 숙종30) 어제 제문(御製祭文)은 죽천(竹泉 김진규(金鎭圭)) 어른이 직접 쓰신 것인데,[119] 제 사초(史草) 상자에 보관하고 있습니다. 조만간 서첩(書帖)으로 만들고자 하니, 서첩이 완성되면 한번 보여드리겠습니다.

119 갑신년……것인데 : 김진규의 《죽천집(竹泉集)》에 실려 있는 〈대보단친제문(大報壇親祭文)〉을 말한다.

유전보에게 을축년(1745, 영조21)

與兪展甫 乙丑

일 없이 한가로이 지내는 가운데 60년간의 견문 중에 날짜대로 한두 가지를 기록하여 겨우 한 책으로 만들고, 제목을 동인(東人)이라고 하였습니다. 요즘 회포를 풀 방법이 없으실 듯하니, 먼저 이 책을 보내서 보여드립니다. 이 역시 작은 야사의 부류가 아니겠습니까. 이 책은 본디 남에게 보일 필요는 없지만 기왕 보셨으니 산삭할 것을 알려주시기 바랍니다. 내용은 견문을 적어낸 것에 불과하지만 흠이 있는 곳은 본뜻대로 고쳐서 뜻이 통하지 않을 우려가 없도록 해 주시는 것이 어떻겠습니까?

유전보에게
與兪展甫

손자 목(木 이목(李木))이 돌아오는 편에 당신의 말씀을 전해들었습니다. 다만 생각건대 유자광(柳子光)처럼 화를 일으킬 마음을 품은 자가 나왔으니 오십보백보처럼 차이가 없는 듯합니다. 어리석은 제 소견으로는 다른 걱정은 없을 것이라 보장할 수 있으나, 수립하고자 하였으나 수립하지 않았을 때 일찍 아뢰지 못한 것이 한스럽습니다.

부본(副本)은 보고나서 돌려보냅니다. 이번의 지나친 거조는 실로 전례가 없습니다. 나라를 제몸처럼 여기는 대신의 충심으로 어찌 한마디 말이 없을 수 있겠습니까. 다만 심상한 이야기로는 심상하게 보고 넘어가고 마는 결과를 면치 못할 것입니다. 다만 한 가지 아뢸 만한 이야기가 있습니다.

벌을 후손에게 미치게 하지 않는 것은 성왕의 법입니다.[120] 아들에게 화가 났다고 아비에게 벌을 주는 이치는 없는 듯합니다.[121] 《상훈(常訓)》[122]은 후손에게 남기는 계책이니, 일상적으로 시행해야 한다면 후

120 벌을……법입니다 : 《서경》 〈대우모(大禹謨)〉의 "벌은 자손에게 미치지 않고, 상은 자손 대대로 미치게 한다.〔罰弗及嗣, 賞延于世.〕"라는 말을 인용한 것이다.

121 아들에게……듯합니다 : 1745년(영조21) 8월 5일 사학 유생 홍계억(洪啓億) 등이 상소하여 《상훈》에 실려 있는 '존주(尊周)'를 '존왕(尊王)'으로 바꾼 것이 부당하다며 다시 '존주'로 고치도록 청하였다. 영조는 홍계억의 부친 홍우집(洪禹集)을 친국하겠다며 의금부로 잡아오게 하였다. 《英祖實錄 21年 8月 5日, 9月 10日》

122 상훈(常訓) : 1745년(영조21) 영조가 세자 및 후세의 국왕에게 내리는 교훈을

손의 법도로 삼아야 하고, 그렇지 않다면 경계를 남겨 후손으로 하여금 시행해서는 안 된다는 것을 알게 해야 합니다.

또 친국(親鞫)은 선조(先朝 숙종)께서 간혹 시행하였으나 모두 난신적자를 다스리는 경우였습니다. 지금부터 정식으로 삼아 난신적자 외에는 절대 친국하지 말도록 해야 합니다. 이 두 조항은 《상훈》에 보태 넣지 않으면 안 됩니다. 상소는 그만두고, 앞으로 입대할 때 행여 틈을 타서 한번 말씀드리는 것이 어떻겠습니까? 우연히 여기에 생각이 미쳤기에 감히 숨기지 못하였으니, 깊이 유념하시기 바랍니다.

담아 편찬한 책이다.

유전보에게

與兪展甫

말씀하신 뜻은 잘 알겠습니다. 성상께서 즉시 자복하지 않았다고 말씀하시며 여러 사람에게 벌을 내렸는데, 자식 때문에 아비를 벌주는 것이 이치상 부당하다는 것을 알 수 있습니다. 이 한 가지 일은 우선 생략하고 장심(將心)[123]에 대해서만 그렇지 않다고 논한다면 스스로 해명하는 뜻이 아닌 듯합니다. 말을 할지 묵묵히 있을지는 한 가지 이야기로 한정할 수 없습니다. 종전에 하문을 받지 않으면 한 번도 입을 열지 않았던 것은 처지상 당연하였지만, 이번 일은 전에 없는 지나친 거조이며 후세에 큰 폐단이 될 것입니다. 일이 지나가고 마음이 평온해지기를 기다려 조용히 아뢴다면 나라를 제몸처럼 여기고 세상을 걱정하는 뜻에 맞을 것입니다. 이렇게 다시 헤아려보는 것이 어떻겠습니까?

123 장심(將心) : 장심은 반역을 일으키려는 마음이다. 영조는 사학 유생의 상소를 읽은 뒤 "그들의 아비는 군부가 이와 같은 때 이러한 하교를 듣고도 태연히 있으니, 장심이 있어 그러한 것이다." 하였다. 《承政院日記 英祖 21年 9月 7日》

유전보에게 병인년(1746, 영조22)

與兪展甫 丙寅

병조 정랑 이기경(李基敬)이 요즘 겸춘추로 숙직하면서 얼마전 유현(儒賢)이 들어온 뒤의 연설(筵說) 몇 장을 보내 보여주었는데, 답답한 마음이 대단히 풀렸습니다. 《대훈(大訓)》[124]에 대해서는 감히 시비를 논하는 사람이 없었습니다. 지금 좋은 기회가 생겼는데, 어찌 하단의 아무개에 관한 이야기까지 같이 언급하지 않았습니까? 이 역시 성상께서 받으신 중대한 무고와 관계가 있는 것인데, 유독 거론하지 않았으니 참으로 한탄스럽습니다.

124 대훈(大訓) : 1741년(영조17) 영조가 신임사화의 원흉인 목호룡(睦虎龍), 김일경(金一鏡) 등의 죄상을 밝히기 위해 편찬한 책이다.

유전보에게 답함

答兪展甫

엊그제 돌아오는 인편으로 보내주신 편지를 받았습니다. 초겨울에 어버이 모시며 잘 지내고 계신다는 것을 알았으니 구구한 마음에 위안이 됩니다.

저는 요즘 병이 더욱 깊어졌는데, 격담(膈痰)이 완전히 막혀 음식이 넘어가지 않습니다. 얼마 전 의원 이도길(李道吉)을 불러 처방해 준 약을 복용했는데, 대단히 효과가 있었습니다. 지금 연달아 복용하고자 하지만 다시 부르기는 어렵습니다. 추워지기 전에 고향으로 가서 치료하고 싶은 마음 간절합니다. 이는 온 식구가 여러 해 바라던 소원을 따른 것이지만, 선영에서 생을 마치겠다는 처음의 뜻과 크게 어긋납니다.

아이는 아침에 이미 화교(花郊 고양 화전(花田))로 출발하여 대략 수리하고 돌아오기를 기다리고 있습니다. 28일 무렵 출발할 것인데, 날씨가 좋지 않으면 며칠 물릴 것입니다. 겨울철에 거처를 옮기니 일마다 시름겹지만 어찌하겠습니까. 죽은 딸 부부가 진심으로 권유하였는데도 끝내 따르지 못했는데, 대상(大祥)이 어느덧 박두하였으니 그들에게 보여주지 못하는 것이 한스럽습니다.

도암집

제12권

書서

황자직[1] 재 에게 답하다 갑인년(1734, 영조10)

答黃子直 梓○甲寅

얼핏 듣자니 사행을 떠나셨다고 하는데, 저는 병으로 칩거하여 인사를 모두 폐기하고 있는 터라 편지로 안부도 물어볼 방법이 없기에 그저 그리운 마음만 가득합니다. 종제(從弟)가 서울에서 돌아와서 그대의 편지를 전해주었는데, 말이 공손하고 뜻이 간곡하여 저처럼 비루하고 졸렬한 사람이 받을 수 없는 것이었습니다. 감격스럽고 부끄러워 무슨 말씀을 드려야할지 모르겠습니다. 사행 일정이 점점 지체되었지만 그래도 출발한 지 이미 여러 날이 되었으니, 오늘 저녁에는 어떤 곳에 도착하셨는지요? 서울이 점점 멀어지니 그 심사를 알 만합니다. 다만 이제부터는 장마더위가 걷힐 것이니, 만 리 밖 갈석산(碣石山)[2]에서 높고 맑은 가을 날씨에 말을 타고 올라 굽어보면 비분이 가슴속에 가득 찰 것입니다. 이 몸은 침상에 누운 채 숨을 몰아쉬며 생기가 없다보니, 장차 날개를 떨치고 높이 날아오르기를 생각하지만 그렇게 되질 없습니다.

집사께서는 오랫동안 벼슬을 떠나 전원에 은거하셨기 때문에 집사를 사랑하는 자들은 마땅히 집사를 공무에 속박당고 분주히 내몰아서는 안 될 듯합니다. 더군다나 모친은 늙고 집사가 홀로 모시기 때문에 정리(情理)가 남들과 다르거늘 끝내 이번 사행을 면하지 못했으니,

1 황자직 : 황재(黃梓, 1689~?). 본관은 창원(昌原), 자는 자직(子直)이다.

2 갈석산(碣石山) : 중국의 하북성(河北城) 창려현(昌黎縣) 북쪽에 위치한 산이다.

어찌 또한 물에 빠진 자가 끌고 들어가는 경우가 아니겠습니까. 이미 명을 받든 후인만큼 단지 직분에 맡은 바를 생각해야[3] 합니다. 우옹(尤翁 송시열)의 이른바 "우리들은 죽기를 각오하고 수행한다"라는 것을 사신된 자는 더욱 이 뜻을 몰라서는 안 됩니다. "군주가 치욕을 당하면 신하는 죽는다[4][主辱臣死]"라는 네 글자는 실로 지금에 첫째로 삼는 도리이니 이것을 내 눈앞에 내걸어 경황이 없고 위급한 상황에서도 늘 생각하여 잊지 않는다면, 나라 밖의 변란이 비록 끝이 없은들 또한 무엇을 근심하고 무엇을 두려워하겠습니까. 그러나 마음을 분발시키고 성품을 강인하게 하여 증익시키며[5] 조심하고 미리 대비하는 도를 또한 그 사이에 마땅히 행해야 할 것이니, 어떻게 생각하십니까? 대저 집사의 근래 거취에 대한 일은 본디 매우 깨끗하였으니, 머물러 있으면 허물이 적고 움직이면 후회할 일이 생길 것입니다. 제 몸을 양옥(良玉)처럼 아껴 한 점의 흠이나 오물이라도 묻지 않기를 간절히 바랍니다. 재(縡)는 이질(痢疾)에 걸린 지 이미 3개월이 되어 비록 나무꾼에게도

3 직분에……생각해야 : 《시경》 당풍(唐風) 〈실솔(蟋蟀)〉에 "귀뚜라미 집에 드니, 벌써 해가 저물었네. 지금 우리 안 즐기면 세월이 그냥 가리라. 너무나 즐기는 건 아닐까, 직분에 맡은 바를 생각해서, 즐겨도 지나치지 않기를 마치 양사처럼 챙겨야지."라고 한 데서 온 말이다.

4 군주가……죽는다 : 《사기(史記)》 권79 〈범수열전(范雎列傳)〉에 "진(秦)나라 소왕(昭王)이 조회 때 탄식을 하자 응후(應侯), 범수가 앞으로 나와 말하였다. '신이 들으니, 군주가 근심하는 것은 신하의 치욕이고, 군주가 모욕을 받는 것은 신하의 죽을죄라고 하였습니다. 지금 대왕께서 조정에서 근심하시니, 신이 감히 그에 해당하는 죄를 청합니다.'"라는 내용이 보인다.

5 마음을……증익시키며 : 《맹자》 〈고자 하(告子下)〉에 "마음을 분발시키고 성품을 강인하게 하여, 그 능하지 못한 바를 증익시킨다."라고 한 데서 온 말이다.

물어보시는[6] 성의에 부응하고 싶지만 끝내 힘 쓸 방도가 없으니, 정의를 저버린 부끄러움을 어찌 다 말하겠습니까. 다만 왕사(王事)를 위해 더욱 제 몸을 자중하여 머물러 있는 저를 위로해주시길 바랍니다.

6 나무꾼에게도 물어보시는 : 아무리 하찮은 사람의 말이라도 쓸 만한 말이 있으므로 물어보아야 한다는 뜻이다. 《시경》〈판(板)〉에 "선민께서 말씀하시기를, 꼴 베고 나무하는 사람에게도 물으라 하셨네.〔先民有言, 詢于芻蕘.〕"라고 한 데서 유래하였다.

권중온[7] 영 에게 주다 기미년(1739, 영조15)

與權仲蘊 瑩○己未

승명(承明)의 입직에 물려서[8] 변방의 관직을 달게 여기고, 노년에도 씩씩한 기운이 떨어지지 않으니, 오령(五嶺)[9]의 험준함과 6월의 무더위를 어찌 두려워하시겠습니까. 보잘 것 없는 제가 전야에서 늘 생각하는 것은 성스런 조정을 위해 지붕만 쳐다보며 걱정하는 것입니다. 모르겠습니다만 어느 날 진영(鎭營)에 도착하셨으며, 먼 길을 가느라 체력이 많이 떨어지진 않으셨는지요? 일찍이 북막(北幕)에서 보좌할 때[10] 비록 그곳을 보지는 못했지만 장백산(長白山) 아래에 있어 풍경이 청량하다는 것을 알았습니다. 더군다나 대기(大紀 홍창한(洪昌漢))가 그곳의 수령으로 있으니 이에 위로가 됩니다. 관아의 인편을 통해 편지를 보내니, 잘 챙겨 드시며 자애하시길 바랍니다.

7 권중온 : 권영(權瑩, 1678～?). 본관은 안동(安東), 자는 중온(仲蘊), 호는 청은(淸隱)이다.

8 승명(承明)의 입직에 물려서 : 시종신으로 오랫동안 내직에만 있는 것을 가리킨다. 승명(承明)은 한나라 때 시종신이 숙직하던 곳이다. 한 무제(漢武帝)가 엄조(嚴助)를 회계 태수(會稽太守)에 제수하면서 내린 조서에 "그대가 승명려에 있는 것을 지겹게 여기고 시종신의 일을 고단하게 여기며 고향을 그리워하기에 지방으로 내려 보낸다." 하였다. 《漢書 卷64 嚴助傳》

9 오령(五嶺) : 평안남도 영원군 영락면과 평안북도 희천군 진면 사이에 있는 고개 이름이다.

10 일찍이……때 : 저자는 1708년(숙종34) 평안도 암행어사를, 1710년에 함경북도 병마평사를 역임한 바 있다.

유익휘[11] 겸명 에게 답하다 병오년(1726, 영조2)

答柳益輝 謙明○丙午

저의 죄가 크거늘 견책이 작은 것[12]은 실로 곡진히 이루어주시는 천지와 같은 성상의 은혜 덕분이니, 감축하는 마음이 끝이 없습니다. 지난번 사직 상소를 환급(還給)한 후에 이어서 지엄한 하교가 내려왔습니다. 아침에야 비로소 조보(朝報)를 통해 소식을 듣고서 두려워 부들부들 떨며 그저 처벌만을 기다리고 있었는데, 아직 처분을 듣지 못했으니 끝내 힘써 달려 나가 명을 청하지 않을 수 없습니다. 이 방법이 아니면 무슨 수로 분의(分義)를 스스로 펼 수 있겠습니까. 중간의 일의 기미는 미리 알 수 있는 바도 아니고 또 굳이 멀리까지 생각할 필요가 없으니, 단지 제 마음에 편안한 바를 따라 행하고자 합니다. 어떻게 생각하십니까? 그대의 상소를 읽어보았는데, 그 가운데 주자(朱子)의 얘기를 인용한 부분은 시대의 병폐를 매우 통쾌하게 지적한 것이라 읽는 이의 마음을 시원하게 만들었습니다. 부디 일마다 직임을 다하여 사우(士友)들의 기대에 부응해 주십시오.

11 유익휘 : 유겸명(柳謙明, 1685~1735)이다. 본관은 전주(全州), 자는 익휘(益輝), 호는 만수(晩修)이다.

12 죄가……것 : 1726년(영조2)에 저자는 동조(東朝)의 상호(上號)를 위해 빨리 올라오라는 별유(別諭)가 내렸으나 소명을 어겨 삭출되었다.

유익휘에게 답하다
答柳益輝

뜻하지 않게 새벽녘 그대의 편지를 받으니 위로가 곱절이 됩니다. 저는 고향에서 돌아와 이번 세밑을 만나니 그저 상로(霜露)의 슬픔[13]이 날마다 깊어지고 노쇠함과 질병이 또 따라서 심해집니다. 어찌하겠습니까. 국령(國令)의 상소는 보진 못했지만 한바탕 통렬한 말을 큰 바다를 건너가듯 거침없이 했으니 그에게 무슨 한이 있겠습니까. 엎어진 둥지에 남은 알[14]을 생각하면 서글프니 성스런 조정을 위해 걱정스레 지붕만 쳐다볼 따름입니다.

13 상로(霜露)의 슬픔 : 돌아가신 부모에 대한 생각을 말한다. 《예기》 〈제의(祭義)〉에 "가을에 서리와 이슬이 내리면 군자가 그것을 밟아 보고 반드시 슬픈 마음이 생기나니, 이는 날이 추워져서 그런 것이 아니다. 또 봄에 비와 이슬이 내려 땅이 축축해지면 군자가 그것을 밟아 보고 반드시 섬뜩하게 두려운 마음이 생기면서 마치 죽은 부모를 곧 만날 것 같은 생각이 들게 된다."라고 한 데서 나온 말이다.

14 엎어진……알 : 남아있는 사람들이 걱정이 되는 것을 뜻한다. 후한(後漢) 때 공융(孔融)에게 9세와 8세의 두 아이가 있었는데, 공융이 조조(曹操)에게 체포되어 갈 적에 사자(使者)에게 말하기를 "나 혼자만 죄를 받기 바란다. 내 두 아이는 면할 수 있겠는가?" 하자, 그 아이가 여쭙기를 "아버지께서는 엎어진 새집 아래 완전한 새알이 있는 것을 보셨습니까?" 하였는데, 과연 그들도 체포되어 화를 당했다는 고사에서 온 말이다. 《世說新語 言語》

유익휘에게 답하다 신해년(1731, 영조7)

答柳益輝 辛亥

마침 잠깐 외출하였는데 그 사이에 따로 보낸 편지가 올지 생각도 못했습니다. 돌아오는 길에 그대가 있는 관아가 시야에 들어왔지만 처지가 불편하여 결국 방문하여 인사드리진 못했습니다. 그대를 향한 서글프고 그리운 마음을 어찌 그칠 수 있겠습니까. 돌아와 그대의 편지를 보니 제 마음이 조금 위로가 되었습니다. 두 가지 곡물을 받은 것이 적지 않은지라, 봄이면 본디 군색한 법인데 또한 문호를 나갈 수 없는[15] 상황에는 이르지 않았으니, 이런 과분한 그대의 보살핌을 생각이나 했겠습니까. 또 어찌 감히 외람되이 현자라는 칭호를 감당하겠습니까. 그러나 그대의 도움을 감히 대번에 사양하지 않았으니, 감사하는 마음이 비록 간절하지만 부끄러움과 송구함이 함께 밀려옵니다. 다만 이 뜻을 확충하여 이 지역에 가난하고 의지할 데 없는 자들과 함께 크나큰 은혜를 송축하기를 바랄 뿐입니다.

15 문호를……없는 : 끼니를 이을 수 없을 만큼 몹시 곤궁한 상황을 말한다. 맹자가 벼슬에 나아가는 세 가지의 경우를 설명하면서 마지막 세 번째에서 "아침도 먹지 못하고 저녁도 먹지 못하여 굶주려 문호를 나갈 수 없을 때 군주가 이 말을 듣고 '내 크게는 그 도를 행하지 못하고 또 그 말을 따르지 못해서, 내 땅에서 굶주리게 하는 것을 나는 부끄러워한다.'라고 하며 구원해 준다면 또한 그것을 받을 수 있거니와, 죽음을 면할 정도로만 받을 뿐이다." 하였다. 《孟子 告子下》

성자장[16] 진영 에게 답하다 병오년(1726, 영조2)

答成子長 震齡○丙午

간곡한 여러 말씀으로 그대의 뜻을 잘 알았습니다. 목노(牧老 이색(李穡))의 사적은 징험할 만한 것이 있지만 하서(河西 김인후(金麟厚))가 태어난 해는 실제 정덕(正德) 경오년(1510, 중종5)이니 홍치(弘治)는 정덕 이전입니다. 고을의 수령이 다른 사람인데 우연히 이름이 같은 다른 사람임을 과연 의심할 게 없습니다. 선현(先賢)을 높이 받들 적에 반드시 족적이 이른 곳까지 취할 필요는 없는 것은 본디 그대의 말과 같습니다. 그러나 만약 이 이름이 읍지(邑志)에 있지 않았다면 굳이 이러한 일이 있지는 않았을 것이니, 처음부터 끝까지 고찰함에 있어 불성실한 듯합니다. 미혹된 저의 식견으로는 단지 이와 같을 뿐입니다. 어찌 감히 털끝만큼이라도 경시하는 뜻이 있겠습니까. 너그럽게 용서해 주시길 바랍니다. 여러 차례 편지를 받고도 아직 답장을 보내지 않아, 멀리에 있는 유자(儒者)가 수십 리 떨어진 곳에 헛걸음하게 만들었으니 매우 송구합니다.

16 성자장 : 성진령(成震齡, 1682~1739). 본관은 창녕(昌寧), 는 자장(子長), 호는 시은(市隱)・나옹(懶翁)이다.

성자장에게 주다 기미년(1739, 영조15)
與成子長 己未

그대가 이번에 유배를 떠나시니[17] 참으로 인생만사에 없는 일이 없습니다. 율옹(栗翁 이이(李珥)) 또한 일찍이 이런 일을 하였으나,[18] 휴노(休老 백인걸(白仁傑))가 아니었다면 필시 이런 일을 하지 않았을 것입

17 그대가……떠나시니 : 성진령이 흑산도로 귀양간 것을 가리킨다. 성유열(成有烈)의 상소 때문에 영조가 그를 친국(親鞫)하는 도중에, 성유열이 상소를 부추겨 시킨 자로 성진령을 지목하였다. 이에 영조는 그를 흑산도로 귀양 보낼 것을 명하고 다음과 같이 말했다. "성진령은 일찍이 고 상신(相臣) 조태채(趙泰采)를 논하여 배척하더니 을사년에 이르러서는 도리어 군자를 몰랐다는 말로 굴복하여 사죄했고, 그 뒤에는 또 고 상신 홍치중(洪致中)을 참혹하게 공박하였으므로, 내가 일찍이 마음속으로 미워하여 정망(政望)이 있을 때 번번이 은점(恩點)을 아꼈다.……이 뒤로는 다시 벼슬을 제배하지 않았으므로, 그가 원한을 품고서 이렇게 부추겨 시켰을 것이다."《英祖實錄 15年 10月 12日》

18 율옹(栗翁)……하였으나 : 백인걸(白仁傑)이 상소를 올려 시사를 극렬하게 논하였는데, 그 가운데 일부를 그의 문인인 이이(李珥)가 대신 지었다는 소문이 돌았다. 이에 사간원 정언으로 있던 송응형(宋應泂)이 이이가 다른 사람을 시켜서 상소를 올린 것은 잘못이라는 내용으로 논계한 일이 있다. 이에 대한 내용은 김성일(金成一)의 〈신구송응형차(申救宋應泂箚)〉에 자세히 보이는데, 그는 사간원 정언이었던 송응형의 논계를 비호하면서 "무릇 이이가 백인걸을 대신해서 시사에 대해 진술한 것은 참으로 떠도는 말을 주워 모은 데에 비할 바가 아닙니다. 이에 대해서는 백인걸이 이미 말하였고, 경연의 신하가 또 발언하였습니다. 그러니 언론의 책임을 맡고 있는 자만 유독 논하는 바가 없을 수 있겠습니까. 내용을 작성할 즈음에 비록 지나치게 해서 마땅함을 잃은 말이 있다고 하더라도, 이것을 이유로 언관을 죄주어서는 안 되는 것임이 분명합니다." 하였다.

니다. 이 도리에 대해 어찌 자세하게 헤아려보지 않겠습니까. 성스런 조정의 과실이 이 지경까지 이르렀으니 근심스럽고 한탄스런 마음을 이루 다 말할 수가 없습니다. 또 듣자니 중병에 걸려 가마에 실려 길을 떠났다고 하는데, 매서운 바람과 추위에 필시 병세가 위중해졌을 것이니 먼 바다로 가는 여정의 고단함은 또한 말할 필요도 없습니다. 모르겠습니다만 어느 지역에 도착하셨으며, 중도에 기력이 고갈되어 거동하기가 힘드시진 않았는지요? 깊은 곳에 사느라 소식을 늦게 접하여 길가에서 송별할 수 없었으니 늘그막의 심사가 더욱 창망합니다. 이 편지를 써서 성의 서쪽으로 부치노니 어느 날에나 도착할는지요. 부디 어디에 있든 자중하셔서 멀리 있는 사람의 마음을 위로해주십시오.

이사립[19] 의천 에게 주다 정미년(1727, 영조3)

與李斯立 倚天○丁未

시사가 이 지경에 이르렀으니 그대에게 어찌 이번 귀양길[20]이 없을 수 있겠습니까. 사류(士流)의 영욕과 화복이야 본디 일체 하늘의 명을 따르는 것이지만 국가를 어찌한단 말입니까. 저는 교외에 살아 사람을 잘 만나지 않다보니 뒤늦게야 소식을 접했습니다. 모르겠습니다만 어느 달에 적소(謫所)에 도착했으며, 매사에 어떻게 시름을 달래시는지요? 듣자니 원악지(遠惡地)로 가셨다고 하는데 산과 바다가 반드시 사람을 죽이지는 못할 것이니, 저 미워하는 자들이 또한 미혹된 것입니다. 부디 잘 챙겨 드시며 자애하여 멀리 있는 사람의 마음을 위로해 주십시오.

19 이사립 : 이의천(李倚天, 1676~1753). 본관은 전주(全州). 자는 사립(斯立), 호는 박직와(樸直窩)이다.

20 이번 귀양길 : 이의천이 사천(泗川)에 정배된 일을 가리킨다. 사간원에서 이의천이 임창(任敞)과 임징하(任徵夏)를 두둔한 죄로 삭출만 시킨 것은 부족하고 절도(絶島)에 안치시키길 청하였다. 이에 영조가 "이의천의 일에 대해서는 내가 이미 알고 있다. 오로지 당론만을 일삼아 팔을 걷어붙이고 나서서 담당했으니, 징계하지 않을 수 없다. 이의천을 극변(極邊)에 원찬(遠竄)시키라."라고 명하였다. 《英祖實錄 3年 9月 25日》

이사립에게 주다 경신년(1740, 영조16)

與李斯立 庚申

오랫동안 헤어져 있다가 갑자기 그대의 안부 편지를 받으니 다른 세상의 소식을 접한 듯하였습니다. 막 도성에 도착했다고 들었지만 막혔던 회포를 풀길이 없으니 서글프고 한탄스런 마음을 그칠 수 없습니다. 시사를 오랫동안 걱정하며 지붕을 쳐다보고 있는 처지이니 어찌 한가롭게 지내는 저의 정황에 대해 할 말이 있겠습니까. 십수 년이 흘러서야 한 차례 복관되었으니[21] 어찌 이다지도 놀랍고 괴이한 일이 있겠습니까. 이로써 그대의 진퇴가 정사와 관계된 것이 적지 않음을 더욱 알겠습니다. 조정은 요란스런 곳이라 번번히 사람의 본심을 잃게 만드니 오랫동안 머물러서는 안 될 듯합니다. 하례의 반열에 참석한 뒤에 곧 응당 고향으로 돌아가셔야지요.

21 십수……복관되었으니 : 이의천(李倚天)은 1727년(영조3) 유배되고 1740년(영조16) 승지에 제수되었다.

이사립에게 답하다

答李斯立

치대(置對)한 소식[22]을 들은 이후로 놀랍고 염려스런 마음이 그치질 않습니다. 노쇠하고 병든 저는 인사(人事)를 모두 폐기하여 한 글자의 편지도 보내지 못했는데, 이렇게 먼저 편지를 주실 줄 생각이나 했겠습니까. 근래 옥사에서 그대는 몸조리를 잘하고 있다니 제 마음이 조금은 위로가 됩니다. 한 지역 백성의 목숨을 살렸으니 조금이나마 진찰(塵刹)의 보답[23]이 될 수 있을 것입니다. 외부에서 이르는 영욕이 나와 무슨 상관이겠습니까. 다만 그대가 초야에 곤궁하게 칩거하였다면 산해(山海)의 승경을 모두 다 유람하지는 못했겠지만 또 삼복 더위에 땅에 선을 그은 감옥에 갇히는[24] 화는 없었을 것입니다.

22 치대(置對)한 소식 : 치대는 죄인을 의금부에 잡아다 심문하는 것을 가리킨다. 1740년(영조16) 대전탄일(大殿誕日)에 강릉 부사로 있던 이의천(李倚天)은 진하전문(陳賀箋文)을 올리면서 존호(尊號)를 쓰지 않아 심문을 당하였다. 《承政院日記 英祖 16年 9月 12日》

23 진찰(塵刹)의 보답 : 중생을 구제하여 부처의 은혜에 보답하는 것을 가리키는데, 여기서는 덕화로 백성에게 은혜를 베푸는 것을 뜻한다. 주자가 "불자의 말에 '이 몸과 마음으로 진찰(塵刹)을 받든다.'라고 하였으니, 이것이 명분상 부처의 은혜를 갚는 것이 된다." 하였다. 《朱子大全 卷36 答陳同甫》《능엄경(楞嚴經)》 주석에 "성과(聖果)를 얻어 중생을 구제하는 것이 부처의 은혜에 보답하는 것과 상관이 없으나, 이것으로 은혜에 보답 아닌 보답을 삼는 것이다." 하였다. 《朱書講錄刊補 卷2》

24 땅에……갇히는 : 옥살이의 고달픔을 가리킨다. 전한(前漢) 사마천(司馬遷)의 〈보임소경서(報任少卿書)〉에 "그러므로 땅에 선을 그어 감옥을 만들어도 들어갈 수

세상만사는 흥망성쇠가 있지 않겠습니까. 매우 탄식할 만합니다. 둘 다 이미 노쇠하여 만날 날을 쉬이 기약할 수 없으니, 부디 가는 곳마다 자애하십시오.

없고 나무를 깎아서 옥관을 만들어도 변명할 수 없는 것은 죄를 받기 전에 죽음으로써 해명할 작정을 하였기 때문이다." 하였다.

이원량[25] 양신 에게 답하다 기미년(1738, 영조15)

答李元亮 亮臣○己未

전후로 보내신 편지를 받고서 지금까지 그대가 수립한 것과 평소에 기대했던 것이 어찌 갑자기 이렇게 되었는가 하고 매번 생각하였습니다. 그대가 이 충고를 견딜 수 없을까 매우 걱정되어 편지를 쓰려다가 그만두고 줄곧 미루고 있었습니다. 그대가 이미 나의 사랑하는 마음을 다 이해하지 못했으니, 의아해하며 스스로 거리를 두는 것이 마땅합니다. 그러나 앞서 받은 글 부탁을 지키지 못한 것이 어찌 이 때문이겠습니까. 진실로 상중에 병들어 글재주가 고갈된 탓에 실로 힘쓸 방도가 없기 때문입니다. 조만간 한 번 틈을 보아 글을 쓸 작정인데 아직 못하고 있습니다. 어찌 번거롭게 그대 아들이 병을 무릅쓰고 지키고 있게 하겠습니까. 부디 헤아려 주셔서 조금 늦추어 주십시오.

25 이원량 : 이양신(李亮臣, 1689~1739). 본관은 연안(延安), 초명은 종신(宗臣), 자는 원량(元亮)이다.

홍 형 우제 에게 주다 임인년(1722, 경종2)

與洪兄 禹齊○壬寅

이곳으로 올 때 이별도 고하지 못했으니 난리 중에 뿔뿔이 흩어진 것과 뭐가 다르겠습니까. 궁벽한 산속에서 문을 닫고서 만사를 모두 끊고서 오직 그대를 항상 그리워합니다. 매서운 겨울 날씨에 모두들 생활이 다 평안하신지요? 혜우(惠友)는 이미 고장(藁葬)을 지냈겠지요? 차마 무슨 말을 하겠습니까. 두 분의 어르신과 남겨진 아이들은 겨우 지탱하고 있겠지요? 애통한 마음을 실로 잠시라도 잊을 수가 없습니다.

저는 모친을 모시고 어린아이들을 데리고 이 깊은 산속에 들어와 있습니다.[26] 망령됨이 심한 것을 스스로 알고 있습니다만 만 겹의 구름과 산에 막혀있어 마치 다른 세상인 듯 서울과 아득히 떨어져 나쁜 소식이 한 번도 귀에 들리지 않았으니, 이것이 이곳의 가장 고요한 정취입니다. 그러나 친척의 정다운 대화를 어디서 나눌 수 있겠습니까. 세상사가 본디 원만한 경우가 없으니 또한 어찌하겠습니까. 빌린 집은 겨우 무릎이나 넣을 만하고 지역은 궁벽하여 시장과 멀다보니 먹거리가 매우 궁색합니다. 강의 수석이 있는 곳이라 지기(地氣)가 너무 차가워서 여기서 오래 머무를 생각은 없습니다. 봄이 지나면 다시 살기

26 저는……있습니다 : 1722년(경종2) 저자는 중부(仲父) 이만성(李晩成)이 무옥(誣獄)에 연루되어 부안(扶安)에 정배되자 배소를 다녀왔고, 8월에 중부가 세상을 떠나자 가솔을 이끌고 인제(麟蹄) 가덕산촌(佳德山村)으로 들어갔다.

좋은 지역을 골라 여강(汝剛)[27]과 함께 살고자 하는데 과연 뜻대로 될는지요. 노친의 근력은 그래도 크게 손상되는 것은 면하시고 어제 또 가묘(家廟)를 받들고 와서 온 집안사람들이 한 데 모였으니, 고단한 객지생활에 매우 위로가 되었습니다. 다만 춘협(春峽)과는 거리가 멀어 소식 또한 뜸하니 그리운 마음을 풀길이 없습니다. 혜우(惠友)의 식구들은 현재 어디에 있습니까? 이 편지를 그 아우에게 전해주었으면 하는데 어떠하신지요?

27 여강(汝剛) : 저자의 종제 이구(李絿)를 가리킨다.

홍여오 중복 에게 답하다 계해년(1743, 영조19)

答洪汝五 重福○癸亥

10월에 받은 편지를 생각이 날 때마다 펼쳐보고 있습니다. 해가 바뀌고 봄도 이미 반이 지났거늘 지금까지도 답장을 보내지 못했으니 노쇠함과 질병이 심해져서입니다. 몸을 관리하고 조리하는 방도를 이렇게 가르쳐주셨으니 염려해주시는 마음에 깊이 감사드립니다. 다만 살 날이 많지 않다는 것을 스스로 알기에 선(善)을 행하려는 마음은 간절하지만 강업(講業)을 일체 그만두라는 말씀은 끝내 감히 받들어 따를 수가 없습니다. 손주들이 차례대로 장성하였으니 어찌 기특하고 다행스런 일이 아니겠습니까. 그런데 인사(人事)의 모든 일에 조금도 진전을 보이지 않으니 걱정되고 안타깝습니다. 얼핏 듣자니 그대의 손자가 예법대로 관례와 혼례를 치렀다고 하는데 노년에 얼마나 기뻐했을지 알 만합니다. 원하는 바는 좋은 자질을 배양해서 독서할 종자를 만드는 것입니다. 말단의 관직은 매우 한산하니 본디 고요하고 편히 지내는 데 아무런 문제가 없습니다. 그러나 이러한 관직을 바라는 세상 사람들이 또한 적지 않을 듯하니, 어찌 곱자로 헤아리는 도[28]를 생각하여 겸양하는 아름다운 덕을 행하지 않습니까. 편지를 쓰다 우연히 언급한 것이니 이 또한 서로 사랑해서입니다. 살펴주십시오.

28 곱자로 헤아리는 도 : 자기의 처지를 미루어 남의 처지를 이해하는 것을 가리킨다. 《大學章句 傳10章》

홍문위 계의 에게 답하나

答洪文偉 啓禕

어제 그대의 종제가 연제(練祭)에 대해 물었습니다. 《예기(禮記)》에 "빈장(殯葬)이 끝난 뒤에 제사지낸다"[29] 라는 절문(節文)이 있으니 제사지내는 것은 의심할 게 없습니다. 만약 줄인다면 제사의 체모를 이루지 못하기 때문에 이렇게 답변했습니다. 돌아와 선정(先正)의 논의를 살펴보니, 소후부모(所後父母)의 상에 연제를 지내려고 하는데 소생부모(所生父母)의 상을 당한 경우에, 혹자가 소생부모의 초상에 소후부모의 연제를 지내는 것은 온당치 못하다고 하자 동춘당(同春堂 송준길)은 물릴 수 없다고 했으며, 신독재(愼獨齋 김집(金集)) 또한 "이미 강복(降服)[30]하여 기년복(朞年服)을 입은 만큼 마땅히 지내야 할 제사를 폐할 수는 없다. 비록 상을 당한 지 오래되지 않아 인정상 차마 할 수 없다고 하지만, 그 사이에 또한 별도로 행할 만한 절목이 없다."[31]

29 빈장(殯葬)이……제사지낸다 : 《예기》 〈잡기 하(雜記下)〉에 "부모의 상중에 제사를 지내려고 하는데 형제가 또 죽었을 경우에는 형제를 빈(殯)한 뒤에 제사를 지낸다. 한집에 살 경우에는 비록 신첩이 죽었더라도 장사를 지낸 뒤에 제사를 지낸다."라고 한 내용이 보인다.

30 강복(降服) : 자기가 입도록 규정된 복에서 한 등(等)을 낮추어 입는 것이다.

31 이미……없다 : 송준길이 김집(金集)에게 보낸 〈상신독재선생(上愼獨齋先生)〉에 관련 내용이 보인다. "소후친상(所後親喪)의 연제를 지내려던 즈음에 소생친상(所生親喪)을 당하였는데, 혹자는 '소생친의 초상 중에 소후친의 연제를 지내는 것이 미안하다.'라고 합니다. 그러나 《예기》 〈잡기(雜記)〉에 '삼년상에 이미 경(潁)하였으면 전상(前喪)의 연제나 상제를 지낸다.' 라는 말과 '부모의 상에 연제나 상제를 지내려는 즈음

라고 했습니다. 이는 경중은 조금 다르지만 방조(傍照)[32]해 보면 더욱 분명합니다. 어떻게 생각하십니까?

에 형제의 상을 당하면 초빈(初殯)한 뒤에 연제나 상제를 지낸다.' 라는 등의 말로 자세히 참고해 보면 연제를 물려서는 안 될 듯합니다." 이에 대해 김집은 답변하기를, "낳아 준 은혜가 진실로 중하지만 이미 강쇄하여 기년복이 되었네. 삼년상에 이미 마질을 갈대로 바꾸었으면 연제나 상제를 지낸다는 설이 이처럼 명백하니, 사정(私情)으로 인해 당연히 지내야 할 제사를 폐지하는 것은 옳지 않네. 소생친의 상을 당한 지가 얼마 되지 않았으니 인정으로 보아 차마 할 수 없는 바이기는 하지만, 그 사이에 달리 행할 만한 절목(節目)도 없고 지금 마음대로 제도를 창제(創制)하여 고치기도 어려운 데야 어찌하겠는가." 하였다.

32 방조(傍照) : 맞추어 쓸 만한 법문(法文)이 없을 적에 그와 비슷한 다른 법문을 참조(參照)하는 것을 뜻한다.

김사수[33] 시민 에게 답하다 을묘년(1735, 영조11)

答金士修 時敏○乙卯

동쪽에 수령으로 갔다는[34] 소식을 들은 후로 서로의 거리가 더욱 아득해졌는데, 갑자기 멀리서 안부 편지를 받게 되었습니다. 말과 내용이 간곡하고 정성스러워 위로되는 제 마음을 말로 표현할 수가 없습니다. 지금 추운 날씨에 백성을 다스리는 체후가 평안하신지요? 저는 쇠약해지고 병들기가 점점 하루가 다르게 심해져 예전에 배운 것은 죄다 잊어버리고 새로 배우는 것은 없으니, 그저 세상에 알려지지 못하고 죽게 될 따름입니다. 어찌하면 좋겠습니까. 산골짜기 마을은 본디 청량하고 한가하지만 노년의 관리 일은 심성에 익숙하지 않으니 그대가 깊이 슬퍼하고 탄식하는 것이 마땅합니다. 가난 때문에 벼슬살이하는 것은 옛 사람도 면하지 못한 바이지만 벼슬살이는 남을 위한 것이지 어찌 다만 처자식을 먹여 살리려는 계책이겠습니까. 《서경(書經)》에 "능하지 못하다고 말하지 말고 그 마음을 다할 것이며, 백성이 적다고 말하지 말고 그 일을 삼가 행하라."[35] 하였습니다. 부디 여기에 유의하여 허투루 오두미(五斗米)[36]를 먹지 않도록 하십시오. 한 마디 말을

33 김사수 : 김시민(金時敏, 1681~1747). 본관은 안동(安東), 자는 사수(士修), 호는 동포(東圃)・초창(焦窓)이다.

34 동쪽에 수령으로 갔다는 : 김시민(金時敏)은 1735년(영조11)에 낭천 현감(狼川縣監)이 되었다. 낭천은 강원도의 속현으로 양구(楊口)와 김화(金化) 사이에 있다.

35 능하지……행하라 : 《서경》 〈필명(畢命)〉에 나오는 내용이다.

36 오두미(五斗米) : 현령(縣令)의 녹봉을 받는 것을 가리킨다. 진(晉)나라 도잠(陶

청하시기에 감히 예전에 들은 것을 대충 말씀드리니 매우 송구스럽습니다.

潛)이 팽택 영(彭澤令)이 된 지 80여 일 만에 섣달이 되어 군(郡)에서 독우(督郵)를 파견하여 팽택현에 이르자 아전들이 관복을 입고 뵈어야 한다고 하니, 도잠이, "내가 어찌 오두미(五斗米) 때문에 향리 소배(鄕里小輩)에게 허리를 굽힌단 말이냐." 하고 그날로 인수를 풀어 관직을 버리고 〈귀거래사〉를 읊으며 돌아왔다. 《晉書 卷94 隱逸列傳 陶潛》

김운경[37] 진동 에게 답하다 경신년(1740, 영조16)

答金震卿 鎭東○庚申

간곡한 말씀을 잘 살펴보았습니다. 대종(大宗)[38] 이외에는 후사를 세울 수 없는 것이 고례(古禮)에는 그러하였으나, 후세에는 예보다 정리(情理)가 우세하여 지자(支子)[39]로서 후사로 서지 않는 경우는 드무니, 이는 백령(白令) 한 사람만을 책망할 수 없는 일입니다. 그리고 양가의 부친이 함께 명하여 후사로 세운다[40]고 고집하는 그대의 말은 법의(法意)가 본디 이와 같습니다. 이 때문에 만났을 때 혹 뜻을 돌리기를 바라는 마음으로 그저 양쪽을 화합하도록 조정하는 말밖에 할 수 없었으니, 이는 백령(白令)의 사정을 안타깝게 여겨서 그렇게 한 것입니다. 지금은 형세가 이 지경에 이르렀으니 진실로 어찌할 수가 없습니다. 놀라고 탄식할 따름입니다. 궁벽한 산골에 살아 사람을 만

37 김운경 : 김진동(金鎭東, 1727～1800). 본관은 의성(義城), 자는 정지(定之), 호는 소암(素巖)이다.

38 대종(大宗) : 종법(宗法)에 적통의 큰아들을 대종(大宗)이라 하고, 그 나머지 아들은 소종(小宗)이라 하였다.

39 지자(支子) : 종자(宗子)에 상대되는 말로, 적처(嫡妻)의 차자(次子) 이하와 첩의 아들 모두를 일컫는 말이다.

40 양가의……세운다 : 《경국대전(經國大典)》〈예전(禮典) 입후(立後)〉에 "적처와 첩 모두 아들이 없는 경우, 관아에 고하여 동성동본의 지파 자식 항렬의 사람을 후사로 세운다. 양가의 아비가 함께 명하여 후사로 세우되, 아비가 죽고 없을 경우 어미가 관아에 고한다.〔嫡妾俱無子者, 告官立同宗支子爲後. 兩家父同命立之, 父沒則母告官.〕"라는 조항이 보인다.

나는 일도 드무니 이 말이 뭐가 중요하겠습니까마는 이것은 인륜의 중대한 일에 관계된 것이라 피차의 시비를 막론하고 마땅히 명백하게 결정해야 하는 일입니다. 그런데 해당 조(曹)에서 지금까지도 복주(覆奏)하지 않으니 참으로 알 수 없는 일입니다. 그간에 보고서 돌려보낸 몇 통의 편지에서 보면 그 내용이 사려가 부족한 듯합니다. 지난번에 말씀드린 작은 원망 때문에 의친(懿親)을 버려서는 안 된다고 한 말을 부디 더욱 유의하십시오.

이 합천[41] 도익 에게 주다 경신년(1740, 영조16)

與李陜川 度翼○庚申

얼핏 들으니, 그대의 돌아가신 존장(尊長)께서 일찍이 존주(尊周)의 의리에 뜻을 두시어 이 일에 보탬이 될 만한 병자호란과 정묘호란 이후의 언론과 사업을 뽑아 모아서 한 편으로 만드셨다고 합니다. 이 책은 여주(驪州)의 선비 집에 있어서 한 번 열람하려고 했지만 얻을 수 없었던 것인데, 과연 이 책을 가지고 계신다면 제게도 보여주셨으면 합니다. 저 또한 여기에 뜻을 두고 있으니 참여하여 들어볼 수 있을까요? 작년 조정의 논의 때 그대의 의논이 마침 저의 의견과 부합하였는데 지금은 더 말씀드릴 만한 게 없습니다. 그러나 구구한 저는 경탄을 금치 못하겠습니다.

41 이 합천 : 이도익(李道翼, 1692~1762). 본관은 연안(延安), 자는 원명(原明), 호는 희구재(喜懼齋)이다.

이 합천에게 답하다 계해년(1743, 영조19)

答李陜川 癸亥

우리나라의 대군(大君)은 옛날에 이른바 별자(別子)입니다. 별자가 친진(親盡)[42]이 되면 묘 아래에 사당을 만들고서 백세토록 제사를 올리는 것이 예법입니다. 지금 이 효녕대군(孝寧大君)의 사당을 묘 아래에 세운 것은 실로 이 의리를 얻은 것입니다. 무릇 민가의 한 사당 안에 불천(不遷)[43]의 신위를 봉안하고, 또 고조(高祖) 이하를 봉안한다면 곧 5대를 모시는 것입니다. 이는 태묘(太廟)의 제도를 참람하게 행한 것이니, 감히 해서는 안 되는 일입니다. 지금 효녕대군의 종손이 시조의 사당에 4대를 함께 봉안한 것은 지극히 참람된 일이니 마땅히 한시라도 빨리 바로잡아야합니다. 더군다나 이 새로운 사당은 국가가 효녕대군의 청덕(淸德)을 포양하는 특별한 은전인 만큼 사체(事體)가 더욱 특별합니다. 설령 종손이 묘 아래로 집을 옮기더라도 어찌 감히 이전처럼 참람하게 예법과 율령을 어기겠습니까. 바라건대 예법을 제대로 아는 이들에게 널리 물어보고서 처리하십시오.

42 친진(親盡): 제사를 지내는 대수(代數)가 다 된 것을 이르는 것으로 임금은 5대, 일반인은 4대 조상까지 제사를 지낸다.

43 불천(不遷) : 친진(親盡)이 된 뒤에도 신위(神位)를 옮겨 가지 않는 것으로, 큰 공이나 큰 덕이 있는 사람의 신위를 영원히 사당에 모셔두는 일을 이른다.

이중통 숭신 에게 답하다 경신년(1740, 영조16)

答李仲通 崇臣○庚申

예법에 의문나는 점을 제게 물어주셨는데, 고루한 제가 어찌 잘 알겠습니까. 일전에 이 일을 가지고 논란한 사우(士友)가 있었습니다. 비루한 제 의견으로는 후사(後嗣)로 출계한 사람이 또 돌아와 생부의 상례를 주관하는 것은 실로 미심쩍은 일을 분별하고 정통을 중시하는 의리에 위배되고, 현벽(顯辟)[44]의 칭호 또한 가장 어쩔 수 없는 최후의 수단이니, 두 가지 모두 구차할 따름입니다. 그러나 이것을 저것과 비교한다면 현벽이 조금이나마 허물이 적지 않을지요?

44 현벽(顯辟) : 부모형제도 없고 자식도 없이 남편이 죽어 부득이 아내가 남편의 제사를 주관할 경우에 그 신주에 '현벽'이라고 쓴다.

홍군석 계조 에게 답하다 신해년(1731, 영조7)

答洪君錫 啓祚○辛亥

물으신 것은 잘 알겠습니다. 《예기(禮記)》에 "한 달 걸러 담제(禫祭)[45]를 지낸다." 하였습니다. '중(中)' 자는 대상(大祥)을 지낸 달을 가리키는데, 선유(先儒)가 한 달 사이를 두는 것이라고 풀이하여[46] 이때부터 27개월의 제도가 되었습니다. 주자(朱子) 또한 "후한 쪽을 따라는 것이 무방하다." 하였으나 예법의 본뜻은 아닙니다. 가령 상사(祥事)를 정월(正月)로 연기하더라도 마땅히 그 달에 담제를 지내야 하거늘, 하물며 이번 달로 연기한 경우는 어떠하겠습니까. 만약 연기한 달에서부터 곧 한 달을 사이에 두고 헤아린다면 또 27개월의 기한을 넘기게 되니 예법의 뜻과는 더욱 멀어지게 됩니다. 이 때문에 시기를 넘기면 담제를 지내지 않는다는 조문이 예법에 명시되어 있는 것입니다. 형의 집안에서 만약 정월을 넘기게 되면 마땅히 담제를 지낼 수 없습니다. 전후로 단지 그 대체만을 진술한 탓에 그대로 하여금 번거롭게 재차 물어보게 하였기에 상세하게 답변을 드립니다.

45 담제(禫祭) : 대상(大祥)을 치른 다음달 하순의 정일(丁日)이나 해일(亥日)에 지내는 제사이다. 초상(初喪)으로부터 27개월 만에 지내나, 아버지가 생존한 모상(母喪)이나 처상(妻喪)일 때는 초상으로부터 15개월 만에 지낸다.

46 선유(先儒)가……풀이하여 : 《의례》 〈사우례(士虞禮)〉에 "1년이 지나 소상이 되면 '이 상사에 제물을 올립니다.'라고 하고, 또 1년이 지나 대상이 되면 '이 상사에 제물을 올립니다.'라고 하며, 중월에 담제를 지낸다." 하였다. '중월(中月)'에 대해 정현(鄭玄)은 '간월(間月)'로 보아 한 달을 건너뛰어 담제를 지내는 것이라고 하였다. 《通典 卷87 喪制 禮變》

홍군석에게 답하다 계해년(1743, 영조18)

答洪君錫 癸亥

서원의 인편에 편지를 받고서 기쁘게도 매서운 추위에 형이 편안히 지내시는 줄 알았으니 위로되는 마음이 어찌 끝이 있겠습니까. 유군(兪君 유언흠(兪彦欽))이 활달한 기운은 적지만 몸가짐이 겸손하고 신중하여 정승 집안의 교만한 자태는 전혀 없었습니다. 또한 주밀하고 치밀하여 세상에 필요한 인재가 되기에 충분하였습니다. 오랫동안 병을 앓아 왔지만 여기에 그칠 줄 어찌 생각했겠습니까. 대심(大心)[47]을 잃었는데 또 이 유군마저 잃어 사후에 온갖 일을 부탁할 곳이 없어졌으니 이 애통함을 어찌합니까. 온 집안 사람들이 내가 딸아이를 편애한다고 항상 놀렸는데 그 애가 저를 닮아서입니다. 그 애는 가업을 계승할 사내아이가 아닌지라 항상 사자를 그려주는[48] 경사를 바랐는데, 갑자기 하소연할 데 없는 사람이 되어버렸습니다. 생각하면 마음이 아프고 말이 여기에 미치면 눈물이 나오니 병중에 심약해져서 그렇겠지요. 금주(衿州)가 형께 편지를 보내지 않은 것은 본성이 거칠고 게을러서이니 인사에 밝은 자기 부친과는 다릅니다. 비록 재주가 없다고는 하지만 어찌 작은 고을에만 파묻혀 있겠습니까. 우스울 따름입니다.

47 대심(大心) : 이유(李維, 1704~1738)이다. 본관은 우봉(牛峰), 자는 대심(大心)이다. 저자는 그의 종형이다. 35세로 요절하였다.

48 사자를 그려주는 : 주자의 외손 황로(黃輅)가 어려서 벽에 그려진 사자 그림을 좋아하였는데, 훗날 주자가 이 그림을 그려 그에게 보내 준 일이 있다.《晦菴集 續集 卷1》 여기서는 손주가 태어나기를 바라는 뜻이다.

홍유화 계상 에게 답하다 임술년(1742, 영조17)

答洪幼和 啓祥○壬戌

질문하신 예의(禮疑)는 저 역시 마음에 편치 못했던 바로 이런 의심을 두었던 문제입니다. 예전에 이 일을 물어본 벗이 있었는데 각자 자기 뜻대로 하라고 하였습니다. 당시 감시(監試)가 있어서 한 사람은 응시하였고 한 사람은 응시하지 않았으니, 오직 그대가 살펴서 선택할 따름입니다. 면례(緬禮)[49] 같은 경우는 삼년복을 입어야 하는 자는 시마복을 입고 그 외에는 모두 조복에 가마(加麻)[50]를 하니, 진실로 복제(服制)에 대해서는 논할 만한 게 없습니다만 본래는 기복(期服)을 입어야 합니다. 그리고 영구(靈柩)가 땅에서 나오면 모든 일이 초상(初喪)과 똑같으니 이는 장사를 지내기 전인데 어느 겨를에 과장(科場)의 시험을 논하겠습니까. 정리(情理)로 헤아려보건대 시험을 치러 갈 수는 없을 듯합니다. 어떻게 생각하십니까?

49 면례(緬禮) : 산소를 옮겨서 다시 장사 지내는 일을 이른다.

50 가마(加麻) : 오복(五服) 이외에 스승이나 친구를 위해 입는 복이다. 백건(白巾)과 소대(素帶)를 하고 머리에 환질(環絰 삼 한 가닥으로 만든 띠)을 쓴다.

신진휘 흡 에게 주다

與申震暉 噏

그대 조부의 문집을 산정하는 일을 외람되게도 저에게 맡겨주신 지 오래입니다. 그런데 잇달아 상을 당하고 병치레를 하느라 여기에 신경 쓸 겨를이 없었으니 그대는 용서해줄 것이라 생각됩니다. 근년에도 독촉하지 않으시어 지금까지 지체하는 죄를 지었으니, 이때 일을 마치지 못한다면 끝내 효자의 마음을 저버리게 될까 두렵습니다. 예전에 뽑아두고 찌를 붙여놓은 곳을 따라 처음부터 두루 살펴보고 다시 더하고 덜어내었습니다. 삼가 이것을 심부름꾼 편으로 돌려보내어 그대의 결정을 기다립니다.

별지 別紙

문집은 오랫동안 전해지기를 기약하는 것이기 때문에 정밀함을 귀하게 여기지 많은 것을 귀하게 여기지 않습니다. 그러나 제문이나 비지문 등속은 선조와 친족의 일에 관계되기 때문에 감히 함부로 산삭할 수가 없습니다. 시는 널리 뽑지는 않았고, 소차와 장계 또한 많이 산삭하였습니다. 조(詔)·제(制)·잠(箴)·명(銘) 등은 아마도 과체(科體)를 연습한 작품인 듯하여 남을 대신해서 지은 축하하는 전문(箋文)과 함께 모두 수록하지 않았습니다. 결정에 참고하시도록 이러한 곡절을 감히 자세하게 말씀드리지 않을 수 없습니다.

회방연(回榜宴)에서 수창(酬唱)한 작품과 기로소(耆老所)에서 지은 여러 시편이 비록 번다하지만 덜어내지 않은 것은 성대한 일을 드러내는 것이 중요한 일이라 여겼기 때문입니다.

한여온[51] 사직 에게 답하다 신유년(1741, 영조16)

答韓汝溫 師直○辛酉

말씀하신 뜻은 잘 알겠습니다. 죄를 입은 집안의 자제들이 걸핏하면 기옹(畸翁)[52]을 구실로 삼지만 기옹의 일은 끝내 옳지 않은 듯합니다. 위리안치(圍籬安置)는 죄를 입어 유배가는 가운데 가장 심한 형벌로 일반적인 유배와는 같지 않으니, 그 자제된 도리상 그저 두려워하면서 움츠릴 뿐 어찌 과거에 급제할 생각을 하겠습니까. 앞길이 단지 만 리일 뿐만이 아닌 젊은 날에 과거를 보는 것은 구차하고 조급한 마음을 가질 필요가 없습니다. 모름지기 이러한 도리로써 그에게 말해주십시오.

51 한여온 : 한사직(韓師直, 1695～1778). 본관은 청주(淸州), 자는 여온(汝溫), 시호는 공간(恭簡)이다.

52 기옹(畸翁) : 정홍명(鄭弘溟, 1582～1650). 본관은 연일(延日), 자는 자용(子容), 호는 기암(畸庵)·삼치(三癡), 시호는 문정(文貞)이다. 1616년(광해군8) 문과에 급제하였다. 내직으로는 대사성, 대사간, 대제학 등을 역임하였고, 외직으로는 김제 군수, 함양 군수 등을 역임하였다. 부친은 정철(鄭澈)이다. 젊어서부터 문명이 있었지만 시배(時輩)에게 배척을 당하여 호남과 호서 사이에서 길손처럼 이곳저곳을 떠돌아다니다가 1616년(광해군8)에야 비로소 문과에 급제하였다.

윤계장[53] 봉오 에게 답하다 경신년(1740, 영조15)

答尹季章 鳳五○庚申

영남의 유자가 부탁한 글과 그대의 말씀을 모두 잘 알겠습니다. 조상을 추념하는 데 내 힘이 미치는 곳이라면 어찌 감히 사양하겠습니까. 다만 송덕비에 반드시 다 서술할 필요는 없습니다. 설령 다 서술하더라도 이는 단지 한 마을의 인사들이 함께 애모하는 마음으로 다소에 관계없이 스스로 표현한 것일 뿐입니다. 다른 사람에게 대신 구한다면 모양새는 비교적 위중(威重)해질 것이나 도리어 겉치레가 심한 혐의가 있을 것입니다. 그래서 근래 벗의 집안에서 이러한 일을 부탁하면 번번히 이러한 뜻으로 거절하였습니다. 이제 그 사이에서 다르게 행동할 수가 없으니, 너그럽게 용서해 주시길 바랍니다.

53 윤계장 : 윤봉오(尹鳳五, 1688~1769). 본관은 파평(坡平), 자는 계장(季章), 호는 석문(石門), 시호는 숙간(肅簡)이다.

홍문요[54] 계유 에게 주다 을묘년(1735, 영조11)

與洪文饒 啓裕○乙卯

깊이 숨어 사는 터라 세상일을 듣지 못하고 있었습니다. 그런데 그대의 종제가 갑자기 방문하여 그대의 귀양길[55]이 이미 소사(素沙)를 지났다는 것을 비로소 알게 되었으니, 아득하여 미칠 수가 없습니다. 그대가 올린 상소의 대의는 남의 입을 통해 들었습니다. 우레와 같은 성상의 위엄은 두려워할 만한데, 현재 언관(言官)의 책임만 보고 다른 것은 보지 않았으니, 이 마음을 미루어 나간다면 어찌 고인에게 미칠 수 없겠습니까. 평소 남들에게 고식적인 사랑[56]을 하지 않고자 했으니, 오늘날 이 귀양길은 마땅히 축하드려야지 위로해서는 안 될 것입니다. 그러나 말속(末俗)에서는 쉽게 높은 자리에 오르고 험난한 길은 끝나기 어렵다[57] 하니, 이 말을 또 깊이 유념해야 할 것입니다.

54 홍문요 : 홍계유(洪啓裕, 1695~1742)이다. 본관은 남양(南陽), 자는 문요(文饒)이다.

55 그대의 귀양길 : 1735년(영조11) 정언 홍계유는 이태중(李台重)을 비호하는 상소를 올렸다가 진도(珍島)에 위리안치되었다. 이전에 이태중은 신임사화 때 화를 입은 노론 4대신의 신원(伸寃)을 주장하다가 분당을 일삼는다는 탄핵을 받아 흑산도에 위리안치되었다. 《英祖實錄 11年 4月 25日》

56 고식적인 사랑 : 상대가 잘못을 저질러도 충고는 커녕 그 기분을 상하게 하지 않기만을 힘쓰는 것을 가리킨다. 27쪽 주9 참조.

57 말속(末俗)에서는……어렵다 : 본래는 왕안석(王安石)의 말이라고 하는데, 주희(朱熹)가 인용하여 쓰면서 널리 회자되었다. 말속에는 워낙 인재가 귀하기 때문에 조그마한 선이라도 있으면 곧바로 등용되어 고위직에까지 이르게 되고, 물러나려고 해도

주서(朱書) 한 부를 가져갔다고 하니 참으로 좋은 소식입니다. 부디 더욱 스스로 연마하여 송강(松江)이 위리안치 중에 장목(長木)을 하얗게 깎은 고사[58]로 본원을 배양하는 바탕으로 삼으시는 것이 어떻겠습니까? 장기(瘴氣)가 여름에 더욱 심해져 살찐 사람이 쉽게 해를 입으니 이점이 염려스럽습니다. 삼가 조심하며 자애하시길 바랍니다.

왕과 동료 관료들이 완강히 만류하므로 쉽게 물러나지 못하여 자신의 소신을 다하기 어렵다는 뜻이다. 《晦庵集 卷25 答鄭自明書》

58 송강(松江)이……고사 : 정철(鄭澈)은 이산해(李山海)의 계략에 빠져 혼자 광해군의 책봉을 건의했다가 선조의 노여움을 사서 강계(江界)로 위리안치되었다. 강계의 적소(謫所)에 있을 적에 정철은 《대학》 한 책이 손에서 떠나지 않아 소주(小註)까지 아울러 외었으며, 유배지에 둘러친 울타리의 장목(長木)을 하얗게 깎아 《대학》의 글을 써놓고 아침저녁으로 사색하였다. 《宋子大全 卷155 松江鄭公神道碑銘》

이사수[59] 정보 의 문목에 답하다 병인년(1746, 영조22)

答李士受 鼎輔 問目 丙寅

문 정보(鼎輔) 집안의 월사(月沙 이정귀(李廷龜)) 선조에 대해 조정으로부터 새롭게 불천(不遷)[60]의 명이 내려왔는데, 봉안(奉安)할 장소를 끝내 결정하지 못하였습니다. 고조(高祖)를 별도로 봉안하는 것에 대해서는 비록 사계(沙溪 김장생)의 가르침이 있지만 우옹(尤翁 송시열)은 오히려 감히 따르지 않았습니다. 별자(別子)의 신주를 묘소에 보관하는 《가례(家禮)》의 예가 바꿀 수 없는 정론이지만 사정상 장애가 있습니다. 이에 대해 우옹의 일설이 있으니, 이 익재(李益齋 이제현(李齊賢))의 영당(影堂)의 전례에 의거하여 종가에 별도로 사당을 세우고자 하면서 말하기를, "정자(程子)와 주자(朱子)가 민가에 별도로 사당을 세우는 일에 논한 것이 매우 많다."[61] 하였습니다. 이는 과연 문제가 없습니다만 정자와 주자가 논한 것은 어떤 책에 나오는 것입니까? 현석(玄石 박세채(朴世采))이 5대조를 네 개의 감실(龕室)에 봉안한다는 논의[62]는 또한 너무 구차합니다만 그만둘 수 없다면 사당 세 칸 가운데 위의 한 칸에 벽을 만들어 불천의 신위를 봉안하고, 아래 두 칸에 네

59 이사수 : 이정보(李鼎輔, 1693~1766). 본관은 연안(延安), 자는 사수(士受), 호는 삼주(三洲)・보객정(報客亭), 시호는 문간(文簡)이다.

60 불천(不遷) : 248쪽 주43 참조.

61 이익재(李益齋)의……많다 : 송시열이 1680년(숙종6) 쓴 〈답정경유(答鄭景由)〉에 자세히 보인다.

62 현석(玄石)이……논의 : 박세채의 〈답김성임문(答金聖任問)〉에 자세히 보인다.

개의 감실을 만들어 고조 이하를 봉안하는 것이 어떨까요?

답 별자(別子)의 신주를 묘소에 보관하는 《가례》의 예는 본래 바꿀 수 없는 정론입니다. 그런데 이른바 사정상 장애가 있다는 것이 무슨 일을 가리키는지 모르겠습니다만 사적이고 작은 견해에 얽매이고 끌려가는 것이라면 마땅히 벗어나 속히 원래 예법을 따르는 것이 가장 좋습니다. 종가에 별도로 사당을 세우는 것은 비록 정자와 주자의 말의 출처를 자세히 알지 못하지만 우옹이 이미 근거로 삼아 말을 하였으니 믿고서 따르면 될 것이니 이것이 차선입니다. 말단의 벽을 막아서 감실 하나를 둔다는 논의는 자잘하고 구차하여 도리를 이루지 못합니다. 이미 근거할 바가 없는데 어찌 감히 변통하겠습니까. 위의 두 가지에 대해서만 헤아려 선택하시는 것이 합당할 듯합니다.

오백옥[63] 원 에게 답하다 신해년(1731, 영조7)

答吳伯玉 瑗○辛亥

겨울에 받은 편지에 아직 답장도 보내질 못했습니다. 일을 마치고 조정에 돌아왔다는[64] 소식을 들은 뒤로 더욱 그리워하였는데, 뜻밖에 안부 편지를 보내주시어 매우 위로가 되었습니다. 일찍이 주자(朱子)가 유평보(劉平甫)에게 보낸 편지를 보니, "문호가 깊고 넓으면 일에 이루 다할 수 없는 걱정이 있다."[65]라고 했습니다. 말뜻이 간절하여 사람을 감동시키는데 일찌감치 이것을 말씀드리지 못하여 정의를 저버린 부끄러움이 큽니다.

근래 사우 사이에 헐뜯는 말이 점점 들리기에 그대를 아끼는 마음이 깊어 여러 차례 언사에 드러내었으니, 그대의 말씀도 이 때문일 것입니다. 마무리를 잘하는 것은 다른 방도가 없고 오직 간약하고 조용히 지내며 스스로 지조를 지켜서 자신의 선조를 욕되지 않게 하는 것이니 이것이 저의 구구한 바람입니다. 결성(結城)에 들렀을 때 여오(汝五 이병상(李秉常)) 대감 역시 따로 말을 해주었지요? 저번 겨울에 만났을 때 역시 함께 걱정하며 탄식을 했답니다.

63 오백옥 : 오원(吳瑗, 1700~1740). 본관은 해주(海州), 자는 백옥(伯玉), 호는 월곡(月谷), 시호는 문목(文穆)이다.

64 일을……돌아왔다는 : 오원(吳瑗)은 1730년(영조6) 암행어사가 되어 호서 지방을 염찰(廉察)하였고, 이듬해 홍문록(弘文錄)에 들었다.

65 문호가……있다 : 《회암집(晦庵集)》 속집 권4 〈여유평보(與劉平父)〉에 보인다.

오백옥에게 답하다 경신년(1/40, 영조16)

答吳伯玉 庚申

이전에 영화롭게 발탁되셨을 적에 감히 남들을 따라 축하하는 말을 하지 못했는데, 이번에 새로 받은 명[66]은 기쁨보다 걱정이 더욱 심합니다. 그대 또한 전전긍긍하며 두려워하겠지요? 저는 어느덧 환갑이 되어 친우들을 묵묵히 생각해보니 죽은 자가 살아있는 자들보다 많습니다. 무엇하러 지금까지 지리하게 살아있는지 모르겠습니다. 죽은 아내의 기일이 또 하루를 사이에 두고 있으니, 잠깐 사이에 거연히 40여 년이 흘렀습니다.[67] 생각하면 슬프고 가슴이 아파 마음을 가눌 길이 없습니다. 이때 음식물을 보내시어 산 자와 죽은 자에게 두루 미쳤으니, 일찍이 그대가 사정에 소활한 것이 병통이라 여겼는데 어찌 이렇게까지 기억해주십니까. 매우 감사합니다.

66 이번에……명 : 오원(吳瑗)은 강화 유수(江華留守)로 있다가 1740년(영조16) 대제학이 되었다.

67 40여 년이 흘렀습니다 : 저자는 1693년(숙종19) 오두인(吳斗寅)의 여식과 혼인하였는데, 1700년(숙종26) 오씨(吳氏)가 먼저 세상을 떠났다.

남덕재[68] 유용 에게 답하다 임자년(1732, 영조8)

答南德哉 有容○壬子

예전에 그대가 보여주신 글 몇 편을 서너 번 읽어보고서 경탄을 금치 못했습니다. 그대가 한 번 오시면 직접 만나 제 마음을 펼치길 바랐으나 그대는 오질 않고 저는 갑자기 돌아와 버렸습니다. 돌아올 즈음에 빈객들의 방문이 매우 잦아 편지 쓸 겨를이 없었는데, 마침 그대의 부친[69]께서 사람을 보내 안부를 물어주시기에 삼가 그 인편에 책자를 돌려보내고 이에 마음을 전했으니, 모르겠습니다만 잘 받으셨는지요? 날마다 부모님을 모시는 가운데 학문이 증진되었겠지요? 저는 본디 고문(古文)의 법도에는 정통하지 못하니 그대가 어찌 모르는 바이겠습니까마는 그래도 제 말을 듣고자 하는 것은 이유가 따로 있을 것이니 저 또한 말해보겠습니다.

문장이라는 것은 말의 정화(精華)이고 말은 마음에서 발현되기 때문에 덕이 있는 자는 반드시 훌륭한 말을 하니[70] 그 말을 살펴보면 그 사람을 알 수 있습니다. 제가 일찍이 고금을 살펴보니 그 문장과 사람은 대개 서로 닮았습니다. 제가 비록 그대의 문장을 보기 전에도 그대

68 남덕재 : 남유용(南有容, 1698~1773)이다. 본관은 의령(宜寧), 자는 덕재(德哉), 호는 뇌연(雷淵)・소화(小華), 시호는 문청(文淸)이다. 저자의 문인이다.

69 그대의 부친 : 남한기(南漢紀, 1675~1748)를 말한다. 자는 국보(國寶), 호는 기옹(寄翁)이다.

70 덕이……하니 : 《논어》 〈헌문(憲問)〉에 보인다.

의 기상이 청아(淸雅)했기에 그대의 문장 또한 그럴 것이라 예상했는데 지금 보니 과연 그러합니다. 그러나 화려하기만 하고 실질이 부족한 것은 문인의 공통된 결점이니, 기상에서 발현되는 것을 스스로 가리지 못해서입니다. 그런데 그대만은 그렇지 않았기에 이것을 제가 깊이 감복하였는데, 지금의 문장은 이것과는 다르니 그대에게 실로 이러한 결점이 있는데 제가 미처 알지 못해서입니까? 아니면 말을 공교롭게 하려다보니 자신도 모르게 그 참됨을 깎아낸 것입니까? 제가 이른바 〈삼일당기(三一堂記)〉[71]를 읽어보니, 스스로 즐기는 것을 온 천하의 만물로도 바꿀 수 없을 듯이 하였는데 그 귀결처를 살펴보면 한 잔의 술과 한 번 읊조리는 것[72]에 불과합니다. 그대는 중니(仲尼)와 안자(顏子)가 즐거워한 곳과 즐거워한 바가 무엇인지[73] 생각해보십시오. 문장에서 귀하게 여기는 바는 식견과 지취(志趣)이거늘 그대의 말이 이와 같으니 하나를 보고서 그 나머지를 알 수 있겠습니다.

제 소견으로는, 맹자(孟子)가 이르기를, "인(仁)의 실제는 어버이를 섬기는 것이요, 의(義)의 실제는 형에게 순종하는 것이요, 지(智)

71 삼일당기(三一堂記) : 남유용의 《뇌연집(雷淵集)》 권14에 수록되어 있다.

72 한 잔의 술과 한 번 읊조리는 것 : 남유용의 〈삼일당기(三一堂記)〉에 "이슥고 한 잔 술을 마시고 한 번 읊조리면 취한 듯 즐겁고 걱정 없이 기뻐하니, 예전에 맛이 있던 것이 결국엔 아무런 맛이 없게 된다. 마음에 매우 흡족한 것에 이르면 마음이 통창해지고 펴져 정신은 왕성해지고 기운은 충만해지니 온 천하의 만물로도 내 마음에 들어올 수가 없다."라고 한 데서 보인다.

73 중니(仲尼)와……무엇인지 : 《이락연원록(伊洛淵源錄)》 권1 〈염계선생(濂溪先生)〉에 보인다. "두 정 선생은 말씀하시길, '예전에 주무숙(周茂叔)에게서 수학할 때 우리들로 하여금 항상 중니(仲尼)와 안자(顏子)가 즐거워한 곳과 즐거워한 바가 무엇인지를 찾도록 하였다.'라고 하였다."

의 실제는 이 두 가지를 알아서 버리지 않는 것이요, 예(禮)의 실제는 이 두 가지를 절문(節文)하는 것이요, 악(樂)의 실제는 이 두 가지를 즐기는 것이다. 즐기게 되면 이러한 마음이 생겨날 것이니, 생겨난다면 이러한 마음을 어찌 그만둘 수 있겠는가. 어찌해도 그만둘 수 없다면 자신도 모르게 발로 뛰고 손으로 춤을 추게 될 것이다."[74] 하였습니다. 이와 같아야 즐거움이라고 할 수 있습니다. 이러한 덕이 있은 이후에 발현하여 문장을 짓는다면 그 말은 필시 성대해질 것입니다. 바라건대 그대는 말이 공교롭지 못할까 걱정하지 말고 실질이 부족할까 걱정하십시오.

근래 고문(古文)을 익히는 자들이 많은데 제가 여기에 정통하지 못하다는 이유로 함께 얘기를 하려하지 않습니다. 그런데 유독 그대만은 하문하는 것을 부끄러워하지 않고 이처럼 마음을 비우고 뜻을 겸손하게 하니, 이 마음이 도(道)에 들어갈 수 있습니다. 호 오봉(胡五峰 호굉(胡宏))이 이르기를, "지금의 유자(儒者)들이 문예를 배워 벼슬에 나아가기를 구하는 마음을 바꾸어서 그 방심(放心)을 거두어 그 몸을 아름답게 한다면, 어찌 고인(古人)에게 미칠 수 없겠는가."[75]라고 하였습니다. 주자(朱子)가 이 말을 《소학(小學)》 〈경신편(敬身篇)〉의 통론(通論) 첫머리에 실어놓았으니 그 뜻이 매우 절실합니다. 저는 진실로 그대의 뜻에 감동하여 그대를 위해 즐거이 말씀을 드리니 우활하다고 여기지 않겠습니까? 봄이 지나 이웃 마을로 한 번 나갈 예정이니 그때 혹 찾아와 주신다면 제 의견을 다 말씀드리겠습니다.

74 인(仁)의……것이다 : 《맹자》 〈이루 상(離婁上)〉에 보인다.

75 지금의……없겠는가 : 호굉(胡宏)의 《지언(知言)》 권2에 보인다.

민백승 백남 에게 답하다 임술년(1742, 영조18)

答閔伯繩 百男○壬戌

약료(藥料)는 잘 도착하였고 보내주신 네 가지 선물 또한 매우 감사하게 잘 받았습니다. 다만 좌중의 객 하나가 보내주신 술을 함께 마시다가 웃으며 말하기를, "노봉(老峰)[76] 집의 주정(酒政 주도(酒道))이 이와 같단 말인가?"라고 하였습니다. 제 생각엔 책임을 다하는 어려움은 유독 주정만 그러한 것이 아닙니다. 이 말을 어쩔 수 없이 그대에게 전하니 어떻게 생각하십니까?

76 노봉(老峰) : 민정중(閔鼎重, 1628～1692)이다. 본관은 여흥(驪興), 자는 대수(大受), 호는 노봉(老峯), 시호는 문충(文忠)이다. 저자는 민정중의 외손이고, 민백남은 민정중의 사증손(嗣曾孫)이다.

민백승에게 답하다 을축년(1745, 영조21)

答閔伯繩 乙丑

자운서원(紫雲書院)의 원유(院儒)들이 와서 원장(院長)을 부탁하였습니다. 그래서 그들에게 강학을 요구하여 허락을 받은 이후에야 받아들였습니다. 보름부터 강학을 시작한다고 들었습니다. 이 서원이 창건될 때는 노봉(老峰) 형제[77]가 주선하였고 지금은 그대가 마침 지주(地主)로 있으니,[78] 때때로 한번씩 강학을 점검하여 상벌을 내려 권면하고 징벌한다면 필시 학풍을 진작시키는 효험이 있을 것입니다. 어찌 선대의 덕을 계승하는 좋은 일이 아니겠습니까. 한 지역의 바람도 생각해 보면 또한 이와 같을 것입니다.

77 노봉(老峰) 형제 : 민시중(閔蓍重), 민정중(閔鼎重), 민유중(閔維重) 형제를 가리킨다.

78 그대가……있으니 : 1745년(영조21) 민백남(閔百男)은 파주 목사(坡州牧使)가 되었다.

이후이[79] 민곤 의 문목에 답하다 신유년(1741, 영조17)

答李厚而 敏坤 問目 辛酉

현훈(玄纁)에 대해 근세 여러 선생들은 모두 널 곁에 두는 것이 옳다고 하였습니다.[80] 논자가 비록 '전(奠)'자(字)를 의심하지만 '전'은 '두다'라는 뜻으로 두는 곳이 넓거나 좁은 것에 상관없이 모두 사용할 수 있는 글자입니다. 더군다나 관 위에 두는 것은 끝내 의의가 없으니 관 곁에 두어 온당한 것만 못합니다. 그래서 종전에는 저희 집안이 세속에서 통행하던 전례를 사용하다가 근래에 비로소 여러 선생들의 정론[81]을 따르게 되었습니다.

79 이후이 : 이민곤(李敏坤, 1695~1756)이다. 본관은 전주(全州), 자는 후이(厚而), 호는 임은(林隱)이다. 저자의 문인이다.

80 현훈(玄纁)에……하였습니다 : 현훈(玄纁)은 검은 비단과 붉은 비단으로, 주인이 죽은 자에게 드리는 폐백이다. 《의례주소(儀禮註疏)》 〈기석례(旣夕禮)〉의 가공언(賈公彦)의 소(疏)에, "증(贈)하는 데 현훈(玄纁)의 속백(束帛)을 쓰는 것은 바로 광(壙)에 이르러서 하관을 마쳤을 때 주인이 죽은 자에게 현훈의 속백을 써서 증하는 것이다."라고 한 내용이 보인다. 한편, 현훈을 두는 위치에 대해서는 《의례주소》 〈기석례〉에 "폐백을 널 뚜껑에 채운다〔實幣于蓋〕"라고 하였고, 《가례》 권5 〈상례(喪禮)·급묘(及墓)·하관(下棺)·사후토(祠后土)·제목주(題木主)·성분(成墳)〉에 "주인이 받들어 널 옆에 둔다〔主人奉置柩旁〕" 하였고, 《대당개원례(大唐開元禮)》 '개장조(改葬條)'에, "축이 받들고 들어가 널 동쪽에 바친다〔祝奉以入, 奠於柩東.〕" 하였다.

81 여러 선생들의 정론 : 대표적으로 송시열은 《송자대전(宋子大全)》 권86 〈답김장성(答金長城)〉에 "《가례》에서 '현훈(玄纁)을 받들어 널 옆에 둔다'라고 한 것은 '방(旁)'자를 가지고 살펴보면 이는 널과 회격(灰隔) 사이에 두는 것인 듯하다."라고 한 내용이 보인다.

남의 후사로 나간 자가 본생부모를 위해 비록 스스로 심상(心喪)을 행하지만 성인의 예법에는 다만 백숙부모의 상복을 입게 되어 있습니다. 부모의 상을 당한 자가 비록 백숙부모의 상복을 입지만 어찌 대상(大祥)과 담제(禫祭)를 지내지 못할 이치가 있겠습니까. 지금 의심하는 자가 이르기를, "백숙부모에 대해 심상하는 예절이 없으니 견주어 비교할 수가 없다."라고 합니다. 그러나 스스로 심상을 행하는 것은 정(情)이고 기복(朞服)으로 단정하는 것은 예(禮)입니다. 지금 상복을 바꾸거나 벗는 대절에 있어서 어찌 정에 구애되어 예를 폐하겠습니까? 아니면 공적인 일을 행하느라 사적인 일을 굽히겠습니까? 더군다나 예에서 귀하게 여기는 것은 혐의스러운 일을 분별하는 것입니다. 만약 이와 같은 일에 있어서 백숙부모의 상과 똑같이 여기지 못한다면 하나의 근본을 엄정히 하는 의리가 아닐 듯합니다. 의론하는 자가 또 대상 이후부터 담제 이전까지의 상복의 색깔을 의심하였지만 본생부모와 소후부모의 상복을 뒤섞을 수는 없습니다. 다만 마땅히 소후부모의 상복을 벗은 이후라야 본생부모의 상복을 입을 수 있습니다. 길제(吉祭)에 있어선 사체가 더욱 엄중하니 행해야 되는 것이 의심할 바 없습니다. 이로써 미루어보건대 대상과 담제를 폐할 수 없는 것은 더욱 분명한데, 어떻게 생각하십니까?

본생부모의 상 때 서소(書疏)의 격식에 대해서 사계(沙溪 김장생) 선생은 스스로 상인(喪人)으로 칭하는 것이 옳다고 하고, 우암(尤菴 송시열)은 남에게 답하는 편지에서 "아이가 본생부모의 상을 만났을 때 예를 아는 자는 한결같이 백숙부모의 법식을 썼으니, 이쪽에서 답하는 편지에서도 마땅히 이러한 법식을 써야한다."[82]라고 하였습니다. 두

선생의 논의가 다른데 제 생각에는 우암을 따랐으면 합니다

82 아이가……써야한다 : 송시열의 《송자대전(宋子大全)》 권114 〈답김화수(答金華叟)〉에 보인다.

이후이에게 답하다 계해년(1743, 영조19)

答李厚而 癸亥

여호장(黎湖丈)[83]을 일 년이 넘도록 찾아뵙지 못했는데 모습이 여전하신지 모르겠습니다. 급제한 후 곧 일이 끝났다고 생각하여 전혀 책을 읽지 않는 것이 근래의 일반적인 병통인데, 그대에게 어찌 이런 병통이 있겠습니까. 생각건대 필시 끊임없이 스승에게 나아가 질정을 하면서도 스스로 만족하지 못하여 또 귀머거리 같은 저에게 듣고자 하는 것입니다. 그 뜻이 매우 성대한데 부응할 길이 부끄럽습니다.

《중용(中庸)》에 대해 물으신 것을 잘 살펴보았습니다. 다만 이기(理氣)의 오묘함은 말하기 어려운데 더군다나 잠깐 사이에 경솔하게 함부로 말할 수 있겠습니까. 온 사람이 서서 재촉하는데, 차후의 인편을 기다려 주십시오.

83 여호장(黎湖丈) : 박필주(朴弼周, 1665~1748)이다. 본관은 반남(潘南), 자는 상보(尙甫), 호는 여호(黎湖)이다. 이민곤(李敏坤)은 박필주를 사사하였다.

한대숙[84] 억증 에게 답하다 병인년(1746, 영조22)

答韓大叔 億增○丙寅

갑자기 이별하여 북쪽에서 서쪽으로, 서쪽에서 또 남쪽으로 갔습니다. 그리워 답답한 심사는 피차 마찬가지인데 바다 밖에서[85] 홀연히 편지가 도착하였으니, 혜주(惠州)가 천상(天上)이 아니라는 것[86]을 알게 되었습니다. 추분(秋分) 때 과연 노성(老星)의 광채[87]를 보셨으며, 또 한라산(漢拏山) 꼭대기에 올라가 보셨겠지요? 매번 귤밭에 가을날 흥취가 일어날 때를 생각하면 저도 모르게 그곳으로 마음이 달려갑니다.

삼사(三司)의 논의가 이르지 않았으나 변방을 지키는 막중한 책임 또한 가볍지 않으니 특별히 선발하신 성상의 뜻에 어떻게 부응하실지 알지 못하겠습니다. 저는 묵은 병이 심해졌다 그쳤다 하여 가까운 시일 내에 치료될 병이 아니니 어찌합니까.

외람되이 돌아가신 부친의 묘도문을 부탁받은 것은 감히 잊지 않고

84 한대숙 : 한억증(韓億增, 1698~?)이다. 본관은 청주(淸州), 자는 대숙(大淑)이다.

85 바다 밖에서 : 1746년(영조22) 한억증은 제주 목사(濟州牧使)가 되었다.

86 혜주(惠州)가……것 : 혜주(惠州)는 광동성(廣東省) 혜양현(惠陽縣) 서쪽에 있는 지명으로, 소식(蘇軾)이 이곳에 유배 가서 많은 시작(詩作)을 남겼는데, 뒤에는 유배지를 비유하였다. 여기에서는 바다 밖 제주도가 소식이 전달될 수 없는 곳이 아니라는 뜻이다.

87 노성(老星)의 광채 : 노인성(老人星)은 남쪽 하늘 끝에서 빛을 내기 때문에 남극성(南極星)이라고 하는데, 한억증이 제주도에 있었기 때문이다.

있습니다. 예전의 글 빚이 거의 끝났으니 새로 부탁받은 일을 또 시작하여 장차 올해를 기한으로 삼고자 합니다. 그래서 그대의 사위로 하여금 뜻을 전해 가장(家狀)을 부탁하려던 차에 그대의 당부가 마침 이르렀으니 감히 삼가 염두에 두지 않을 수 없습니다. 다만 이 병이 조금 차도가 있어야만 글을 쓸 수가 있으니 겨울 안에 뜻에 부응할 것을 삼가 약조드립니다.

윤경유[88] 급 에게 답하다 병진년(1736, 영조12)

答尹景孺 汲○丙辰

그대의 계사는 조금 공론을 시원스레 풀어주었으니 우물쭈물하면서 달면 삼키고 쓰면 뱉는 근래의 기상이 전혀 아닙니다. 오늘날 벼슬살이하는 자들이 모두 그대가 그간 했던 것처럼 하루의 직무를 잘 수행한다면 물러나 분수를 지키는 자들이 부끄러워할 것입니다. 그러나 홍문관은 잠잠하여 들리는 소리가 없으니, 혹 논사(論事)의 책임이 막중하여 다른 직무와는 비교할 수 없어서입니까? 아니면 양성(陽城)이 간의대부(諫議大夫)로 있던 7년[89]을 기다리려는 것입니까? 우스울 따름입니다. 날마다 선유(先儒)의 글을 접하여 의리를 통창하게 하고 견식을 밝게 하여 훗날 사업이 한마디 말과 한 가지 일에 그치지 않기를 진실로 바라니, 그렇다면 선류(善類)들의 다행스러움이 어떻겠습니까.

88 윤경유 : 윤급(尹汲, 1697~1770)이다. 본관은 해평(海平), 자는 경유(景孺), 호는 근암(近庵), 시호는 문정(文貞)이다. 저자의 문인이다.

89 양성(陽城)이……7년 : 당(唐)나라 양성(陽城)이 7년 동안 간의대부(諫議大夫)로 있으면서 어떠한 간쟁도 하지 않자 한유(韓愈)가 〈쟁신론(爭臣論)〉을 지어 조롱하기까지 하였다. 그 후 탁지(度支) 배연령(裵延齡) 등이 육지(陸贄) 등을 모함하였으나 아무도 구원하는 사람이 없었는데, 이때 비로소 양성이 상소하여 배연령의 간사함과 육지의 무고함을 주장하다가 덕종의 노여움을 사서 벌을 받았다. 《舊唐書 卷192 陽城列傳》

윤경유에게 답하다 계해년(1743, 영조19)

答尹景孺 癸亥

보내신 별지를 잘 살펴보았습니다. 호서(湖西)에서 올린 상소를 읽어 보니 가슴이 매우 통쾌하였습니다. 이는 훌륭한 글이니 사우(士友) 가운데 누가 이런 글을 지을 수 있을지 모르겠습니다. 성균관에서 소란이 일어난 것은 참으로 불행한 일이니, 호서의 유자들이 고집하는 것은 또한 전수받은 바가 있어서입니다. 정유년(1717, 숙종43)에 온양(溫陽)의 행궁에 입대하여 수암(遂菴 권상하(權尙夏))이 선정(先正)을 거론하여 동춘(同春)을 먼저 말하고 우옹(尤翁)을 뒤에 말하였습니다. 사우들 가운데 이에 대해 물어보는 자가 있었는데, 대답하기를,

> "동춘과 우옹은 형제의 차서가 있고 또 징소된 시기도 선후의 차이가 있다. 비록 만년에 우옹이 먼저 정승이 되어 이후부터 조정의 사체상 부득불 우옹을 먼저 하고 동춘을 뒤로 하였지만, 사림 사이에서의 칭호는 처음과 변함이 없으니 서원의 위패 차서만 보아도 알 수 있다."

하였습니다.[90] 그때 동춘 집안의 자손들은 매우 기뻐하고 우옹 집안의

90 정유년에……하였습니다 : 권상하(權尙夏)의 《한수재집(寒水齋集)》 연보(年譜) 정유년(1717) 77세 조를 살펴보면, 숙종의 부름을 받은 권상하는 3월 25일에 온양의 행궁(行宮)으로 가서 입대(入對)하였다. 이때 소회를 진달하면서 "예전에 우리 효종대왕께서 늘 경연에 납실 때마다 매양 '성의(誠意)'와 '정심(正心)'을 학문의 주체로 삼아 익숙히 강론하셨는데, 신의 스승 송준길과 송시열이 가장 오래 시강하였습니다."라고 하여 송준길을 먼저 언급한 내용이 보인다. 또 민우수(閔遇洙)의 《정암집(貞菴集)》

자손들은 매우 화를 내었는데, 기뻐하고 화를 내는 것은 모두 자잘한 사적인 뜻입니다. 이번 유자들의 상소에서 문묘배향을 누구를 뒤로 하고 누구를 먼저 하는 문제가 일어난 것은 애당초 이런 일이 없었다면 참으로 좋았겠으나 이미 그렇게 된 마당에 그 말이 근거가 없지 않으니 또한 어찌 시벌(施罰)에 이를 수 있겠습니까. 정생(鄭生)의 일은 또한 망령된 것입니다. 지금의 계책으로는 오직 서로를 잘 화해시키는 것뿐이니, 이 논의가 불거져서 피차간에 더욱 언쟁하는 지경에까지 이르지 않게 해야 합니다. 이렇게까지 누차 말씀드리는 것은 그대가 이 도리를 자세히 알아서 힘이 닿는 데까지 그들을 깨우쳐주어 진정시키기를 바라서입니다.

권8 〈답김자정(答金子靜)〉에 다음과 같은 내용이 보인다. "정유년에 수옹(遂翁)이 온양의 행궁에서 인대(引對)하여 《춘추》의 의리를 진달할 때 두 송 선생을 함께 거론하면서 동춘을 먼저하고 우암을 뒤로하였다. 인대를 마치고 나와서 말하기를, '사림에서 두 선생을 병칭할 때는 본래 동춘을 먼저하고 우암을 뒤로하는데, 조정에서는 작질로 말하기 때문에 우암을 먼저 하고 동춘을 뒤로 한다. 우리들은 응당 사림의 본래의 차서를 따라야 하기 때문에 진달할 때 차서를 이와 같이 하였다.' 하였다."

윤경유에게 답하다 갑자년(1744, 영조20)

答尹景孺 甲子

그대가 좌천되어 남쪽으로 간다[91]는 소식을 들었으나, 이렇게 빨리 하직인사를 할지 생각지 못하여 미처 편지를 보내 안부를 묻지 못했습니다. 매우 서글퍼하던 차에 갑자기 서울의 인편으로부터 그대가 출발할 때 보낸 답서를 받았고 지필(紙筆)의 선물도 바쁜 가운데 잊지 않으셨으니 매우 감사합니다. 삼가 생각건대 부임하신 지 며칠이 지났을 터인데 새로 다스리는 체후가 어떠한지요? 그리운 마음을 그칠 수 없습니다.

그대가 탕평(蕩平)의 정국에 처신한 것은 그물을 지니고 바다로 들어가며 나는 고기를 잡으려는 것이 아니라고 말하는 경우와 참으로 같았습니다. 그러나 끝내 다행히도 실패를 잘 수습하여 함께 쫓겨났지만, 쫓겨난 지역의 멀고 가까움이 현격히 구별되니 그 본심이 밝혀지길 기다리지 않아도 저절로 밝혀질 것입니다. 다만 지금 성상의 은총이 두터워 정승의 자리가 더욱 견고하니 청심루(淸心樓) 주인은 또한 오래지 않아 복직될 듯합니다. 그대 역시 명예를 돌아보고 의(義)를 생각하여 예전에 물든 오점을 씻어내고자 하겠지요? 다만 듣자니 수성부(隋城府 수원도호부(水原都護府))를 지날 때 옛 정인(情人)이 쇠약해진 것을 보고서 멍하니 가련한 기색이 있었다고 합니다. 이로써 미루어보건

91 그대가……간다 : 1744년(영조20) 윤급(尹汲)은 이언세(李彦世)와 윤광천(尹光天)을 대각에 의망하여 통과시켰다는 이유로 일신 현감(一新縣監)으로 좌천되었다.

대 광한루(廣寒樓) 의 기녀들도 모두 미색이 있을 것이니 매우 두려워할 만합니다. 절대 목숨을 걸고 정욕을 따라서 지금 재상이 그대를 죽이려는 마음에 걸리지 않도록 하십시오. 아끼는 마음에 이렇게 말씀드리니 필시 이 때문에 웃으실 겁니다.

윤경유에게 답하다 병인년(1746, 영조21)

答尹景孺 丙寅

서리 내리는 요즘 그대의 체후는 어떠한지요? 그대를 향한 그리움이 깊습니다. 예전에 안부를 물은 뒤로 오랫동안 답장을 받지 못했으니 진실로 이른바 음성을 금옥(金玉)처럼 아끼는 것[92]입니다. 저의 형편은 병환 중에 병이 더해져 호전될 기미가 없으니 어찌합니까.

손녀의 혼사를 잘 치렀으니 매우 다행스런 일입니다. 다만 병중에도 뇌(賚)가 아내를 맞이하는 것을 속히 보기를 생각했는데 그대의 조카 집에서 허락하지 않는다고 하니 그렇습니까? 집안의 혼사는 원만한 형편일 때 치르는 것을 귀하게 여기니, 구구한 속기(俗忌) 따위를 어찌 고려하겠습니까. 어린 시절 우리 중부(仲父)께서 집안일을 다스릴 때 한 집안의 부녀자들이 복종하여 감히 명을 거스르지 못했던 것을 아직 기억하니, 그대에게 이러한 역량이 없는 것이 안타깝습니다. 한 마디 말로 시원하게 결정을 내려 의심하지 말아야 합니다.

92 음성을 ……것 : 상대방에게 편지를 보내지 않은 것을 뜻한다. 《시경》 〈소아(小雅) 백구(白駒)〉에 "너의 음성을 금옥처럼 아껴서 나를 멀리하는 마음을 두지 말라."라고 한 데서 온 말이다.

정공화[93] 실 의 문목에 답하다 경신년(1740, 영조16)

答鄭公華 宲 問目 庚申

문 자로(子路)가 위(衛)나라 첩(輒)에게 벼슬살이하는데 부자(夫子)께서 만류하지 않은 것은 어째서입니까? 자로는 명분을 바로잡겠다는 부자의 말을 듣고 우활하다고 여겼으니[94] 그의 소견이 이미 크게 잘못된 것입니다. 이때 첩에게 벼슬살이하는 것이 의리가 아니라는 것을 말해주었다면, 허물을 고칠 줄 아는 용감한 자로가 필시 퍼뜩 깨달았을 것인데 끝내 깨닫지 못하고 죽었으니[95] 어찌 안타깝지 않습니까.

답 공자(孔子)께서 이미 명분을 바로잡는 것을 급선무로 삼는다고 자로에게 답하고, 자로가 이를 우활하다고 여기자 또 비루하다고 책망하였습니다. 이어서 명분이 바르지 못하면 말이 순하지 못하고 말이 순하지 못하면 일이 이루어지지 못하는 의리를 갖추어 말하였으니,

93 정공화 : 정실(鄭宲, 1701~1776). 본관은 연일(延日), 자는 공화(公華), 호는 염재(念齋), 시호는 문정(文靖)이다.

94 자로는……여겼으니 : 공자가 위(衛)나라에 있을 때 자로가 "위나라 군주가 선생님을 기다려 정사를 하려고 하십니다. 선생님께서는 장차 무엇을 먼저 하시렵니까?" 하니, 공자가 "반드시 명분을 바로잡겠다." 하였다. 그러자 자로는 "이러하십니다. 선생님의 우활하심이여. 어떻게 바로잡을 수 있겠습니까." 하니, 공자가 "비루하구나 유(由)여! 군자는 자기가 알지 못하는 것은 말하지 않고 가만히 있는 것이다." 하였다. 《論語 子路》

95 깨닫지 못하고 죽었으니 : 위(衛)나라 첩(輒)이 왕위에 오른 뒤 망명 갔던 아버지 괴외(蒯聵)의 입국을 거부하자 괴외가 난을 일으켰는데, 자로가 첩을 섬기고 떠나지 않다가 그 난리에 죽었다. 《春秋左氏傳 哀公15年》

이는 바로 첩에게 벼슬살이하는 것이 그릇되었음을 말해준 것입니다. 자로가 성찰하여 깨닫지 못한 것에 대해서야 어찌하겠습니까. 공자께서 애초에 안다는 것의 도리[96]를 깨우쳐주고, 이 일에 있어서 또 이르기를 "군자는 자기가 알지 못하는 것에는 말하지 않고 가만히 있는 것이다."라고 말씀하셨습니다. 자로가 첩의 난리 때 죽은 것은 결국 모르는 것을 안다고 한 병통에 기인한 것입니다. 허물을 들으면 기뻐하는[97] 자로의 정성으로 성인의 문하에 몇 년 동안 있으면서도 이 병통을 없애지 못하였으니 기질을 변화시키기 어려움이 이와 같습니다. 배우는 자가 마땅히 반성하여 삼가 두려워해야 할 바입니다.

문 영무자(甯武子)가 어리석은 이유는 바로 어렵고 험난함을 피하지 않아서이니,[98] 죽을 바치고[99] 독을 덜어내는[100] 등의 일이 바로 그 실제

96 공자께서……도리 : 《논어》 〈위정(爲政)〉에서 공자가 자로에게 말하기를, "너에게 아는 것이 무엇인지 가르쳐 주겠다. 아는 것을 안다고 하고 모르는 것을 모른다고 하는 것, 이것이 바로 아는 것이니라."라고 한 데서 나온 말이다.

97 허물을 들으면 기뻐하는 : 《맹자》 〈공손추 상(公孫丑上)〉에 "자로는 다른 사람이 자신의 허물을 말해 주면 기뻐하였다."라고 하였고, 《근사록》에 "자로가 백세의 스승이 되는 까닭은 허물 듣기를 좋아했기 때문이다."라고 한 데서 나온 말이다.

98 영무자(甯武子)가……않아서이니 : 《논어》 〈공야장(公冶長)〉에서 공자가 이르기를 "영무자(甯武子)는 나라에 도가 있을 때는 지혜롭고, 나라에 도가 없을 때는 어리석었으니, 그 지혜는 따를 수 있으나 그 어리석음은 따를 수 없다."라고 하였다. 이에 대한 주희의 집주에서 "영무자가 위(衛)나라에서 벼슬한 시기는 문공(文公)과 성공(成公) 때에 해당되는데, 문공은 도(道)가 있었으나 영무자는 불만한 일이 없었으니, 이것이 그의 지혜를 따를 수 있다는 것이다. 성공은 무도하여 나라를 잃는 지경에 이르렀는데, 영무자는 그 사이에서 주선하여 몸과 마음을 다 바쳐서 어렵고 험난함을 피하지 않았다. 모든 그의 처세한 바는 지혜롭고 꾀 있는 사람들은 모두 깊이 피하고 하려

입니다. 그런데도 마침내 자기 몸을 보전하고 그 임금을 구제하였으니, 부자께서 그를 칭찬하신 이유는 이 때문입니다. 정자(程子)가 도리어 자신을 드러내지 않아 화를 면하였다고 풀이하고 이어서 비간(比干)이 간언하다가 죽은 경우와 상대하여 말한 것[101]은 잘못 상고한 듯합니다. 일찍이 《삼연집(三淵集)》에서 이러한 말을 본 적이 있는데[102] 지금 집주(集註)를 살펴보니 과연 그러합니다.

답 힘을 다해 어렵고 험난함을 피하지 않는 것과 자신을 드러내지 않아 화를 면하는 것은 두 가지가 서로 상반되는 듯하지만 실제는 서로

하지 않는 것이었는데, 영무자는 마침내 자기 몸을 보전하고 그 임금을 구제하였으니, 이것이 그의 어리석음을 따를 수 없다는 것이다." 하였다.

99 죽을 바치고 : 《춘추좌씨전》 희공(僖公) 28년 조에 "진후(晉侯)가 위후(衛侯)를 잡아 경사로 보내 심실(深室)에 유치하였는데, 영무자(甯武子)는 따라가서 위후에게 의복과 죽을 바치는 일을 직무로 삼았다."라고 한 내용이 보인다.

100 독을 덜어내는 : 《춘추좌씨전》 희공(僖公) 30년 조에 "진후(晉侯)가 의원 연(衍)을 보내어 위후(衛侯)를 독살하게 하였다. 영무자가 의원에게 뇌물을 주어 독을 덜어내게 하니 죽지 않았다."라고 한 내용이 보인다.

101 정자(程子)가……것 : 영무자의 일에 대해 정자(程子)는 "나라에 도(道)가 없을 때 자신을 드러내지 않아 화(禍)를 면하였다. 그러므로 공자께서 따를 수 없다고 하신 것이다. 또한 어리석어서는 안 될 경우가 있으니, 비간(比干)이 이 경우이다." 하였다.

102 일찍이……있는데 : 김창흡(金昌翕)의 《삼연집(三淵集)》에 수록되어 있는 〈만록(漫錄)〉에 해당 내용이 보인다. "《좌전》을 살펴보면, 영무자가 의복과 죽을 바치고 독을 덜어내는 등의 일이 바로 그 실제 사례이다. 그런데 정자(程子) 이하 제현들은 모두 말하였는지 침묵하였는지를 가지고 말하여 마치 임금에게 과실이 있는데 영무자가 간하거나 간하지 않은 것처럼 보아서, 자신을 드러내지 않아 화를 면한 것을 가지고 비간(比干)이 간하다가 죽은 일과 대비하였으니, 전혀 적절하지 않다. 《좌전》에서 영무자가 임금에게 간하지 않은 경우를 본 적이 있는가. 본래의 일을 제쳐놓고 인물을 품평한다면 성인이 말씀한 본뜻을 잃지 않을 자가 거의 드물 것이다."

이루어주는 것입니다. 집주 가운데 마침내 자기 몸을 보전할 수 있다는 말 역시 모두 정자의 말을 사용한 것입니다. 그러나 정자의 말은 권외(圈外)의 주석에 두었으니 권내외 주석의 완급(緩急)과 빈주(賓主)의 형세를 몰라서는 안 됩니다. 삼연(三淵 김창흡(金昌翕))의 말은 미처 보진 못했지만 잘못 상고한 듯하다는 그대의 말은 매우 온당하지 않습니다.

문 《시경(詩經)》과 《서경(書經)》과 예(禮)를 지키는 것은 부자께서 평소에 늘 하시던 말씀입니다.[103] 그래서 여러 편들 가운데 《시경》과 예를 말한 부분은 많은데 유독 《서경》에 대해 말한 것은 드무니 어째서입니까?

답 《논어(論語)》에서 요(堯)・순(舜)・우(禹)・탕(湯)・문(文)・무(武)・주공(周公)의 일을 말한 곳이 매우 많으니, 요・순・우・탕・문・무・주공의 일이 무엇인들 《서경》이 아닌 것이 있겠습니까. 〈요왈(堯曰)〉 한 장과 같은 경우는 집주에서 본디 제자의 말로 여겼지만 또한 부자께서 외우고 말씀하신 나머지에서 나온 듯하니,[104] 부자께

103 시경(詩經)과……말씀입니다 : 《논어》 〈술이(述而)〉에 "공자께서 평소 늘 말씀하시는 것은 《시(詩)》와 《서(書)》와 예(禮)를 지키는 것이었으니, 이것이 평소에 늘 하시는 말씀이셨다."라고 한 데서 나온 말이다.

104 집주에서……듯하니 : 《논어》 〈요왈〉이 비록 공자의 직접적인 언사는 아니지만 그 제자들이 부자의 뜻을 전하기 위해 《서경》의 내용을 기록해 놓았다는 것이다. 《논어》 〈요왈〉의 집주에 양씨(楊氏)가 이르기를, "《논어》의 내용은 모두 성인의 은미한 말씀을 그 제자들이 전하고 지켜서 사도(斯道)를 밝힌 것이다. 그러므로 마지막 편에 요・순이 불러 명하신 말씀과 탕・무가 군사들에게 맹세한 뜻과 및 정사에 시행한 것들을 자세히 기재하여 성학(聖學)의 전하는 바가 여기에 한결같을 뿐임을 밝혔으니, 《논

서《서경》에 대해 말씀하신 것이 적다고는 할 수 없습니다.

문 《중용(中庸)》 수장(首章)의 '예악형정(禮樂刑政) 등속'이라고 주석한 것에 대해서 계곡(谿谷 장유(張維))은 "장 가운데 계구신독(戒懼愼獨) 같은 절박하고 가까운 가르침을 버려두고 멀리 예악형정을 거론하여 '교(敎)'라고 하였으니 이것이 의문스럽다."라고 말했습니다.[105] 우암 선생은 "예악형정은 성인이 가르침을 베푸는 도구이고 계신공구는 군자가 가르침을 실행하는 일이니 이 두 가지는 다르다."라고 말했습니다.[106] 제 생각에는 단지 가르침을 베풀고 가르침을 행하는 차이가 있을 뿐이 아닙니다. 주자(朱子)의 본주(本註) 가운데 성(性)·도(道)·교(敎) 세 자(字)에 대해서 이미 인사(人事)와 만물(萬物)을 겸하여 말하였으니 예악형정의 등속은 단지 인사에 대해서만 말한 것이 아니고 만물에 대해서 또한 모두 품절(品節)함이 있는 것입니다. 계곡의 말과 같이 다만 계구(戒懼) 등의 일만을 수도(修道)의 '교(敎)'로 여긴다면 이는 다만 인사만 말하고 만물은 포괄하지 않은 것이니

어》 20편의 대지를 밝힌 것이다."라고 한 내용이 보인다.

105 계곡(谿谷)은……말했습니다 : 《계곡만필(谿谷漫筆)》 권1의 '중용장구중유의자삼(中庸章句中有疑者三)' 조목에서 "본장(本章)에서 말하고 있는 계구신독(戒懼愼獨)과 치중화(致中和) 등 절박하고 가까운 가르침을 버려두고 멀리 예악형정(禮樂刑政)을 거론하여 가르침으로 삼은 이것이 나의 첫 번째 의문이다."라는 내용이 보인다.

106 우암……말했습니다 : 《송자대전(宋子大全)》 권90 〈답이여구(答李汝九)〉에 장유(張維)의 말을 인용한 다음 이르기를, "예악형정은 성인이 가르침을 베푸는 도구이며, 계신공구는 군자가 가르침을 행하는 일이네. 두 가지는 각기 다른 것인데 하나로 합쳐서 보았기 때문에 서로 받아들여지지 않고 서로 병통이 된 것이네."라는 내용이 보인다.

본주의 뜻과 크게 어긋납니다.

답 계곡과 우옹의 설이 각기 다른데 그 득실을 분별하기 어렵지 않습니다. 그리고 그대의 말씀 또한 좋습니다.

문 계신공구(戒愼恐懼)는 동정(動靜)을 겸하여 말한 것인데, 다만 본주에서 "천리(天理)의 본연(本然)을 보존한다."라고 하였고, 이에 대한 소주에서 "사물에 감응하지 않았을 때는 혼연히 천리이다."라고 하였습니다.[107] 그렇다면 이는 '미발(未發)'의 때를 전적으로 가리키는 듯한데 이것이 매우 의심스럽습니다. 사계(沙溪) 선생은 "본주의 '마땅히 공경함과 두려워함을 두어 비록 보고 듣지 않을 때라도 또한 감히 소홀히 해서는 안 된다.' 등의 말로 보건대, 동정을 겸하여 말한 것임을 알 수 있다."[108]라고 말하였는데, 끝내 석연치 못한 점이 있습니다.

답 계신공구는 실로 동정을 겸하여 말한 것이지만 계구(戒懼)를 신독

107 본주에서……하였습니다 : 《중용장구》 제1장에 "도(道)라는 것은 잠시도 떠날 수 없는 것이니, 떠날 수 있으면 도가 아니다. 그러므로 군자는 그 보지 않는 바에도 계신(戒愼)하며 그 듣지 않는 바에도 공구(恐懼)하는 것이다."라고 하였다. 이에 대해서 주희(朱熹)는 "군자의 마음은 항상 공경함과 두려워함을 두어 비록 보고 듣지 않을 때라도 또한 감히 소홀히 하지 못하니, 이 때문에 천리(天理)의 본연(本然)함을 보존하여 잠시의 시간이라도 도를 떠나지 않게 하는 것이다."라고 하였는데, "천리의 본연함을 보존한다" 에 대한 소주(小註)에서 북계 진씨(北溪陳氏)가 이르기를 "사물에 감응하지 않았을 때는 혼연히 천리이다." 하였다.

108 본주의……있다 : 김장생(金長生)의 《경서변의(經書辨疑)》에 "본주의 마땅히 항상 공경함과 두려워함을 두어 비록 보고 듣지 않을 때라도 또한 감히 소홀히 하지 못한다는 말로 보건대, 매우 분명하다. 그러나 읽는 자가 살피지 않고 계구(戒懼)를 정(靜)할 때만을 전적으로 가리킨다고 한 설은 틀렸다."라는 내용이 보인다.

(愼獨)에 대비하여 말하자면 계구는 정(情)의 측면이고 신독은 동(動)의 측면입니다. 이미 "보지 않는 바에도 계신하고 듣지 않는 바에도 공구한다."라고 하였으니 보고 듣는 것은 자연히 그 안에 포함된 것입니다. 본주에서 "비록 보고 듣지 않을 때〔雖不見聞〕"라고 한 것에서 '수(雖)'가 바로 이 뜻이니, 사옹(沙翁)이 "여기에서 동정을 겸한 것을 알 수 있다."고 말한 것을 절로 이해할 수 있습니다.

문 "도지불행(道之不行)" 장(章)에서 부자께서 도(道)가 행해지는 것을 먼저 말씀하시고 도가 밝아지는 것을 뒤에 말씀하신 것[109]은 지행(知行)의 순서가 아닌 듯합니다. 또 생각건대 현자(賢者)는 행(行)에 속하고 지자(智者)는 명(明)에 속해야 할 것인데, 부자께서 상호 교차하여 말씀하신 것은 어째서입니까? 《중용혹문(中庸或問)》 가운데 대해 문답한 것이 있는데[110] 불분명합니다.

답 도가 행해지지 못한 것〔道之不行〕이 비록 도가 밝아지지 못한 것〔道之不明〕보다 앞에 있지만 도가 행해지지 못한 이유는 바로 "지혜로운 자는 지나치고 어리석은 자가 미치지 못한다."라는 한 구절에 있으

109 부자께서……것 : 《중용장구》 제4장에서 "공자(孔子)께서 말씀하셨다. "도(道)가 행해지지 못하는 이유를 내 알았으니, 지혜로운 자는 과(過)하고 어리석은 자는 불급(不及)하기 때문이다. 도가 밝아지지 못하는 이유를 내 알았으니, 어진 자는 과(過)하고 어질지 못한 자는 불급(不及)하기 때문이다."라고 한 것을 가리킨다.

110 중용혹문(中庸或問)……있는데 : 《중용혹문》에 "지혜롭고 어리석은 것이 과하고 불급한 것은 마땅히 도가 밝아지지 못하는 이유인 듯하고 어질고 어질지 못한 것은 마땅히 도가 행해지지 못하는 이유인 듯한데, 지금 바꾸어 말한 것은 어째서인가?"라는 물음에 대해 대답한 내용이 보인다.

니, 아는 것이 행하는 것보다 앞서지 않은 적이 없습니다. 이를 가지고 선후의 순서가 잘못되었다고 여기는 것은 또한 거칠게 본 것이 아니겠습니까. 아는 것이 밝으면 행하는 것이 절로 견고하고 행하는 것이 견고하면 아는 것이 더욱 밝아지니, 이 장에서 상호 교차하여 말한 것은 바로 이 뜻입니다. 이와 같지 않다면 지행(知行)이 서로 의존하는 오묘함을 볼 수 없을 것입니다.

문 "천하가 두려워한다〔天下畏之〕"[111]의 '외(畏)'는 마땅히 경외(敬畏)의 뜻으로 보아야겠지요?
답 "천하가 두려워한다"의 '외(畏)'에 대해서 《중용장구》 안에서 또한 '덕(德)'과 '위(威)' 두 자(字)를 함께 들어서 말하였으니,[112] 이를 음미하면 알 수 있습니다.

문 "배우고 물으며 생각하고 분변함〔學問思辨〕"에 대한 소주(小註)에서 주자가 선후가 없다고 말한 것[113]은 사람이 널리 배우지 않았을

111 천하가 두려워한다 : 《중용장구》 제20장에서 천하를 다스리는 아홉 가지 도리의 효험을 말하는 가운데, "제후(諸侯)들을 은혜롭게 하면 천하가 두려워한다." 하였다.

112 중용장구……말하였으니 : 《중용장구》 제20장에서 "제후들을 은혜롭게 하면 덕(德)의 베풀어짐이 넓고 위엄(威嚴)의 제어하는 바가 넓어지기 때문에 천하가 두려워한다고 말한 것이다."라고 한 데서 보인다.

113 배우고……것 : 《중용장구》 제20장에서 "널리 배우며 자세히 물으며 신중히 생각하며 밝게 분변하며 독실히 행하여야 한다."라고 하였는데, 이에 대한 소주(小註)에서 "주자가 이르기를, '이 다섯 가지는 선후가 없고 완급이 있다. 널리 배우지 않았을 때 자세히 물을 겨를이 없고 자세히 물을 때 가만히 생각할 겨를이 없고 가만히 생각할 때 밝게 분변할 겨를이 없고 밝게 분변할 때 독실히 행할 겨를이 없다고 생각해서는

때 자세히 물을 수 없다고 생각할까 걱정해서입니다. 《중용혹문》에서 "널리 배운 이후에야 사물의 이치를 갖추어 알 수 있고, 그래서 의심나는 것이 생기면 묻는다."[114]라고 했으니 그 선후를 알 수 있습니다. 그러나 학문의 방법은 생각해도 알 수 없는 이후에 비로소 남에게 물어서 그 의심나는 것을 풀어야 합니다. 그렇다면 생각하는 것이 마땅히 묻는 것보다 앞서는 것인데도 도리어 먼저 물어본 뒤에 생각하는 것은 어째서입니까? 제 생각에는 비록 널리 배우고 자세히 물어도 자신에게 돌이켜 사색하는 공부를 더하지 않는다면 물어보는 것이 거의 도청도설(道聽塗說)과 같아 마음에 자득할 수 없기 때문에 신중히 생각하는 것이 자세히 물어보는 것보다 뒤에 있다고 생각합니다.

답 배우고 물으며 생각하고 분변하는 것은 본디 순서가 있는데도 주자가 선후가 없다고 말한 것은 또한 배우는 자가 널리 배울 때는 자세히 물어볼 겨를이 없고 자세히 물을 때는 신중히 생각할 겨를이 없다고 생각할까 염려해서입니다. 배우고 묻는 것은 남에게 도움을 받는 것이고 생각하고 분변하는 것은 자기에게 돌이키는 것이지만, 물어보는 때에 또한 어찌 생각함이 없겠습니까. 그러나 신중히 생각하는 것은 결국 자세히 묻는 것보다 뒤에 있어야 하니 그 순서는 바꿀 수 없을 듯합니다. 그대가 말씀하신 것 역시 적절합니다.

안 된다.〔朱子曰五者, 無先後有緩急, 不可謂博學時未暇審問, 審問時未暇謹思, 謹思時未暇明辨, 明辨時未暇篤行.〕'라고 하였다."라고 한 내용이 보인다.

114 널리……묻는다 : 《중용혹문》에 "배우기를 널리 한 후에야 사물의 이치를 갖추어 알 수 있다. 그래서 서로 비교하여 의심이 생긴 것을 질문하는 것이다."라는 내용이 보인다.

문 대경(大經)과 대본(大本)은 마땅히 선후의 순서가 있는데, 대본이 대경보다 뒤에 있는 것[115]은 어째서입니까?

답 이 장은 《중용》의 마지막이고 아래 한 장[116]은 별도의 작은 《중용》입니다. 수장(首章)으로 비추어보면 대본이 마땅히 대경보다 위에 있어야 하는데, 이 장에서는 대경을 먼저 말하고 대본을 뒤에 말하였습니다. 처음에 말하고 마지막에서 합치는[117] 때 말의 순서가 자연히 이와 같지 않을 수 없는 것이니, 마지막 장에서 근독(謹獨)을 먼저 말하고 계구(戒懼)를 뒤에 말한[118] 뜻을 보면 또한 절로 알 수 있습니다.

문 자장(子張)은 문학(文學)이나 덕행(德行)의 분야에 들지 않아 자유(子游)와 자하(子夏)와는 차이가 있는 듯한데, 《맹자(孟子)》에서 이들 모두 성인의 일부분을 가지고 있다고 말한 것[119]은 어째서입니까?

115 대경(大經)과……것 : 《중용장구》 제32장에서 "오직 천하에 지극히 성실한 분이어야 천하의 대경(大經)을 경륜하며, 천하의 대본(大本)을 세우며, 천지의 화육(化育)을 알 수 있으니, 어찌 딴 것에 의지할 것이 있겠는가."라는 내용을 가리킨다.

116 아래 한 장 : '시왈(詩曰)'로 시작하는 《중용장구》 제33장을 가리킨다.

117 처음에……합치는 : 《중용장구》 첫머리에 주자가 이르기를 "이 책이 처음에는 한 이치를 말하였고, 가운데에는 흩어져 만사(萬事)가 되었고, 끝에는 다시 합하여 한 이치가 되었으니, 이것을 풀어놓으면 육합(六合)에 가득하고, 거두어들이면 물러가 은밀한 데 감추어져서 그 맛이 무궁하니, 모두 진실한 학문이다."라고 한 내용이 보인다.

118 마지막……말한 : 《중용장구》 제33장에서 《시경》 〈소아(小雅) 정월편(正月篇)〉을 인용하며 군자가 근독(謹獨)하는 일을 말하였고, 그 아래에 《시경》 〈대아(大雅) 억편(抑篇)〉을 인용하며 군자가 계근공구(戒謹恐懼)하는 일을 말하였다.

119 자장(子張)은……것 : 《맹자》 〈공손추 상(公孫丑上)〉에서 공손추가 맹자에게 "옛적에 제가 들으니, '자하(子夏) · 자유(子游) · 자장(子張)은 모두 성인의 일부분만을 가지고 있었고, 염우(冉牛) · 민자(閔子) · 안연(顔淵)은 전체를 갖추고 있었으나

답 자장 역시 성인 문하의 고제(高弟)이니 일부분을 지녔다고 일컬은 것은 지나친 말이 아닌 듯합니다. 문학과 덕행의 분야는 다만 진(陳)나라와 채(蔡)나라에서 공자를 따르던 자들 가운데서 말한 것이라 증자(曾子) 같은 분도 들어 있지 않습니다.[120] 이를 가지고 그 제자들의 고하를 평가하는 것은 불가할 듯합니다.

문 "태백(泰伯)" 장의 집주에서 "태백의 덕(德)으로, 상(商)나라와 주(周)나라의 교체시기를 당하여 본디 제후들의 조회를 받고 천하를 소유할 수 있었다."[121]라고 하였습니다. 문왕(文王)의 덕으로도 오히려 천하의 3분의 2만 소유하였는데, 태백의 덕이 비록 지극하지만 이른바 제후들의 조회를 받고 천하를 소유한다는 것은 쉽게 말할 수 없는 것입니다. 어떻게 생각하십니까?

미약하다.' 하였습니다. 감히 선생님께서 편안히 자처하시는 바를 묻겠습니다."라고 물은 데서 나온 말이다.

120 문학과……않습니다 : 《논어》 〈선진(先進)〉에 공자가 이르기를 "나를 진(陳)나라와 채(蔡)나라에서 따르던 자들이 지금 모두 문하에 있지 않구나. 덕행(德行)에는 안연・민자건・염백우・중궁이었고, 언어(言語)에는 재아・자공이었고, 정사(政事)에는 염유・계로였고, 문학(文學)에는 자유・자하였다."라고 한 데서 나온 말이다.

121 태백(泰伯)의……있었다 : 《논어》 〈태백(泰伯)〉에 "태백(泰伯)은 지극한 덕(德)이 있다고 이를 만하다. 세 번 천하를 굳이 사양하였으나 백성들이 그 덕(德)을 칭송할 수 없게 하였구나."라는 공자의 말에 대해서, 주희는 "태백의 덕으로, 상나라와 주나라의 교체시기를 당하여 진실로 제후들의 조회를 받고 천하를 소유할 수 있었다. 그런데도 그는 마침내 이것을 버리고 취하지 아니하였으며, 또 그 사양한 자취마저 민멸하였으니, 그 덕의 지극함이 어떠한가. 그 마음은 바로 백이(伯夷)와 숙제(叔齊)가 무왕(武王)의 말고삐를 잡고 상나라 정벌을 간하던 심정이나 일의 난처함은 그보다 더 심하였으니, 부자께서 탄식하고 찬미하심은 당연하다 하겠다."라고 설명하였다.

답 "100리 되는 땅을 얻어서 임금 노릇을 하면 모두 제후들의 조회를 받고 천하를 소유할 수 있다."라는 것은 《맹자》 호연장(浩然章)에 나오는데, 집주에서 태백의 일에 이 말을 인용한 것은 실제 호연장의 "한 가지 일이라도 불의를 행하며 한 사람이라도 죄 없는 이를 죽이고 천하를 얻음은 하지 않는다."[122]라는 뜻을 취해서이니, 굳이 문왕의 덕과 비교해서 헤아려 억지로 의문점을 만들 필요는 없습니다.

문 백리해(百里奚) 역시 패자(霸者)의 보좌관이었는데, 맹자가 관중(管仲)과 안영(晏嬰)은 인정하지 않고 유독 백리해만 칭찬한 것[123]은 어째서입니까?

답 관중과 안영에 대해 공손추(公孫丑)가 물은 것은 이들의 공업이고, 백리해에 대해 만장(萬章)이 물은 것은 그의 출처입니다. 남이 묻는 것에 따라서 인정하거나 인정하지 않은 것입니다.

122 한……않는다 : 공손추가 백이(伯夷)·이윤(伊尹)·공자(孔子)는 어떤 점이 같은지 물으니, 맹자가 "100리 되는 땅을 얻어서 임금 노릇을 하면 모두 제후들에게 조회받고 천하를 소유할 수 있거니와, 한 가지라도 불의를 행하거나 한 사람이라도 죄 없는 이를 죽이고 천하를 얻는 짓은 모두 하시지 않을 것이니, 이것이 같은 점이다." 하였다. 《孟子 公孫丑上》

123 맹자가……것 : 백리해(百里奚)는 진 목공(秦穆公)에게 등용되어 그를 패자로 만든 인물이다. 맹자는 백리해가 우공(虞公)이 간할 수 없는 인물임을 알고 떠나 진(秦)나라로 가서 목공을 섬겼으니 지혜롭다고 하였다. 《孟子 萬章上》 한편 공손추가 제(齊)나라의 명상(名相)인 관중(管仲)과 안영(晏嬰)을 높이 평가하며 맹자에게도 그렇게 되기를 기대하자, 맹자가 그들에게 자신이 비유되는 것을 부끄럽게 여기면서 신랄하게 반박하였다. 《孟子 公孫丑上》

정공화에게 주다 계해년(1743, 영조19)

與鄭公華 癸亥

온 세상이 흐리멍덩하여 사대부의 기운이 죽은 지 오래되었는데, 그대가 국정에 대해 진언하다가 변방으로 유배가게 되었다[124]는 소식을 들은 뒤로 점차 사대부의 기운이 살아나려는 것을 느낍니다. 뒤늦게 그대의 상소를 읽어보니 본분을 다하였는지는 모르겠으나 또한 그대의 가풍(家風)을 실추시키지는 않았다고 할 만합니다. "곧장 구름 돛 달고 푸른 바다를 건너리"[125]라는 한 구는 인생의 통쾌한 뜻이 어찌 이보다 더한 게 있겠습니까. 부모를 멀리 떠나는 것은 정리(情理)가 박절하지만 한때 근심을 끼치는 것과 영구히 명성을 남기는 것은 그 경중과 득실이 어찌 현격하지 않겠습니까. 이로써 스스로 위안하십시오. 감산촌(柑山村)[126]의 초당이 사회(士會 민창수(閔昌洙))가 돌아간 뒤에[127] 또

124 국정에……되었다 : 1743년(영조19)에 부응교 정실(鄭宲)이 한억증(韓億增) 무리가 죄를 입은 일, 민창수(閔昌洙)의 상소 문제, 홍계희(洪啓禧)의 억울한 일 등 국정 형정의 잘못을 상소하자, 영조가 엄교를 내려 제주도 대정현(大靜縣)으로 유배보냈다.

125 곧장……건너리 : 제주도로 배를 타고 바다를 건너가는 정실(鄭宲)을 위로하려는 뜻이다. 이백(李白)의 시에 "장풍을 타고 파도를 쳐부술 때가 언젠가 오면, 곧장 구름 돛 달고서 푸른 바다를 건너리라.〔長風破浪會有時, 直挂雲帆濟滄海.〕"라는 표현이 나온다. 《李太白集 卷2 行路難》

126 감산촌(柑山村) : 제주도 대정현에 있던 고을 이름이다. 현재 서귀포시 안덕면 감산리이다.

127 사회(士會)가 돌아간 뒤에 : 민창수(閔昌洙)는 1742년(영조18) 제주도 대정현(大靜縣)에 유배되었다.

그대를 번갈아 얻었으니 사류의 곤액이 그칠 날이 없습니다. 울타리의 나무에 《대학(大學)》의 글을 써놓은 고사[128]는 그대가 필시 익숙히 들었을 것입니다. 선조를 빛내고 임금에게 보답하는 일은 모두 이 한 가지에 달려있으니, 부디 더욱 힘써서 좋은 시절을 허투루 보내는 일이 없도록 하십시오. 엄격히 정해진 기일이 너무 촉박하여 안부를 물을 길이 없었는데 마침 유촌(柳村)의 김씨 소년이 들렀기에 급히 이 편지를 써서 부치니, 어느 달에나 도착할진 모르겠습니다.

128 울타리의……고사 : 유배지의 울타리 나무에 《대학》을 써놓고 아침저녁으로 사색한 정철(鄭澈)의 고사를 가리킨다. 257쪽 주58 참조.

이경이[129] 존중 에게 답하다 무오년(1738, 영조14)

答李敬以 存中○戊午

대심(大心 이유(李維))의 상 때 그대가 나를 위로함이 마땅히 남들보다 특별해야 하는데도 친우들의 서신 가운데 범범하게 이름을 잇따라 쓴 정도에 그쳤으니 인사(人事)에 소탈함이 어찌 그리 심합니까. 생각건대 그대가 일찍 어머니를 여읜 탓에 외가를 이처럼 소원하게 대하는 것은 또한 이상할 게 없고 도리어 가슴이 아픕니다. 작은 고을을 다스리는 득실은 말할 필요도 없지만 무더위에 길을 떠나는 것은 작은 고난이 아니니 매우 놀랍고 탄식할 만합니다.

대심(大心)이 이미 저세상 사람이 되었으니 구구한 저의 애통한 심정은 벗에게 사례하는 편지에서 이미 다 말하였습니다. "원빈(元賓)을 생각해도 볼 수 없으니 원빈이 사귀던 사람을 보면 원빈을 보는 것과 같다."[130]는 것이 절실한 말이라는 것을 비로소 알겠습니다. 어떻게 하면 마주하여 한 번 이 슬픔을 토로할 수 있겠습니까. 대심이 병중에 말한 것을 기억해보니 그대가 과거에 낙방한 것을 매우 안타까워하며 말하기를, "경이(敬以)가 입조했다면 필시 세도(世道)에 보탬이 되었

129 이경이 : 이존중(李存中, 1703~1761). 본관은 전주(全州), 자는 경이(敬以), 호는 척재(惕齋)·하당(荷堂)이다.

130 원빈(元賓)을……같다 : 원빈(元賓)은 한유(韓愈)의 옛 친구인 이관(李觀)의 자(字)이다. 한유의 〈답이수재서(答李秀才書)〉에 "원빈이 죽은 뒤 그의 글이 더욱 귀중해졌으며, 원빈을 생각해도 볼 수 없으니 원빈이 사귀던 사람을 보면 원빈을 보는 것과 같다." 하였다.

을 것이며, 또 우리 종질[131]의 공부를 도와줄 벗이 될 수 있을 것이다." 라고 했습니다. 대심은 안목이 높아서 남들을 인정하는 경우가 적은데, 그대는 어떻게 그에게 이러한 기대를 받았는지 모르겠습니다. 바라건대 과거와 벼슬길의 테두리 안에 구애되지 말고 의리(義理)를 강구하고 명행(名行)을 연마하여 죽은 자의 밝은 안목을 드러내십시오. 말이 여기에 미치니 그리운 마음에 눈물이 흐릅니다.

131 우리 종질 : 저자의 아들 이제원(李濟遠)을 말한다.

김사빈[132] 문행 에게 답하다 신유년(1741, 영조17)

答金士彬 文行○辛酉

이전 편지의 통탄한 말씀에서 선(善)의 단서가 모락모락 피어나는 것을 알 수 있습니다. 이 마음을 미루어 간다면 천하의 선이 그대에게 돌아갈 것입니다. 저는 본디 과문하고 비루한 사람이라 그대를 사랑하지만 도움 드릴 게 없습니다. 그렇지만 또한 바라건대 어느 해에 깨달았다면 곧 그해부터 입지를 굳건히 하여 공부해야 한다는 주자(朱子)의 가르침[133]을 깊이 유념하여 날마다 의리에 관련된 글을 접하여 과거나 벼슬이 자신의 뜻을 해치지 않도록 한다면 다행이겠습니다.

132 김사빈 : 김문행(金文行, 1701~1754)이다. 본관은 안동(安東), 자는 사빈(士彬)이다.

133 어느……가르침 : 《소학집주(小學集註)》 총론에서 주자가 이르기를, "지금의 처지에 의거하여 곧바로 머물러 입지를 굳건히 하고 공부하여야 한다. 30세에 깨달았다면 곧 30세부터 입지를 굳건히 하여 공부를 하며, 곧 나이 80, 90세에 깨달았다면 또한 마땅히 현재 처한 상황에서 공부해야 한다."라고 한 데서 나온 말이다.

정대수[134] 존겸 의 문목에 답하다 갑자년(1744, 영조20)

答鄭大受 存謙 問目 甲子

문 두 상제(祥祭)가 이미 같은 달에 있다면 담제(禫祭) 역시 같은 달에 있게 되는데, 뒤의 담제를 지내기 전에 앞의 담제를 행하는 것은 온당하지 않은 듯합니다. 앞의 담제를 지내지 말아야 합니까? 혹은 같은 날에 함께 행해야 합니까?

답 앞의 담제가 이미 기한을 넘긴 것이 아니니 어찌 감히 빠트리겠습니까. 담제는 또한 상제의 전후에 따라 차례대로 행해야 하니 같은 날에 행하는 것은 불가합니다.

134 정대수 : 정존겸(鄭存謙, 1722~1794). 본관은 동래(東萊), 자는 대수(大受), 호는 양암(陽菴)・양재(陽齋)・원촌(源村), 시호는 문안(文安)이다. 1751년(영조27)에 정시문과에 병과로 급제하였다. 저자의 문인이다.

이 수사[135] 한필 에게 주다 무신년(1728, 영조4)

與李水使 漢弼○戊申

예전에 그대의 부친[136]과 외람되이 동년(同年 동방(同榜))의 교의를 맺었으니[137] 비록 출사하고 은거하는 길은 달랐지만 수많은 화를 당하면서도 우정만큼은 본디 변하지 않았습니다. 그대 부친이 근자에 우뚝한 충절을 세워 위로는 이름난 선조[138]를 더욱 빛내고 아래로는 사람의 기강을 북돋았으니 교유한 자들 또한 영광된 일입니다. 반우(返虞)하는 날 강외(江外)에서 맞이하여 위로하거나 혹 제문을 지어 곡을 하고 싶은 마음이 간절했지만 갑자기 망측한 참소를 당해 궁벽한 골짜기에 엎드려 지내느라[139] 이 계획이 마침내 어그러졌습니다. 멀리서 바라보며 눈물 흘리기를 어찌 스스로 그칠 수 있겠습니까.

135 이 수사 : 이한필(李漢弼, 1697~?)이다. 본관은 덕수(德水), 자는 자익(子翊)이다. 1725년(영조1) 증광시에 갑과 2위로 무과 급제하였다. 선전관, 승지, 황해도 수군절도사, 충청도 수군절도사 등을 역임하였다.

136 그대의 부친 : 이봉상(李鳳祥, 1676~1728)을 가리킨다. 이인좌(李麟佐)의 반란 때 작은아버지 홍무(弘茂)와 함께 반란군에게 붙잡혀 죽었다. 충청감영에 들어온 이인좌가 항복할 것을 권하였지만 충무가(忠武家)의 충의를 내세워 끝내 굽히지 않았다고 한다.

137 동년(同年)의 교의를 맺었으니 : 저자는 1702년(숙종28)에 문과에 급제했고, 이봉상(李鳳祥) 역시 같은 해에 무과에 급제하였다.

138 이름난 선조 : 충무공 이순신(李舜臣)을 말한다.

139 망측한……지내느라 : 역적 사수(死囚) 이지시(李之時)가 저자를 무인(誣引)한 일을 가리킨다. 저자는 이 일로 인해 입성하여 사대(賜對)한 다음, 여주(驪州)에 우거하였다.

이 통제[140] 언상 에게 주다 을축년(1745, 영조21)

與李統制 彦祥○乙丑

중곤(重閫)의 자리로 전임[141]되었다고 들었습니다. 삼가 생각건대 우러러 성상의 은혜를 받들고 선열[142]을 추념하여 보답할 방법을 생각할 것입니다. 이미 부임하셨을 것인데 모진 추위에 다스리는 체후가 평안하신지요?

아뢸 말씀은, 제가 일찍이 그대 집안의 충민공(忠愍公 이봉상(李鳳祥))과는 동방(同榜)의 교의가 있기에 그의 아들로부터 묘비에 새길 글을 부탁받았습니다. 그런데 병중이라 즉시 착수하지 못하여 저세상에 있는 사람에게 한을 맺게 하였으니 정의를 저버린 부끄러운 마음을 어찌 말로 다하겠습니까. 저는 완전히 회복할 기약이 없는지라 부득불 조금 낫기를 기다려 뒤늦게 빚을 갚았으니 글을 이미 보셨는지요? 어린 손자는 의지할 데 없고 가사(家事) 또한 형편없어졌을 것이라 비석을 세울 가망이 없을 듯하니 더욱 슬픕니다. 비록 전대의 충절인(忠節人)이라도 그를 위해 비석을 세워 표창하는 경우가 있는데, 더군다나 그대는 같은 집안의 친족으로서 마침 해볼 수 있는 상황을 만났으니, 등한

140 이 통제 : 이언상(李彦祥, ?~?). 전라병마절도사(全羅兵馬節度使), 황해병마절도사(黃海兵馬節度使), 충청수군절도사(忠淸水軍節度使), 무주부사(茂朱府使), 남병사(南兵使), 통제사(統制使) 등을 역임하였다.

141 중곤(重閫)의 자리로 전임 : 이언상이 통제사(統制使)를 제수받은 것을 가리킨다.

142 선열 : 이순신(李舜臣)을 가리킨다.

시해서는 안 될 것입니다. 부디 힘써 주장하여 곧바로 공사를 시작하여 가을 무렵에 묘지에 비석을 세울 수 있도록 함이 어떻겠습니까? 시사(時事) 또한 속히 도모해야 할 것이 있습니다. 남쪽 바다에서 귀양살이하는 나그네는 안부를 묻는 사람도 없어 굶주리는 걱정을 면하지 못할 것이니, 바라건대 특별히 신경을 써서 자주 보살펴 주시기 바랍니다.

구 강계[143] 성필 에게 답하다 계해년(1743, 영조19)

答具江界 聖弼○癸亥

별지에서 말씀하신 것은 매우 감탄스럽습니다. 제가 진실로 또한 늙고 병든 재상의 자리에 있는 터라, 스스로 생각하건대 그대와는 평소 잠깐 동안의 친분도 없었으니 이것이 비록 약료이지만 뇌물에 가깝습니다. 준 사람이야 은혜로운 뜻에서 나왔겠지만 받는 사람은 실로 의(義)가 없음이 되니 더 이상 가지고 있을 수 없습니다. 교분이 있다면 어찌 감히 불공(不恭)의 죄[144]를 범하겠습니까. 양해하고 용서해주시기 바랍니다.

143 구 강계 : 구성필(具聖弼, 1695~?). 본관은 능성(綾城), 자는 뇌여(賚汝)이다. 1727년(영조3) 증광시에서 진사로 합격하였다. 1743년(영조19) 강계 부사(江界府使)가 되었다.

144 불공(不恭)의 죄 : 남의 혜사(惠賜)를 물리치는 것은 그 사람을 좋지 않게 보는 것이므로 불공(不恭)함이 된다는 뜻이다. 만장(萬章)이 맹자에게 묻기를, "(교제하는 사이에) 예물을 물리치는 것을 불공(不恭)이라 하는 것은 어째서입니까?"라고 하자, 맹자가 대답하기를, "존귀한 자가 물건을 주거든 받는 자가 그 물건을 대하고서 그가 이것을 취한 것이 의(義)에 맞았는가 의(義)에 맞지 않았는가를 생각해서, 의(義)에 맞은 뒤에야 받는다면, 이것을 불공(不恭)이라 한다. 그러므로 물리치지 않는 것이다." 하였다. 《孟子 萬章下》

이 단성[145] 진오 에게 답하다 을묘년(1735, 영조11)

答李丹城 鎭五○乙卯

《사서언해(四書諺解)》에 대한 제 생각은 이 책이 단지 구가 끊어지는 곳과 글자 풀이만을 기록해놓은 것이라 체모를 이루지 못하고 또 고증하며 읽을 때는 매우 불편하다는 것입니다. 이번의 등본(謄本)은 한결같이 현재 유통되는 언해본(諺解本)의 법식을 따라서 사서(四書)의 본문을 모두 써놓고 토석(吐釋)을 각기 그 아래에 단 다음 총괄하여 《사서율곡선생토석(四書栗谷先生吐釋)》이라 이름을 붙였으며, 책의 처음과 끝은 모두 이를 따라 몇 권, 몇 권이라고 썼습니다. 이를 서원에 보관한다면 이 또한 책으로 만들기에 충분합니다. 두 언해본을 서로 참고하고 비교하는 것은 마땅히 후인을 기다려야할 것이니 어찌 급급해할 필요가 있겠습니까. 《중용언해》는 노선생(老先生)의 친필본이 있어서 의심할 바가 없고, 그 나머지에 잘못된 곳이 있더라도 여러 언해본을 구하여 잘잘못을 비교한다면 또한 분변하기 어렵지 않을 듯합니다. 여기에도 두 개의 언해본이 있으니, 그 하나는 문원선생(文元先生 김장생)의 집에서 나온 것으로, 서면(書面)의 표제를 신독재(愼獨齋 김집) 선생이 직접 쓴 것이라 믿을 만합니다. 소주(小註)의 비점(批點)과 《주역(周易)》의 구결(口訣)에 대해선 마땅히 홍문관의 관리에

145 이 단성 : 이진오(李鎭五, ?~?). 이이(李珥)의 5대손이다. 동부참봉(東部參奉), 남부참봉(南部參奉), 직장(直長), 주부(主簿), 단성 현감(丹城縣監) 등을 역임하였다.

게 물어서 알려드리겠습니다. 불천지위(不遷之位)[146]에 관한 일은 현석(玄石 박세채)이 남에게 준 편지에서 행하기 어렵다고 강력히 말하였는데, 이 외에 별도로 정론이 있는지 모르겠습니다. 우옹(尤翁)이 말한 것 또한 아직 보지 못했습니다. 그러나 이미 선조(先朝)의 대신이 건의하여 청한 일이 있으니 더 말할 필요는 없습니다. 십수 년 동안 향리에 궁벽하게 머물러 있어서 국가의 제도나 조정의 논의 등을 이처럼 모두 듣지 못하고 있으니 고루함을 탄식할 만합니다.

146 불천지위(不遷之位) : 248쪽 주43 참조.

이 단성에게 답하다 정사년(1737, 영조13)
答李丹城 丁巳

지난 가을 재임(齋任)에게 보낸 편지에서 매우 우활하다는 것을 스스로 알면서도 자잘하게 말씀드린 것은 세도(世道)와 사문(斯文)을 위해서이지 단지 그곳의 사우들만을 위해서가 아닙니다. 이번에 제사고기와 함께 보낸 편지에 '회강(會講)' 두 글자가 있으니 매우 좋은 소식입니다만 현재 실제로 어떻게 시행하는지 모르겠습니다. 규범을 정해 약속하는 것 외에는 달리 방도가 없는데 이 일은 필시 주재하는 사람이 있어야만 책임지고 마무리할 수 있습니다. 또 유생들을 뒷바라지하는 일은 극히 난처하니, 이 뜻을 재중(齋中)에게 회답하여 잘 처리하시길 바랍니다. 《근사록》 구결(口訣)은 지난해에 이미 송(宋) 사우(士友)로부터 받았습니다. 《주역》 구결은 홍문관의 관리에게 문의해보니 더 이상 보관하고 있는 것이 없다고 하니, 아마 예전에는 있다가 지금에는 없어진 듯합니다. 사서 소주(小註)의 비점(批點)은 《논어》와 《맹자》는 널리 찾아봐도 얻을 수 없고, 《중용》은 종종 있으니 마땅히 얻으러 찾아가야 합니다. 청계당(聽溪堂)[147] 기문(記文)은 다시 지시를 기다려서 한번 써보려고 생각하고 있으나 노쇠하여 필력이 날로 떨어지니 감히 기필할 수 없습니다.

147 청계당(聽溪堂) : 이이(李珥)가 1577년(선조10)에 황해도 해주 석담(石潭)에 지은 집이다.

이 단성에게 답하다 임술년(1742, 영조18)

答李丹城 壬戌

노선생(老先生)의 유집을 정리하는 일을 이미 외람되이 부탁받으니, 십년 동안에 그대가 한 번쯤 방문해주기를 기대한 것이 어떠했겠습니까. 그런데 끝내 찾아주지 않으셨으니 오히려 이 일을 함께 논의할 수 있겠습니까. 그러나 선생의 후손 가운데 옛날 사실을 잘 알고 있는 사람으로 그대만 한 사람이 드무니 끝내 한 번 만나지 않을 수 없습니다. 이 때문에 지난여름과 올봄에 상중의 민(閔)을 통해 이 뜻을 전한 것이 한두 번이 아니었는데, 이번 편지에도 이에 대해 한 마디도 언급하지 않으니 무슨 이유입니까? 그대가 기꺼이 방문해주신다면 제가 비록 노쇠하고 병들었지만 마땅히 만사를 제쳐놓고 함께 힘쓸 것이니, 그러면 3월과 4월 두 달 사이를 넘기지 않기를 바랄 수 있습니다. 이 말을 또 허투루 들으신다면 이제 다시는 말을 하지 않겠습니다. 어떻게 생각하십니까?

이 단성에게 답하다

答李丹城

베껴 쓰는 일을 이미 시작했다는 소식을 들으니 매우 다행입니다. 생각건대 이 일의 본래 의도는 다만 책 상자에 보관해두어 훗날을 기다리고자 하는 것이니, 어찌 경솔하게 발간하는 것을 논의하여 사람들의 입과 눈에 오르내리게 해서야 되겠습니까. 혹 발간하자고 말하는 자가 있더라도 절대 허락하지 마십시오. 이제 듣자니 이조 판서가 돌아가지 않았으면 하고 그대를 만류했다고 합니다. 미관말직이 대신에게 이런 말까지 들었으니, 예전에 만났을 때 한바탕 탄식한 것은 늙어서 세상일을 모른다고 이를 만합니다. 수령의 자리가 영화롭긴 하지만 분수에 편안한 찰방 자리만 못한 것 같으니, 참으로 우습습니다.

이 단성에게 답하다 계해년(1743, 영조19)

答李丹城 癸亥

제 뜻은 본디 그대가 수령으로 부임하지 않기를 바랐습니다만 이미 거취에 대해 묻지도 않고 성상께 하직인사를 하고 떠나는 길에 갑자기 들러서 작별했으니, 활시위에서 떠난 화살을 어찌 막을 수 있겠습니까. 이젠 다른 방도가 없습니다. 300리 밖으로 임용하지 않는다[148]는 국법이 지엄한데다 이미 모친을 모시고 갈 수도 없으니 어찌 감히 하루라도 구차하게 자리를 차지할 수 있겠습니까. 곧장 관사의 일을 정리하고 사실대로 영문(營門)에 소장(疏狀)을 올려,

> "국전(國典)이 본디 이와 같지만 성상께서 특별한 은혜로 임명하신지라 힘써 받들지 않을 수 없었습니다. 또 봄날이 따뜻하여 추운 겨울 날씨와는 다르니 혹 어미를 모시고 올 수 있다고 생각했지만 어미의 병환이 이와 같아 이 계획 또한 어그러졌으니 의리상 그대로 주저앉아 있을 수 없습니다. 바라건대, 체직을 허락하는 한편 당초에 함부로 벼슬에 나아간 죄를 다스리도록 즉시 장계를 올려 아뢰어 주십시오."

라고 한다면 관찰사가 어찌 허락하지 않을 수 있겠습니까. 아뢰어 파직된 후에는 본시 체직되어 돌아갈 때 타고 갈 쇄마(刷馬)가 있으니

148 300리……않는다 : 《경국대전(經國大典)》 이전(吏典) 외관직(外官職)에 "부모의 나이가 70세 이상인 자는 300리 밖 먼 고을의 수령으로 차임하지 않는다.〔親年七十歲以上者, 勿差三百里外遠邑守令.〕"라는 조문이 보인다.

돌아갈 물자가 없다고 근심할 게 있겠습니까. 예전에 통천(通川) 수령 윤(尹) 아무개가 부모의 연세가 일흔인 데도 함부로 먼 고을에 부임했다는 이유로 논박을 받았습니다. 그대가 여름이 되기 전에 스스로 처신하지 않는다면 또 논박을 면하지 못할 것입니다. 천하의 일에 있어서 오직 하나의 '직(直)'자 외에 어찌 다른 것이 있겠습니까. 실수하되 스스로 감추지 않는다면 또한 허물을 보완할 수 있으니 의심하지 마십시오. 이렇게까지 누누이 말씀드리는 것은 또한 위로 선정(先正 이이(李珥))을 생각하여 그러한 것이니 양해해주실는지요?

이 단성에게 답하다 갑자년(1744, 영조20)

答李丹城 甲子

정본(正本)을 써내는 일이 이처럼 빨리 끝날 줄 생각도 못했습니다. 급하게 하느라 정교하게 교정을 못한 것은 또한 형세상 그렇게 된 듯하니, 차분하게 사우들과 함께 자세히 교열하고자 모두 이곳에 남겨두었습니다. 인출할 때 정본을 베끼는 일은 그대가 걱정할 바가 아닙니다. 제 생각엔 지금 서둘러 간행하고 싶지는 않으니, 만일 인출할 만하다면 그때 어찌 문방사우가 없음을 걱정하겠습니까. 지금은 반드시 재차 한두 질을 베껴서 서원에 나누어 보관해두는 것이 혹 후손 집안의 급무일 것이니, 부디 이를 유념하여 도모하시길 바랍니다. 서문(序文)은 끝내 감당할 수 없고 밑에다가 짧은 발문(跋文)이나 짓고자 하지만 아직 구상도 못하고 있습니다. 이번에 받은 여러 책은 정성을 다해 교정을 마치면 함께 부치겠습니다.

이 단성에게 답하다
答李丹城

저번 달에 보내신 전인(傳人)이 곧장 돌아갔을 것이라 생각됩니다. 제 편지는 이미 보셨는지요? 새로 만든 전질은 미호(渼湖 유척기(兪拓基)) 상공과 함께 오가며 교정을 보고 있는데 정교하길 바라지 빨리 하려는 마음은 없습니다. 우연히 옛 책상자의 글을 보다가 경신년(1740, 영조16) 9월 사이에 한 사우가 보낸,

> "율곡(栗谷) 묘소에 내린 사제문(賜祭文)은 이번 능행(陵幸) 때 홍문관의 신사건(申思建)이 지어 바친 것인데, 성상께서 친히 지으신 두 구 이하를 첨가하여 넣도록 하였습니다. 그 구절은 전해 듣기에 '지금 나의 고심은 바로 선정(先正)의 마음이로다. 저 강가의 정자를 바라보니 슬픈 마음 더욱 깊도다.'[149]라고 합니다."

라는 글을 보았습니다. 얼마 전에 보여주신 사제문(賜祭文)에 눈에 거슬리는 게 없는 듯하여 첨가하여 싣도록 허락하였는데 혹 제대로 살피지 못한 것이 아니겠습니까. 만일 이 구절이 있다면 비록 성상의 특별한 은혜에 관계되는 것이지만 그대로 남겨둘 수는 없으니 즉시 빼버리는 게 어떻겠습니까?[150]

149 지금……깊도다 : 경신년(1740, 영조16)에 영조가 제릉(齊陵)과 후릉(厚陵) 두 능을 전알(展謁)하러 가는 길에 파주(坡州)에서 머물러 이이(李珥)의 화석정(花石亭)을 바라보고 관원을 보내어 치제하였다. 그 제문에 "지금 나의 고심은 바로 선정의 마음이로다. 저 강가의 정자를 바라보니 나도 모르게 슬픈 마음이 깊어지노라.〔今予苦志, 卽先正心. 瞻彼江榭, 不覺愴深.〕' 하였다. 《國朝寶鑑 卷62 英祖朝6》

150 얼마……어떻겠습니까 : 결국 빼버리지 못하고 난외주(欄外註)를 부기하였다. 《율곡전서(栗谷全書)》 권37 〈부록 · 사제문〉에 신사건(申思健)이 임금께 지어 바친 사제문이 수록되어 있는데, 그 글 가운데 "今予苦志, 卽先正. 心瞻彼江榭, 不覺愴深." 구절의 난외주(欄外註)에 "'今予苦志' 이하 네 구는 성상이 친히 지어 첨가하여 넣은 것이다." 하였다.

이 단성에게 답하다
答李丹城

자운서원(紫雲書院)의 제문은 이종성(李宗城)이 지은 것입니까? 그렇다면 모두 빼버린들 무슨 문제가 있겠습니까. 그간 보내신 첨지(籤紙)에 대해 모두 조목조목 답해주었는데, 홍 표숙(洪表叔)에게 준 서문(序文)[151] 한 편은 무슨 이유로 유독 누락되었는지 이해가 안 됩니다. 혹 보낸 답장이 책무더기 사이에 들어있을 수 있으니 재차 살펴보시기 바랍니다. 이 글은 문장이 매우 좋긴 하나, 처음 산을 나올 때의 의취(意趣)이니 정도(正道)에 순수한지는 모르겠습니다.[152] 과체시(科體詩)와 장난삼아 지은 청사(青詞)[153]를 산삭한 뜻으로 미루어보자면 산삭하는 게 옳습니다. 그러나 이는 허물을 숨기려는 마음에서 산삭하는 것은 아닌데, 후인들은 혹 이처럼 오해하지 않겠습니까. 지난해 《노봉집(老峰集)》[154]을 산정할 때 윤휴(尹鑴)에게 보낸 편지 가운데 '선생'

151 홍 표숙(洪表叔)에게 준 서문(序文) : 〈홍표숙과 이별하는 서〔別洪表叔序〕〉를 말하는데, 《율곡전서(栗谷全書)》 권13에 실려 있다. 홍 표숙은 율곡의 이모부인 홍호(洪浩)이다.

152 이……모르겠습니다 : 〈홍표숙과 이별하는 서〔別洪表叔序〕〉는 율곡이 금강산에서 불교에 심취했다가 나온 후에 황호를 만나 지어준 서문인데, 이 글을 통해 불교에 심취했던 자신을 반성하고 있으나 그 말에 불교적인 색채가 많다고 한다.

153 청사(青詞) : 도교(道教)의 제사에 쓰는 문체와 문장을 말한다. 청등지(青藤紙)라는 청지에 주자(朱字)로 쓰기 때문에 청사라고 한다.

154 노봉집(老峰集) : 민정중(閔鼎重, 1628~1692)의 문집이다.

이라고 말한 것들도 저는 남겨두려고 했지만 후손들이 빼버렸습니다. 보내신 편지에서 "마땅히 빼버려야 한다"라고 말씀하신 것이 아마도 이와 같은 뜻이겠지요. 저는 노선생의 문집이 다른 문집의 사체(事體)와 자별하기 때문이라 생각하는데, 어떻게 생각하십니까? 외집(外集)은 이제 교정을 시작하여 절반도 하지 못했고, 원집(原集)의 교정은 미호(渼湖) 상공에게 부탁하였습니다.

이 단성에게 답하다

答李丹城

《율곡집(栗谷集)》을 이제 《율곡선생전서(栗谷先生全書)》라고 개명하였으니, 그곳에 있는 등본(謄本)도 내집(內集)과 외집(外集) 모두 이에 따라 고치십시오. 교열하는 일은 되도록 많은 사우들에게 보여주어 매우 합당하도록 힘쓰느라 언제 보내줄 수 있을 지 기약할 수 없으니 일단 기다려주십시오. 이전에 보내신 《근사록(近思錄)》은 근래 여주(驪州)에서 토(吐)를 옮겨 쓰고 난 다음 제게 돌아왔으니, 이것과 함께 《주역》 구결, 빈접(儐接)할 때의 글, 사서토석(四書吐釋)과 함께 총 9책을 보냅니다. 그 가운데 사서토석은 조금 수정한 부분이 있으니, 부디 저를 위해 뜻을 전해서 한 질을 따로 쓰고 또 잘못된 부분이 없이 정밀하게 교정하여 조만간 보내주시는 게 어떻겠습니까?

이 단성에게 답하다 병인년(1746, 영조22)

答李丹城 丙寅

묘정비문(廟庭碑文)을 근래 써보려고 했지만 《율곡선생전서》를 돌려가며 베끼는 통에 아직 돌아오지 않은 터라 사실들을 고증할 방법이 없습니다. 요컨대 몇 개월 안에는 돌아올 것인데, 돌아와야만 곧 글을 쓸 수 있으니 우선 비석을 다듬어놓고 기다리는 것이 좋겠습니다. 남강(南江)에 세울 작은 비문(碑文) 역시 유의하고 있으니 《전서》가 돌아오길 기다렸다가 한꺼번에 구상하겠습니다. 사문(斯文)의 일이 변변찮은 제 능력으로 감히 감당할 수 있는 바가 아니지만 달리 미룰 곳이 없기에 매번 이렇게 책임을 맡고 있으니 매우 부끄럽습니다.

이 주부 서오 에게 답하다 기미년(1739, 영조15)

答李主簿 敍五○己未

그대를 직접 만나보진 못했지만 마치 서로 알고지내는 사이처럼 친숙하게 생각하였는데, 갑작스레 그대의 편지를 받으니 매우 감사합니다. 편지를 폐백으로 삼아 가져오는 것이 옛날의 도인데, 생각지도 않게 저처럼 비루하고 졸렬한 사람이 그대의 아들로부터 이를 받았습니다. 노선생(老先生 이이(李珥))의 후손이라 더욱 감탄할 만합니다. 며칠 함께 지내는데 마침 사람들이 번잡하게 많은 때라 멀리서 찾아온 뜻에 부응할 수 없었으니 그대의 뜻을 저버린 부끄러움을 어찌 말로 다하겠습니까. 학문을 향한 그대 아들의 정성을 알고 있으니 오직 올바른 도리로 잘 인도하여 성취시키기를 바랄 뿐입니다. 인가의 부형들은 다만 문예를 익혀 과거에 급제하고 벼슬살이 하는 것만 가르칠 줄 아니, 이것이 안타깝습니다.

서 별제[155] 종화 의 문목에 답하다 경신년(1740, 영조16)

答徐別提 宗華 問目 庚申

성복(成服) 전에 상식(上食)[156]을 올린다는 내용이 예서(禮書)에는 없지만, 영좌(靈座)를 설치하는 조목에 "아침저녁으로 빗과 세숫물 등 봉양하는 도구를 진설하는데 모두 평소처럼 한다."[157]는 내용은 있습니다. 그렇다면 상식 또한 그 가운데 있습니까?

성복 전의 상식에 대한 문제는 일찍이 세마(洗馬) 현상벽(玄尙璧)이 이 논의를 힘써 주장한다는 것을 듣고서, 그와 함께 득실을 자세히 확인하고 또 증거로 삼을 만한 글을 찾아보려고 했지만 그렇게 하지 못했습니다. 제 생각에는 결국 상식을 올릴 때가 아닌 듯합니다. 습전(襲奠)[158]하기 전에는 시렁에 놓여있는 음식을 그대로 사용하는 뜻이 이미 지극히 정밀하고 세세하니, 다만 이에 따라할 뿐입니다. "봉양하는 도구〔奉養之具〕"라는 네 글자는 또한 현공(玄公)이 끌어와 중요한 근거로 삼았다고 하는데, 상식이 필시 그 가운데 있는 것인지는 알지 못하겠습니다. 어떻게 생각하십니까?

155 서 별제 : 서종화(徐宗華, 1700～1748). 본관은 대구(大邱), 초명은 종식(宗軾), 자는 사진(士鎭), 호는 약헌(藥軒)·거이(居夷)이다. 1739년(영조15)에 사축서 별제가 되었다.

156 상식(上食) : 상가(喪家)에서 아침저녁으로 영좌(靈座)에 차려 놓는 음식이다.

157 아침저녁으로……한다 : 《가례》 치영좌설혼백조(置靈座設魂魄條)에 보인다.

158 습전(襲奠) : 죽은 사람의 염습을 마치고서 올리는 제전(祭奠)을 가리킨다.

박 생[159] 서 에게 답하다 무오년(1738, 영조14)

答朴生 瑞○戊午

앉아서 그대의 방문을 받았고 이어서 곧이어 오랜 친구처럼 의기투합하는 기쁨을 누렸습니다. 이별한 지 이미 한 해가 넘은지라 항상 그대를 그리워하였는데 또 이렇게 편지를 보내시니 매우 감사합니다. 학문에 나아가는 차례를 물어주셨는데, 생각건대 그대는 훌륭한 스승에게 배운 것이 이미 자세할 것이니 감히 필요 없는 말을 하겠습니까. 생각건대 세상에서 사우 사이에 종유하는 자들도 처음에는 비록 부지런히 힘쓰지만 결국엔 태만해져 학문을 폐하고 마는데, 더군다나 벗을 떠나 혼자서 외롭게 지내다보면 그 소신을 잃지 않는 이가 드무니 매우 걱정이 됩니다. 그대처럼 독실하게 배움에 뜻을 둔 분이야 어찌 이런 말이 필요하겠습니까마는 제가 세상을 익숙히 겪다보니 감히 말씀드리지 않을 수 없습니다. 바라건대 더욱 스스로 독려해서 성취하길 기약하십시오. 고루한 저는 도움을 구하는 그대의 호의에 부응할 방법이 없거니와 도중에 상사(喪事)를 만나다보니 이처럼 답장이 늦었습니다. 매우 송구합니다.

159 박 생 : 박서(朴瑞, 1707~1765?). 본관은 밀양(密陽), 자는 성응(聖應), 호는 주천(朱川)이다. 1746년(영조22) 참봉에 임명되었으나 부임하지 않았다. 경전이나 성리서 및 예학은 물론, 선가(仙家)·불가(佛家)·복서(卜筮)·의약·천문·지리·재정·군사 등에까지도 밝았다고 한다.

도암집

제13권

書서

유 진사[1] 승 에게 답하다

答柳進士 乘

궁벽한 산골에 칩거하여 전혀 사우(師友)의 도움을 받지 못한지라, 노년에 가까워질수록 고루함이 더욱 깊어지기만 합니다. 최 상사(崔上舍) 편에 보내주신 편지를 받아보니 말뜻이 곡진하여 미천한 제가 감당할 수 있는 것이 아니었습니다. 더구나 일면식이 없는데도 먼저 편지를 보내주셨으니, 이는 옛날의 도입니다. 지금 이러한 일을 보게 되었으니 얼마나 다행입니까.

근래 이른 장마에 공부하는 정황이 편안하신지요. 호남 지역은 옛날에는 인재의 보고(寶庫)라 일컬어졌는데, 수십 년 이래로 어찌하여 이렇게 텅 비었단 말입니까. 늘 이에 대해 개탄스러웠습니다. 간간이 사우를 통해 손로(遜老)[2]의 문하에 오직 그대가 있다고 들었습니다. 매우 한번 서론(緖論)을 듣고서 저의 몽매함을 깨우치고 싶었으나 거리가 멀어 그렇게 하지 못했으니, 그저 우러러 그리워하는 마음만 품고 있을 뿐입니다.

보내주신 두 편의 시를 통해 그대가 품고 있는 뜻을 충분히 알 수 있었는데, 여러 번 읽고 감탄함에 깨우치고 계발됨이 많았습니다. 그

1 유진사(柳進士) : 유승(柳乘, 1677～?)을 말한다. 본관은 서산(瑞山), 자는 사관(士寬), 호는 성재(誠齋), 현강(玄岡)이다.

2 손로(遜老) : 박광일(朴光一, 1655～1723)을 말한다. 본관은 평양(平壤). 자는 사원(士元), 호는 손재(遜齋)이다. 송시열의 문인으로, 권상하(權尙夏) 등과 교유하였다. 그의 묘갈명(墓碣銘)은 저자가 지었고, 행장(行狀)은 제자 유승(柳乘)이 지었다.

깊은 뜻을 여쭐 길이 없는 것이 더욱 안타까울 뿐입니다. 저는 남에게 알려진 것이 없는데다 나이가 들어 죽을 날이 가까우니, 만일 비루하게 여기지 않으시고 지금부터 자주 가르침을 주신다면 얼마나 다행이겠습니까. 졸렬한 솜씨로 억지로 화답하니 부끄럽기 그지없습니다.

유진사의 문목에 답하다

答柳進士問目

문 《태극도설(太極圖說)》의 주정(主靜)의 정(靜)[3]을 주자(朱子)는 풀이하기를 "이 마음이 고요해 아무 욕심 없이 정한 것이 아니라면, 또 어떻게 천하의 동함에 한결같을 수 있겠는가."[4]라고 하였으니, 이는 염계(濂溪)가 본주(本註)에서 "욕심이 없으므로 정하다."라고 한 것과 동일한 뜻입니다. 그러나 문인의 질문에 답변할 적에는 또 "주정(主靜)은 정(正)과 의(義)를 위주로 한다."라고 하여 도리어 이전에 풀이한 주정(主靜)의 뜻과는 차이가 있는 듯하니, 어째서입니까.

제 생각으로는 무욕(無欲)을 정(靜)이라고 한다면 정(靜)에 상대하여 동(動)이 되는 것은 또 마땅히 유욕(有欲)에 속해야 할 듯합니다. 그렇다면 무욕(無欲)의 욕(欲)은 좋지 않은 욕(欲)이 아닙니다. 인심(人心)이 감발된 것으로, "상지(上智)라도 없을 수 없다."[5]는 것이 이것

3 태극도설(太極圖說)의 주정(主靜)의 정(靜) : 주렴계(周濂溪)는 그의 《태극도설(太極圖說)》에서 "성인은 중정인의(中正仁義)로써 표준을 정하고 정(靜)을 주로 하여 인극을 세운다.〔聖人定之以中正仁義, 而主靜立人極焉.〕"라 하였고, 정(靜)자 밑에 "욕심이 없으니 정하다.〔無欲故靜〕"라고 자주(自註)를 붙였다.

4 주자(朱子)는……있겠는가 : 주자는 〈태극도설해(太極圖說解)〉에서 주렴계의 이 구절을 풀이하면서 "진실로 이 마음이 고요해 아무 욕심 없이 정한 것이 아니라면, 또 어떻게 사물의 변화에 응대하여 천하의 동함에 한결같을 수 있겠는가. 그러므로 성인이 중(中), 정(正), 인(仁), 의(義)로 동하고 정하여 두루 유행하되, 동함에 있어서는 반드시 정함을 위주로 한다.〔苟非此心寂然無欲而靜, 則又何以酬酢事物之變, 而一天下之動哉? 故聖人中正仁義, 動靜周流, 而其動也必主乎靜.〕" 하였다.

이겠지요. 이와 같다면 정(靜)이 되는 정(正)과 의(義)는 진실로 무욕(無欲)에 속해야 합니다. 이와 상대하여 동(動)이 되는 중(中)과 인(仁)이 비록 유욕(有欲)에 속하더라도 꼭 의(義)를 해치는 것은 아니겠지요? 주설(註說)에서 '무욕(無欲)' 위에 있는 '적연(寂然)' 두 글자가 있는 만큼 사욕(私欲)의 욕(欲)이 아님이 분명합니다만, 이 욕(欲)자가 만약 위의 구절 '욕동(欲動)의 욕(欲)'[6]에서 온 말이라면 또 좋지 않은 뜻이 있는 듯합니다. 모르겠습니다만 어떻게 생각하시는지요?

답 "욕심이 없으므로 정하다[無欲故靜]"의 이 욕(欲)자는 윗 문장의 욕동(欲動)의 욕(欲) 자와 다르게 보아서는 안 될 듯합니다. 주자가 이미 "동(動)함에 있어서는 반드시 정(靜)함을 주로 삼는다."라고 하고 중정인의(中正仁義)에서 동과 정을 구분하였으니, 정(正)과 의(義)를 주로 삼는 것이 저절로 정(靜)에 속하여 전후 해석의 차이를 볼 수 없습니다. 어떻게 생각하십니까? 정(正)과 의(義)에 하나의 욕(欲)자를 붙일 수 있는 것입니까? 한번 생각해 보시기 바랍니다.

5 상지(上智)라도……없다 : 주자의 〈중용장구서(中庸章句序)〉에서 인심(人心)과 도심(道心)을 말하면서 "형체를 가지고 있지 않은 이가 없으므로, 비록 상지(上智)라도 인심(人心)이 없지 못하고, 또한 이 성(性)을 가지고 있지 않은 이가 없으므로 비록 하우(下愚)라도 도심(道心)이 없지 않다.〔人莫不有是形, 故雖上智不能無人心, 亦莫不有是性, 故雖下愚不能無道心.〕" 하였다.

6 위의……욕(欲) : 주자가 "苟非此心寂然無欲而靜" 앞 구절에서 성인에 대해 말을 하면서 "한 번 동하고 한 번 정함에 있어 저 태극(太極)의 도를 온전히 하여 흐트러지는 점이 없으니, 지난번에 말한 "욕(欲)이 동(動)하고 정(靜)이 승(勝)하여 이해가 서로 공격한다."고 한 것은 여기에서 결정된다. 그러나 정(靜)은 성(誠)의 회복됨이고 성(性)의 정(貞)이다.〔蓋一動一靜, 莫不有以全夫太極之道, 而無所虧焉, 則向之所謂欲動情勝利害相攻者, 於此乎定矣. 然靜者誠之復, 而性之眞也.〕"라는 내용을 가리킨다.

유진사의 문목에 답하다

答柳進士問目

문 주자의 생각은 중정인의(中正仁義)를 가지고 동(動)과 정(靜)으로 나누어 중(中)과 인(仁)은 동(動)에 소속시키고, 정(正)과 의(義)는 정(靜)에 소속시키는 것입니다. 그러나 주정(主靜)을 풀이하는데 이르러서는 "이 마음이 고요해 아무 욕심 없이 정한 것이 아니라면, 또 어떻게 천하의 동함에 한결같을 수 있겠는가."라고 하였습니다. 저는 이 정(靜)자는 정(正)과 의(義)에 붙여 보아야 하고, 동(動)자는 중(中)과 인(仁)에 붙여 보아야 한다고 생각합니다. 그러나 정(靜)을 이미 무욕(無欲)에 소속 시킬 수 있다면 이에 상대하여 동(動)이 되는 것은 역시 유욕(有欲)에 소속시킬 수 있는 것입니까. 이와 같다면 유욕(有欲)과 무욕(無欲)에 관계없이 이 욕(欲)자는 사리(私利)의 의미로 간주해서는 안 될 듯합니다. 그러므로 전날 여쭌 것은 단지 이것을 취하여 인심(人心)이 감발되었다는 말을 하려고 한 것입니다. 과연 어떻게 생각하시는지요?

답 "욕심이 없으니 정하다[無欲故靜]"라는 한 구절은 "성인주정(聖人主靜)"에서 취하여 말한 것입니다. 그러므로 그대의 생각은 무욕(無欲)의 욕(欲)을 선하지 않은 뜻으로 보려고 하지 않는 것입니다. 그러나 윗 문장에서 이미 "선악이 나뉜다"라고 말했으니, 이 무욕(無欲) 두 글자는 바로 악(惡)과 서로 상대가 됩니다. 주자가 풀이한 욕동(欲動)의 욕(欲)은 실제 무욕(無欲)에서 나와서 상하가 조응하니, 그 뜻이 의미는 깊고 말은 간략함을 알 수 있습니다. 이전 편지에서 다르게 보아서는 안 된다고 한 것은 이 때문입니다.

보내신 편지에서도 "동(動)자는 중(中)과 인(仁)에 붙여야 한다."고 하셨습니다. 성인은 본래 중(中)하고 인(仁)인 분이니, 동(動)을 유욕(有欲)에 소속시킬 수 없음이 이미 분명하지만, 보통사람의 동(動)도 유욕(有欲)으로 지목해서는 안 됩니까? 다시 생각해 보시기 바랍니다. 일반 사람들이 항상 동(動)에서 과오를 범하는 것이 유욕(有欲)이 아니고 무엇이란 말입니까. 한번 생각해 보시기 바랍니다.

유진사에게 답하다 정사년(1737, 영조13)

答柳進士 丁巳

보여주신 시편은 여러 번 읽어보고 격앙되었으니, 저의 이런 심정을 먼저 알았다고 할 만합니다. 혹자의 말은 참으로 저를 잘 알아준 말입니다만, '무익하다〔無益〕'는 두 글자가 시대에 무익하다는 것인지, 자신에게 무익하다는 것인지 모르겠습니다. 만약 자신에게 무익하다고 한 것이라면 어찌 정문일침이 아니겠습니까. 그러나 오늘날 여전히 자신에게 속해 있는 것은 오직 이 일 뿐이니, 제가 비록 굳세지는 못하나 심신을 다 바쳐 죽은 뒤에야 그만 둘 뿐이요, 성공과 실패, 이로움과 불리함은 미리 헤아릴 바가 아닙니다. 저는 본래 〈해조〉[7]를 지을 마음이 없는 사람이지만, 그대의 말씀 또한 사람을 비교할 때 그 사람과 같은 수준을 찾는 도리[8]는 아닌 듯합니다. 그러나 세상을 개탄하는 뜻이 그 속에 담겨 있으니, 이것이 어찌 다만 친구 사이의 개인적인 교분 때문이겠습니까.

근래에 오랫동안 시를 짓지 않아 보내주신 시에 답을 하지 못했습니다. 그러나 설령 화답하는 시를 짓더라도 큰 뜻은 이와 같은데 지나지

7 해조(解嘲) : 세상의 조롱을 스스로 해명하는 글이라는 뜻이다. 한(漢)나라 양웅(揚雄)이 《태현경(太玄經)》을 지을 때, 권세에 아부하여 출세한 자들이 그의 담박한 생활 태도를 비웃자, 이를 해명하는 글을 지어 '해조(解嘲)'라고 명명하였다. 《漢書 卷87下 揚雄傳下》

8 사람을……도리 : 《예기》 〈곡례 하(曲禮下)〉에 "사람을 비교할 때는 반드시 그와 같은 유의 사람에게 해야 한다.〔儗人必於其倫〕" 하였다.

않을 것입니다. 이후로 흥이 나면 혹 지을 수는 있겠지만 역시 기필할 수는 없습니다. 금수 오상설(禽獸五常說)[9]은 바로 호학(湖學)의 큰 시비와 관련된 일이라 성급히 확정할 수 있는 일이 아니니, 천천히 답변을 드리겠습니다.

송우(宋友)는 참으로 훌륭한 선비로, 뜻을 독실이 하여 선(善)에 종사하니 그대의 말이 틀리지 않습니다. 그러나 저나 송우 모두 고루함을 면하지 못했으니, 열흘 동안 같이 지내도 끝내 채워서 돌아가는 유익함이 없습니다. 헛된 명성이 자신을 그르치고 다른 사람까지 그르치는 것이 이와 같으니 어찌하겠습니까.

9 금수 오상설(禽獸五常說) : 인성(人性)과 물성(物性)의 동이(同異)에 관한 논쟁으로, 조선 후기 성리학의 중요한 논제이다. 수암(遂菴) 권상하(權尙夏)의 문하에서 발단하여 낙하(洛下)의 학자들에게 파급되었다. 수암의 문인들 사이에 금수오상(禽獸五常)의 문제와 미발기질(未發氣質)의 문제 등을 주제로 토론이 전개되어 시비가 쉽게 가려지지 아니하여 논쟁이 심각해졌다. 한원진은 오상은 인간의 본성일 뿐 동물의 본성이라고 할 수는 없다고 주장하였고, 이간은 기질의 차이로 인해 본성(오상)이 발현되는 양상은 다를 수 있지만 본성(오상)의 존재는 동일하다고 주장하였다. 권상하는 한원진의 학설을 지지하였다. 뒤에 이 논쟁이 경기 지역으로 확산되면서 한원진의 견해를 지지하는 호론(湖論)과 이간의 학설에 동조하는 낙론(洛論)으로 갈리게 되었다.《문석윤, 湖洛論爭 형성과 전개, 2006, 260~268쪽》

유진사의 문목에 답하다 기미년(1739, 영조15)

答柳進士問目 己未

문 《맹자》 첫 장의 주(註)에 "단서를 만들고 시작을 맡긴 깊은 뜻[10]"이라고 말한 부분에서 단서〔端〕와 시작〔始〕은 무엇을 가리켜 말한 것입니까. 어떤 사람은 "인의의 단서"와 "왕도정치의 시작"이라고 하는데, 어떻게 생각하시는지요?

답 "단서를 만든다.〔造端〕"[11]는 것은 《중용》에서 나온 말이고, "시작을 맡긴다.〔託始〕"[12]는 것은 《춘추》에서 나온 말이니, 이를 취하여 첫 장에 특별히 인의(仁義)를 제시한 의미를 밝힌 것입니다. 혹자의 말은 옳지 않습니다.

10 단서를……뜻 : 《맹자》 〈양혜왕 상(梁惠王上)〉주(註)에 "이는 《맹자》 책이 단서를 만들고 시작을 의탁한 깊은 뜻이니, 배우는 자가 마땅히 정밀하게 살피고 밝게 분별하여야 한다.〔此孟子之書, 所以造端託始之深意, 學者所宜精察而明辨也.〕"라고 한 내용을 가리킨다.

11 단서를 만든다 : 《중용》12장에 "군자(君子)의 도(道)는 단서가 부부(夫婦)에게서 시작되니, 그 지극함에 미쳐서는 천지(天地)에 밝게 드러난다〔君子之道, 造端乎夫婦, 及其至也, 察乎天地.〕"라고 한 내용을 가리킨다.

12 시작을 맡긴다 : 《춘추공양전》은공(隱公) 2년에 "전무해(展無駭)를 무해(無駭)로 기록한 것은 두고 "어찌하여 폄하한 것인가? 처음으로 없애는 것을 싫어해서이다. 처음으로 없애는 것이 여기에서 시작되는 것인가? 이전에도 있었다. 이전에 있었다면 어찌 여기에서 시작되는 것이겠는가? 시작을 의탁하는 것이다.〔曷爲貶? 疾始滅也. 始滅昉乎此乎? 前此矣. 前此則曷爲始乎此? 託始焉爾.〕" 하였다.

문 《주자가례》〈상례〉 부장기조(不杖期條)에 "시아버지가 적부(適婦)를 위해 입는다."[13]라는 말이 있는데, 여기에서 '시아버지〔舅〕'는 다만 할아버지 이상을 계승한 사람으로, 장자(長子)를 위해 참최복을 입는 자를 가리켜 말한 것입니까? 아니면 아버지 이하를 계승한 사람으로, 중자(衆子)를 위해 기년복을 입는 자를 통틀어 말한 것입니까?

답 부장기(不杖期)조의 "시아버지가 적부(適婦)를 위해 입는다."라는 말은 할아버지를 계승하는 이상으로 장자(長子)를 위하여 참최복을 입는 경우를 가리켜 말한 것입니다. 무엇으로 이를 증명하겠습니까. 중자(衆子)를 위해서는 기년복을 입고, 중자의 아내를 위해서는 대공복을 입으니, 며느리를 위해 입는 상복은 반드시 아들보다 한 등급을 낮추는 것입니다. 아들을 위해 참최복을 입지 않는다면 어찌 며느리를 위해 기년복을 입는 이치가 있겠습니까. 이러한 사실로 보자면 적부는 마땅히 참최복을 입는 장자의 아내가 됨을 의심할 여지가 없습니다.

문 제가 죽은 아내의 개장(改葬)을 하려고 하는데, 우리 아이가 비록 삼년 동안 상복을 입어야 하지만, 제가 실제로 주인이 되므로, 자식은 시마복(緦麻服)을 입을 수 없으니,[14] 다만 백포건과 백포대의 소복차

13 주자가례(朱子家禮)……입는다 : 부장기(不杖期)는 오복(五服)의 하나로, 재최복(齊衰服)만 입고 상장(喪杖)은 짚지 않으며 1년 동안 입는 복(服)을 말한다. 《주자가례》〈상례(喪禮)〉 부장기조(不杖期條)에 "시부모가 적부를 위해 입는다.〔舅姑爲適婦也〕" 하였다.

14 제가……없으니 : 《가례의절(家禮儀節)》〈개장의(改葬儀)〉에 "부모를 이장(移葬)할 때 주인은 시복(緦服)을 입고 나머지 사람은 모두 소복을 입는다."라는 조목이 있다.

림으로 일을 치러야 하는 것입니까?

답 부친이 생존해있고 모친이 돌아가신 경우에는 비록 압굴[15]이 되어 예를 펼 수가 없으나 그 사이에는 그래도 삼년복의 체모가 있으니, 면례 때는 마땅히 시마복을 입어야 할 듯합니다.

15 압굴(壓屈) : 압존(壓尊)과 같은 말로, 어른에 대한 예우가 그보다 더 높은 어른 앞에서는 줄어드는 것을 말한다. 예를 들면 어머니 상에 아버지가 살아 계시면 자식이 어머니를 위해 삼년복을 입지 못하고 기년복을 입는 따위이다.

유진사의 문목에 답하다 임술년(1742, 영조18)

答柳進士問目 壬戌

문 아들을 위해 기년복을 입으면 기년복을 입어야 하는 아들의 아내에 대해서는 한 등급을 낮추는 것은 노선생의 뜻이 이와 같습니다. 그러나 주소가(註疏家)들이 오복(五服)에 있어 경중의 순서를 논한 것이 매우 자세할 뿐만 아니라, 명칭은 동일하지만 상복을 달리 입는 경우에 대해서도 더욱 자세히 논하였습니다. 그렇다면 지금 부장기조(不杖期條)에 "시아버지가 적부(適婦)를 위해 입는다."라는 조목 아래에는 어찌하여 이 시아버지는 바로 장자(長子)를 위하여 참최복을 입는 시아버지라고 분명히 말하지 않은 것입니까? 그리고 그 아래에 나오는 "대공복은 중자(衆子)의 아내를 위해 입는다."라는 조목 아래에 어찌하여 장자(長子)를 위하여 참최복을 입지 않는 시아버지는 비록 적부라 하더라도 오히려 대공복을 입는다고 분명히 말하지 않은 것입니까? 이 점이 매우 의심스럽습니다. 더구나 적부를 위해서는 대공복을 입는 것이 고례(古禮)인데, 위징(魏徵)이 상주(上奏)한 뒤로부터 비로소 등급을 올려 기년복으로 정했습니다.[16] 주자(朱子)가 이에 대해 논의하기를 "다만 적부(嫡婦)를 기년복으로 올렸는데, 마침내 적통을 엄중

16 위징(魏徵)이……정했습니다 : 당(唐) 정관(貞觀) 14년(640), 시중(侍中) 위징(魏徵)이 상주하여 적자부(嫡子婦)에게는 옛날에 대공복이었으나 기년복을 입도록 청했고, 중자부(衆子婦)에게는 옛날에 소공복이었으나 지금 형제의 자부(子婦)와 동일하게 대공 9월복을 입도록 청했다.《貞觀政要 卷7 禮樂篇》

하게 하는 의리를 얻었다."라고 하였고, 또 말하기를 "서부(庶婦)를 대공복으로 올린 것 역시 낮추어 줄이는 차등에 해가 없다."[17]라고 하였습니다. 지금 이 말씀을 상세히 살펴보니 구분하는 뜻이 존재하는지 더욱 모르겠습니다.

또 한 가지 말씀드릴 것이 있습니다. 만일 아버지를 계승하는 이하의 종통(宗統)으로, 적부를 위해 상복을 입는 경우에 단지 대공복을 입을 뿐이라면, 또 중자의 아내를 위해서는 무슨 상복을 입어야 합니까? 고례(古禮)를 따라 소공복을 입으려 한다면 도리어 형제의 며느리를 위해 입는 상복보다 가볍게 되니, 주자가 말한 "경중의 순서가 맞지 않다."라는 경우와 같게 됩니다. 적부와 동일하게 대공복을 입고자 한다면 적통을 엄중하게 하고 적통 이하를 낮추어 줄이는 뜻을 잃을까 염려됩니다. 바라건대 이 점에 대해 깊이 생각해보시고 가르침을 주시는 것이 어떠신지요?

근래에 《가례도(家禮圖)》를 들어 증거를 삼은 어떤 사람이 말하기를 "오른쪽 '아들 자〔子〕' 아래에 '장참최삼년(長斬衰三年)'이라고 한 것은 장자를 위해 참최복을 입는 뜻을 말한 것이고, 그 왼쪽 '며느리 부〔婦〕' 아래에는 대설(對說)[18]하여 '적기(適期)'라고 하였으니, 이는 적부(適婦)로서, 참최복을 입어야 하는 아들의 아내임이 분명하지 않겠는가."라고 하였습니다. 제 생각에 《가례도》가 비록 후대 유학자가 첨가하여 수정한 것이기는 하나, 상대되는 이치로 미루어 보자면 혹자의 말이 근거가 없지 않은 듯합니다. 지금 역시 이 설로 증거를 삼아

17 다만……없다 : 《주자대전》 권63 〈답여정보(答余正甫)〉에 나오는 내용이다.

18 대설(對說) : 수평적 측면에서 대구(對句)로 말하는 것을 말한다.

전날의 의문점을 해결할 수 있을 런지요?

답 주자가 말한 "적부(嫡婦)를 기년복으로 올렸다.〔升適婦爲期〕"의 적부(適婦)는 제가 말했던 할아버지 이상을 계승한 사람으로, 장자를 위하여 참최복을 입는 자에 해당합니다. 서부(庶婦)를 위해 대공복을 입는 것은 바로 낮추어 줄이는 마땅함을 얻은 것이니, 이렇게 보지 않으면 적(嫡)을 높이고 서(庶)를 낮추는 의리가 모두 온당치 못하여 곳곳이 막히고 구애를 받아 통하지 못할 것입니다. 말씀하신 "어찌하여 않은 것입니까〔何不〕"라고 한 두 곳은 억지로 의심의 단서를 만들어 내어 외려 종지(宗旨)를 어지럽힌 것이 아니겠습니까. 굳이 이와 같이 할 필요는 없을 듯합니다. 말미에 말씀하신 혹자의 《가례도》에 관한 설 역시 충분히 제 말의 증거가 될 수 있습니다.

문 "우제(虞祭)와 졸곡(卒哭)은 그 남편이나 아들이 이를 주관한다."는 말은 분명히 〈상복소기(喪服小記)〉에 실려 있는 내용이니, 소상(小祥)과 대상(大祥) 이하는 또 누가 주관해야 하는 것입니까?

답 부제(祔祭)는 조상의 사당에 안치하는 것이니, 높은 사람이 주관하기 때문에 시아버지가 주관하고, 우제와 졸곡의 경우에는 은혜가 중하고 복이 중한 남편과 아들로 하여금 정을 펴도록 하는 것이므로 남편과 아들이 주관하는 것입니다. 그렇다면 소상과 대상의 경우 우제, 졸곡과 마땅히 차이가 없어야 합니다. 〈상복소기〉의 본문 주(註)에 "우제와 졸곡에 며느리를 제사지내는 것은 시아버지의 일이 아니다."라고 하였으니, 지금 소상과 대상을 가리켜 "이는 시아버지의 일입니까, 남편이나 아들의 일입니까?"라고 묻는다면, 이는 시아버지의 일이 아님이 분명합니다. 이로써 미루어보면 남편이나 아들이 소상과 대상을 주관하는 것 역시 의심할 여지가 없습니다.

문 하순(賀循)이 "아버지의 상에 빈(殯)을 하기 전에는 조부의 복(服)을 일 년으로 한다.[19]"라고 한 내용에 대해서는 어떻게 생각하십니까?

답 빈(殯)을 하기 전에는 조부를 위해 기년복을 입는다는 것이 진실로 하순의 설이지만, 이는 선왕들이 제정한 예가 아니니, 의심하지 않을 수 없습니다. 상(喪)이란 하루라도 주관하는 사람이 없어서는 안 되는 법인데, 만약 조부를 위해 기년복을 입는다면 일 년이 지난 뒤에는 조부의 상을 주관할 사람이 없어지게 됩니다. 이것이 비록 차마 부모가 돌아가셨다고 여길 수 없는 뜻에서 나온 것이라 하더라도, 아버지가 돌아가신 뒤에 그 몸을 대신하여 삼년상의 제도를 다하지 못한다면 역시 아버지의 마음을 따르는 것이 아니니, 이는 천리와 인정에 있어 몹시도 편치 못한 일입니다. 제 생각에는 아버지의 상중에 조부가 돌아가시면 빈의 시행 유무에 관계없이 모두 삼년 복을 입는 것이 정당한 도리가 될 듯합니다. 그러나 예에 이미 근거로 삼을 만한 부분이 없는 만큼 이는 의기(義起)[20]이니, 어찌 감히 억측하여 단정하

19 아버지의……한다 : 《통전》 권97에 "하순(賀循)의 〈상복기(喪服記)〉에 이르기를, '아버지가 죽어서 아직 빈(殯)을 하지 않았는데 할아버지가 죽었을 경우에는 할아버지를 위해서 기년복을 입으며, 이미 빈을 한 뒤에 할아버지가 죽었을 경우에는 삼년복을 입는다.' 하였다."는 내용이 보인다.

20 의기(義起) : 의(義)에 맞도록 새로 만든 예를 이른다. 《예기(禮記)》 〈예운(禮運)〉에 "예(禮)라는 것은 의(義)의 실질이니, 의에 맞추어서 맞으면 예는 비록 선왕(先王) 때에 없는 것일지라도 의로써 새로 만들 수 있다.〔禮也者, 義之實也, 協諸義而協, 則禮雖先王未之有, 可以義起.〕" 하였다.

겠습니까. 이 일을 사계 선생(沙溪先生)과 우암 선생(尤庵先生)에게 질정할 수 없는 것이 한스러우니, 다시 한 번 생각해보시고 가르침을 주시기 바랍니다.

문 "아버지가 돌아가셨을 경우 어머니를 위해서〔父卒則爲母〕"[21]라는 구절과 관련하여, 예전에 "아버지가 돌아가시고 이미 빈을 한 뒤에 조부가 돌아가셨을 경우에는 삼년복을 입는다."[22]라는 내용에 근거하여 아버지의 빈을 한 뒤에 어머니를 위해 삼년복을 입는 증거로 삼으려 한 경우가 있었는데, 사계 선생이 "이 설 역시 정의(情義)에 가깝다."라고 하였으니, 선생의 뜻은 인정상 차마 할 수 없다는 뜻으로 말씀하신 것입니다. 그러나 제 소견은 다음과 같습니다. 조부를 위해 삼년복을 입는 것은 이른바 정리상 차마 그만둘 수 없어서가 아니라, 주안점이 단지 아버지의 효를 본받는데 있습니다. 지금 어머니를 위해 삼년 복을 입고자 하는 것이 또한 아버지를 본받는 일이라고 할 수 있습니까? 만약 아버지를 본받는 것만을 의리로 삼는다면 어머니를 위해

21 아버지가……위해서 : 《의례(儀禮)》 〈상복(喪服)〉의 '자최삼년조(齊衰三年條)'에 "아버지가 죽었을 경우 어머니를 위해서〔父卒則爲母〕"라는 구절이 보이는데, 이에 대한 가공언(賈公彦)의 소(疏)에 "단지 '아버지가 졸하고 어머니를 위해서 입는다.〔父卒爲母〕'라고만 하면 충분한데도 '즉(則)' 자를 쓴 것은, 아버지가 졸한 지 삼년 이내에 어머니가 졸하였을 경우 그대로 기년복을 입는 것을 드러내 보이고자 해서이다. 요컨대 아버지를 위한 상복을 벗은 뒤 어머니가 죽었을 경우라야 삼년의 상기를 다 펼 수 있으므로, '즉(則)' 자를 써서 그 뜻을 차이 나게 한 것이다.〔直云父卒爲母足矣, 而云則者欲見父卒三年之內而母卒, 仍服期, 要父服除後而母死, 乃得伸三年, 故云則以差其義也.〕"라고 한 내용이 보인다.

22 아버지가……입는다 : 335쪽 주19 참조.

삼년 복을 입지 못하는 것이 도리어 지극한 효성이 되니, 정리상 차마 할 수 없다고 논해서는 안 됩니다. 그렇다면 사계 선생의 의론이 비록 이와 같더라도 마침내 우선 근거가 있는 《속해(續解)》[23]를 따르는 것이 나을 것입니다.

답 현석(玄石 박세채)은 기년복을 입어야 한다는 논의를 힘껏 주장하였는데, 사계 선생부터 우암 선생에 이르기까지는 모두 어려운 문제라고 여겨 다만 명확한 결론을 내지 못하였습니다. 제 생각은 다음과 같습니다. 어머니의 상기가 끝나는 것이 아버지의 삼년상 기간 내에 있으면 그만이지만, 만약 삼년상을 벗은 뒤라면 비록 차마 아버지를 죽은 것으로 여길 수 없는 뜻을 따르고 싶어도, 아버지의 삼년상을 벗은 만큼 압존(壓尊)의 의리가 없습니다. 그런데도 어머니를 위한 상복을 곧장 벗어버린다면 결국 자식의 마음을 펼 곳이 없게 되니, 이는 천리와 인정에 실로 편안하지 못한 것입니다. 돌아가신 아버지의 빈을 하지 않았을 때 조부를 위해 기년복을 입는다는 설을 곁에서 끌어다 근거로 삼은 것은 끝내 부합하지 않습니다. 만약 아버지 소상의 전후를 기준으로 삼아 그 이전에는 기년복을 입고, 그 이후에는 어머니를 위해 삼년복을 입는다고 한다면 정리에 부합할 듯하지만 이미 정확한 증거가 없으니, 어떻게 하는 것이 옳을지 모르겠습니다.

뒤에 우암 선생의 《예의문답(禮疑問答)》[24]을 보니, 어떤 사람의 질

23 속해(續解) : 사계 김장생의 아들 김집이 《의례문해》에서 다루지 못한 문제를 속편에서 보충하여 질의문답형식으로 엮은 《의례문해속(疑禮問解續)》을 말하는 것으로 보인다.

24 예의문답(禮疑問答) : 송시열의 《경례문답(經禮問答)》에서 '예의(禮疑)'라고만 써서 분리・수록한 것으로, 내용과 분량이 충분히 독립적인 예 문답서로 분류할 만하였

문에 대해 답변하기를, "이 일은 아버지가 돌아가신지 일년 만에 어머니가 돌아가신 경우로, 어머니를 위해 기년복을 입어야 하는 기간이 아직 아버지의 상을 마치기 전에 있으니, 여전히 압굴(壓屈)하는 뜻이 있다네. 만일 내일 아버지의 상기가 끝나는데 오늘 어머니가 돌아가셨다면 또한 기년복을 입어야 하겠지만, 기년복을 벗고 난 뒤에는 곧바로 입을 복이 없는 사람이 된단 말인가. 이 점에 대해서는 깊이 생각하지 않을 수 없네."[25]라고 하였습니다. 이로써 미루어보면 제 견해가 혹 의리에 크게 위배되지는 않겠지요? 깊이 생각하시고 헤아려 가르쳐주시기를 바랍니다.

으므로 후대의 연구자들에 의해 따로 《예의문답(禮疑問答)》이라 불렸다.

25 이……없네 : 이 내용은 《송자대전》 권66 〈답박화숙(答朴和叔)〉 두 번째 편지에 보인다.

정자문[26] 오규 에게 답하다 을묘년(1735, 영조11)

答鄭了文 五奎○乙卯

호서(湖西)의 고개에서 만났다 헤어진 일은 비록 아주 잠깐이었지만 오랫동안 생각이 나니, 어찌 다시 만나기가 쉽겠습니까. 가을이 되어 그리움이 갑절로 심해졌는데, 문득 보내주신 편지를 받아보았습니다. 멀리 깊은 골짜기에 있는 저를 정성스레 살펴주신 뜻에 무엇으로 보답할 수 있을는지요. 서리 내려 싸늘한 날씨에 체후는 편안하신지요?

우리는 각자 노년에 접어든 터라 비록 백배 천배 힘을 쓰더라도 오히려 남들에게 미치지 못할 것인데, 하물며 중단이 많고 지속함이 적으니 말해 무엇 하겠습니까. 남들에게 알려지지 않는 보잘 것 없는 사람으로 끝나고 말 것이니, 어찌하겠습니까. 말씀해주신 "누릴 날이 거의 없다."라는 한 구절이 참으로 절실한 말입니다만, 꼭 이러한 생각을 마음에 둘 필요는 없으니, 오직 부지런히 날마다 노력하여 죽은 뒤에 그만두어야 비로소 구경법[27]이 될 수 있습니다. 자신을 다잡고 남을 면려함

26 정자문(鄭子文) : 정오규(鄭五奎)를 말한다. 본관은 광주(光州)이며 정부(鄭敷)의 아들이다. 정부는 저자의 숙부 이만성(李晩成)이 조정에 추천한 인물이며, 권상하(權尙夏)가 그를 위해 묘표를 짓기도 하였다. 정부가 거처하던 곳은 가림(嘉林 부여)이었다. 《寒水齋集 卷33 處士鄭公墓表》

27 구경법(究竟法) : 제법실상(諸法實相)을 뜻하는 불가(佛家)의 용어로, 최고 경지의 원리를 뜻한다. 주자어류(朱子語類)》 권8에 "세간의 온갖 일은 잠깐 사이에 변화하여 없어지는 것인 만큼 모두 가슴속에 담아 둘 가치가 없다고 할 것이다. 오직 궁리하고 수신하는 것이야말로 구경법이라고 하겠다." 하였다.

에 있어서는 이것 말고 다른 말이 없습니다. 모르겠습니다만 그대는 어떻게 생각하십니까?

정자문에게 답하다 신유년(1741, 영조17)

答鄭子文 辛酉

해가 바뀌도록 소식이 막혀 그리움이 깊어지던 차에 문득 보내주신 편지를 받아보고 봄 사이 체후가 편안하심을 알았으니, 몹시 우러러 위로가 됩니다. 저는 해마다 더욱 쇠약해져 지금은 이미 완연한 노인네의 모습입니다. 눈이 흐리고 정신도 몽롱하여 생소한 글은 가까이 할 수가 없어 때때로 옛날에 보았던 글을 반복해서 익힐 뿐이니, 이와 같은데 조금의 진보가 있을 수 있겠습니까.

듣자하니 책을 싸들고 산으로 들어가셨다고 하는데, 노년에 이런 일을 어느 누가 할 수 있겠습니까. 참으로 감탄할 만한 일입니다. 우리는 앞으로 살 날이 많지 않으니, 일생을 그르치는데 이르지 않도록 죽기 전에 더욱 선(善)을 행하는데 급급해야 합니다. 그대의 물음이 비록 지성스러우나 이 밖에 어찌 별다른 말이 있겠습니까. 이것으로 서로 면려했으면 합니다.

정자문에게 주다 계해년(1743, 영조19)

與鄭子文 癸亥

일전에 가르침을 주신 "팔(八)이 되면 양(陽)이 생겨난다."[28]라는 부분에 끝내 의심이 없을 수 없어 여러 서적을 두루 고찰하여 다시 연구해 보았습니다. 정자(程子)가 쓴 《주역》의 총론에 "선유(先儒)는 육(六)을 노음(老陰)으로, 팔(八)을 소음(少陰)으로 여겼으니, 참으로 옳지 않다. 구(九)와 육(六)은 바로 순음(純陰)과 순양(純陽)을 취한 것이니, 오직 육(六)이 순음이 된다. 다만 《하도(河圖)》의 수를 취해 보더라도 육을 지나면 하나의 양이 생겨나니, 팔에 이르면 순음이 아니다."라는 글이 있습니다. 《주자어류》에는 "음효(陰爻)를 육이라 칭한다."라고 하여 《정전(程傳)》의 설과는 크게 차이가 있으니, 이는 사상(四象)[29]의 관점으로 보면 분명합니다.

정자와 주자가 《주역》을 논한 것이 본래부터 차이가 있으니, 정자는 상수(象數)의 관점에서 보지 않았고, 주자는 사상(四象)을 세분하여 보았습니다. 지금 《본의(本義)》에 입각해서 보자면, "음수에서 육은 노음이고, 팔은 소음이다."라고 한 것은 사상의 관점에서 논한 것입니다. 《정전》에서는 "음효를 육이라 칭하니, 음이 성한 것이다. 팔이 되

28 팔(八)이……생겨난다 : 《주역》 〈곤괘(坤卦) 초육(初六)〉전(傳)에 "음효(陰爻)를 육(六)이라 칭하니, 음(陰)이 성(盛)한 것이다. 팔(八)은 양(陽)이 낳은 것이니 순수하고 성(盛)한 것이 아니다.〔陰爻稱六, 陰之盛也, 八則陽生矣, 非純盛也.〕"라는 말이 나온다.

29 사상(四象) : 노양(老陽), 소음(少陰), 소양(少陽), 노음(老陰)을 말한다.

면 양이 생겨나니, 순수하게 성한 것이 아니다."라고 하였으니, 이는 다만 음양이 순수한가 순수하지 못한가를 가지고 논한 것입니다. 만일 사상의 관점으로 말하자면 팔은 음치(陰穉 소음(少陰))로 본래 양을 생겨나게 하는 뜻이 없으니, 이 '생겨난다〔生〕'는 글자는 도리에 맞지 않는 듯합니다. 그리고 정자의 본뜻은 이미 사상의 관점에서 본 것이 아니니, 다만 양이 있다는 뜻으로 융통성 있게 보아야지, 굳이 '낳는다〔生〕'라는 뜻에 구애되어 본래 의미를 도리어 모호하게 할 필요는 없습니다. 이러한 것은 다만 그 대체를 보아야지 한두 글자에 얽매여 지나치게 심하게 따져서는 안 되니, 어떻게 생각하십니까.

송신보[30] 상윤 에게 답하다 계해년 (1743, 영조19)

答宋信甫 相允○癸亥

구구절절 저에게 물어주시니, 참으로 저를 비루하게 여기지 않는 후의를 알겠습니다. 다만 이 일은 두 선생(송시열과 송준길)의 집안에서 아직 감정을 거치지 않은 일이니, 학문이 깊지 못한 후생이 어찌 감히 가벼이 논할 수 있겠습니까. 다만 마땅히 유념하여 차근차근 경전(經傳)을 고찰하다가 혹여 근거로 삼을 만한 단서가 있다면 감히 그대에게 알려 헤아려 채택하는 데 보탬이 되도록 하지 않겠습니까.

그대의 종인(宗人) 문흠보(文欽甫 송문흠(宋文欽))는 나이가 비록 젊지만 식견이 정밀하고 통철합니다. 우연히 보내주신 편지를 보여주었더니 "진사부군(進士府君)[31]의 묘를 쓴 자리를 잃어서 그 부인의 묘 오른 편에 단을 쌓아 함께 제사를 지냈습니다. 이는 정기(精氣)가 합하는 의리[32]로 미루어 보건대 진실로 그만둘 수 없는 일입니다. 그러나

30 송신보(宋信甫) : 송상윤(宋相允, 1674~1753)을 말한다. 본관은 은진(恩津), 호는 위와(韋窩)이다.

31 진사부군(進士府君) : 송극기(宋克己, ?~1392)를 말하는 것으로 보인다. 《동춘당집(同春堂集)》 권21 〈칠대조고처사쌍청당부군행장(七代祖考處士雙淸堂府君行狀)〉에 "고(考) 휘 극기(克己)는 진사로 일찍 별세하였다." 하였고, 그 소주(小註)에 "진사부군의 무덤은 있는 곳을 알 수 없다." 하였다. 송극기의 아들이 쌍청당(雙淸堂) 송유(宋愉)이다.

32 정기(精氣)가 합하는 의리 : 《주례》 권5 〈사궤연(司几筵)〉의 "돈(敦)마다 궤안(几案) 하나씩을 설치한다."라고 한 데 대한 정현(鄭玄)의 주(註)에 "비록 합장(合葬)하였거나 동시에 빈궁(殯宮)에 있는 경우에도 모두 궤안을 달리하는 것은 체백(體魄)

그 나머지 판원(判院)[33] 4대는 비록 단을 만들고자 한들 어디에 의지하겠습니까. 만약 정침(正寢)에 제사를 지낸다면 '선조제(先祖祭)'라고 이름하지 않을 수 없습니다. 그런데 주자(朱子)가 이미 참람되어 시행할 수 없다고 하였으니, 지금 어떻게 갑자기 시행할 수 있겠습니까. 게다가 은진군(恩津君)이 비록 여산 송씨(礪山宋氏)의 족보에 보이지만, 그 이하 대수(代數)가 분명하지 않기에 문중에서는 본래부터 판원을 시조로 여기고 있습니다.[34] 이 때문에 두 선생 역시 감히 가벼이 논하지 못하고, 다만 소주(小註)에 기록하여 전의(傳疑)의 도(道)[35]로 삼았으니, 감히 곧바로 시조(始祖)로 삼아 정동향(正東向)의 시조위(始祖位)에 두어서는 안 됩니다."라고 하였습니다. 무릇 이 몇 가지 말이 매우 일리가 있는 듯하니, 모르겠습니다만 그대는 어떻게 생각하시는지요? 다시 생각해 보시기 바랍니다.

이 실로 다르기 때문이고, 사당의 제사에 궤안을 함께하는 것은 정(精)과 기(氣)가 합하기 때문이다." 하였다.

33 판원(判院) : 고려 때 판원사(判院事)를 지내고 은진군(恩津君)에 봉해진 송대원(宋大源)을 말한다.

34 은진군(恩津君)이……있습니다 : 은진군(恩津君)은 송천익(宋天翊)을 말한다. 여산 송씨(礪山宋氏) 족보(族譜)에 따르면, 은진 송씨(恩津宋氏)의 시조 송대원은 여산 송씨의 시조 송유익(宋惟翊)의 아우 송천익의 후손으로, 대대로 은진에 세거하였다고 하나 문헌이 실전되었다. 송천익 이후의 세계(世系)를 고증할 수 없어 고려 때 판원사를 지내고 나라에 공을 세워 은진군에 봉해진 송대원을 시조로 한다고 한다.

35 전의(傳疑)의 도(道) : 확실하지 않은 사항은 확실하지 않은 대로 전해 준다는 뜻이다. 《춘추곡량전(春秋穀梁傳)》에 "《춘추》의 의리는, 사건이 확실한 것은 확실한 대로 전하고 의심되는 것은 의심되는 대로 전하기 때문이다.〔信以傳信, 疑以傳疑.〕"라는 말에서 유래하였다.

송용경[36] 희상 에게 답하다 을축년(1745, 영조21)

答宋龍卿 羲相○乙丑

그대의 생질이 들러 안부 편지를 전해주니, 저를 생각해주시는 마음이 참으로 두텁습니다. 병이 나서 인사를 내버려 둔 터라 일년 동안 소식을 전하지 못한 것이 한스러웠는데, 서원의 인편에 거듭 안부를 물어주시니 그리워하던 마음 너무나 위로가 되었습니다. 저는 앓고 있는 병이 오래 고질이 되어 이미 사방으로 나설 뜻을 접었으니, 이와 같지 않다면 어찌 지금껏 조용한 곳에서 당신을 따를 기회를 놓쳤겠습니까.

지금 세상은 강학을 폐한지가 오래이니, 어떤 사람이 혹 이에 대해 논하면, 오활하다고 여기지 않으면 망령되다고 말할 뿐입니다. 그대가 이 늙은이의 간절한 마음을 헤아린 것이 아니라면, 어찌 비난과 조롱을 생각지 않고 이처럼 드문 일에 힘쓰려 하겠습니까. 〈백록(白鹿)〉시[37]에 차운한 것은 역시 흠앙하는 제 마음을 대략 서술한 것일 뿐입니다. 화양서원(華陽書院)[38]의 강장(講長)이 차출되자마자 인혐하고 나오지 않아 중망을 따라 결국 또 번거로이 그대가 강장을 맡아야 할 듯하니, 부디 지나치게 사양하지 마시기 바랍니다.

36 송용경(宋龍卿) : 송희상(宋羲相, ?~?)을 말한다. 본관은 은진(恩津), 자는 용경(龍卿), 호는 암곡(巖谷)이다.

37 백록(白鹿)시 : 주자(朱子)가 지은 〈백록동서원〉 이라는 시를 말하는 것으로 보인다.

38 화양서원(華陽書院) : 송시열을 제향한 서원으로, 1696년(숙종22) 9월 사액을 받았다. 충청북도 괴산군 청천면 화양리에 있다.

이 참봉[39] 이정 의 문목에 답하다 경신년(1740, 영조16)

答李參奉 頤正 問目 庚申

문 근래 호우(湖右)의 예가(禮家)들이 최장방(最長房)[40]에서 받들던 조주(祧主)는 최장방이 죽으면 성복(成服)한 뒤에 곧바로 차장방(次長房)으로 옮기고 삼년을 기다리지 않는다고 하는데, 이것은 근거로 삼을 만한 것이 있습니까? 만약 성복을 한 뒤에 곧바로 옮긴다면 길제(吉祭)가 없다 하더라도 마땅히 신주를 고쳐 쓰고 사유를 고하는 절차는 있어야 할 듯하니, 모르겠습니다만 어떻습니까?

답 최장방이 죽으면 받들던 신주를 차장방으로 옮기는 것을 삼년상이 끝날 때까지 기다리지 않는 것은 근세 사대부 집안에서 이렇게 하는 자들이 많습니다. 저는 조천(祧遷)은 최장방이 상을 당하여 장례를 치른 뒤에 한다고 들었는데, 보내주신 편지에는 성복한 뒤라고 되어있습니다. 피차에 들은 바가 어떤 것이 옳은지 모르겠으나, 성복한 뒤에 한다면 너무 서두르는 것이 아니겠습니까.

이는 니산(尼山)의 윤씨(尹氏)에게서 처음 시작된 일로 우암 선생이 시행해도 된다고 한 것인데, 그 글이 문집에 실려 있습니다.[41] 예경(禮

39 이 참봉(李參奉) : 이이정(李頤正)을 말한다.

40 최장방(最長房) : 4대 이내의 자손 가운데 항렬이 가장 높은 사람을 가리킨다.

41 니산(尼山)의……있습니다. : 니산(尼山)은 충남 논산 노성면 일대를 말하며, 윤씨(尹氏)는 그 곳에 살았던 윤문거(尹文擧, 1606~1672)를 말한다. 《송자대전》〈연보〉에 "선생이 생각하기를, '최장방(最長房)의 예는 오로지 제사를 위해서 설치한 것이라면 차장방(次長房)의 집에 옮겨 모시는 것은 반드시 최장방의 상을 마치기를 기다릴

經)에 비록 근거로 삼을 만한 것은 없으나, 실로 삼년 동안 제사를 폐하는 것을 온당치 못하게 여겨서 그런 것입니다. 제 생각에도 장방(長房)의 사체는 종자(宗子)와 같지 않으니, 군이 삼년상을 마치기를 기다릴 필요가 없습니다. 신주를 받들어야 할 차방(次房)은 사유를 고하여 받들어 옮기고, 받들어 옮긴 뒤에 비로소 신주를 고쳐 쓰는 것이 마땅할 듯합니다. 그러나 이와 같은 의절(儀節)은 제 개인적인 견해에서 나온 것이니, 자세히 살펴본 뒤에 취사선택하는 것이 어떻습니까?

것이 없다.'하고, 일찍이 석호(石湖 윤문거) 윤공(尹公)에게 말하였더니, 석호가 따랐다."라는 내용이 보인다.

이 참봉에게 답하다 계해년(1743, 영조19)

答李參奉 癸亥

십년 전에 본 그대의 얼굴이 점차 희미해집니다. 각자 이미 노쇠하여 다시 만날 기약이 없으니, 요행히 같은 세상에 태어났지만 그저 한번의 만남으로 끝인가 봅니다. 남쪽에서 사우(士友)가 올 때마다 먼저 그대의 안부를 물었는데, 이번에 양우(楊友)의 걸음으로 더욱 자세한 소식을 듣게 되었습니다. 멀리에서 보내주신 편지에 말뜻이 정중하니, 감사하고 위로가 되는 마음을 어찌 말로 다하겠습니까. 괴상한 겨울 날씨에 근래 체후가 편안하신지요? 우러러 사모하는 마음이 더욱 간절합니다. 저는 병을 앓는 와중에 거듭 아랫사람의 상(喪)을 당하여 그동안의 공부를 거의 한쪽으로 밀쳐 버렸으니, 슬퍼하고 탄식한들 어찌하겠습니까.

두 책갑 여덟 책의 서적은 은혜를 받은 것이 많습니다. 지금 사람들은 옛날 일을 말하는 것을 좋아하지만, 우리 조정의 일에 대해서는 전혀 알지 못하니, 이것이 공적인 근심입니다. 연래에 제멋대로 야승(野乘)을 수집하여 연대에 따라 순서대로 편성하기로 동지 몇 사람과 약속하였습니다. 그런데 일에 착수하기 전에 마침 충주(忠州) 이 흡곡(李歙谷)의 집안에 이미 완성된 책이 있다는 소식을 듣고, 사람을 시켜서 한번 가져다 보았는데 그다지 마음에 차지 않았습니다. 만일 먼저 이룬 사람이 있다면 진실로 "사방 이웃들이 쟁기를 잡고 나서니, 구태여 우리 집까지 잡을 것 있으랴."[42]라는 경우와 같습니다. 지난번에 그대를 번거롭게 하며 책을 구했던 것은 이런 뜻에서 나온 것인데,

그대가 저를 비루하게 여기지 않고 이처럼 의견을 주고받으니, 이 뜻이 매우 성대합니다.

여러 가지 인사가 많아 겨우 한 권을 펼쳐 보았는데, 제 기대에 매우 흡족하였지만 그래도 의논할 것이 많았습니다. 그대가 일생동안 부지런히 힘을 기울이긴 했지만, 편집하는 사이에 여한이 없을 수는 없을 것인데, 그대로 또 책 상자 속의 먼지에 매몰되는 것은 실로 안타깝습니다. 그대 역시 어찌 스스로 애석한 마음이 들지 않겠습니까. 지금 만약 이를 바탕으로 공을 기울인다면 거의 일은 반으로 줄고 공은 배가 될 것입니다. 그러나 번다하고 중첩된 것을 산삭하고, 소략한 곳을 자세히 보충하는 것은 허다하게 해야 하는 일입니다.

근래에 늙고 병이 들어 모든 일을 온전히 남에게 기대고 있는 터라, 이 역시 혼자 할 수는 없으니, 형세상 이전에 약속한 이들과 일을 함께 할 것입니다. 이 책이 그대의 손에서 나왔다는 것을 진실로 이 몇 사람들에게는 숨기기 어렵겠지만, 다른 사람들은 알지 못하도록 하겠습니다. 책이 완성된 뒤에 발문을 지어서 비로소 그 전말을 분명히 말한다면 세상에 이 책이 비록 통행되더라도 역시 해될 것이 없을 것입니다.

오늘날 이른바 《일월록(日月錄)》은 이석령(李錫齡) 공이 지은 것으로 사대부가에서 전하는 경우가 많지만, 그 사람에 대해서는 따로 흠잡을 것이 없습니다. 그러나 그대의 명을 받기 전에는 감히 제 마음대로 함부로 할 수 없는지라 누누이 거듭 여쭙니다. 만일 이를 곤란하게 여기신다면 곧바로 한번 눈으로 훑어본 뒤에 인편을 찾아 돌려 드리겠습니다. 혹여 허락하신다면 보내주신 책 이하 완료하지 못한 몇 권을

42 사방……있으랴 : 두보(杜甫)의 〈대우(大雨)〉에 나오는 구절이다.

속히 완성하시어, 속속 보내주시기 바랍니다. 그 가부에 대해 속히 분명한 말씀을 해주셔야 하니, 가까운 시일에 어떤 인편이 있는지는 모르겠으나 유념해 주시기를 바랍니다.

일전에 어떤 사우가 와서 책상 위에 있는 이 책의 첫 권을 대략 훑어보더니, 누가 지은 것이냐고 귀찮게 물었으나 대답을 하지 않았습니다. 그 사람이 그대가 찍은 도장을 금방 알아보고 웃으며 말하기를 "이는 아무개 어른의 글인데, 어째서 감춘 것입니까?"라고 하였습니다. 이는 비록 한번 탄로난 것이나 저의 죄가 아닙니다. 참으로 우습습니다.

이 참봉에게 답하다 을축년(1745, 영조21)

答李參奉 乙丑

《존양편(尊攘編)》은 병자호란과 정묘호란 후로 인심이 날로 없어져서 원한을 머금고 고통을 참는 뜻이 전혀 없는 터라, 절의와 관계된 내용을 모아서 천지 사이에 이러한 도리가 있음을 보여주려고 하는 것입니다. 거의 열에 여덟아홉 정도는 이루어졌는데, 전에 맡기신 여덟 책은 이것을 다 끝낸 뒤에나 논의할 수 있고, 또 아직 받지 못한 책이 다 도착할 때까지 기다려 면밀히 고증하려고 우선 묶어서 높은 곳에 얹어 두었습니다. 다가오는 봄에 인편이 있으면 반드시 후편을 보내주시는 것이 어떻습니까?

채생[43] 응상 의 문목에 답하다 기해년(1719, 숙종45)

答蔡生 膺祥 問目 己亥

신생(申生)[44]의 일은 역시 궁리(窮理)와 격물(格物)의 한 가지 단서입니다. 증자(曾子)가 오이밭을 매다가 뿌리를 잘라먹자, 그 아비가 막대기로 증자의 등을 내리쳐서 땅에 쓰러졌다가 다시 깨어났습니다. 그리고는 물러나와 거문고를 타며 노래를 하였는데, 공자가 그 말을 듣고는 화를 내었습니다. 막대기를 맞고 땅에 쓰러지는 일은 성인도 옳지 않은 일이라고 생각하였는데, 더구나 죽음을 택하여 아비의 악행을 드러내는 일은 말할 나위가 있겠습니까.

정자(程子)가 말하기를 "순(舜)은 모든 일을 부모의 뜻에 따랐지만, 죽음만은 그렇지 않았다."라고 하였습니다. 만약 순이 신생의 입장에 처하였다면 아비가 완악하다 하더라도 반드시 죽으라고 명을 내리지는

43 채생(蔡生) : 채응상(蔡膺祥, 1689～1754)을 말한다. 본관은 평강(平康), 자는 치숙(致叔), 호는 지수재(止水齋)이다.

44 신생(申生) : 춘추시대 진 헌공(晉獻公)의 태자이다. 헌공이 총애하던 애첩 여희(驪姬)가 태자 신생을 죽이려는 계책을 내어 신생이 아버지 헌공을 독살하려는 것처럼 꾸미니, 헌공은 노하여 태자의 스승 두원관(杜原款)을 죽였다. 어떤 사람이 신생에게 사실을 밝히기를 권하자, "아버지는 여희가 아니면 편안히 지내지 못하고 배불리 먹지 못한다. 내가 해명하면 여희가 죄를 얻게 될 것이다. 아버지가 이미 늙으셨으니, 내가 또 그렇게 할 수 없다." 하였다. 또 달아나라고 권하자, 말하기를 "아버지께서 그 죄를 살피지 못했으니, 이러한 누명을 쓰고 다른 나라로 도망친다면 그 누가 나를 받아들이겠는가." 하고, 목을 매어 죽었다. 《春秋左氏傳 僖公4年》

않았을 것이며, 비록 죽으라고 명을 내렸다고 하더라도 반드시 죽음을 택하지는 않았을 것입니다. 순의 아비가 순에게 우물을 파게 하고서 밖으로 나오려고 할 때 묻어버리고, 창고 지붕을 수리하게 하고는 불을 지른 일을 두고 선유(先儒)들은 결코 이런 일은 없었을 것이라 생각합니다. 설령 그런 일이 있었다고 하더라도 아비를 선으로 유도하지 못하여 우물이나 창고에서 죽었다면 어떻게 순이 될 수 있겠습니까. 이 때문에 정자는 신생의 일에 대해 논하며 "이는 다만 공손한 것이니, 순이라면 도망쳤을 것이다."[45]라고 하였으니, 이것이 의(義)에 처하는 한 가지 증거가 아니겠습니까. 이 '공경〔恭〕'이라는 글자는 〈서명(西銘)〉에서 말한 '그 공경함〔其恭〕'[46]과 뜻이 같으니, 공경은 공경이지 '효(孝)'라고 할 수는 없습니다. 그러니 어찌 장횡거(張橫渠)가 차용하여 인용한 말과, 주자가 주해(註解)에서 한 말을 대번에 지극히 마땅한 의리로 여길 수 있겠습니까?

지난번 질문 중에 인륜의 변고는 말하기가 쉽지 않다고 한 것은 본래의 일을 가지고 마땅히 별도로 논해야 하니, 문의(文義) 밖에서 지엽적인 문제를 끌어내기를 원하지 않습니다. 그러나 그대의 의견이 이와 같기에 감히 제 의견을 다 말씀드리지 않을 수 없으니, 모르겠습니다만 어떻습니까?

45 이는……것이다 : 《이정유서(二程遺書)》 권23에 나오는 내용이다.

46 서명(西銘)에서……공경함 : 장재(張載)의 〈서명〉에 "도망가지 않고 삼켜 죽는 형벌을 기다린 것은 진나라 태자 신생의 공경함이다.〔無所逃而待烹, 申生其恭也.〕"라고 하였다.

혹자가 묻기를 "사물이 각각 하나의 태극을 갖추고 있다면 이치는 온전하지 않음이 없는 것입니까?"라고 하니, 주자가 대답하기를 "온전하다고 할 수도 있고, 치우쳤다고 할 수도 있다. 이치로 말하자면 온전하지 않음이 없고, 기운으로 말하자면 치우치지 않을 수 없다."라고 하였습니다. 이 설로 미루어보자면 "사물 역시 오행을 갖추고 있으나, 다만 오행의 치우친 것을 얻을 뿐이다."라고 한 주자의 말은 의심할만한 것이 없을 듯하니, 그대의 의견이 어찌 "갖추고 있다〔具〕" 는 말과 "치우쳤다〔偏〕"는 말을 서로 모순된다고 본 것이 아니겠습니까.

주자(朱子)의 장구(章句)는 만세의 모범이 되니, 이와 반대되는 것은 이단(異端)입니다. 한때 유자(儒者)들의 서로 다른 논의는 자약(子約)[47]이 말한 것 같은 쓸데없는 말에 불과하니, 후학자들이 어찌 취사선택에 현혹되어서야 되겠습니까? 혹여 의심스러운 부분이 있다면 이는 자신이 이해하지 못한 것이니, 장구를 익숙히 읽고 곰곰이 생각해본다면 반드시 정확한 논의라 바꿀 수 없다는 사실을 깨달은 뒤에 의심을 거두게 될 것입니다.

《심학도(心學圖)》[48]는 대체로 인심(人心)과 도심(道心)을 두 가지로

47 자약(子約) : 남송의 경학자 여조겸(呂祖謙)의 동생 여조검(呂祖儉)이다. 자약은 그의 자이고, 호는 대우(大愚)이다. 정자의 학문을 계승하고, 주자와 육상산(陸象山)의 학문을 절충하려 하였다는 평이 있다.

48 심학도(心學圖) : 주자(朱子)의 제자 정복(程復)이 양심(良心)과 본심(本心)에서 출발하여 사십부동심(四十不動心)과 칠십이종심(七十而從心)까지의 공부하는 과정을 그린 도표이다.

구분하여 말한 것이고, 그 아래에 제시된 공부에 착수하는 곳 역시 인욕(人欲)을 막고 천리(天理)를 보존하는 것을 따라 구분하여 말한 것입니다. 그대가 보내준 편지에서 "애당초 분류하는 뜻이 없이 다만 명칭에 따라 상대적으로 말한 것이다."라고 한 것은 너무 범범한 말이 아닙니까? 명목에 따라 분배하는 사이에 진실로 편하지 못한 점이 많으나, 다만 취하기에도 부족하고 배척하기에도 부족하다고 단정짓는 것은 지나친 점이 있습니다. 말단에 "반드시 도움이 되는 점이 없지 않을 것이다."라고 하신 것은 옳은 듯합니다.

인의예지(仁義禮智)를 두고 심(心)에 근원하였다고 말하는 것은 괜찮지만, 성(性)에 근원하였다고 말하는 것은 불가합니다. 서산(西山 진덕수(眞德秀))의 설을 선정(先正)이 진실로 온당치 못하다고 여겼지만, "성색취미(聲色臭味)가 기(氣)에서 발현된다."라는 말은, 기는 형체를 만드는 근원이니, 주자가 "형기(形氣)의 사(私)"라고 말한 것과 동일한 뜻입니다. 도심(道心)은 의리상에서 발현되어 나온 것이니, 〈심학찬(心學贊)〉[49]에서는 "성명(性命)에 근원을 두고 있다."라고 하였습니다.

허령지각(虛靈知覺)은 마음의 체용(體用)입니다. 각헌(覺軒)[50]이 말

49 심학찬(心學贊) : 진덕수(眞德秀)의 〈심경찬(心經贊)〉을 말한다.

50 각헌(覺軒) : 송(宋)나라 때 채침(蔡沈)의 아들인 채모(蔡模)를 가리키는데, 각헌은 바로 그의 별호이다. 채모는 일찍이 주희(朱熹)의 설(說)을 모아 《속근사록(續近思錄)》을 편찬하였다.

한 "엄숙하여 흐트러지지 않고, 환하여 어두워지지 않는다."라는 것은 허령(虛靈)의 본체를 가리킨 것이지만, 지각(知覺)이 그 속에 들어 있습니다.

서산(西山)의 '정(情)이 본래 선하다.'라는 설은 맹자(孟子)가 말한 "그 정(情)으로 말하면 선(善)하다고 할 수 있다."[51]라고 한 말에 근본을 둔 듯하니, 이는 근원으로 거슬러 올라가는 논의이지만, 말뜻에는 병통이 있습니다.

'체인(體認)'을 이미 '체인'이라고 한다면 진실로 미발(未發)의 상태라 말할 수 없지만, 이는 가만히 공부해야 할 부분이라 '중(中)을 구한다〔求中〕'[52]는 두 글자와 같은 병통에는 이르지 않습니다. 그런데도 주자가 "이런 병통이 있다."[53]라고 대답한 것은 아마도 미발(未發)과 이발(已發)의 경계에서 쉽게 착오가 일어날까 염려하여 그렇게 말한 듯하니, 오직 '존양(存養)' 두 글자만이 때려도 깨지지 않을 것입니다. 논한

51 그……있다 : 《맹자》 〈고자 상(告子上)〉에, "맹자께서 말하기를 '그 정(情)으로 말하면 선(善)하다고 할 수 있으니, 이것이 내가 말하는 선(善)하다는 것이다.'〔孟子曰, 乃若其情則可以爲善矣, 乃所謂善也.〕" 하였다.

52 중(中)을 구한다 : 미발시(未發時)에 중(中)을 구한다는 뜻이다.

53 이런 병통이 있다 : 나선생(羅先生 나종언)이 배우는 자들에게 고요한 가운데에 미발지중(未發之中)을 구하도록 가르친 것을 묻자, 주자가 대답하기를 "나선생의 말씀은 끝내 병통이 있을듯하다."하였고, 또 연평(延平 이통)이 미발의 전에 기상을 보고자 한 것을 묻자, 주자가 "이 또한 약간의 병통이 있다. 체험(體驗)이라는 글자는 사량(思量)하는 뜻이 있으니, 사량하면 곧 이발(已發)이다." 하였다. 《朱子語類 卷103》

내용 중에 "연평(延平)의 공부는 병통이 되지 않는다."라는 말씀은 참으로 좋습니다.

주자가 말하기를 "적자의 마음이 미발할 때도 있고 이발(已發)할 때도 있는데, 지금 적자의 마음을 오로지 이발로 만들어 보고자 하면 적자의 마음을 터득하지 못할 것이다. 다만 미발했을 때는 늙은이나 어린이, 현자나 우자가 동일하지만, 오직 이발했을 때 사욕이 없기 때문에 중(中)에서 멀지 않을 뿐이다."라고 하였으니, 이 논의에 아주 잘 설명되어 있습니다. "대인은 잃지 않는다."[54]라는 한 구절의 말을 깊이 음미해 보면 결국에는 아마도 이발의 영역에 속할 듯합니다.

연비어약(鳶飛魚躍)[55]은 도가 저절로 그러한 것이니, 본래 털끝만큼도 사사로운 뜻이 없습니다. 필유사언(必有事焉)의 뜻과 동일하다는 것은 명도선생(明道先生)이 아니면 할 수 없는 말입니다.[56] 이 부분은

54 대인은 잃지 않는다. : 맹자가 "대인이란 적자의 마음을 잃지 않은 사람이다.〔大人者, 不失其赤子之心者也.〕" 하였다. 《孟子 離婁下》

55 연비어약(鳶飛魚躍) : 천지에 도가 유행하는 것을 하늘에 솔개가 날고 연못에 물고기가 뛰는 현상으로 비유한 것이다. 이는 《시경》 〈대아(大雅) 한록(旱麓)〉에서 "솔개는 날아 하늘에 이르고, 고기는 못에서 뛰네.〔鳶飛戾天, 魚躍于淵.〕"라고 한 데서 유래하였다.

56 필유사언(必有事焉)의……말입니다 : 정자(程子)가 말하기를, "《중용》에 '솔개는 하늘을 높게 날고 고기는 못에서 뛴다.〔鳶飛戾天, 魚躍于淵.〕' 라는 말을 그 위와 아래를 살핀 것을 말한 것이라고 하였으니, 이 한 대목은 자사(子思)가 긴요하게 사람을 위한 곳으로서, 《맹자》에 '반드시 일삼되 그 효과를 마음에 기약하지 말라'는 뜻과 같으니, 넘칠 정도의 활기가 있는 곳을 말한 것이다."고 하였다.〔程子曰, 中庸鳶飛戾天, 魚躍于

몹시 정묘하여 쉽게 의론을 세울 수 없으니, 천리와 인욕의 경계상에서 분명히 이해를 해야 이 뜻에 대해 알 수 있습니다. 퇴옹(退翁 이황)이 논한 것이 이미 환하게 분명하니, 오직 깊이 음미하십시오.

淵, 言其上下察也. 此一段子思契緊爲人處, 與必有事焉而勿正心之意, 同活潑潑地.〕《程氏遺書》

정 진사[57] 양원 의 문목에 답하다 을묘년(1735, 영조11)

答鄭進士 陽元 問目 乙卯

문 저는 거상(居喪)중에 종형의 아들을 취하여 양자로 삼아 장례 때 맞추어 데리고 왔는데, 예사(禮斜)[58]가 이루어진 뒤에는 태복(稅服)[59]의 절차가 있어야 할 듯합니다. 만약 소상(小祥)이 지난 뒤에 예사가 이루어지면 기년복이 이미 끝난 만큼 태복의 절차도 없는 것입니까?

답 남의 양자로 나갔는데, 양자로 들어간 집이 조부모 상의 기년복 기간 안에 있으면 추복(追服)의 여부는 실제 조처하기 어려운 변례(變禮)입니다. 조금 증거로 삼을 만한 내용으로는 〈상복소기(喪服小記)〉에 "생전에 만나 보지 못한 조부모와 제부 형제에 대해서 아버지는 태복을 입지만 자신은 상복을 입지 않는다."라고 한 것입니다. 이에 대해 정현(鄭玄)의 주(註)에 "자신은 타국에서 태어나고, 조부모와 제부(諸父) 형제는 모두 본국에 있다면 자신이 모두 알지 못한 사람들이다. 지금 죽었다는 소식을 들었다고 해도 상복을 입을 기일이 이미 지났다면 아버지는 뒤늦게 상복을 입지만 자신은 입지 않는다."라고

57 정 진사(鄭進士) : 정양원(鄭陽元, 1689~?)을 말한다. 본관은 동래(東萊), 자는 선장(善長)이다.

58 예사(禮斜) : 예조에서 양자(養子)의 청원을 허가해 주던 문서로, 양자 허가 증명서이다.

59 태복(稅服) : 날짜가 많이 지나간 뒤에 사망 소식을 듣고 소급하여 입는 복제이다. 옛날에 대공(大功) 이상의 복은 태복을 하고 소공(小功)은 가벼운 복이라 하여 태복을 하지 않았다. 《禮記 檀弓》

하였는데, 북제(北齊)의 장량(張亮)은 정현의 주를 반박하기를, "생전에 만나지 못했다는 것은 바로 자신이 태어나기 전에 이미 죽은 것을 말하는 것이다."라고 하였습니다. 이 두 가지 설에 비추어보면 지금 양자로 들어간 집에서 당한 조부모의 상은 자신이 양자로 들어가기 전에 발생한 일인 만큼 자신이 태어나기 전에 조부모가 이미 죽은 경우를 기준으로 삼을 수 있고, 또 양자로 들어가기 전에 본생가(本生家)에 있던 것은 타국에서 태어난 경우와 동일한 예로 간주할 수 있으니, 태복은 근거로 삼을 만한 것이 없을 듯합니다. 기년복이 끝난 뒤에 양자로 들어간 경우로 말하자면 더욱 논할 만한 것이 없으니, 어떻게 생각하십니까?

정 진사의 문목에 답하다

答鄭進士問目

문 보내주신 편지에서 거론한 정현(鄭玄)의 주(註)의 "자신은 입지 않는다."는 것은 타국에서 태어났기 때문에 그런 것이 아니라, 시일이 이미 오래 지났기 때문에 그런 것입니다. 그런데 상복을 입을 시일이 이미 그 기간을 지났다 하더라도 여전히 조부모는 은혜와 친분이 지극히 가까운 사이이니, 결코 같은 시대에 떨어져 살았다고 해서 상복을 입지 않는 예는 없습니다. 그러므로 장량(張亮)은 "태어나기 전에 이미 죽은" 것으로 풀이하였습니다. 우리나라의 선현들 역시 이것을 의심하였으니, 이는 시일이 아직 지나기 전에 부고(訃告)를 들었다면 비록 타국에서 태어났다하더라도 자신 역시 태복을 입어야 하기 때문입니다.

기년복을 입어야 하는 기한 이전에 후사로 들어온 양손(養孫)의 경우는 타국에서 태어나 시일이 이미 지난 뒤에 부고를 들은 것과는 더욱 더 차이가 있습니다. 지금 본생가(本生家)에 있었다는 이유로 타국에 태어난 경우에 견주어 유독 태복을 입지 않아도 된다고 한다면 과연 예(禮)의 중도(中道)를 얻었다고 할 수 있겠습니까? 또 자신이 태어나기 전에 이미 죽은 경우를 가지고 자신이 양자로 들어가기 전에 발생한 일에다 견주는 것은 진실로 그대가 말한 것과 같습니다. 그러나 자신이 태어나기 전이라는 말은 상(喪)은 자신이 태어나기 전에 일어났지만, 중간에 이미 많은 세월이 지나 자신이 이미 장성한 뒤에 부고를 들은 경우입니다. 이와 같은 경우에 아버지가 비록 태복을 입더라도 자기가 태복을 입게 되면 바로 선대의 상(喪)에 추복(追服)하게 되는 것이니,

태복을 입지 않는 것이 옳습니다. 지금은 아버지가 이미 태복을 입지 않았고, 자신이 기년복을 입는 기한이 지나지 않은 경우에 해당하는데, 다만 자신이 태어나기 전이라는 것으로 기준으로 삼아 결국 상복을 입지 않은 것은 역시 과연 터럭만큼 의심의 여지없이 예의 정도(正道)를 얻은 것입니까?

지금 아들이 없이 죽은 어떤 사람이 있는데, 기년복을 입어야 하는 기간 내에 아들이 있는 다른 사람의 아들을 취해서 양자로 들인다면 양자로 들어간 아들은 이미 상복을 입는데, 양자로 들어간 손자는 태어나기 전에 조부가 이미 죽은 것으로 기준을 삼아 상복을 입지 않아도 되는 것입니까? 또 이 양자를 만약 장례 때 이미 예사(禮斜)가 이루어져 데리고 왔다면 이미 양자 온 집안의 후손이 되니, 결코 방존(旁尊)[60]에게 입는 상복을 입을 수가 없습니다. 이미 방존에게 입는 상복을 입을 수 없는 데다, 또 자신이 태어나기 전에 이미 죽은 것으로 기준을 삼아 양자로 들어간 집안의 조부를 위한 상복을 입지 않고서 아울러 방존에게 입는 상복마저도 줄인다면, 이는 도리어 조부를 방존만큼도 중시하지 않게 되는 것입니다. 기년복을 입어야 하는데, 석 달 이내로 끊어버리는 것은 실정과 예문으로 헤아려 보건대 매우 납득하기가 힘드니, 다시 가르침을 주시기 바랍니다.

답 지난번 편지의 두 조목은 풀이한 의미가 각기 다릅니다. 의리로 말하자면 장량(張亮)의 설(說)이 나을듯하나, 이 일의 증거로 삼기에 충분한 점으로 보면 동일하므로, 과연 아울러 제시한 것입니다. 보내주신 편지에서 "자신이 추복을 하지 않는 것은 타국에서 태어났기 때문

60 방존(旁尊) : 방계(傍系) 친속 가운데 손윗사람을 가리킨다.

이 아니라, 시일이 이미 오래 지났기 때문이다."라는 말씀과 "기년복을 입어야 하는 기한 이전에 후사로 들어온 양손자의 경우와는 다르다."는 말씀은 그럴 듯합니다. 그러나 비록 타국에 있다 하더라도 조손(祖孫)간에 하늘로부터 타고난 은정은 진실로 본래부터 존재하는 것입니다. 그러므로 상복을 입어야 하는 기간이 지나기 전에 부고를 듣는다면 마땅히 추복을 해야 합니다.

그러나 양손자의 경우는 양자로 들어가기 전에는 원래부터 조손간의 친함이 있었던 것은 아니니, 가까우면 상복을 입고 멀면 상복을 입지 않습니다. 양자로 들어간 뒤에야 조손의 의리가 정해지니, 비록 양조부를 위해 기년복을 입어야 하는 기간이 지나기 전이라 하더라도 태복의 제도는 아버지에게는 있지만 조부에게는 없으니, 지난 날짜를 계산해서 반드시 기년을 채워야 할 이치는 없을 듯합니다. 《우암집(尤菴集)》에 어떤 사람이 남의 집에 양자로 들어갔는데 양자로 들어간 집의 아들이 죽은 지 오래되지 않았다면 양자가 추복을 해야 하는지 여부에 대해 물었는데,[61] 우암 선생 역시 정현의 주(註)와 장량의 설을 증거로 들어 추복해서는 안 된다고 하였으니, 이 내용으로 비추어 볼 수 있지 않겠습니까.

하단에 말씀하신 내용은 논란거리를 잘 제시했다고 할 만합니다. 죽어서 후사가 없는 사람이 기년복 기간 내에 남을 양자로 들였는데, 그 양자에게 또한 아들이 있다면 이 또한 "아버지는 태복하고 자신은 태복하지 않는다."는 예를 따라야 합니다. 지금 양자로 들어간 아들이

61 우암집(尤菴集)에……물었는데 : 《송자대전》 권113 〈답박사원(答朴士元)〉에 관련 내용이 보인다.

가령 장례 때 이미 후사로 들어갔다면 이는 본복(本服)이 끝나기 전에 해당합니다. 예는 혐의를 분별하는 것을 귀하게 여기고, 의리는 계통을 중시하는데 있으니, 바로 당일에 기년복으로 개복(改服)하지 않아서는 안 됩니다. 그러나 지금은 본복을 입을 기간이 이미 끝이 났으니, 단지 마땅히 자신이 태어나기 전에 이미 죽은 것으로 기준을 삼아야 합니다. 이 두 가지는 모순이 되는 듯하지만 실제로는 그렇지 않습니다. 저의 경우는 개복하는 것이지 태복이 아니며, 이의 경우는 이미 바꿀 수 있는 상복이 없고, 또 태복을 입어야 한다는 조문도 없으니, 다만 하나의 '부(否)'자를 따라야 할 듯합니다. 어떻게 생각하십니까?

남 진사[62] 돈 에게 답하다 정미년(1727, 영조3)

答南進士 整○丁未

봄 윤달에 보내주신 편지는 지금까지 위안이 그치지 않는데, 천경졸(踐更卒)[63]이 돌아갈 때 답장을 요구하지 않아 답장을 보내지 못하고 있었습니다. 지금 멀리서 거듭 보내신 편지가 5일 만에 이르렀으니, 영남이 먼 줄도 전혀 모르겠습니다. 추위가 날마다 심해지는 이때, 이치를 탐구하시는 체후가 신의 도움으로 편안하시리라 생각됩니다. 저는 점점 더 쇠약해지고 병이 들어 여름과 가을 이래로 책을 펼쳐본 날이 전혀 없는 데다 그대처럼 저를 아껴주시는 분이 또 천리 먼 곳에 계시니, 이렇게 고루한 채로 영영 이름도 알려짐이 없이 끝나고 말 것이니, 참으로 슬프고 한탄스럽습니다.

전에 보여주신 책자는 그대가 여기에 온 정력을 기울였다는 것을 잘 알겠습니다. 그러나 경전(經傳)을 쪼개고 나누어 신기(新奇)한 말을 하려고 애쓰는 것은 주자(朱子)가 몹시 배척한 것이니,[64] 모자란

62 남 진사(南進士) : 남돈(南整, 1667~)을 말한다. 본관은 의령(宜寧), 자는 중여(重如)이다.

63 천경졸(踐更卒) : 병졸로 징발되어 갈 사람을 대신하여 돈을 받고 복역하는 사람을 말한다.

64 신기(新奇)한……것이니 : 주자가 예국기(芮國器)에게 보내는 편지에 "근세의 습속은 또 오로지 문자의 신기함만을 서로 높이는 데만 힘쓸 뿐, 다시는 경(經)의 본래 의미에 근거를 두지도 않습니다. 이 때문에 배우는 사람들은 화려한 것만 더욱 애쓰고, 근원을 탐색하고 명예와 예법에 힘쓸 뜻이 없습니다." 하였다. 《朱子大全 卷37 與芮國器》

듯이 졸렬함을 지켜야지 다른 방법이 없습니다. 일찍이 또한 이런 뜻을 조금 드러냈으면서도 감히 대번에 책을 돌려드리지 못했던 것은 이치에 밝지 못하여 남의 말뜻을 이해하지 못했을까 매우 두려웠기에 한번 본경(本經)을 철저하게 읽고 나서 비로소 보내주신 책을 취하여 반복해서 참고하고 궁구하여 의심나는 곳을 여쭙고자 해서입니다. 그러나 다른 책을 오랫동안 다 마치지 못한지라 겨울 이후에야 여기에 이를 것이니, 집사께서는 늑장을 부린다고 여기는 것이 마땅합니다.

기문(記文)을 쓰는 일은 제가 비록 노둔하고 졸렬하기는 하지만 어찌 감히 이토록 지체시키고 버려두겠습니까. 이것도 기다려야 할 것이니, 너그러이 용서해주실 수는 없겠습니까.

'유극(有極)'의 '유(有)'[65]는 참으로 남은 힘이 없을 정도로 그대가 이미 전후로 광범위하게 탐구하고 인용하였습니다. 그러나 문세(文勢)는 좁고 궁색한데 말뜻은 깊고 정교하니, 이는 무극옹(無極翁)의 일개 '무(無)'자[66]로 말미암아 상대하여 만드느라 마침내 이런 견해를 낸 것입니다만, 요컨대 기자(箕子)의 본래 뜻은 꼭 이와 같지는 않습니다. 이 한 부분에 나아가 마음을 비우고 기운을 평온히 하여 다시 한 번 생각해 보는 것이 어떻겠습니까?

65 유극(有極)의 유(有) : 아래에 기자(箕子)를 함께 언급한 것으로 볼 때 《서경》 〈홍범(洪範)〉의 "그 극(極)에 모여 그 극에 돌아올 것이다.〔會其有極, 歸其有極.〕"에 나오는 '유극(有極)'을 말하는 것으로 보인다.

66 무극옹(無極翁)의 일개 무(無)자 : 무극옹은 주돈이의 별칭(別稱)이다. 주돈이(周敦頤)의 〈태극도설(太極圖說)〉에 나오는 '무극(無極)'을 말한다.

남 진사의 문목에 답하다 을묘년(1735, 영조11)
答南進士問目 乙卯

문 예전에 질문했던《서경》〈홍범(洪範)〉의 착간(錯簡)에 대한 고정(考定)과 '유극(有極)' 한 구절의 해석을 실제 있다는 뜻으로 풀이한 것에 대하여 한마디 말로 다시 질정해 보겠습니다. 황극장(皇極章)의 첫 구절에 "황극은 유극을 세우는 것이다."[67]라고 분명하게 말했으니, 황극이 황극이 된 까닭은 모두 유극을 세운 데 있습니다. 그렇다면 이 '유(有)'자를 과연 평범하고 무의미한 어조사로 보아야 하는 것입니까? 황극 본편(本篇)은 어지럽게 뒤섞여서 계통과 순서가 없습니다. 선유(先儒) 또한 모두 글자에 따라 해석하고 '유극(有極)' 두 글자가 지니고 있는 지극한 이치인 실제 있다는 뜻에 대해서는 깊이 연구하지 않았습니다. 이 때문에 제가 이렇게 착간이 있는 곳을 고정(考定)하고 그 숨어있던 의리를 발명한 것입니다.

답 '유극'의 명칭과 뜻은 십년 동안 이전의 미욱한 견해 그대로입니다. 그대가 질문한 내용을 반복해서 살펴보니, 이전에도 반복하여 충분히 익혀 의심나는 것을 여쭙겠다고 일찍이 그대에게 말하였지만, 아직도 하지 못하고 있으니, 옛 사람들이 학문을 할 때 필시 이처럼 엉성하지

67 황극(皇極)은……것이다 :《서경》〈홍범(洪範)〉에 "다섯 번째 황극(皇極)은 임금이 나라 다스리는 법칙을 세우는 것이다. 오복을 거두어 들여서 여러 백성들에게 베풀어 주면 그 백성들도 그대의 법칙에 대하여 그대에게 그 법칙을 보호하게 해줄 것이다.〔五皇極, 皇建其有極. 斂時五福, 用敷錫厥庶民, 惟時厥庶民, 于汝極, 錫汝保極.〕" 하였다.

는 않았을 텐데, 부끄럽고 한탄스럽습니다. 지금 한창 상경(上經)을 다시 읽어 거의 〈홍범〉편에 이르렀습니다. 전에 보내주신 책이 노한교의 집의 책 상자에 있으니, 가져다가 대조해서 보고 만일 새로 깨달은 점이 있으면 조만간에 인편을 통해 알려드리고 아울러 책을 돌려드리겠습니다.

남 진사에게 답하다 병진년(1736, 영조12)

答南進士 丙辰

다소의 정성스러운 말씀이 감사하게도 저의 어리석음을 깨우쳐 주시려는 뜻이지만, 어리석고 막힌 제 견해는 끝내 명쾌하게 풀리지가 않습니다. 삼대(三代) 이상에서 가령 '유(有)'자를 쓴 경우에 그대의 편지에 예시하신 것처럼 모두 허자(虛字)로 쓰인 것만은 아닙니다만, 여기에서는 꼭 실제적인 뜻이 있지는 않은 듯합니다. 실제적인 이치는 이미 극(極)자에 있으니, 굳이 유무의 사이에 의심을 품어서 하나의 유(有)자에 의미를 부여할 필요가 없습니다. 더구나 유(有)의 극(極)으로 풀이하는 것은 어세(語勢)와 문의(文義)에 통창함이 부족할 듯한데, 끝내 과연 어떠한지 모르겠습니다.

심생 주국 에게 답하다 계해년(1743, 영조19)

答沈生 杜國○癸亥

한 번도 만나 이야기를 나눈 적이 없는데, 감사하게도 먼저 편지를 보내주시니, 이는 옛날의 도(道)입니다. 변변치 못한 제 자신을 돌아보니, 이런 성대한 뜻을 감당할 수가 없습니다. 저는 젊어서 독서를 좋아하였지만, 지금은 병이 들어 글을 읽을 수가 없으니, 병이 들지 않았을 때 허송세월한 것이 더욱 한탄스럽습니다.

양우(楊友) 계달(季達)[68]은 평소 친애하고 중하게 여기는 자인데, 계달(季達)처럼 훌륭한 사람이 입에 침이 마르도록 학문에 독실한 그대의 성실함을 말하였으니, 그대의 훌륭함을 알만 합니다. 각자 이미 늙고 노쇠한데다 산천으로 막혀 있는 터라, 이생에서는 서로 만날 날이 없을 듯하니, 한탄하고 탄식한들 어찌하겠습니까. 의문점에 대해서는 대략 이렇게 제 억측으로 답변을 하니, 다만 부지런히 노력하여 더 진보하여 친애하는 마음을 위로해 주시기 바랍니다.

68 양우(楊友) 계달(季達) : 양응수(楊應秀, 1700~1767)를 말한다. 본관은 남원(南原), 호는 백수(白水), 계달(季達)은 그의 자이다.

심생의 문목에 답하다
答沈生問目

문 어머니가 돌아가시고 장사를 지내기 전에 아버지가 돌아가시면 생존해 계시다는 생각을 차마 바꿀 수 없는지라, 기년복을 입는 것이 마땅하나 장사지낼 때 신주(神主)는 어떻게 써야 합니까?

아버지의 빈례(殯禮) 이전이라 조부를 위하여 기년복을 입고 있다면 조부의 신주는 역시 마땅히 '조고(祖考)'라고 써야 하는 것입니까?

답 생존해 계시다는 생각을 차마 바꿀 수 없는 것은 진실로 편지에서 말씀하신 것과 같지만, '망실(亡室)'이라고 신주를 쓰는 것은 지극히 차마 할 수 없는 바가 있습니다. 우옹(尤翁 송시열)이 어떤 사람의 질문에 답하기를 "신주에 '망실(亡室)'이라고 쓰는 것은 의리에 맞지 않는 듯하니, 비록 '비(妣)'라고 쓰더라도 연상(練祥)은 그대로 아버지가 살아계시는 것처럼 하는 것이 문제가 없을 듯합니다. 신주를 쓸 때와 연상 때 연유를 갖추어 고한다면 일이 곡진하게 됩니다."라 하였으니,[69] 마땅히 이에 따라 행해야 할 듯한데, 모르겠습니다만 어떻게 생각하십니까?

'조부를 위하여 기년복을 입는다.'[70]는 내용이 비록《통전》에 보이지

69 우옹(尤翁)이……하였으니 :《송자대전》 권65 〈답박화숙(答朴和叔)〉에 관련 내용이 보인다.

70 조부를……입는다 :《통전》 권97 〈부미빈조망(父未殯祖亡)〉에 "아버지가 죽어 아직 빈을 하지 않았는데 조부가 죽었을 경우에는 조부를 위하에 기년복을 입고, 빈을 한 뒤에 조부가 죽었을 경우에는 삼년복을 입는다.〔父死未殯而祖父死, 服祖以周, 既殯

만, 아버지를 위해 대신 상복을 입는 것은 결코 그만둘 수 없으니, 이는 상례에는 하루라도 상주(喪主)가 없어서는 안 되기 때문입니다. '조고(祖考)'라고 신주를 쓰는 것은 의심의 여지가 없을 듯합니다.

문 다른 사람의 양자로 들어간 자의 아내는 본생(本生) 시부모를 위하여 대공복을 입어야 하는데, 퇴계 선생(退溪先生)은 "남편을 따라 기년복을 입어야 한다."[71]라고 하였으니, 모르겠습니다만 어떻게 생각하십니까?

답 《상례비요(喪禮備要)》[72]에 대공복으로 분명히 말하였으니, 참으로 예(禮)의 뜻에 참으로 부합합니다. 비록 퇴계 선생의 설이 있다고 하나, 다시 의심하여 논란할 필요는 없습니다.

문 어렸을 때 부모의 상을 당하여 상복을 입지 못했던 자가 장성함에 이르러 개장(改葬)하는 일로 인해 부모를 위해 3년 동안 태복(稅服)을 입는 경우는 고례(古禮)에 근거로 삼을 만한 것이 있는지요?

而祖父死, 則三年.〕"라고 한 구절이 보인다.

71 퇴계 선생(退溪先生)은……한다 : 《퇴계집》 권34 〈답정여인문목(答鄭汝仁問目)〉에 "다른 이의 후사가 된 자의 아내가 본생 시부모를 위하여 기년복을 입는 것에 대해서는 전에 이미 나의 견해를 충분히 말하였네. 비록 예의 '대공복을 입는다.'는 경문(經文)과 어긋나지만, 대공복을 입는 것은 너무 인정에 가깝지 않네.〔夫爲人後, 其妻爲本生舅姑服期, 前已濫陳鄙意, 雖違禮服大功之文, 然其止服大功, 太不近情.〕" 하였다.

72 상례비요(喪禮備要) : 신의경(申義慶)이 찬술한 상례에 관한 저술이다. 《주자가례》와 고금의 여러 설을 참고하여 장례 전반의 모든 의식을 정리한 책이다. 김장생이 교정·증보하고 김집(金集)이 교정하여 인조 때 간행하였다.

답 예문(禮文)에 없는 예(禮)이니 식자(識者)들은 취하지 않습니다.

문 《곡례》에 이르기를 "졸곡(卒哭)이 지나면 비로소 죽은 자의 이름을 휘한다."라고 하였는데, 풀이하는 자가 말하기를 "졸곡 이전에는 오히려 살아있을 때 섬기던 예(禮)를 쓰기 때문에 졸곡이 지나고 나서야 그 이름을 휘하는 것이다."라고 하였습니다. 그렇다면 옛 사람들은 부모가 살아계실 때 그 이름을 휘하지 않았습니까?

답 《예기》에 있는 정현(鄭玄)의 주(註)에 "귀신의 이름을 공경하는 것이다. 휘(諱)는 피한다는 뜻이다. 살아있는 사람은 서로 이름을 휘하지 않으니, 위후(衛侯)도 악(惡)이라는 이름이 있고, 대부도 악(惡)이라는 이름이 있어 군신의 이름이 같았지만, 《춘추》에서는 그르다고 여기지 않았다."라고 하였습니다. 이 사실로 보자면 살아 있을 때 그 이름을 휘하지 않았음을 알 수 있습니다. 그러나 고금의 시의(時宜)가 다르니, 지금 이렇게 시행할 수 없습니다.

심생의《근사록》문목에 답하다 을축년(1745, 영조21)
答沈生近思錄問目 乙丑

문 '군자는 종일토록 상제(上帝)를 대하는 듯이 해야 한다.〔君子當終日對越在天〕'의 '재(在)'자의 뜻을 잘 모르겠습니다. '그 이치를 도(道)라 이른다.〔其理則謂之道〕' '성(性)을 따르는 것을 도라 이른다.〔率性則謂之道〕' '형이상을 도라 한다.〔形而上爲道〕' '다만 도가 있음을 알게 되면〔但得道在〕'에서 네 곳의 '도'자는 의미가 동일합니까? 위의 세 곳의 '도'자는 모두 오로지 이치를 가리켜 말한 듯하고, '도를 있게 한다.'의 '도'자는 호연지기(浩然之氣)를 겸하여 말한 듯하니, 어떻게 생각하십니까?

답 '재(在)'자가 본래 실재적인 의미가 있으나, 여기서는 중요한 뜻이 '천(天)'자에 있으니, 어조사의 의미로만 보는 것이 마땅합니다.

'그 이치를 도라 이른다.'라고 한 것은 하늘에 있는 것을 말한 것이고, '성(性)을 따르는 것을 도라 이른다.'라고 한 것은 사람에게 있는 것을 말한 것입니다. 그러나 하늘의 이치가 사람에게 부여되어 성(性)이 되니, 실제로는 같을 뿐입니다. '다만 도가 있음을 알게 되면'의 '도'자는 형이상의 도를 이어서 말한 것인데, 형이상의 도는 또 오로지 이치로 말한 것이니, 네 곳의 '도'자에 무슨 말할 만한 차이가 있겠습니까?

문 '스스로 수년을 다짐하였다.〔自約數年〕'에서 '자약(自約)'은 스스로 수렴한다는 뜻입니까?

답 '자약(自約)'은 스스로 자신의 마음에 약속하는 것을 말합니다.

문 ‘사현도(謝顯道)가 명도 선생(明道先生)을 따라서’라는 부분 중 ‘어찌하여 행하지 않는가?〔盍若行之〕’에서 ‘합약(盍若)’의 뜻을 잘 모르겠습니다.
답 ‘약(若)’은 ‘그대〔汝〕’의 뜻인데, 어조사의 의미로 보아도 문제될 것이 없습니다.

문 ‘천하의 인심을 다스리기 위해서는 종족을 거두고 풍속을 후하게 하여’라는 부분 중 ‘종족을 거둔다〔收宗族〕’는 것이 ‘세족(世族)을 거둔다〔收世族〕’는 것과 어떻게 구별됩니까?
답 ‘종족을 거두는 것’과 ‘세족을 거두는 것’이 뜻은 비록 다르지 않지만, ‘근본을 잊지 않게 한다〔不忘本〕’ 이상은 도리와 관련된 말이고, 하단(下段)은 그 중요성이 보계(譜系)를 밝히고 종법(宗法)을 세우는 데 있습니다.

문 ‘감괘(坎卦)의 육사(六四) 효사(爻辭)에’ 부분 중 ‘군주의 마음이 안일함과 쾌락에 가려지는 것은 오직 마음이 가려졌기 때문이다.〔君心蔽於荒樂, 惟其蔽也故爾.〕’의 ‘고(故)’자는 ‘고(固)’자의 오류입니까?
답 ‘구(久)’자의 뜻으로 보아야 합니다.

문 ‘사람이 다만 사사롭게 하여 자신의 몸을 가져다가 그 위에서 마음을 일으키기 때문에 도리를 보는 것이 작다.’에서 ‘타저(他底)’는 마땅히 ‘소료(小了)’에 붙어 한 구가 됩니까?
답 ‘소료’에서 구절이 끊어져야 하니, ‘타저’는 아래 구절에 붙습니다.

유 진사[73] 광현 에게 답하다 병인년(1746, 영조22)

答柳進士 光顯○丙寅

몇 년 동안 소식을 듣지 못하다가 오늘 문득 안부 편지를 받음에 마치 세상 밖의 소식을 들은 듯하니, 놀라움과 위안을 헤아릴 수 있겠습니까. 저는 오랜 세월을 살았고 여생이 외롭고 쓸쓸하여 본래 고향에서 목숨을 마칠 작정이었습니다. 그런데 한 번 걸린 병이 고질이 되어 부득이 지금 의원에게 치료를 받느라 예전에 살던 마을로 돌아왔으니, 요동(遼東)의 학과 같은 신세[74]가 슬프지 않겠습니까. 근래에는 학업에 손을 놓아 아침에 도(道)를 들었으면 하는 바람[75]에 부응할 길이 없으니, 이 점이 부끄럽고 두려울 뿐입니다. 모르겠습니다만, 그 사이에 몇 권의 서책을 읽고 어떤 공부를 하였습니까? 서로 멀리 떨어져 있어 서론(緖論)을 들을 길이 없으니, 그저 그리움에 애만 태울 뿐입니다.

기류제현(奇柳諸賢)[76]이 이어서 세상을 떠났다고 하니, 호남의 사우

73 유 진사 : 유광현(柳光顯, 1689～?)을 말한다. 본관은 문화(文化), 자는 옥여(玉汝), 겸언(謙彦), 호는 상암(常巖)이다.

74 요동(遼東)의……신세 : 요동 사람 정영위(丁令威)가 선술(仙術)을 닦아 신선이 되고 나서 고향을 떠난 지 천 년이 지나서야 학으로 변해 요동성의 화표주(華表柱) 위에 내려앉았다가 날아갔다는 전설을 인용한 것이다. 《搜神後記 卷1》

75 아침에……바람 : 31쪽 주14 참조.

76 기류제현(奇柳諸賢) : 호남(湖南)에 살며 저자와 교유가 있던 기정룡(奇挺龍, 1670～1738)과 유승(柳乘, 1677～?)을 말하는 것으로 보인다. 기정룡은 박광일(朴光

들이 기댈 곳은 그대가 아니면 누구이겠습니까? 근래 고암(考巖)[77]의 김유관(金維寬) 군을 통해 그대가 사론(士論)을 주장하여 강석(講席)에서 가르치는 일을 맡도록 청하였는데, 이미 들으셨는지요? 세 종류의 진귀한 과일은 참으로 이른바 "너를 아름답게 여겨서가 아니다."[78]라는 것이니, 보답할 길이 없어 부끄럽기만 합니다. 한 편의 시(詩)에 제 마음을 드러내었으니, 한번 보고 웃으시리라 생각됩니다.

一)의 사위이고, 유승은 박광일의 제자이다.

77 고암(考巖) : 전북 정읍에 있는 고암서원(考巖書院)을 말하는 것으로 보인다. 송시열을 배향한 서원으로 송시열이 국문을 받기 위해 서울로 가던 중 정읍에서 사약을 받고 죽자, 6년 뒤에 신원되어 서원에 배향하고 유허비를 세웠다고 한다.

78 너를……아니다 : 과일이 좋은 것이 아니라, 유광현이 보내 주었기에 좋다는 의미이다. 《시경》 〈패풍(邶風) 정녀(靜女)〉에 "너를 아름답게 여기는 것이 아니라, 미인이 주셨기 때문이다.〔非汝之爲美, 美人之貽.〕" 하였다.

윤 참봉[79] 관주 에게 답하다 무오년(1738, 영조14)
答尹參奉 觀周○戊午

달포 전에 보낸 편지에 몇 편의 시(詩)도 함께 보여주셨으니, 여러 번 읽어 봄에 너무나도 위안이 되어 거의 손에서 놓지 못하였습니다. 의욕이 생겨야 화답시를 지을 수 있는데, 여러 가지 인사로 시끄러워 도무지 틈을 내기 어려운지라 그대로 답장과 함께 우선 뒷일로 남겨두었습니다. 그런데 또 거듭 편지를 보내주시니, 감사하고 부끄럽기 그지없습니다.

오 대감〔五台〕[80]이 지난 열흘 사이에 사면되었으니, 단오 전에 돌아올 듯한데, 아직 소식을 듣지 못했습니다. 돌아온 뒤에 혹여 또 절박한 상황이 생긴다면 만년의 절개를 매우 지키기 어려울 것입니다. 살아서 돌아오는 것이 어찌 다행스러운 일이 아니겠습니까마는 근심이 기쁨보다 갑절이 됩니다.

지난번에 권유문(勸諭文)을 보고는 감탄을 하였습니다. 떳떳한 본성은 사람이 누구나 지니고 있는 만큼 저절로 떨쳐 일어날 희망이 있으니, 어찌 대번에 짧은 기간에 효과를 구해서야 되겠습니까. 바라건대 겸손을 고집하지 마시어 유종의 미를 거두게 하는 것이 어떻습니까?

79 윤 참봉 : 윤관주(尹觀周, 1675~?)를 말한다. 자는 문숙(文叔), 본관은 파평(坡平)이다.

80 오 대감 : 이병상(李秉常, 1676~1748)을 말한다. 본관은 한산(韓山), 자는 여오(汝五), 호는 삼산(三山)이다.

한 참봉 명현 의 문목에 답하다

答韓參奉 命玄 問目

문 선친께서 승중(承重)으로서 상기(喪期)를 마친 뒤에 7대조와 6대조의 두 신주(神主)를 마땅히 장방(長房)에게 조천(祧遷)해야 하는데, 그 장방이 먼 지역에 떨어져 있는 데다 몹시 곤궁하여 형세상 제사를 받들기가 어려웠기 때문에 황강(黃江)[81] 및 예(禮)를 잘 아는 여러 대가(大家)들에게 여쭈어 여주(驪州)에 있는 묘소 아래에 별묘(別廟)를 지어 체천한 신주를 모시고, 제주(題主)에 친진(親盡)하지 않은 자의 속칭(屬稱)[82]을 쓰고, 방제(傍題)[83]는 쓰지 않았습니다. 이는 대개 여러 사람들의 논의가 "이미 별묘를 설치하였으니, 장방의 이름을 써서 제사를 받드는 것은 진실하지 않은 듯하다." 하였고, 또 《의례문해(疑禮問解)》[84]에 강 박사(姜博士 강석기(姜碩期))의 질문에 대답한 것

81 황강(黃江) : 충청도 청풍군(淸風郡) 황강(黃江)에 있었던 권상하(權尙夏, 1641~1721)를 말하는 것으로 보인다. 자는 치도(致道), 호는 수암(遂菴)·한수재(寒水齋), 본관은 안동이며 송시열의 제자이다.

82 속칭(屬稱) : 선조(先祖)에 대한 칭호를 말한다. 《가례》 권5 〈상례(喪禮) 2〉 작주(作主)에 "속은 고조·증조·조부·부친을 의미하고, 칭은 관직·호·항렬을 의미한다.〔屬謂高曾祖考, 稱謂官或號行.〕" 하였다.

83 방제(傍題) : 신주의 측면에 글을 쓰는 것이다. 직함의 글자 수가 너무 많아 비석처럼 정면에 다 쓰지 못한 글을 좌측면으로 연결해서 쓰거나, 그 신위의 봉사자(奉祀者)를 좌측면에 쓰는 경우를 말한다.

84 의례문해(疑禮問解) : 김장생이 편찬한 예서이다. 1646년(인조24) 아들 김집이 교열하고 유별(類別)로 엮어 간행하였다. 편자와 그 문인인 송시열·송준길·이유태

을 보니, "최장방이 이미 제사를 받들 수 없다면 이 사람을 제주(祭主)로 해서는 안 될 듯하다."라는 말이 있었기에 우리 집안의 가례(家禮)로 정하였으며, 제향(祭享)은 제사에 참석한 사람들 중에 항렬이 높고 나이가 많은 사람의 이름을 축문(祝文)에 기입하여 제사를 주관하도록 하였습니다.

어떤 논의에 "방제(傍題)가 없으면 축문(祝文)도 없어야 하고, 축문이 없으면 삼헌(三獻)[85]도 없어야 하는데, 이와 같이 하면 제사가 이루어질 수 없으니, 반드시 종전의 규례를 고쳐서 방제(傍題)에 최장방을 쓰는 것이 마땅하다."라는 의견이 있습니다. 그러나 제 소견으로는 이미 종전에 강론하여 결정한 일이라 갑자기 바꾸기는 어렵고, 이후의 일을 가지고 말하더라도, 자손이 사방으로 흩어져 혹 생사를 알 수 없는 사람이 있을 경우에 다만 그 이름을 빌려 방제에 쓰고 매번 제주 대신 제사를 지내는 것은 매우 성실하지 못하다고 생각합니다. 또 혹 최장방이 이미 죽었는데 바로 소식을 듣지 못한 경우라면 이미 죽은 사람의 이름으로 축문에 "아무개 자손 아무개가 일이 있어 아무개로 하여금 일을 대신 주관하게 합니다."라고 쓰는 것은 너무나 온당하지 못한 처사입니다. 종전의 규례를 따르는 것이 마땅할 듯하니, 어떻게 생각하십니까?

답 사대부의 자손 중에 영락하거나 빈천하여 비록 서열로 보면 최장방에 해당하지만 선대의 제사를 주관하지 못하는 경우가 허다하니, 이것

등이 평소 문답한 것을 주자의 《가례》 순서에 따라 제목을 붙이고 배열하였다.

85 삼헌(三獻) : 제사에서 초헌(初獻), 아헌(亞獻), 종헌(終獻)으로 세 번 술을 부어 올리는 것을 말한다. 한 번만 술을 부어 올리는 것을 단헌(單獻)이라 한다.

이 부득이하게 별묘(別廟)가 만들어지는 이유입니다. 그러나 그 사이 예법은 실로 난처한 점이 있습니다. 편지에서 말씀하신 몇 가지 조목으로 말씀드리겠습니다. 제주(題主)에 친진(親盡)하지 않은 자의 속칭(屬稱)을 쓰고, 방제(傍題)는 쓰지 않았다고 하셨는데, 이미 방제가 없는데, 속칭을 어디에 붙이겠습니까. 《의례문해》에 실린 강 박사의 질문에 대답한 내용은 별도로 의미하는 바가 있으니, 꼭 방제를 써서는 안 된다는 증거가 되지는 않을듯합니다. 방제도 없이 축문을 읽고 삼헌을 행하는 것은, 설령 세속에서 임시방편으로 시행하는 경우가 있더라도 결국에는 도리가 될 수 없습니다. 그러나 오늘날 별묘를 만든 사람들은 체천(遞遷)할 때를 당하여 제사를 받들어야 하는 최장방을 가리켜 번번이 말하기를 "아무개의 집안의 빈곤함이 아무개의 집과 똑같습니다."라고 하여 혹 그대로 별묘에서 제사를 받들고 체천하지 않아, 또 더러 신주가 한두 개에서 세 개까지 이르러 엄연히 몇 감실(龕室)을 갖춘 가묘의 모양을 이루지만 실제로는 제주(祭主)가 없는 것입니다.

신(神)은 사람에게 의지하는 법이니, 아직 친진하지 않아 그 집에서 받든다면 혼백과 정신이 절로 서로 감통하여 비록 집안 형편이 좋지 않아 제사를 자주 빠트리더라도 사람과 귀신이 의지하는 이치는 진실로 그대로 존재합니다. 저 제사를 주관하는 사람이 반드시 이러한 이치를 다 알지는 못하겠지만, 예(禮)의 본뜻은 이와 같습니다. 별묘의 경우에 묘의 겉모습이 비록 화려하고 향사(享事)가 비록 풍성하더라도 제사를 주관하는 사람이 없는 만큼 제사를 지내지 않는 것과 다름없으니, 친진하지 않는 한 제사를 폐하지 않는다는 뜻이 어디에 있단 말입니까.

지금 듣자하니, 그대 집안의 최장방이 별묘에서 바라보이는 곳에 살고 있다고 합니다. 비록 빈궁하다고는 하나 영락하여 다른 지역에 사는 경우와는 전혀 다른데, 지금까지 별묘에서 세사를 받드는 것은 실로 감히 이해할 수 없습니다. 제 소견으로는 두 신주를 개제(改題)하여 옮겨 받드는 것을 하루도 늦추어서는 안 된다고 생각합니다. 이후로 차례에 해당하는 장방이 비록 궁벽한 고을에 있더라도 진정으로 신주를 받들어 가기를 원한다면 허락하고 만일 그렇게 할 수가 없어 형세상 어쩔 수 없다면 비로소 임시로 별묘에 신주를 받드는 일을 논의할 수 있을 것입니다. 그러나 조천하는 날에는 차례에 해당하는 장방을 반드시 오게 하여, 그 이름을 방제에 써서 제사를 지내고, 신주를 받들어 갈 수 없어 임시로 별묘에 안치하는 이유를 고해야 합니다. 그 후 제사를 지낼 때 장방이 오면 장방이 직접 제사를 지내고, 오지 못하면 축문에 '현손(玄孫) 아무개가 아무 친족 아무개를 시켜'라고 하고 삼헌을 행하는 것이 마땅합니다. 설령 편지에서 염려하신 것처럼 이미 죽은 사람의 이름을 축문에 쓰는 경우가 있더라도 이는 멀리 있어 알지 못해 그런 것이니, 이 또한 의리에 무슨 해가 되겠습니까. 그 사람이 이미 죽었다면 조천해야 하는 신주는 마땅히 다른 곳으로 옮겨야 합니다.

생각건대 이 일을 강론하여 결정한 지 수십 년이 지난 일이기에 다시 고치는 것은 쉽지 않을 듯합니다. 그러나 외람되게도 부지런히 제게 질문을 하셨기에 감히 어리석은 제 견해를 모두 아뢰어 그대가 헤아려 채택하시는데 대비하지 않을 수 없습니다. 지극히 송구한 마음을 견디지 못하겠습니다.

정 참봉[86] 후기 에게 답하다 을축년(1745, 영조21)

答鄭參奉 垕基○乙丑

담옹(淡翁)[87]과 함께한 자리에서 얼굴을 뵈었던 때가 벌써 사십년 전의 일입니다. 때때로 그대가 사는 고을을 지나면서도 한 번 방문하여 옛날의 회포를 풀지 못한 채 다만 마음으로만 늘 그리워하였습니다. 그런데 뜻밖에 감사하게도 먼저 안부 편지를 보내주시어 봄추위에 그대의 체후가 편안하심을 알았으니, 우러러 몹시 위안이 됩니다.

이 사원(祠院)은 체모가 중하여 다른 곳에 비할 바가 아닌데, 지금은 선비들의 풍습이 점점 어그러져 온갖 소란거리가 발생하여 거의 모양새를 이루지 못하고 있습니다. 이러한 때는 큰 덕을 지닌 노성한 그대에게 힘입어 사태를 진정시켜야 하니, 병을 무릅쓰고 한번 나오신다면 비단 봄 제사를 무사히 마치는[88] 정도의 다행만이 아닐 것입니다.

부족한 제 생각으로는 강학을 하지 않으면 선비들의 풍습을 바로잡

86 정 참봉(鄭參奉) : 정후기(鄭后基, 1674～?)를 말한다. 본관은 광주(光州), 자는 중진(重震)이다. 거주지는 청주(清州)였으며, 숭릉 참봉(崇陵參奉)을 역임하였다.

87 담옹(淡翁): 송상기(宋相琦)를 말하는 것으로 보인다. 본관은 은진(恩津). 자는 옥여(玉汝), 호는 옥오재(玉吾齋)이다. 《옥오재집》 제17권 〈남천록 하(南遷錄下)〉에 자호(自號)를 '담옹(淡翁)'이라 한다는 기록이 보인다.

88 봄……마치는 : 원문의 '春享'은 사원(祠院)에서 지내는 봄 제사를 말하고, '利成'은 제사를 마친다는 뜻으로, 《의례》 〈사우례(士虞禮)〉에, 제사를 마치고 나면 "축이 문밖으로 나가서 서쪽을 향해 이성을 고한다.〔祝出戶, 西面告利成.〕"라고 하였는데, 정현(鄭玄)의 주에 "이는 양과 같고, 성은 필이다.〔利猶養也, 成畢也.〕" 하였다.

고 적체된 폐단을 없앨 수 없으며, 선비들이 없으면 강학을 할 수 없으니, 이 강생록(講生錄)은 그만둘 수밖에 없습니다. 그러나 여기에는 권면하고 징계할 수 있는 형벌과 상이 있지 않으니, 만일 아버지가 아들에게 명하고 형이 동생을 가르치지 않으면 선비들을 모아서 진작시킬 가망이 절대 없습니다. 우리 당의 선비들은 마땅히 마음과 힘을 합하여 이 일을 이루어야 하니, 일이 만약 이루어지지 않는다면 저 역시 감히 산장(山長)[89]의 자리에 있을 수 없습니다. 바라건대 동지들과 서로 의논하여 잘 처리해서 후생들이 모두 하풍(下風)을 따를 수 있도록 하는 것이 어떻습니까. 간절히 바랍니다.

89 산장(山長) : 서원(書院)의 원장을 말한다.

정백휴 구 에게 답하다 병오년(1726, 영조2)

答鄭伯休 鉥○丙午

집안의 우호 관계에 감복한 지 오래되었는데, 각각 남쪽과 북쪽에 떨어져 있어 만날 인연이 없이 어느덧 각자 노년에 이르렀습니다. 문득 그대의 아우가 방문하여 감사하게도 그대가 보낸 편지를 받아보았으니, 만나기 전에 먼저 편지를 보내는 것은 옛 사람의 도(道)입니다. 더구나 저를 높이 평가해 주시고 정성스레 면려해 주셨는데, 모두 변변찮고 못난 제가 감히 감당할 수 있는 일이 아니니, 감격하여 분발하면서도 두렵고 부끄러운 마음을 이루 말로 다할 수 없습니다.

맹자(孟子)가 경춘(景春)의 질문에 답한 부분[90]에 대해 주자(朱子)가 일찍이 말하기를 "읽어봄에 가슴이 탁 트여 마치 강수(江水)와 한수(漢水)에 씻은 듯하고, 가을 햇볕에 말린 듯하다."[91]라고 하였습니다. 제가 예전에 반복해서 이 구절을 읽고 무릎을 쳤는데, 거듭 그대에게 가르침을 받을 줄은 생각지도 못했습니다.

90 맹자(孟子)가……부분 : 《맹자》 〈등문공 하(滕文公下)〉에 대장부(大丈夫)란 과연 어떤 사람인지에 대한 경춘(景春)의 질문에 맹자가 대답한 내용을 가리킨다. 맹자는 "천하의 넓은 집에 거처하며, 천하의 바른 자리에 서며, 천하의 큰 도를 행하여, 뜻을 얻으면 백성과 함께 도를 행하고, 뜻을 얻지 못하면 홀로 그 도를 행하여, 부귀가 마음을 방탕하게 하지 못하며, 빈천이 절개를 바꾸지 못하며, 위무가 뜻을 꺾지 못하는 것, 이를 대장부라 이르는 것이다."라고 하였는데, 그 주석에 "'넓은 집'은 인(仁)이고, '바른 자리'는 예(禮)이고, '큰 도'는 의(義)이다." 하였다.

91 읽어봄에……듯하다 : 《회암집(晦庵集)》 권44 〈답채계통(答蔡季通)〉에 보인다.

저는 부귀를 가볍게 여기고, 경상(卿相)의 지위를 하찮게 여길 수 있는 사람이 아니니, 처음에는 시문을 짓는 재주에 분주히 힘을 써 영리의 길에 빠졌습니다. 중년에 은거하며 지내면서 재주가 서툴고 병이 깊어 당세에 쓰일 수 없음을 스스로 잘 알았기에 책을 읽고 뜻을 구하여 하늘이 부여해 준 뜻에 조금이나마 부합하려고 망령되이 애썼습니다. 그러나 마음과 힘이 굳건하지 못한데다 명철한 스승과 좋은 벗의 도움도 없는지라, 사욕이 넘쳐흘러 허물과 후회가 번갈아 쌓여져도 모르는 사이에 이름 없는 사람이 되고 말았습니다.

늘 생각하기로 이전의 성인들이 어리석음을 깨우쳐 주신 은혜가 저렇듯이 망극한데, 반평생을 돌아봄에 여전히 소장부(小丈夫)이니, 참으로 주자(朱子)가 말한 "이 노인 맹자(孟子)를 가리킨다 을 저버렸구나." 라는 경우입니다. 한밤중에 일어나 앉으면 부끄러움에 땀이 흘러 옷이 젖습니다.

그러나 넓은 곳〔仁〕과 바른 자리〔禮〕와 큰 도〔義〕라는 것이 천하의 넓음을 지극히 하고, 천하의 바름을 다하며, 천하의 큼을 극진히 하는 것이지만, 요컨대 모두 나의 본성 안에 있을 뿐입니다. 그러니 사군자는 마음을 세울 적에 다만 마땅히 이러한 것을 기준으로 삼아서 분명히 변별하지 못하면 버려두지 말고, 독실하게 행하지 못하면 그만두지 말아 부지런히 노력하여 죽은 뒤에야 그만두어야 합니다. 그대가 이 말을 가슴속에 간직하여 잊지 않고서 부지런히 노력한다는 것은 평소에 깊이 공력을 기울이는 데에서 볼 수 있으니, 이 선을 미루어 남에게 미칠 뿐입니다.

그러나 선유(先儒)는 "맹자는 재주가 높아 의거할 수가 없다."[92]라고 하였고, 또 "수준 높은 이야기라 갑자기 도달하기가 어렵다."라고 하였습니다. 《논어》에서는 부귀와 빈천을 차지하지 않고 버리지 않는다는 말 아래에, 밥 한 끼 먹는 짧은 시간도 인을 어김이 없다는 말로 끝을 맺었으며,[93] 《중용》에서는 현재 부귀하면 부귀한 처지에 알맞게 행동하고, 현재 빈천하면 빈천한 처지에 알맞게 행동하라는 말이 말과 행동을 조심하라[94]는 말 뒤에 있으니, 이와 같이 한 뒤에야 착수할 곳이 있게 될 것입니다. 모르겠습니다만 어떻게 생각하십니까?

지난해 경연(經筵)에 참석하였을 때 하나의 '천(天)'자를 말한 것은 총명을 깨우쳐 넓히고 규모를 확충시켜 성(性)과 도(道)가 '천(天)'에

92 선유(先儒)는……없다 : 《근사록》〈위학(爲學)〉에 "맹자는 재주가 높아서, 그를 배우려 해도 의거할 곳이 없다. 배우는 이들은 마땅히 안자를 본받아 배워야 성인의 배움에 가깝고 또한 힘쓸 만한 곳이 있다.〔孟子才高, 學之無可依據, 學者當學顔子, 入聖人爲近, 有用力之處.〕" 하였다.

93 부귀와……맺었으며 : 《논어》〈이인(里仁)〉에 "부(富)와 귀(貴)는 사람들이 하고자 하는 것이나 정상적인 방법으로 얻지 않았으면 차지하지 않아야 하며, 빈(貧)과 천(賤)은 사람들이 싫어하는 것이나 정상적인 방법으로 얻지 않았다 하더라도 버리지 않아야 한다. 군자가 인을 떠난다면 어디서 명예를 이루겠는가? 군자는 밥 한 끼 먹는 짧은 시간도 인을 어김이 없으니, 다급해져도 반드시 인에 처하고 곤경에 빠져도 반드시 인에 처한다.〔富與貴, 是人之所欲也, 不以其道得之, 不處也, 貧與賤, 是人之所惡也, 不以其道得之, 不去也. 君子去仁, 惡乎成名? 君子無終食之間違仁, 造次必於是, 顚沛必於是〕" 하였다.

94 현재……조심하라 : 《중용》 제14장에 "군자는 현재 처한 위치에 알맞게 행동할 뿐이요, 그 이외의 것은 바라지 않는다. 현재 부귀하면 부귀한 처지에 알맞게 행동하고, 현재 빈천하면 빈천한 처지에 알맞게 행동하며, 현재 이적의 가운데에 있으면 그 상황에 알맞게 처신하고, 현재 환란의 가운데에 있으면 그 상황에 알맞게 처신한다. 따라서 군자는 어느 때 어느 곳에 있든 간에 자득하지 못하는 경우가 없는 것이다.〔君子素其位而行, 不願乎其外, 素富貴, 行乎富貴, 素貧賤, 行乎貧賤. 素夷狄, 行乎夷狄, 素患難, 行乎患難, 君子無入而不自得焉.〕" 하였다.

서 말미암아 나오며, '천(天)'은 오르내리며 존재하지 않는 곳이 없다는 사실을 미루어 우리러 성상(聖上)의 엄공인외(嚴恭寅畏)[95]의 공을 도우기 위함이지, 본래 이 마음을 버려두고 말한 것은 아닙니다. 또 그 치지(致知)와 천실(踐實)에 많은 조목이 있었지만, 요컨대 식견이 모자라고 정성이 부족하여 한 푼, 반 푼 조차 성상의 마음을 감동시킬 수가 없어 모두 한바탕 쓸데없는 말이 되고 말았습니다. 지금에 이르러 생각해보니, 부끄럽고 두려워 어찌할 바를 모르겠습니다.

삼가 생각건대 그대는 멀게는 포노(圃老 정몽주(鄭夢周))가 조상이 고 가깝게는 집안의 가학(家學)이 있는데도, 과거공부를 손에서 놓고 문을 닫고 은거하며, 노친을 봉양하는 여가에 경서(經書)를 탐구하니, 어찌 앞서 말한 '비록 정상적인 방법으로 얻지 않았다고 하더라도 버리지 않는'[96] 경우가 아니겠습니까?

지금 보내주신 편지에서 당세를 걱정하고 붕우들에게 요구하는 것이 마음가짐이 높고 크며, 말씀이 명쾌하고 통창합니다. 그러니 이를 말미암아 더욱 스스로 노력한다면 이른바 '대장부'라는 명칭을 어찌 유독 남들에게 양보하겠습니까? 우리는 나이가 비록 많기는 하지만, 아침에 도(道)를 들으면 저녁에 죽어도 좋다[97]고 성인께서 이미 말을 하셨으니, 서로 더불어 힘쓰기를 바랍니다.

부탁하신 유집(遺集)의 서문은 제 이름을 올리는 것이 영광이 되는

95 엄공인외(嚴恭寅畏) : 엄숙하고 공경하고 삼가고 두려워한다는 뜻으로, 주공(周公)이 은 고종(殷高宗)의 덕을 칭송한 말이다. 《書經 無逸》

96 비록……않는 : 388쪽 주93 참조.

97 아침에……좋다 : 31쪽 주14 참조.

줄 어찌 모르겠습니까마는 외람된 일이라 두려우니, 이미 그대의 아우에게 직접 말하였습니다. 병이 나서 하고 싶은 말을 다 할 수가 없습니다. 점차 쌀쌀해지는 날씨에 때에 맞게 몸조심하시기만을 바랍니다.

정덕진 집 의 문목에 답하다 임술년(1742, 영조18)

答鄭德振 鏶 問目 壬戌

문 죽은 조카의 삼년상 안에 시제(時祭)는 비록 지내지 않는다 하더라도 기제(忌祭)는 지내야 하는데, 조부(祖父)와 조모(祖母)의 기제사에 제사를 주관할 사람이 없습니다. 조부 이하 백부(伯父)와 망종(亡從)의 제사는 제가 임시로 주관해도 되지만, 증조(曾祖)와 선조(先祖)의 제사는 절로 다른 장방(長房)이 있으니, 친족 중에 항렬이 높고 나이가 많은 사람이 주관하도록 해야 하는 것입니까? 또 삼년 안에 기제는 성대하게 치러서는 안 될 듯하지만, 선조의 제사는 사체(事體)가 절로 다릅니다. 봄가을에 서원에서 지내는 석채례(釋菜禮)는 모두 성대한 의식으로 치르니, 그렇다면 세대가 먼 종손(宗孫)의 초상기간에 유독 간략하게 차리고 단헌(單獻)으로 제사를 지내는 것은 마땅하지 않은 듯합니다. 아울러 밝은 가르침을 주시기 바랍니다.

답 종손(宗孫)을 세웠는데 종자(宗子)가 어려서 제사를 감당할 수 없는 상황에 처한 뒤에야 대신 주관하는 것에 대해 논할 수 있으니, 선후의 차례가 절로 이와 같습니다. 지금 종자를 세우지 않았는데, 갑자기 대신 제사를 주관하는 것에 대해 논의한다면 어찌 일이 어긋나고 잘못되는 곳으로 귀결되지 않겠습니까? 현재의 도리는 오직 종사(宗嗣)를 바로 세우는데 있습니다. 이후에 제사를 대신하는 일은 또한 반드시 조정의 명을 기다려서 결정할 수 있고, 어떤 사람이 제사를 대신 주관할지는 역시 종중의 공론에 달려 있으니, 사림이 논의할 수 있는 일이 아닙니다. 만일 대신 제사를 주관할 사람을 얻는다면 크고 작은 제사를 저절로 대신 주관하면 되니, 다시 어찌 의심할 것이 있겠습니까. 지금 말하기를 "아무 제사는 이 사람이 주관하고, 아무 제사는 저 사람이 주관하다."라고 하였으니, 이는 도리에 맞지 않습니다. 체천(遞遷)을 하지 않는 신주의 경우에는 비록 도성과 도성 밖의 석채에서 모두 성대한 의식으로 제사를 지내지만, 가묘(家廟)의 경우에는 예를 갖추어 제사지낼지, 소략하게 지낼지에 대해서는 오직 한결같이 종자의 변고의 유무에 따라서 처리하니, 공사(公私)의 사체가 같을 수 없는 것입니다.

정숙범 찬해 에게 답하다 경술년(1730, 영조6)

答鄭叔範 纘楷○庚戌

별지에서 질문하신 내용은 자세히 살펴보았습니다. 사대부 집안의 연상(練祥)을 국장(國葬)의 졸곡(卒哭) 뒤에 행하는 것은 선현들의 정론(定論)이 있고, 근세에 우옹(尤翁 송시열)의 의론이 더욱 엄중하니, 제가 들은 내용은 다만 이뿐입니다. 상가(喪家)에서 비록 연사(練事)를 행하지 않더라도 기공(期功)을 입는 친척[98]은 마땅히 상복을 벗어야 하고, 남의 양자가 된 사람 역시 감히 절로 차이를 둘 수 없을 듯하니, 어떻게 생각하십니까?

98 기공(期功)을 입는 친척 : 기년복(期年服)과 대소공복(大小功服)을 입는 친척이란 뜻으로, 가까운 친척을 가리킨다.

정숙범의 《소학》 문목에 대해 답하다
答鄭叔範小學問目

문 〈계고편(稽古篇)〉 첫 머리에 "맹자(孟子)는 성(性)이 선함을 말하면서 그 때마다 요임금과 순임금을 지칭하였다."라는 내용을 인용한 것은 무엇 때문입니까?

답 성(性)은 사람이 하늘에서 부여받아 태어나는 이치입니다. 본연의 처음 상태를 말하자면 혼연하고 지극히 선한 것이니, 악행을 저지르게 되는 것은 진실로 성(性)의 죄가 아닙니다. 그러므로 맹자가 늘 성(性)이 선하다고 말하였으니, 사람들에게 보여준 뜻이 절실합니다. 그러나 다만 성(性)이 선하다는 것만 말한다면 그 말을 증명할 수가 없어 사람들이 믿지 않을 것이기에, 반드시 요임금과 순임금을 지칭하여 실증한 것입니다. 요임금과 순임금은 본성에 따라 행동한 사람들이니, 요컨대 다른 '성선(性善)'의 실상을 알려고 한다면 요임금과 순임금이 바로 그들이기에 맹자가 이 실상의 대상을 가리켜 보여주어 누구나 요임금과 순임금처럼 되려는 마음을 흥기시키도록 한 것입니다.

성인이 사람을 가르치는 방법은 다만 본분에 고유하게 지니고 있는 것으로 인해 진보하도록 하기에 주자(朱子)가 《소학》을 편찬할 적에 〈소학제사(小學題辭)〉 첫 머리에 이미 '성(性)' 자를 말하였고, 〈입교편(立敎篇)〉의 머리말에 또 자사(子思)가 말한 '천명(天命)을 일러 성(性)이라 한다.'는 말로 증명하였으며, 〈입교(立敎)〉, 〈명륜(明倫)〉, 〈경신(敬身)〉 세 편에서 모두 단지 당연한 바의 도리를 말하였습니다. 그러므로 〈계고편〉에서는 성현들이 이미 실천했던 자취를 고찰하여 앞의 세 편의 말을 증명하였습니다. 그렇다면 앞의 세 편은 '도성선(道性善)'이 뜻이고, 뒤의 한 편은 '필칭요순(必稱堯舜)'의 뜻입니다. 그러므로 맹자의 이 말을 인용하고, 이어서 "옛 성현들의 행실을 모으고, 옛 선현들의 말을 실증하여."라는 말로 이었으니, '실(實)' 한 글자가 바로 이 편의 골자입니다. 또 "이 글을 읽는 자들로 하여금 흥기하는 바가 있게 한다."라는 말은 또한 '순임금처럼 할 뿐이다.'라는 한 구절에서 나왔습니다. 태교는 태임(太任)처럼 할 뿐이고, 어릴 때의 가르침은 맹자의 어머니처럼 할 뿐이며, 시(詩)와 예(禮)는 공자처럼 할 뿐입니다. 나머지도 모두 이와 같으니, 이처럼 보는 것이 좋습니다.

문 순임금을 두고 '효성(孝誠)으로 화하게 하고 정성으로 다스려서 부모가 간악한 데에 이르지 않게 하였다.〔克諧以孝, 烝烝乂, 不格姦.〕'[99] 라고 한 것은 '여럿이 요임금에게 말씀드린〔師錫帝〕' 내용이니, 당시에 순임금의 부모가 이미 순임금에게 순하였던 것입니다. 그런데 '밭두둑 가운데에서 섬기게 하였다.'는 부분에 이르러서는 또 이르기를 '부모에 순함을 얻지 못했기 때문에 마치 곤궁한 사람이 돌아갈 곳 없는 것처럼 여겼다.'[100]라고 하였으니, 이는 의심할 만합니다.

99 효성(孝誠)으로……하였다 : 《소학》 〈계고(稽古)〉에 《서경》 〈요전(堯典)〉의 말을 인용하여 "우순(虞舜)의 아버지는 완악하고 어머니는 우매하고 아우 상(象)은 거만했는데, 순은 효성으로 화하게 하고 정성으로 다스려서 부모가 간학한 데에 이르지 않게 하였다.〔虞舜, 父頑母嚚, 象傲, 克諧以孝, 烝烝乂, 不格姦.〕" 하였다.

100 밭두둑……여겼다 : 《소학》 〈계고(稽古)〉에 《맹자》 〈만장 상(萬章上)〉의 말을 그대로 인용하여 " 요임금이 그의 아들 아홉 명과 딸 둘로 하여금 백관과 소와 양과 창고를 갖추어 순(舜)을 밭두둑 가운데서 섬기게 하였으니, 천하의 선비들이 찾아오는

답 이와 같은 부분들은 상고할 수가 없습니다. 그러나 '부모에게 순함을 얻지 못했기 때문에 마치 곤궁한 사람이 돌아갈 곳 없는 것처럼 여겼다.'는 말은 맹자가 순임금의 마음이 이와 같았음을 알아서 형용하여 말한 것입니다.

'행실을 마음대로 하지 않았다.〔行無專制〕'의 '행(行)'자는 단지 몸의 측면에서 말한 것이고, '일은 자기 마음대로 결정함이 없었다.〔事無由己〕'의 '사(事)'자[101]는 일의 측면에서 널리 말한 것입니다.

부모의 신체를 봉양하는 것이 작은 일이 아니지만, 그 뜻을 봉양하는 것과 비교하면 경중의 차이가 있습니다. 〈서명(西銘)〉에 이른바 '하늘을 아버지라 부르고, 땅을 어머니라 부른다.'는 것을 가지고 본다면, '천지(天地)'라고 하지 않고 '건곤(乾坤)'이라고 한 것은 천지는 형체(形體)이고, 건곤은 성정(性情)이기 때문입니다. 천지가 만물의 큰 부모가 되는 까닭은 다만 성정 때문이니, 여기에서 더욱 효자가 뜻을 봉양하는 것이 더 큰 일임을 알 수 있습니다.

자가 많으므로 요임금은 장차 천하의 인심을 보아 그에게 황제의 자리를 옮겨주려 하셨다. 그러나 순은 부모에 화순함을 얻지 못했기 때문에 마치 곤궁한 사람이 돌아갈 곳 없는 것처럼 여겼다〔帝使其子九男二女, 百官牛羊倉廩, 備以事舜於畎畝之中, 天下之士多就之者, 帝將胥天下而遷之焉, 爲不順於父母, 如窮人無所歸.〕" 하였다.

101 행실을……사(事)자 : 《소학》〈계고(稽古)〉에 《회남자(淮南子)》의 말을 그대로 인용하여 "주공(周公)이 문왕(文王)을 섬길 적에 행실을 마음대로 하지 않았고, 모든 일을 자기 마음대로 결정함이 없었다.〔周公之事文王也, 行無專制, 事無由己.〕" 하였다.

부모가 온전하게 나아주었다는 것은 다만 신체만을 말하는 것이 아니니, 덕(德) 역시 그 속에 내포되어 있습니다. 그러므로 자식이 온전히 보전해서 돌아간다는 것은 그 형체를 손상하지 않고, 그 몸을 욕되게 하지 않는 것을 겸하여 말한 것입니다.

'공명선(公明宣)이 삼년 동안 글을 읽지 않았다.'[102]라는 말을 '행하고 여력이 있으면 글을 배워야한다.'[103]라는 뜻으로 헤아려보면 진실로 한쪽으로 치우치는 것입니다. 그러나 여기에서 옛 사람들이 자신의 수양을 위해 독실하게 노력한 것을 볼 수 있으니, 후대에 스승에게 나아가 배우는 제자라는 자들이 훈고(訓詁)와 자구(字句) 사이에만 힘을 쏟는데 불과한 것과 비교한다면 그 뜻을 세움이 어떠합니까. 윤화정(尹和靖)이 이천(伊川)을 반년 동안 모신 뒤에야 비로소《대학》과〈서명〉을 수업 받았고, 황 면재(黃勉齋 황간(黃榦))가 처음 주자(朱子)에게 배울 때, 주자는 당시에 그 곳에 없어서 삼 개월 동안 머무르며 돌아오기를 기다렸고, 또 몇 개월 동안 수업을 받고 돌아왔으니,

102 공명선(公明宣)이……않았다 : 공명선은 증자(曾子)의 제자이다.《소학》〈계고(稽古)〉에 그가 증자에게 배우면서 3년 동안 책을 읽지 않으므로 증자가 배우지 않는다고 꾸짖자 대답하기를, "자식으로서 집에 있으면서 부모가 곁에 계시면 개나 말에도 성내어 꾸짖지 않고, 빈객을 응대하면서 공경하는 마음이 게을러지지 않고, 관직에 있으면서 아랫사람을 상하게 하지 않는 세 가지 일을 배우기는 했지만 아직 능숙하지 못합니다. 어찌 감히 배우지 않겠습니까."라고 한 말을 가리킨다.

103 행하고……배워야한다 :《논어》〈학이(學而)〉에 "자제들은 집에 들어가서는 효도하고 밖에 나와서는 공손하며, 행실을 삼가고 말을 미덥게 하며, 널리 사람들을 사랑하되 어진 이를 가까이 해야 하니, 이것을 행하고 여력이 있으면 글을 배워야 한다.〔弟子入則孝, 出則弟, 謹而信, 汎愛衆而親仁, 行有餘力, 則以學文.〕" 하였다.

옛 사람들의 독실함이 이와 같았습니다.

발은 신체 중에서 먼저 움직이는 부분이므로, 구용(九容)[104]에서 발을 먼저 말하였고, 증자(曾子)가 이불을 걷어 발을 먼저 보라[105]고 하였으니, 그 의미가 역시 이와 같을듯합니다. 전전긍긍하여 마치 연못가에 서있는 듯이 하고, 얇은 얼음을 밟고 있는 듯이 하라고 한 것은 하나의 도리이니, 이는 증자가 공자(孔子)에게 들은 내용일 것입니다.

한번 발을 내딛고 한 번 말을 꺼낼 적에 감히 부모를 잊지 말라는 것은 한걸음 내딛고 한 번 말을 꺼낼 때 늘 부모를 생각하라는 것을 말한 것이 아니라, 단지 지름길을 다니지 않고, 헤엄쳐서 물을 건너지 않으며, 감히 위태로운 행동을 하지 않고, 나쁜 말을 하지 않으며, 성낸 말이 자신에게 돌아오지 않게 한다.[106]는 것이니, 바로 감히 부모

104 구용(九容) : 군자가 지녀야 할 아홉 가지 모습을 말한다. 《예기》 〈옥조(玉藻)〉에 "발 모양은 무겁게 하며, 손 모양은 공손하게 하며, 눈 모양은 단정하게 하며, 입 모양은 얌전하게 하며, 말소리는 조용하게 하며, 머리 모양은 곧게 하며, 숨 쉬는 모양은 엄숙하게 하며, 서 있는 모양은 덕스럽게 하며, 얼굴 모양은 장엄하게 해야 한다." 하였다.

105 증자(曾子)가……보라 : 증자가 병이 들자 제자들을 불러 말하기를 "이불을 걷고서 내 발을 살펴보고 내 손을 살펴보아라. 《시경》에 이르기를 '두려워하고 삼가서 깊은 못에 임한 듯이 하며 얇은 얼음을 밟듯이 하라.' 하였는데, 이제야 내가 몸을 훼상하는 데서 면한 줄을 알겠구나. 제자들아!〔曾子有疾, 召門弟子曰, 啓予足, 啓予手, 詩云, 戰戰兢兢, 如臨深淵, 如履薄氷, 而今而後, 吾知免夫, 小子.〕" 하였다. 《小學 稽古》

106 지름길을……한다 : 증자(曾子)의 문인인 악정자춘(樂正子春)이 당(堂)에서 내려오다가 발을 다치고 몇 개월 동안 나가지 않고서 여전히 근심하는 기색이 있었는데, 문하의 제자가 질문을 하였다.……악정자춘이 대답하기를 "……발을 한 번 드는 데에도

를 잊지 않는 도입니다. 그러므로 자신의 몸을 공경하는 것이 부모를 공경하는 것이니, 〈경신편〉의 첫머리에 상세히 나와 있습니다.

감히 부모를 잊지 않는다. 그러므로 큰 길로 다니고 지름길로 다니지 않으며, 배로 건너고 헤엄쳐서 물을 건너지 않아 감히 돌아가신 부모가 남겨 준 몸으로 위태로운 짓을 행하지 않는다. 한 번 말을 할 때도 감히 부모를 잊지 않는다. 그러므로 나쁜 말이 입에서 나오지 않으며, 남의 성낸 말이 자신에게 돌아오지 않으니, 그 몸을 욕되게 하지 않으며, 그 부모에게 욕을 끼치지 않으면, 효도라고 말할 만하다.〔樂正子春, 下堂而傷其足, 數月不出, 猶有憂色, 門弟子曰,……樂正子春曰……一擧足而不敢忘父母, 是故道而不徑, 舟而不游, 不敢以先父母之遺體行殆. 一出言而不敢忘父母, 是故惡言不出於口, 忿言尸反於身, 不辱其身, 不羞其親, 可謂孝矣.〕" 하였다. 《小學 稽古》

정선보 찬지 의《소학》문목에 답하다

答鄭善甫 纘志 小學問目

‘신코에 끈을 매지 않는다.〔不絇屨〕’의 주(註)에 ‘다닐 때의 경계를 익히지 못해서이다〔未習行戒也〕’에 대하여

구(絇)는 신의 코를 잡아매는 것을 말하는데, 스스로 구속하여 함부로 돌아보지 않는 뜻을 취한 것이니, 자서(字書)에서 나왔다 다닐 때 경계한다는 의미입니다. 어린아이는 멀리 갈 일이 없어서, 다닐 때의 경계를 익히지 못한 것입니다.

‘유감스러워하면서 자중하는 사람은 드물다.’에 대하여

유감스러워하고 원망하는 마음이 있으면 곧 분기(忿氣)에 부림을 당해 일을 망치게 되니, 그 몸을 자중하는 사람이 드물다는 말입니다.

‘남녀 간에 분별이 있은 뒤에 부자간의 친함이 있다.’에 대하여

남녀 간에 분별이 있은 뒤에 부자간의 친함이 있다는 점에 대해서는 주자(朱子)가 일찍이 이 부분을 논하며 한 무제(漢武帝)가 총애하는 궁인(宮人)이 많아 태자와 소원해져서 무고(巫蠱)의 화[107]를 불러일으

107 무고(巫蠱)의 화 : 한 무제(漢武帝)의 태자 거(據)가 강충의 추궁에 견디다 못해 모반을 일으켰다가 자살한 일을 말한다. 강충이 태자와 사이가 나빠지자, 무제가 죽은 뒤에 해를 입을까 걱정하던 차에 무고(巫蠱)의 일이 발생하였다. 그러자 이 사건을 맡은 강충이 태자를 다급히 몰아붙이는 한편 태자궁에서 오동나무로 만든 목우인(木偶人)까지 땅속에서 파내어 증거를 확보하여 태자를 궁지에 빠뜨렸다. 태자는 견디다

킨 것으로 증거를 삼았습니다. 그가 말씀하신 의문점은 혹 유추하여 알 수 있지 않겠습니까? 그러니 분별이 없다는 뜻은 결국 음벽(淫辟)에 주안점을 둔 것이니,[108] 본주(本註)에서 금수(禽獸)의 류로 비유한 것[109]을 보면 알 수 있습니다.

못해 사람을 시켜 강충을 잡아다 놓고 "이 조나라 놈아[趙虜]! 전에 조나라에서도 태자를 폐(廢)하게 하더니, 그것도 부족해서 이번에는 우리 부자를 혼란시키려 하는구나." 하고 목을 베었다. 그 후에 태자가 장락궁(長樂宮)의 위졸(衛卒)을 동원하여 반란을 일으켰으나 끝내 자살하였다.《漢書 卷63 武五子傳》

108 분별이……것이니 : 《소학(小學)》〈명륜(明倫)〉 62장 본주(本註)에 "남녀가 안에서 분별이 없으면 부부의 도리가 상실되어 음벽(淫辟)한 죄가 많아지니, 비록 부자간의 친함이라도 또한 친할 수가 없다.〔蓋男女無別於內, 則夫婦之道喪, 而淫辟之罪多, 雖父子之親, 亦不得而親之也.〕"라는 내용을 말한다.

109 본주(本註)에서……것 : 《소학》〈명륜〉 62장 본주에 "진씨(陳氏)가 말하기를, '금수(禽獸)가 어미가 있는 줄 만 알고 아비가 있는 줄 알지 못하는 것은 분별이 없기 때문이다.〔陳氏曰, 禽獸知有母而不知有父, 無別故也.〕' 하였다."라는 내용을 말한다.

송생[110] 호석 에게 답하다 정사년(1737, 영조13)

答宋生 瑚錫○丁巳

만나기 전에 먼저 편지를 보내는 것은 옛날의 도(道)입니다. 그러나 이는 오직 뜻이 있는 선비가 먼저 알고 먼저 깨달은 어진 사람에게 시행해야지, 구차한 사람에게 해서는 안 됩니다. 얼핏 듣건대 그대가 일상적인 굴레와 시속의 얽매임을 벗어나 분발하여 도를 지향하고 있으니, 뜻이 있는 선비라 할 만합니다. 저로 말하자면 이런 뜻이 없다고는 할 수 없으나, 수십 년 글을 읽어도 모르던 것을 날로 알고, 실천하지 못했던 것을 날로 실천하는 일을 하지 못하여 조금씩 꾸준히 쌓아가는 공이 없으니, 군자가 외면하고 소인이 몰려드는 사람이 되지 않은 것이 다행입니다.

그대가 옛날의 도를 실천하는 것은 진실로 마땅하나, 다만 제가 그럴 만한 사람이 못되는 듯합니다. 그러나 글에서 터득한 것을 가지고 말해 보자면 '위기무실(爲己務實)' 네 글자가 배움의 근본인지라 제가 비록 우둔하지만 여기에 부지런히 노력하여 죽은 뒤에야 그만두기를 원하니, 역시 뜻을 함께하는 선비에게 감히 들려주지 않을 수 없습니다. 이처럼 부지런히 저에게 질문을 해주셨으나, 이미 그대와는 하루도 만난 적이 없어 힘을 쓰는 선후와 성취한 수준에 대해 전혀 들어 아는 것이 없기에, 단지 '초학자가 마음을 세우는 시초'[111]로 말씀을 드리니,

110 송생(宋生) : 송호석(宋瑚錫, 1693~1756)을 말한다. 본관은 신평(新平), 자는 기여(器汝), 호는 몽와(蒙窩)이다.

참람되고 망령되다고 비웃지 않겠습니까. 부디 너그러이 이해해 주시기 바랍니다.

111 초학자가……시초 : 《중용》 33장 첫 구절에 대한 주자(朱子)의 해석이다. 하학은 '하학인사(下學人事)'의 준말로서 아래에서 사람의 도리를 배우는 초학자를 말하며, 입심은 입지(立志)와 같은 뜻이다.

송생의 문목에 답하다
答宋生問目

‘인(仁)은 의(義)가 될 수 없고, 의는 인이 될 수 없다.’라는 말은 다만 기질이 다른 곳은 이치가 서로 통하지 않는다는 것을 말한 것입니다.[112] 이는 범과 이리의 부자 사이에 인(仁)은 존재하지만 의(義)는 존재할 수 없으며, 벌과 개미의 군신사이에 의(義)는 존재하지만 인(仁)은 존재할 수 없는 것과 같습니다. 인의예지가 이치이지만 기질에 국한되니, 서로 통하지 않는 것이 이와 같습니다. 만약 이로 인해 인의(仁義)를 가리켜 기(氣)라 한다면 이치에 해를 끼치는 것이 심하니, 이와 같은 어구는 융통성 있게 보아야지 어구에 얽매여서는 안 됩니다.

심(心)은 지극히 텅 비고 지극히 신령스럽지만, 일신에 부여된 오행(五行)의 기운과 비교한다면 본래 다른 것이 아닙니다. 주자(朱子)가 말한 ‘정상(精爽)’[113] 두 글자는 기(氣) 안에서 끄집어내어 분명히 보여준 것입니다. 이 밖에 심(心)과 기(氣)를 분별해서 말한 곳이 아주

112 인(仁)은……것입니다 : 《주자어류》 권94 〈주자지서(周子之書) 태극도(太極圖)〉에 “‘오행(五行)이 생길 때 성(性)을 각각 하나씩 가진다.’ 하였는데, 이치가 같습니까?〔五行之生, 各一其性, 理同否?〕”라고 질문하자, 대답하기를 “같으나 기질은 다르다.〔同而氣質異〕” 하였다. “이미 기질이 다르다고 하였으니, 이는 서로 통하지 않겠습니다.〔旣說氣質異, 則理不相通.〕” 하자, 대답하기를 “진실로 그렇다. 인은 의가 될 수 없고, 의는 인이 될 수 없다.〔固然. 仁作義不得, 義作仁不得.〕”라고 말한 내용이 보인다.

113 주자(朱子)가 말한 정상(精爽) : 《주자어류》 권5 〈성정심의등명의(性情心意等名義)〉에 “심(心)이란, 기의 정상이다.〔心者氣之精爽〕” 하였다.

많으니, 오직 가리키는 곳을 따라 보아야 합니다. 바빠서 자세히 논할 수는 없으나 대체가 이러합니다.

송생 훈석 의 문목에 답하다 무오년(1738, 영조14)

答宋生 勛錫 問目 戊午

문 장손(長孫)이 승중(承重)하여 상(喪)을 치르다가 죽으면 소상(小祥)과 대상(大祥) 및 삼년상을 마친 뒤의 모든 제사를 장손의 부인이 주관합니까? 차남(次男)이 주관합니까? 장손의 아우가 주관합니까? 제사를 주관할 때 마땅히 고유하는 말이 있어야 하는데, 또한 언제 고유를 해야 합니까?

답 차손(次孫)이 상을 주관한다는 설이 옳을 듯합니다. 일반적으로 부인이 상을 주관하는 의리는 없으니, 후사를 세우기 이전에 마땅히 아무개 친척이 임시로 주관하게 된 연유를 먼저 고하고서 장례와 제사의 모든 절차를 모두 임시로 주관하며, 고유는 삭망은전(朔望殷奠)[114] 때 해야 합니다.

문 지금 어떤 이의 아버지가 첩을 들였다가 내쫓은 상태이고, 또 임종 때 또 자기가 죽고 나서 첩이 조문을 오더라도 받지 말라고 명을 내렸습니다. 아버지가 죽은 뒤에 첩이 과연 왔는데, 받아주지 않자니 죽어도 돌아가지 않겠다고 하고, 받아주자니 이는 아버지의 명을 어기는 것이 되어 버리니, 모르겠습니다만 어떻게 처리해야합니까?

답 이미 아버지의 명이 있었으니, 다만 마땅히 그 명을 따라야 합니다.

114 삭망은전(朔望殷奠) : 상례(喪禮)에서 평소에 올리는 조석전(朝夕奠)과는 달리, 초하루와 보름에 성대하게 제수(祭需)를 갖추어서 올리는 전(奠)을 이른다.

그러나 또 반드시 그 첩이 쫓겨날 때 과연 죄가 있었는지 없었는지의 여부를 살펴서 처리해야 합니다. 옛 사람들은 종종 치명(治命)을 따르고 난명(亂命)을 따르지 않았으니, 이는 권도(權道)입니다.

송생의 문목에 답하다 신유년(1741, 영조17)

答宋生問目 辛酉

문 《논어》와 《맹자》는 '집주(集註)'라고 하고, 삼경(三經)은 '전(傳)'이라고 하며, 《중용》과 《대학》은 '장구(章句)'라고 합니다. 또 《맹자》는 '집주'라고 해놓고, 또 각 편 아래에 '장구'라고 한 것은 무엇 때문입니까?

답 '전(傳)'은 '경(經)'을 풀이한 것이므로, 삼경은 '전'이라고 한 것입니다. 《중용》과 《대학》은 주(註)가 없는 것은 아니지만, 장구를 중시하기 때문에 '장구'라고 한 것입니다. 《논어》와 《맹자》도 역시 장구가 있지만, 중요함이 집주에 있기 때문에 '집주'라고 한 것입니다. 장구는 장(章)을 나누고 구(句)를 바로 잡는 것을 말합니다. 《중용》과 《대학》의 경우에는 하나로 통하는 문자이니, 먼저 장구를 확립하지 않으면 무엇으로 그 요령을 터득하겠습니까? '주'라고 하지 않고 '장구'라고 한 것은 이 때문입니다. 《논어》와 《맹자》의 경우에는 장구를 분별하기 어려움이 《중용》, 《대학》과 같지 않기에 각 편을 '장구'라고 하고, 책 전체를 총괄해서 '집주'라고 한 것입니다.

문 '대학의 도〔大學之道〕'의 '도(道)'자를 소주(小註)에서 동양 허씨(東陽許氏)[115]가 말하기를 "대학의 도(道)는 태학에서 사람을 가르치

115 동양 허씨(東陽許氏) : 허겸(許謙, 1270~1337)을 말한다. 자는 익지(益之), 자호가 백운산인(白雲山人)이다. 본래 송나라 사람으로 송나라가 망한 뒤 원나라에서

고 수양하는 방법을 말한 것이니, '군자는 깊이 나아가기를 도로써 한다.〔君子深造之以道〕'[116] 의 도와 같나."라고 하였습니다. 그대가 '도'를 '방법〔方〕'이라고 한 것은 여기에서 나온 것이 아닙니까? 그러나 허씨(許氏)의 말은 역시 온당치 못한 듯하니, 모르겠습니다만 어떻게 생각하십니까?

답 경(經) 1장에서 아래 위의 '도'자는 문맥은 비슷하지만 의미는 다르니, 비록 의심을 품을 수 있을 것 같으나 '지도(之道)'의 '도'를 만약 의리에 입각해서 본다면 말뜻이 통하지 못할 듯하니, 동양 허씨의 말이 좋은 듯합니다.

문 보망장(補亡章)[117]의 '사물에 나아가 그 이치를 궁구한다.〔卽物而窮其理〕'의 주(註)에 '즉물(卽物)은 즉사(卽事), 즉경(卽景)과 같으니, 자신이 접하는 사물을 따르는 것이다.'라고 하였습니다. 만약 이 설(說)과 같다면 마땅히 사물이 이미 이른 뒤에 나아간 바의 사물을 따라서 궁구해야 하니, 사물이 이르기 전에 미리 그 이치를 궁구해서

벼슬하지 않았다. 동양(東陽)의 팔화산(八華山)에서 40년 동안 강학하였으며, 금화(金華) 주자학(朱子學)의 중요한 전승자로, 하기(何基), 왕백(王柏), 김이상 등과 함께 금화 사선생(金華四先生)이라고 불렸다.

116 군자는……한다 : 《맹자》 〈이루 하(離婁下)〉에 "군자가 깊이 나아가기를 도로써 함은 자득하고자 해서이니 자득하면 처(處)하는 것이 편안하고 처하는 것이 편안하면 자뢰(資賴)함이 깊게 되고 자뢰함이 깊으면 좌우에서 취함에 그 근원을 만날 수 있을 것이다.〔君子深造之以道, 欲其自得之也, 自得之則居之安, 居之安則資之深, 資之深則取之左右, 逢其原, 故君子欲其自得之也.〕" 하였다.

117 보망장(補亡章) : 주자가 《대학장구》의 격물치지장(格物致知章)의 내용이 빠졌다고 생각하여 보충한 전(傳) 제5장을 말한다.

는 안 됩니까? 그렇다면 학자가 국가와 천하를 맡기 이전에는 치국과 평천하의 이치를 미리 궁구할 수 없습니까?

답 '격물(格物)'이란 각각의 사물에 나아가 이치를 궁구하는 것을 말합니다. 생각이 이르는 곳이 바로 나아가는 것이니, 어찌 반드시 사물이 이르기를 기다린 뒤에 나아간다고 말할 수 있겠습니까?

문 '분치(忿懥)' 이하 네 가지[118]를 주자(朱子)가 말하기를 "네 가지 감정은 무심한 상태에서 발현되도록 해야 한다."라고 하였습니다. 네 가지가 이미 마음의 작용이라, 이 감정이 없는 사람이 없는데, 또 어째서 "무심한 상태에서 발현되도록 해야 한다."라고 말한 것입니까?

답 주자(朱子)가 "무심한 상태에서 발현되도록 해야 한다."라고 말한 부분에서 '무(無)'자는 마음에 하나의 사물도 있어서는 안 된다는 뜻이니, 굳이 '사람이 없을 수 없는 것이다〔人所不能無〕'의 '무(無)'자와 대조해서 의심을 품을 것은 없습니다.

문 장구(章句)에서 '분치(忿懥)' 이하 네 가지를 '사람이 없을 수 없는

118 분치(忿懥)……가지 : 네 가지는 분치(忿懥), 공구(恐懼), 호요(好樂), 우환(憂患)을 말한다. 《대학장구》 전 7장에, "마음에 성내는 바가 있으면 바름을 얻지 못하고, 두려워하는 바가 있으면 바름을 얻지 못하며, 좋아하는 바가 있으면 바름을 얻지 못하고, 근심하는 바가 있으면 바름을 얻지 못한다.〔心有所忿懥, 則不得其正, 有所恐懼, 則不得其正, 有所好樂, 則不得其正, 有所憂患, 則不得其正.〕" 하였고, 그 집주(集註)에 "이 네 가지는 모두 마음의 용(用)이니, 사람이 없을 수 없는 것이다. 그러나 조금이라도 있는데 살피지 못하면, 욕심이 동하고 정이 치우쳐서, 그 용의 행하는 바가 혹 올바름을 잃지 않을 수 없을 것이다.〔蓋是四者, 皆心之用, 而人所不能無者, 然一有之而不能察, 則欲動情勝, 而其用之所行, 或不能不失其正矣.〕"라는 내용이 보인다.

것이다'라고 하고, '친애(親愛)' 이하 다섯 가지를 '본래 있는 당연한 법칙' 이라고 하였으니,[119] 네 가지와 다섯 가지는 동일하게 성(性)에 근원을 두고, 정(情)이 되는 것도 동일한데, 그 훈고(訓詁)가 다른 것은 어째서입니까?

답 '사람이 없을 수 없는 것이다.〔人所不能無〕'의 '무(無)'자는 '유(有)'자와 상대해서 보고,[120] '당연한 법칙〔則〕'은 '벽(辟)'자와 상대해서 본다면 두 장의 훈고가 동일하지 않다는 것을 알 수 있습니다.

문 '혹 올바름을 잃지 않을 수 없다.〔或不能不失其正〕[121]'의 '혹(或)'자에 대해 사람들이 대부분 의심하고 논란하는데, 수암 선생(遂菴先生

119 친애(親愛)……하였으니 : 다섯 가지는 친애(親愛)・천오(賤惡)・외경(畏敬)・애긍(哀矜)・오타(敖惰)를 말한다. 《대학장구》 전 8장에 "사람들이 친애하는 바에 편벽되고 천히 여기고 미워하는 바에 편벽되며 두려워하고 존경하는 바에 편벽되고 가엽게 여기고 불쌍히 여기는 바에 편벽되며 거만하고 태만히 하는 바에 편벽된다. 그러므로 좋아하면서도 그 나쁨을 알고 미워하면서도 그 아름다움을 아는 자가 천하에 적은 것이다.〔人之其所親愛而辟焉, 之其所賤惡而辟焉, 之其所畏敬而辟焉, 之其所哀矜而辟焉, 之其所敖惰而辟焉, 故好而知其惡, 惡而知其美者, 天下鮮矣.〕" 하였고, 집주(集註)에 "다섯 가지는 사람에 있어 본래 있는 당연한 법칙이 있다. 그러나 보통 사람의 정은 오직 그 향하는 대로 하고 살핌을 더하지 않으니, 그러하면 반드시 한쪽으로 빠져서 몸이 닦이지 못할 것이다.〔五者在人, 本有當然之則. 然常人之情, 惟其所向而不加察焉, 則必陷於一偏, 而身不修矣.〕"라는 내용이 보인다.

120 무(無)자는……보고 : '유(有)'자는 앞에서 언급한 '有所忿懥', '有所恐懼', '有所好樂', '有所憂患'의 '有'를 말한다.

121 혹……없다 : 《대학장구》 전 7장의 주석에, "하나라도 있는데 살피지 못하면, 욕심이 움직이고 정이 우세하여 그 용이 행하는 바가 혹 올바름을 잃지 않을 수 없다.〔一有之而不能察, 則欲動情勝, 而其用之所行, 或不能不失其正矣.〕"라고 한 내용을 가리킨다.

권상하) 역시 다음과 같이 말하였습니다. "노선생(老先生)께서 일찍이 말씀하시기를 '혹(或)자는 마땅히 '욕심이 움직이고 정이 우세하여〔欲動情勝〕'의 위에 두어야 하는데 여기에 둔 것은 눈을 중간에 두는 법이다.'라고 말하였네. 내가 '정심(正心)이 이미 성의(誠意)의 뒤에 있으니, 공부가 이미 정밀한 경지에 이르러 작용이 올바름을 잃는 경우는 혹여 있을지 몰라도 어찌 반드시 올바름을 잃는다고 말할 수 있겠습니까?'라고 하니, 선생이 대답하시기를 '이처럼 보는 것도 괜찮다.'라고 하였네."

답 율곡(栗谷)의 《성학집요》에서 인용한 정심장(正心章)의 주(註)에는 이 '혹(或)'자가 없으니, 감히 그 의미를 이해하지 못하겠으나, 저는 이 '혹(或)'자를 다만 마땅히 여유 있게 보아야 한다고 생각했습니다. 그대의 말씀은 지나치게 깊이 생각한 것이 아니겠습니까.

문 석작(石碏)이 말한 육역(六逆)의 논의[122]에 대해 유종원(柳宗元)이 말하기를 "만약 존귀하지만 어리석고, 미천하지만 덕과 재능을 지녔을 경우에, 미천한 자가 존귀한 자를 방해한다면 국가를 다스리는 근본과 관계된 점이 크다. 그리고 만약 관계가 친근하고 오래된 신하

122 석작(石碏)이……논의 : 석작은 춘추시대 위(衛)나라의 대부(大夫)이다. 위 장공(衛莊公)의 공자(公子) 주우(州吁)가 장공의 총애를 믿고 싸움을 좋아하는데도 장공이 금지하지 않으니, 석작이 '육역(六逆)의 행위를 배우면 화를 부르게 된다.'고 간언(諫言)하였다. 육역(六逆)은 비천한 사람이 고귀한 사람을 해치는 것, 연소한 사람이 연장의 사람을 업신여기는 것, 소원한 사람이 친밀한 사람을 이간질 하는 것, 새로운 사람이 옛사람을 이간질하는 것, 소국이 대국을 침략하는 것, 음란한 것이 정의를 허물어뜨리는 것이다. 《春秋左氏傳 隱公3年》

는 어리석고, 관계가 소원하고 신참인 자는 덕과 재능을 지녔을 경우에 관계가 소원하고 신참인 신하가 친근하고 오래된 신하들 이간한다면 국가를 다스리는 근본과 관계된 점이 역시 크다고 할 것이나, 이를 버려두고 저 말을 따라서야 되겠는가?"라고 하였습니다.[123] 이 논의가 일리가 있는 듯하니, 명철한 가르침을 주시기 바랍니다.

답 석작이 말한 '존귀한 사람〔貴〕', '친근한 사람〔親〕', '오래된 사람〔舊〕' 세 글자 아래에 모두 '현(賢)'자의 의미를 붙여서 보아야 하니, 이는 다만 일상적인 경우를 말한 것이고, 유종원의 논의는 변처(變處)에 대하여 말한 것입니다.

문 《주자어류》에 진순(陳淳)[124]이 묻기를 "《소학》에서 〈명륜편〉을 실증한 곳에서 어찌하여 붕우(朋友) 한 조목만 없는 것입니까?"라고 하니, 주자가 대답하기를 "그 당시는 종류별로 모아서 편집하였는데, 우연히 빠졌을 뿐이다."라고 하였습니다. 그러나 이씨(李氏)는 "포효숙공(包孝肅公)이 경조윤(京兆尹)으로 있을 때"[125]라는 1장(章)이 그에

123 유종원(柳宗元)이……하였습니다 : 유종원의 《육역론(六逆論)》에 나오는 내용이다. 유종원은 이 글에서 《춘추좌씨전》 3년에 나오는 내용 중 위(衛)나라 대부 석작(石碏)이 주우(州吁)를 제거하기 위해 제기한 정도를 거스르는 여섯 가지 항목 가운데 '미천한 자가 존귀한 자를 방해하는 것〔賤妨貴〕', '관계가 소원한 자가 친근한 자를 이간하는 것〔遠間親〕', '신참인 신하가 옛 신하를 이간하는 것〔新間舊〕' 등 세 가지를 들어서 자신의 논의를 펼쳤는데, 본문의 내용이 그에 해당한다.

124 진순(陳淳) : 남송(南宋) 장주(漳州) 용계(龍溪) 사람으로, 자는 안경(安卿), 호는 북계(北溪)이다. 황간(黃幹)과 함께 주희(朱熹)의 고제(高弟)로 일컬어진다.

125 포효숙공(包孝肅公)이……때 : 포효숙공은 송(宋)나라 인종(仁宗) 때 사람으로 이름은 증(拯), 자는 희인(希仁), 시호가 효숙(孝肅)이다. 청렴강직하기로 유명하였

해당한다고 하였는데, 이 장이 과연 붕우 사이의 인륜을 실증한 것입니까? 그렇다면 무엇 때문에 붕우 한 조목이 없다고 말한 것입니까?

답 "포공(包公)이 경조윤으로 있을 때"라는 1장은 붕우의 조목과는 진실로 긴밀한 연관성이 없으나, 붕우의 조목에 넣지 않으면 소속 시킬 곳이 없습니다. 《주자어류》의 설이 과연 의심할 만하니, 어쩌면 후대에 와서 이 장을 첨가한 것이 아니겠습니까.

다. 본문은 《소학》 〈선행(善行) 실명륜(實明倫)〉 42장에, "포효숙공이 경조윤(京兆尹)을 지낼 때 백성 중에 스스로 와서 말하기를 '백금 백량을 저에게 기탁한 자가 죽었습니다. 그 아들에게 주었는데 받으려 하지 않으니, 그 아들을 불러 백금을 주십시오.'하였다. 경조윤이 그 아들을 부르자 아들이 사양하기를 '돌아가신 아버지께서 일찍이 백금을 남에게 맡긴 적이 없었습니다.'하고는 두 사람이 오래도록 서로 사양하였다."는 내용을 말한다.

김자평 렴 에게 답하다 계해년(1743, 영조19)

答金子平 磏○癸亥

곡진하고 상세하게 가르침을 주시니, 저를 염려해주시는 지극한 마음에 너무나도 감사합니다. 비루한 제가 병을 두려워하지 않는 것이 아니지만, 원근의 지역이 거의 온전한 곳이 없는데, 급작스럽게 피신하게 되면 음식과 거처가 집에 있을 때만 못해 도리어 없던 병이 생길까 두렵습니다. 이 때문에 작년 여름에 손자 놈이 병에 걸렸을 때도 피신을 하지 않았으니, 눈앞이 비록 아주 위태로운 상황이지만 고수하던 것을 어찌 전과 달리 하겠습니까. 그대의 말씀이 실로 정당한 데도 제가 따르지 못하는 것은 결국 요행을 바라는 마음이 많아서이니, 부끄러움과 탄식을 어찌 감당하겠습니까. 잘 양해해 주시기 바랍니다. 그대의 아들을 불러서 데려가시는 것이 병을 신중하게 여기는 뜻에 합당할 듯하니, 전염병이 누그러질 때를 조금 기다렸다가 다시 권면하여 보내시는 것이 어떻겠습니까.

김중여 정 의 문목에 답하다 경술년(1730, 영조6)

答金重汝 碇 問目 庚戌

문 별묘(別廟)에서 제사를 지내며 순서대로 설 때 체천(遞遷)한 신주의 종손이 와서 참석하는 경우에 그가 최장방의 앞에 서야합니까? 여러 형제들과 같은 항렬에 서야합니까?

답 늘어서는 차례는 최장방이 마땅히 앞줄에 서야합니다. 종자(宗子)가 본래 여러 형제들의 앞에 서기는 하지만, 어찌 감히 최장방의 앞에 설 수 있겠습니까.

문 6대조 할머니의 기일이 고조부의 기일과 한 날이라 늘 함께 제사를 지냈으나, 절목상으로 보면 편치 못한 점이 있으니, 어떻게 하는 것이 마땅하겠습니까?

답 기제(忌祭)와 시제(時祭)는 명분과 의리가 절로 다르니, 비록 같은 날이라 하더라도 결코 함께 제사를 지내서는 안 됩니다. 다만 마땅히 높은 분을 먼저하고 낮은 분을 뒤로하여 각각 제사를 지내야 하니, 비록 아침까지 시간이 걸리더라도 해가 될 것이 없습니다.

김중여의 문목에 답하다

答金重汝問目

질문하신 내용은 잘 알았습니다. 그런데 '토지(土地)' 두 글자는 의미가 없는 듯합니다. 옛 사람 중에 고총(古塚)에 대한 제문(祭文)을 지은 사람 사혜련의 부류이다 은 간혹 있었습니다.[126] 지금에는 반신반의 하는 상태라면 이를 모방하여 글을 짓는 것은 해가 될 것이 없습니다. 고총의 제문에 "경주(慶州) 김 아무개 등이 감히 옛 무덤의 신령에게 고하노니, 아무개의 몇 대 조로 아무개 벼슬을 한 분의 묘소가 일실된 지 오래입니다. 예부터 전해오기를 아무개 터에 있다고 하는데-이 아래에 하나하나 증거를 서술한다.-, 이미 묘비나 묘표가 없는 터라 정확히 가리킬 수가 없으니, 혹 고찰하여 증명할 만한 묘지(墓誌)라도 있을까 기대하여 감히 무덤을 파보지 않을 수 없습니다. 바라건대 진노하거나 놀라지 마시어 실제 행적을 분명히 보여주셔서 의혹을 풀어주소서."라고 쓴다면 큰 뜻은 여기에서 벗어나지 않을 듯합니다.

별묘(別廟)를 이미 종자(宗子)의 집도 아니고, 또 묘소가 있는 곳도 아니고, 다만 여러 친족들이 모여 사는 곳에 세우는 것은 예(禮)에 근거로 삼을 수 있는 곳이 없습니다. 그러나 이루어진 일이라 말할

126 고총(古塚)에……있었습니다 : 《문선(文選)》에 실려 있는 진(晉)나라 사혜련(謝惠連)의 〈제고총문(祭古冢文)〉말한 것으로, 이 제문은 고총(古冢)을 애도하고 제사지내는 전범이 된다.

수 없고,[127] 우선 이미 일을 이루고 난 뒤에 처리하는 방도로 말을 하자면, 다만 마땅히 아주 부득이한 상황이 올 때까지 기다려야 합니다. 이미 최장방이 있다면, 그 집의 규모를 논할 필요 없이 다만 마땅히 옮겨 봉안하고, 만일 집안이 제사를 지낼 수 없을 정도로 궁핍하다면 친족들이 물품을 마련하여 서로 돕는 것이 어찌 좋은 일이 아니겠습니까. 아직 친진(親盡)하기 전인데, 곧장 별묘에 신주를 모시는 것은 실로 조상과 후손이 한 기운으로 통하여 자신에게 의지하여 편안해 하는 뜻에 어긋납니다. 오직 집이 없어 모든 일이 모양새를 갖추기가 어렵게 된 뒤에 아주 부득이 한 상황일 때 신주를 별묘에 임시로 봉안하는 것이 어떻습니까.

127 이루어진……없고 : 《논어》 〈팔일(八佾)〉에서, 재아(宰我)가 애공(哀公)에게 사(社)의 의미를 잘못 설명하였는데, 공자가 그 말을 듣고 "이루어진 일이라 말하지 않고, 끝난 일이라 바로잡아 말하지 않으며, 이미 지난 일이라 탓하지 않는다.〔成事不說, 遂事不諫, 既往不咎.〕" 하였다.

김중여에게 답하다 계축년(1733, 영조9)

答金重汝 癸丑

냇가 서재의 옛 자취는 사람으로 하여금 배회하여 슬픔을 일게 하여 오랜 시간이 흘러도 잊지 못하니, 다만 한때 이별의 그리움뿐만이 아닙니다. 편지를 보내어 안부를 물어주시니, 저를 생각해주시는 두터운 뜻에 몹시 감사합니다. 질문하신 내용은 잘 알겠습니다. 조천(祧遷)한 신주를 비록 별묘에 임시로 안치하였더라도 이미 최장방이 주관을 하였다면, 그 집안에 봉안하는 것과 다름이 없습니다. 한 집에 같이 사는데 상(喪)이 났으면 장례를 치르기 전에는 감히 제사를 지내지 않은 것이 일상적인 예법입니다.[128] 만일 전혀 제사를 지내지 않는 것을 서운하게 여긴다면 별묘는 그나마 상(喪)이 난 곳과는 다르니, 그 중에 친진(親盡)하지 않은 사람이 그 집에서 제수(祭需)를 진설하여 대신 술을 한잔 올리는 것도 좋습니다. 선현들 중에도 지방(紙榜)을 설치하여 시행한 자가 있으니, 이 전례를 끌어다 써도 되지 않을까요? 헤아려 채택하시기 바랍니다.

128 한……예법입니다 : 《예기》 〈잡기(雜記)〉에 "부모의 상중에 장차 제사 지내려고 하는데 형제가 또 죽었을 경우에는 형제를 빈(殯)한 뒤에 제사 지낸다. 만약 같은 집에서 살 경우에는 비록 신첩이 죽었더라도 장사 지낸 뒤에 제사를 지낸다.〔父母之喪, 將祭而昆弟死, 旣殯而祭, 若同宮, 則雖臣妾, 葬而後祭.〕" 하였다.

어생 유화 의 문목에 답하다 을축년(1745, 영조21)
答魚生 有和 問目 乙丑

문 저의 집에서 가묘(家廟)의 신주(神主)를 잃어버려서 가묘 앞에서 새로운 신주를 다시 만들어 봉안하였습니다. 십수 일이 지나고 나서 정원에서 예전의 신주를 찾았는데, 그다지 훼손되거나 더럽혀지지 않았습니다. 다시 옛 신주를 봉안하고, 새로 만든 신주는 땅에 묻어야 하는지요?

답 옛 신주가 비록 불행하게도 재난을 만나 형체가 훼손되고 더럽혀졌더라도 믿고 의지하는 마음이 예전 그대로라면 진실로 쓸 수 있습니다. 더군다나 다행히도 심하게 훼손되거나 더럽혀지지 않았다면 말할 나위가 있겠습니까. 새로운 신주를 만든 것은 부득이해서 한 일이며, 의지하는 정도가 옛 신주에 비하여 미치지 못할 듯하니, 새로운 신주를 버리고 옛 신주를 다시 봉안하는 것은 의심을 품을 만한 일이 아닌 듯합니다.-비록 훼손되고 더럽혀졌더라도 의지하는 마음을 잃지 않는 것이 이치의 떳떳함이다.-

김생 박근 에게 답하다 계해년(1743, 영조19)

答金生 璞根○癸亥

그대의 선대(先代)[129]가 벼슬에 종사한 기록이 몇 권이나 되는지는 모르지만, 무엇 때문에 흩어진 것을 수습하지 못하여 이 지경에 이른 것입니까? 한 책은 그대가 찾아 보내주었으니, 너무도 다행입니다. 전(傳)에 "그 저서를 읽고도 그 사람을 알지 못해서야 되겠는가."[130] 하였습니다. 계축년에 수립한 우뚝한 명성[131]은 익히 들었는데, 지금 이 책을 통해 그 분과 그 시대를 알았습니다. 이 분은 관직의 높고 낮음, 상황의 순탄함과 험함을 가리지 않고, 본분에 따라 직임을 다하여 한결같은 절개로 결점 하나 없고, 충성스럽고 도타우며 노련하고 성실하였으니, 그 이후로 어찌 이런 분을 다시 얻을 수 있겠습니까. 안타까운 점은 이분의 전서(全書)를 다 열람하여 그 시종을 궁구할 수 없다는 것입니다. 부디 흩어진 책을 찾는데 마음을 써서 다행히 찾는다면 다소에 관계없이 그때마다 즉시 보여주시기 바랍니다.

129 그대의 선대(先代) : 김박근의 선대인 김지남(金止男 1559~1631)을 말하는 것으로 보인다. 본관은 광산(光山), 자는 자정(子定), 호는 용계(龍溪)이다.

130 그……되겠는가 : 《맹자》〈만장 하(萬章下)〉에 "그 시를 외우고 그 저서를 읽고도 그 사람을 알지 못해서야 되겠는가." 하였다.

131 계축년에……명성 : 김지남(金止男)이 1613년(광해군5) 집의로 있을 때, 박응서(朴應犀)의 무고로 영창대군을 죽이자고 주장하는 지평 정호관(丁好寬)을 면박한 일을 말하는 것으로 보인다. 《光海君日氣 5年 5月 4日》

송생 소 에게 답하다 병인년(1746, 영조22)

答宋生 煽○丙寅

계묘년(1723, 경종3)의 회맹제(會盟祭)[132]는 진실로 일국의 신하와 백성들이 모두 놀라고 분개하는 일이지만, 재앙을 입은 집안의 자제[133]는 의(義)에 따른 처신이 더욱 자별할 수밖에 없습니다. 그대의 부친이 이 회맹제에 참여하였다는 사실을 이전에 전혀 몰랐기 때문에 부친의 상(喪)을 당했을 때 위문편지를 보내어 한결같이 친고(親故)로 대하였습니다. 지금 보니, 그대 부친의 성명이 회맹제의 거안(擧案)에 들어가 있고, 또 가선대부로 품계가 오른 일이 그 당시 도목정사에 들어가 있었습니다. 이미 이러한 사실을 알았으니, 결코 글을 지어 드릴 수가 없습니다. 제가 가지고 있던 가장(家狀) 한 통은 삼가 돌려 드리고, 그 나머지는 병이 차도가 있기를 기다려 붓을 들겠습니다.

132 계묘년의 회맹제(會盟祭) : 1721년(경종1) 신축년과 1722년 임인년에 걸쳐 소론의 강경파 김일경(金一鏡) 등이 김창집(金昌集), 이이명(李頤命), 이건명(李健命), 조태채(趙泰采) 등 사대신(四大臣)을 비롯한 노론 일파를 역적으로 처단한 일을 기념하기 위하여 연 회맹제를 말하는 것으로 보인다. 이 때 송소(宋煽)의 부친 송세정(宋世鼎)이 여원부원군(礪原府院君) 송질(宋軼)의 적장손(嫡長孫)이라는 이유로 호원군(壺原君)에 봉군(封君)되었다. 《承政院日記 景宗 3年 5月 11日》

133 재앙을……자제 : 신임사화 때 저자의 숙부 이만성(李晩成)이 처형되었기 때문에 말한 것이다.

최생 만겸에게 주다 정사년(1737, 영조13)

與崔生 萬謙○丁巳

예전에 한 번도 만난 적이 없는데, 그대의 아들이 학업을 배우러 온 뒤로는 소식을 거의 접할 수 있었습니다. 어린 막내아들이 또 따라왔다가 온 지 며칠이 되지 않아 세상을 떠났으니, 멀리서 그대의 참혹한 심정을 생각함에 참으로 차마 말하지 못하고 듣지 못할 점이 있습니다. 세상에 어찌 이런 일이 있단 말입니까. 사람의 수명은 장수와 요절이 관계없이 대체로 운명이고, 집에서 죽지 않고 객사하는 것도 운명입니다. 그러나 그가 객사한 것은 실로 고인들이 말한 '나로 인해 죽었다.'[134] 라는 경우입니다.

스스로 생각하기에 헛된 명성으로 세상을 속여 가만히 앉아서 원근의 사우(士友)들로 하여금 다리품만 팔게 하였으니, 이것만으로도 이미 너무나 두렵고 부끄러운데, 사람이 살아서 왔다가 죽어서 돌아가게 만들어 그 부모에게 슬픔을 끼쳤으니, 이는 비루한 사람의 덕이 박하고

134 나로 인해 죽었다 : 간접적으로 살인한 것을 말한다. 동진(東晉) 원제(元帝) 때 외척(外戚) 왕돈(王敦)이 반역을 꾀하자, 왕돈의 종제인 왕도(王導)가 종족(宗族)을 인솔하고 대각(臺閣)에 나와서 대죄(待罪)하였는데, 주의(周顗)가 왕도의 충성을 들어 극력 구원하였고, 또 상소하여 왕도의 무죄를 밝혔으나, 왕도는 그 사실을 모르고 있었다. 마침내 왕돈이 석두성(石頭城)에 웅거하고서 왕도에게 주의의 인망에 대해 물었을 적에 왕도가 아무런 대답을 하지 않자, 드디어 주의를 죽였다. 후에 왕도가 자신의 목숨을 구해 준 주의의 상소를 보고는 "내가 백인을 죽이지 않았지만 백인이 나로 인해 죽었다.〔我雖不殺伯仁, 伯仁由我而死.〕"라고 하였다. 백인은 주의의 자이다. 《晉書 卷69 周顗列傳》

운명이 기구해 그렇게 된 것입니다. 며칠 사이의 짧은 시간에 얼굴도 익숙하게 보지 못했으니, 이와 같이 될 줄 일찍 알았다면 역시 자서(字書) 하나라도 주어서 멀리에서 찾아와준 호의에 조금이나마 보답하지 않았겠습니까. 너무나도 슬픕니다. 병이 너무나도 갑자기 위중해졌고, 궁벽한 시골이라 또 의원과 약이 없어 정성을 다해 구원하지 못하여 사생(死生)과 주객(主客)의 사이에 부끄러운 점이 많으니, 이 또한 원통합니다.

길이 질펵하고 해가 짧은데, 모르겠습니다만 상여가 과연 저녁 무렵에 무사히 도착하였습니까? 생각할수록 마음이 먹먹해집니다. 죽은 사람은 어쩔 수 없지만 큰 아들의 병환이 실로 큰 걱정거리이니, 원기를 해쳐 더욱 심해지지는 않았습니까? 부디 먼저 스스로 여유를 가지고 마음을 억제하여, 지나치게 슬픈 감정을 누그러뜨리시길 간절히 바랍니다. 처음에는 그대가 흉사를 듣고 달려와서 서로 부여잡고 통곡하리라 생각했었는데 이미 그렇게 하지 못했으니, 또 차마 일상적인 예에 얽매여 위로하는 글을 빠트릴 수가 없어 이렇게 따로 인편을 보내 안부를 여쭙니다.

김생 화수 에게 답하다 경신년(1740, 영조16)

答金生 華壽○庚申

"근래에 그 아비가 실종되어 찾지 못한 자가 있는데, 내가 일찍이 《통전(通典)》에 근거하여 그 아비의 나이를 계산해서 백 세가 되었을 때 발상(發喪)하고 상복을 입는다."라고 하였습니다.-《우암집(尤菴集)》에 나오는 말이다.- 우옹(尤翁 송시열)의 설이 비록 이와 같기는 하지만, 다만 옛 사람의 경우에는 장수를 누린 사람이 많기 때문에 백 세로 제한을 둔 것이고, 지금 사람들은 백 세까지 장수하는 사람이 거의 드뭅니다. 그러니 만약 백 세가 되기를 기다린 뒤에 발상을 한다면 그를 위해 상복을 입을 사람이 몇이나 되겠습니까? 이는 반드시 그의 아들 대에서는 못하고, 증손이나 현손 대에 가서야 가능할 것이니, 이대로 따르기에는 어려움이 있을 듯합니다.

또 살펴보건대 유지(劉智)가 "삼년 동안 수소문 해보고 찾지 못하면 그제야 상복을 입고 여막에 거처하되 상제(祥祭)와 담제(禫祭)를 지내고 나서 복을 벗는다."라고 하였습니다.-《통전(通典)》에 나오는 말이다.- 만약 이 설을 따른다면 삼년 동안 수소문 해보고 찾지 못하면 역시 발상을 해도 되는데, 하물며 팔년이야 말할 나위가 있겠습니까. 그러나 상복을 입는 일과 상제와 담제를 지내는 것은 어려울 것이 없지만, 그 사이에 허장(虛葬)[135]의 여부와 신주(神主)를 만드는 따위의 일에

135 허장(虛葬) : 부모가 돌아가신 곳과 시기를 알지 못하여 시신을 거두지 못한 채 빈 관으로 장사지내는 일을 말한다.

대한 문제는 지극히 처리하기 어려운 점이 있어 감히 쉽게 의기(義起)[136]하지 못하겠습니다. 이 일을 총체적으로 논하자면 죽지도 않았는데 발상을 하는 것과 죽은 지가 오래되었는데도 발상을 하지 않는 것은 모두 차마 할 수 없는 일이니, 이 두 가지 중에 어떤 것을 택해야 하겠습니까?

또 살펴보건대 유지(劉智)가 "옛날에 죽은 사람을 반드시 묘(廟)에 고하였으니, 지금 부모가 실종되었다면 반드시 선묘(先廟)에 고하여 모두 알게 한다. 삼년 동안 수소문해도 찾지 못한 경우에는 또 고하니, 고하는 것은 부모가 살아 있다면 따라서 보우해 주기를 바라기 때문이다."라고 하였습니다. -《통전(通典)》에 나오는 말이다.- 이 설은 예의 의미가 지극히 정미합니다. 지금 실종된 사람이 있는 집에서 비록 이미 사방으로 널리 수소문을 해보았다 하더라도 처음 선묘에 고하는 일을 역시 아직까지 하지 못했는데, 하물며 수소문하여 찾지 못한 뒤에 다시 고하는 일이야 말할 나위가 있겠습니까?

제 생각으로는 실종된 자의 아버지는 그 아들이 실종된 날을 글로 써서 선묘에 고하고, 만약 종자(宗子)가 아니라면 종자로 하여금 고하게 한다. 대의는 "아무개의 아들 아무개가 모년 모월 모일에 실종되었는데, 종적을 몰라서 모년부터 모년까지 수소문하였으나 찾지 못했고, 이미 팔년이라는 오랜 세월이 흘렀습니다. 이는 막대한 변고와 관계되기 때문에 마땅히 즉시 선묘에 고해야 하나, 황급하여 겨를이 없던 터라 지금에야 삼가 예서(禮書)를 상고하여 우러러 밝은 영령께 고합니다."라고 하면 될 것입니다. 다시 널리 사방으로 수소문하여 만일 또 찾지 못하면

136 의기(義起) : 335쪽 주20 참조.

또 삼년이 지난 뒤에 다시 고하고, 다시 고한 뒤에 비로소 발상을 할 수 있습니다. 실종된 사람의 부인이 아직 시댁으로 가지 않았다고 들었는데, 선묘에 고하기 전에 먼저 시아버지와 시어머니를 뵙고 선묘를 배알하지 않을 수 없으니, 신속히 맞이해 와서 예에 따라 거행한 후에 시댁에 머물게 하고 삼년을 기다리는 것이 마땅합니다.-시댁으로 갈 때의 복색은 완전히 흰색을 쓰지 말고, 화려한 색을 쓰지 말며, 검은 색 계통의 옅은 색을 사용한다.-

채생 홍명 에게 답하다 정사년(1737, 영조13)

答蔡生 命洪○丁巳

자신의 공부를 위해 뜻을 세우는 것은《중용》의 마지막 장에 나오는 상경(尙絅)[137]의 뜻입니다. 주자가 말하기를 "이익을 위해 행동하지 않기 때문에 이익이 없다고 해서 그치지 않으며, 명예를 위해 힘쓰지 않기 때문에 명예가 없다고 해서 그만두지 않는다. 이는 그 마음이 무심하여 사심이 전혀 개입되지 않고 오직 천리의 마땅함 자체이므로 내가 그럴 수밖에 없는 것이다."라고 하였으니, 이러한 뒤에야 자신을 위해 뜻을 세웠다고 말할 수 있습니다. 말씀하신 '경(敬)' 자는 진실로 학문을 하는 근본이니, 방심(放心)을 구하는 것도 그 속에 있습니다. 그러나 율곡 선생(栗谷先生)의《성학집요》에서는 뜻을 세우는 것을 우선으로 하였고, 그 아래에 학문을 하는 항목을 자세히 제시하였으니, 여기에 나아가 고찰한다면 학문의 길이 거의 어긋나지 않을 것입니다.

137 상경(尙絅) : 자기의 재능을 안으로 숨겨 겉으로 드러내지 않는다는 뜻이다. 자사가 말하기를 "《시경》에, '비단옷을 입고 홑옷을 덧입는다.' 하였으니, 그 문채가 너무 드러남을 싫어해서이다. 그러므로 군자의 도는 은은하되 날로 드러나고, 소인의 도는 선명하되 날로 없어지는 것이다.〔詩曰, 衣錦尙絅, 惡其文之著也, 故君子之道, 闇然而日章, 小人之道, 的然而日亡.〕" 하였다.《中庸章句 第33章》

이생 광후 의 문목에 답하다

答李生 光垕 問目

문 저희 집안 5대조의 신주(神主)를 벌레가 갉아먹어 글자가 벗겨져 나갔습니다. 다른 집에서는 화재를 당한 경우에 반드시 새로 신주를 만드니, 이 전례에 따라 신주를 다시 만들어도 됩니까? 만약 새로 신주를 만든다면, 모르겠습니다만 예전의 신주는 어떻게 처리해야 할는지요?

답 질문하신 의문스러운 예(禮)는 실제 매우 난처한 문제입니다. 제 소견으로 말씀드리자면, 화재를 당한 경우에는 신주 전체가 타서 없어진 것이라 진실로 다시 만들지 않을 수 없습니다. 그러나 이 경우는 비록 벌레가 먹어 상했더라도 신주의 원형은 예전과 다름이 없습니다. 여기에는 신의 기운이 깃들어 있으니, 어찌 함부로 새로 만들어 바꿀 수가 있겠습니까. 이미 새로 신주를 만드는 것이 어려운 일임을 알았으니, 예전 신주를 처리하는 방법은 논할 거리가 아닙니다. 바라건대 다시 널리 물어서 잘 처리하시기 바랍니다.

이 진사 인제 에게 답하다 신유년(1741, 영조17)

答李進士 仁濟○辛酉

오래전부터 사우(士友)들을 통해 명성을 들었는데, 한 번 만나보지 못한 것이 한스러워 때때로 심계문(沈季文 심중주(深重周)) 군을 마주하며 대략 저의 이런 심정을 말하였습니다. 그런데 서원의 심부름꾼 편에 그대의 안부 편지를 받아보니, 말뜻이 정중해서 반복해서 읽어봄에 감사하고 위로가 되니, 무슨 말을 해야할지 모르겠습니다. 이상한 겨울 날씨에 존체가 내내 편안하신지요?

저는 외람되이 서원 원장을 맡은 뒤로 서원의 일에 대해 감히 무심하게 앉아서 볼 수가 없어서 지난봄에 한바탕 시비를 밝히려 하였으니, 비단 그대의 고을 때문만이 아니라, 실제 노선생(老先生 송시열) 때문이었습니다. 지금 이 강학의 일은 그 뜻이 역시 이와 같으니, 그대의 고을에서 노선생을 위하는 군자들 역시 어찌 이 마음에서 벗어나겠습니까? 제가 함부로 이 일을 벌인 것은 오직 이를 믿었기 때문이지만, 반드시 재임(齋任)을 얻어 함께 마음을 합하고 힘을 모은 뒤에야 성취할 가망이 있을 것입니다.

지금 듣기로, 사론(士論)이 그대에게 귀의하여 나와서 일을 맡으셨다고 하니, 어찌 사림을 위해 다행스러운 일이 아니겠습니까. 근세의 서원은 이름만 있고 실제가 없으니, 식견이 있는 선비들이 제사(齋舍)에 출입하려고 하지 않는 것이 당연합니다. 그대가 한 번 나온 것이 이미 오로지 강학을 위한 것이지만, 이 일이 이루어지기 전에 그대가 갑자기 재임의 자리를 그만둘 생각을 해서는 안 됩니다. 이 일이 이루어지지 못하면 저 역시 감히 서원의 원장 자리에 있을 수 없고, 그대 역시 질로 그 거취를 함께할 것입니다. 어떻게 생각하십니까?

'지행경의(知行敬義)'에 관한 설은 말이 요약되고 뜻이 분명하니, 비록 저로 하여금 다시 논변하여 말하게 하더라도 이를 버리고 어디로 가겠습니까. 그러나 조만간 역시 마땅히 형세를 보아 그대의 간곡한 뜻에 답변을 드리겠습니다.

별지 別紙

우암 선생(尤菴先生)이 누이의 상(喪)을 당해 상복을 입은 뒤에 즉시 학도(學徒)에게 수업을 하도록 하고, 선생은 복차(服次)에서 독서를 하셨는데, 이는 《예기》 〈단궁 상(檀弓上)〉에 '대공(大功 9개월의 상)에는 글을 왼다.〔大功誦〕'라는 글귀가 있기 때문이었습니다.[138] 그대는 누이의 상을 당해 장례를 지내지 않았다는 이유로 강학의 모임에 나가지 않으시니, 아마도 이런 의리를 듣지 못하신 듯합니다. 그러므로 이렇게 기록하여 보여 드립니다.

138 우암 선생(尤菴先生)이……때문이었습니다 : 이 내용은 《송자대전부록(宋子大全附錄)》 17권 어록(語錄) 〈최신록(崔愼錄)〉에 보인다.

유생 심 의 문목에 답하다

答柳生 深 問目

문 장자(長者)는 삼상(三殤)[139]을 당한 이를 위해 강복을 입으니, 동자도 장자를 위해 그렇게 해야 합니까?

답 장자가 동자를 위해 입는 복은 삼상(三殤)의 경중에 따라 상복을 입는 기간을 줄이지만, 동자의 경우에 어찌 자신이 미성인이라고 해서 갑자기 장자를 위해 상복을 입는 기간을 줄이겠습니까. 본래 입는 상복의 기간대로 하는 것이 마땅합니다.

139 삼상(三殤) : 장성하기 전에 어떤 이유로 일찍 죽은 것을 상(殤)이라고 한다. 16세부터 19세 사이에 죽은 경우를 장상(長殤), 12세부터 15세 사이에 죽은 경우를 중상(中殤), 8세부터 11세 사이에 죽은 경우를 하상(下殤)이라고 한다.

김생 승조 의 문목에 답하다 무오년(1738, 영조14)

答金生 承祖 問目 戊午

문 “선조이신 하서(河西) 문정공(文靖公 김인후(金麟厚))의 대수(代數)가 끝난 뒤에는 예에 따라 마땅히 신주를 땅에 묻어야 하는데, 차마 하지 못하는 마음이 들어 그대로 묘소 아래에 사당을 세우려고 합니다.”라는 질문에 대하여

답 《가례》의 ‘신주를 묘소에 보관한다〔藏主墓所〕’는 제도는 실제 오랜 세월이 흘러도 체천하지 않는 시조(始祖)의 신주를 가리켜 말한 것이니, 끌어다 근거로 삼을 만한 것이 못됩니다. 하서 선생의 도덕과 절의는 진실로 백세의 종주가 되지만, 이는 이미 사림에서 제향을 올리고 있습니다. 가묘(家廟)에서 친진(親盡)하였는데도 신주를 영원히 봉안하는 것은, 예법에도 근거로 삼을 만한 내용이 없고 법도상으로도 불가하니, 비록 묘소에다 옮긴다고 하더라도 결국 편안하지 못할 것입니다. 제 소견이 이와 같으니, 어찌 감히 높이고 낮추는 예의 절차를 저울질하고 갑론을박하는 사이에서 판단하여 결정할 수 있겠습니까.

권생 규 에게 답하다 정사년(1737, 영조13)

答權生 揆○丁巳

그대가 저와 한 번도 직접 얼굴을 마주한 적이 없고, 한 번도 직접 말을 들을 적이 없어 길에서 얻어 들은 것에 지나지 않는데, 어찌하여 이전에 보낸 편지에서 이렇게나 지나치게 칭찬을 한 것입니까.

저는 일생동안 헛된 명성에 의해 그르치고 말았으니, 그림자를 보면 짧은 물체는 길게 보이고, 긴 물체는 짧게 보이며, 어떤 경우에는 찰나의 시간에 길어졌다가 짧아지기도 하여 일정한 형체가 없는데, 사람의 명성 역시 이와 같습니다. 그런데 그대는 지나치게 소문을 믿고 서 경솔하게 실상에 걸맞지 않는 예로 저를 높이셨으니, 진실한 마음으로 교유하는 도가 아닌 듯합니다. 그대의 뜻은 진실로 두터우나, 피차에 무슨 도움이 되겠습니까.

그러나 그대가 분발하여 학문에 뜻을 두고, 애를 써서 스승을 찾고 도(道)를 구하는 뜻이 있으니, 이는 진실로 쉽게 얻을 수 있는 사람이 아닙니다. 다만 그대가 이 편지를 보낸 지가 이미 4~5년이 지났으니, 모르겠습니다만 과연 훌륭한 스승과 벗들을 얻어 이전의 편지에서 말한 것처럼 훈도와 성취에 유익한 도움이 되었습니까?

그러나 사람의 학문은 전적으로 스스로 공부하는데 달려있으니, 그저 사우(師友)에게만 의지해서는 안 됩니다. 현재 비록 강학과 토론을 할 만한 사람이 없다 하더라도 자기 자신이 이치를 궁구하고 격물(格物) 공부를 하며 보양(保養)하는 방도를 잠시라도 손에서 놓아서는 안 됩니다. 이런 공부가 오랫동안 쌓여 가령 제가 죽기 전에 한번 만날 수 있다면 의심나는 곳을 서로 질문하여 저절로 풀릴 것입니다. 내게 도움이 있지 않으면 반드시 상대에게 도움이 있을 것이니, 필시 그대에게는 유익함이 있을 것이니, 어떻게 생각하십니까?

권생[140] 흡 의 문목에 답하다 병오년(1726, 영조2)
答權生 翕 問目 丙午

문 《예기》에서 말한 부모의 상중(喪中)에 동성(同姓)으로 복(服)을 입어야 하는 친척의 상이 아니면 찾아가서 곡을 해서는 안 되고, 이성(異姓)으로 입을 복(服)이 없는 친척이 상을 당했으면 비록 이웃이라도 가지 않는다는 것에 대하여
답 《예기》에서 부모의 상중에 있더라도 먼 형제의 상(喪)을 들으면 해당하는 상복을 입고 곡을 하며, 이성(異姓)인 경우에는 비록 이웃집에 상이 났더라도 가지 않는다[141]고 하였는데, 사계 선생(沙溪先生 김장생(金長生))이 말하기를 "이성의 은의(恩義)는 강쇄(降殺)하지 않을 수 없으나, 그 복이 동성의 시마(緦麻)보다 중한 경우가 있으니, 이것으로 단정하여 가서 곡하지 않아서는 안 될 것 같네."[142]라고 하셨으니, 이는 알맞게 헤아려 처리하는데 달려 있습니다.

140 권생(權生) : 권흡(權翕, 1669~?)을 말한다. 본관은 안동(安東), 자는 화중(和中)이다.

141 부모의……않는다 : 《예기》〈단궁〉에, "부모의 관이 빈소에 있을 때 먼 곳에 사는 형제가 죽었다는 소식을 들으면 비록 촌수가 멀더라도 반드시 가서 조문하고, 형제가 아니면 이웃에 살더라도 가지 않는다.〔檀弓曰, 有殯, 聞遠兄弟之喪, 雖緦必往, 非兄弟, 雖隣不往.〕" 하였는데, 본문에서는 이 내용을 조금 바꾸어 말한 것으로 보인다.

142 사계 선생(沙溪先生)이……같네 : 이 내용은 《동춘당선생별집(同春堂先生別集)》 권1 〈상사계김선생(上沙溪金先生)〉에서 김장생이 송준길의 물음에 답변한 내용을 기록한 부분에 보인다.

문 부모의 상을 당하여 함께 합장한 경우, 길제(吉祭)를 지내기 전에는 묘제(墓祭) 때 함께 제사를 지내는 것이 매우 불가하고, 하나의 묘에 합장을 하고서, 선후로 나누어 제사를 지내는 일 역시 불가할 듯하다는 질문에 대하여

답 《주례》〈사궤연(司几筵)〉[143]에 대한 정현(鄭玄)의 주에 이르기를, "비록 합장했거나 동시에 빈소에 있더라도 모두 궤(几)를 달리하는 것은 체(體)가 실로 같지 않기 때문이다. 사당에서 제사 지낼 때 궤를 같이 쓰는 것은 정기가 합하기 때문이다."하였습니다. 지금 풍속에는 비록 길제전이라도 묘제에 함께 제사를 지내는 경우가 많은데, 합제(合祭)를 지내지만, 호례가(好禮家)들은 본래 묘제를 각각 설치하는 논의가 있으니, 각각의 탁자를 써서 같은 때 지내는 것이 무방하지 않겠습니까?

143 주례 사궤연(司几筵) : 《주례》〈춘관종백 상(春官宗伯上) 사궤연(司几筵)〉에, '매 돈(敦)마다 한 궤(几)를 쓴다〔每敦一几〕.'라고 한 부분을 가리킨다. 돈(敦)은 도(燾)와 같은데, 도(燾)는 덮는다는 뜻인 복(覆)으로, 관(棺)이 빈소(殯所)에 있을 적에 관을 덮는 것으로, 관을 덮는 곽(槨)을 말한다.

신생 광언 의 문목에 답하다 병오년(1726, 영조2)

答申生 光彦 問目 丙午

문 효행(孝行)을 정려(旌閭)하는 것이 비록 향당의 공적인 논의에서 나오지만, 대상자가 되는 집안에서 응하지 않으면 일이 결국 이루어지기가 어려우니, 옛 사람이 사시(私諡)를 부여했던 전례를 따르는 것이 어떠한지요?

답 근래에는 정려를 표창하는 일이 거의 집집마다 비일비재하지만, 실재 행적이 있는데도 세력이 없는 자들은 대부분 정려의 대상에서 빠져 버리니, 늘 이 점을 개탄하였습니다. 효를 행하는 것은 다만 자식으로서의 본분을 다하는 것이지, 남이 알아주기를 바라는 것이 아닌데, 자제들은 번번이 효자비와 정려비를 세우는 일에 분주히 달려가 구차히 영예로운 은전을 바라니, 어찌 아버지의 마음을 크게 상하게 하는 일[144]이 아니겠습니까? 선유(先儒)가 말하기를 "자신을 위하는 일과 부모를 위하는 일이 다만 한 가지 일이다."라고 하였고, 사시(私諡)는 가벼이 논할 수 없는 일이니, 어찌 온공(溫公 사마광(司馬光))이 횡거(橫渠 장재(張載))의 시호에 대해 언급한 글[145]을 보지 않았습니

144 아버지의……일 : 《서경》 〈강고(康誥)〉에 "자식이 그 아버지의 일을 공경히 하지 않아 아버지의 마음을 크게 상하게 하면, 아버지는 그 자식을 사랑하지 않고 미워한다. 〔子弗祗服厥父事, 大傷厥考心, 于父不能字厥子, 乃疾厥子.〕" 하였다.

145 온공(溫公)이……글 : 사마광(司馬光)의 〈논시서(論諡書)〉를 말한다. 장횡거가 죽자, 그 문인들이 시호를 '명성중자(明誠中子)'라 하려고 하면서 정호(程顥)에게 물었는데, 명도는 이를 다시 사마광에게 물었다. 그러자 사마광이 답장을 보내어 불가

까?-《이락연원록(伊洛淵源錄)》[146]에 보인다.-

표식에 '처사(處士)'라고 쓰는 것은 예의에 해가 없는 것입니까? 죽은 사람이 실재 행실이 있는 경우에 '처사'라고 쓰는 것이 마땅하지만, 혹 향당의 공적인 논의에서 좋지 않게 생각한다면 망자를 높이려던 것이 무고하는 것이 되고 마니, 이는 신중히 생각하지 않으면 안 됩니다.

하다고 하였는데, 그 글이 바로 〈논시서〉이다. 편지에서 사마광은 제자들이 장횡거에게 사시(私諡)를 붙이려고 하지만, 이는 고례(古禮)에도 맞지 않고, 장횡거의 뜻에도 맞지 않을 것이라고 하였다. 《伊洛淵源錄》

146 이락연원록(伊洛淵源錄) : 송나라의 주희(朱熹)가 지은 책이다. 송나라의 철학자인 주돈이(周敦頤)와 정호(程顥)·정이(程頤) 형제, 그리고 그 제자들의 언행을 기록한 것이다. '이락'이란 원래 정호와 정이가 살던 지역을 일컫는 말인데, 뒤에는 송대 성리학을 뜻하는 말로 쓰였다.

이생[147] 규빈 의 문목에 답하다

答李生 奎彬 問目

문 입관(入棺)한 다음날에는 성복(成服)을 해야 하는데, 만일 주인(主人)이 초상에 달려와 집에 도착하는데 3일이 걸리면, 본가에 있는 형제들은 다음 날까지 기다렸다가 주인과 함께 성복을 해야 합니까? 그렇다면 상식(上食) 역시 조금 물려야 하는 것입니까?

답 초상에 달려온 주인은 날수가 차면 절로 성복을 할 수 있으니, 본가에 있는 형제들이 먼저 성복을 한다고 해도 의리에 해가 되지는 않을 듯합니다. 이미 성복을 했으니, 상식을 어찌 미룰 일이 있겠습니까?

147 이생(李生) : 이규빈(李奎彬, 1741～?)을 말한다. 본관은 덕수(德水), 자는 명서(明瑞)이다.

조생 명익 에게 답하다 신유년(1741, 영조17)

答曺生 命益○辛酉

이름을 바꾼 일은 지금에야 듣고서 알았습니다. 사람의 현우(賢愚)와 귀천(貴賤)은 모두 이름자와는 관련이 없으니, 늘그막에 다시 이름을 바꾸는 것은 역시 무익한 일인 듯합니다. 가난과 질병이 상심하고 한탄할 일이지만 이는 선비에게 늘 있는 일이니, 분수에 맡겨 편안히 하고 너무 슬퍼하지 마시기 바랍니다.

파산사원(坡山書院)[148]의 일은 나이를 따져 위차를 정하자는 일 때문에 이렇게 시끄러운 것입니까? 제 견해로는 나이를 따져 위차를 정하는 것은 휴암(休菴 백인걸(白仁傑))과 절효(節孝 성수종(成守琮))의 사이에서는 논할 수 있지만, 우계(牛溪 성혼(成渾))에 대해서는 논할 수 없습니다.[149] 우계는 문묘에서 배향되는 대현(大賢)이니, 예전 위패를 그대로 두고 바꾸지 않아야 합니다. 이일은 본래 제가 간여할 바가 아니나, 그대가 또 사적으로 물으시기에 스스로 숨길 수가 없어 대략 이렇게 말씀드립니다.

148 파산서원(坡山書院) : 경기도 파주시 파평면에 있는 서원이다. 조선중기 문신이며 학자인 성수침(成守琛), 성수종(成守琮), 성혼(成渾), 백인걸(白仁傑)의 위패를 봉안하고 유생을 양성하던 곳이다.

149 나이를……없습니다 : 본서 제13권 〈조생에게 답하다〉에 파주의 파산서원(坡山書院)에서 선현의 위패를 놓는 순서에 대한 질문에 답을 하며 백인걸과 성수종의 사이에서는 나이의 선후를 논할 수 있지만, 성혼(成渾)은 문묘(文廟)에 배향된 인물이라 그들과 함께 논할 수 없다고 한 내용이 보이며, 본서 제13권 〈백생에게 답하다〉에도 이에 관한 내용이 보인다.

민생 종수 의 문목에 답하다 갑자년(1744, 영조20)

答閔生 宗修 問目 甲子

고사(告辭)를 만들기 어렵다고 한잔만 올리고 독축(讀祝)을 하지 않는 예를 쓰는 이런 이치가 어디 있겠습니까? 연제(練祭) 전에 효자(孝子)가 연사(練事)를 대신 거행한다는 뜻으로 각각 두 궤연(几筵)에다 고하고, 제사를 지낼 때 축사(祝辭)는 곧 소상(小祥) 때의 예를 쓰는 것이 마땅할 듯합니다.

혼령에게 고하는 축사(祝辭)는 전상(前喪)의 궤연에는 "선고(先考)께서 불행이도 모년 모월 모일에 자식들을 버리고 떠나셨습니다. 예와 법이 지엄하여 감히 아버지가 살아 계실 때 어머니의 상을 당했을 때의 예법처럼 하지 않을 수 없으니, 장차 모월 모일에 효자 아무개가 대신 연상(練祥)을 거행하겠습니다. 이에 감히 고합니다."하고, 후상(後喪)의 궤연에는 "선비(先妣)의 첫 기일이 몇 달 뒤에 있는데, 제주(題主)에 이미 '망실(亡室)'이라고 썼으니, 예법상 마땅히 11개월이 지나서 연제(練祭)를 지내야 합니다. 장차 모월 모일에 효자 아무개가 대신 연사(練事)를 거행하겠습니다. 점점 더욱 더 망극하여 감히 고합니다."라고 하십시오.

이생 심제 의 문목에 답하다

答李生 心濟 問目

문 승중손(承重孫)[150]이 숙부의 집에서 조부의 상(喪)을 당하고, 그날 저녁에 십리 떨어진 곳에서 또 모친의 상(喪)이 나서 달려가야 할 경우에, 조부의 상에 염습(殮襲)의 여러 절차를 승중손이 주관해야 하나 모친 상(喪) 곁에는 다른 형제가 없고, 조부 상(喪) 곁에는 숙부가 있으니, 숙부에게 조부의 상을 주관하게 하도록 하고, 자신은 모친의 상을 주관해야 합니까? 십리 거리에서 오가며 두 분의 상을 주관하기에는 어려움이 있으니, 어떻게 해야 합니까?

답 조부 상(喪) 곁에 이미 한 명의 숙부가 있으니, 염습의 여러 가지 일을 역시 주장하여 시행할 수 있으나 반함(飯含)[151]의 일은 승중손이 주관해야 합니다. 양쪽의 거리가 십리에 지나지 않으니, 형세로 보면 역시 옮겨 다니며 거행할 수 있습니다.

문 다른 집에 양자로 들어간 사람이 양 어머니의 장례 때 장지(葬地)

150 승중손(承重孫) : 승중(承重)한 손자이다. 승중은 죽은 사람의 장손(長孫)으로서 할아버지, 아버지를 이어서 복(服)을 입고 조상의 제사를 지내는 일이나, 또는 그 지위를 뜻한다. 장자(長子)가 먼저 죽어서 장손이 조부를 계승하여 조상의 제사를 받드는 경우, 먼저 죽은 장자에게 후사(後嗣)가 없으므로 지자(支子)가 계승하는 경우, 적자손(嫡子孫)이 없으므로 서자손(庶子孫)이 계승하는 경우 등이 있다.

151 반함(飯含) : 염습할 때 죽은 사람의 입에 구슬이나 쌀을 물리는 것, 또는 그런 절차를 말한다.

에 오른 뒤 하관(下棺)하기 전에, 백리 밖에서 본생모(本生母) 부고가 온다면 하관하기를 기다리지 않고 달려가야 하는 것입니까? 하관하기를 기다린 뒤에 달려가서 곡을 해야 하는 것입니까?

답 이미 양자로 들어갔으니 친부모를 위해서는 기년복을 입어야 합니다. 부모와 자식의 정리를 말한다면 비록 기타 기년복과는 비교하여 논할 수는 없으나, 자신이 지금 상주인 데다 마침 장례를 치르고 있으니, 대의에 입각해 결단하자면 경중이 자별한지라 하관하기를 기다렸다가 비로소 달려가 곡하는 것이 올바른 예가 될 듯합니다. 그러나 부고를 들은 뒤에 비록 감히 즉시 상에 달려가지 못한다 하더라도 마땅히 조금이나마 본생부모에 대한 마음을 드러낼 방법을 생각해야합니다. 《예기》 〈잡기(雜記)〉에, "빈소를 모시고 있을 때 외상(外喪)을 들으면 타실(他室)에서 곡한다."라고 하였으니, 이 경우를 참조할 수 있을는지요?

이생에게 답하다 을묘년(1735, 영조11)

答李生 乙卯

삼년 동안 《소학》을 읽은 것은 진실로 부지런하고 독실하게 공력을 쏟은 것이지만, 보내준 편지를 자세히 읽어보니 번번이 효과를 바라는 뜻이 있습니다. 성인께서 "어려운 일을 먼저 하고 얻는 것을 뒤에 한다."[152]라고 하셨으니 그 뜻이 과연 어떠합니까. 이를 실천하는 방법은 본래 달리 법이 없으니, 오직 성인의 말은 반드시 믿을 수 있고, 고인의 일은 반드시 실행할 수 있다고 여겨 세속으로 옮겨가지 말고, 익숙한 습성에 편안하지 않도록 할 따름입니다. 〈독대학법(讀大學法)〉이 《대학》 첫머리에 실려 있어 다른 데서 찾을 것 없으니, '숙독상미(熟讀詳味)'[153] 네 글자가 가장 긴요합니다. 어떻게 생각하십니까?

별지 別紙

근래에 인가(人家)에서 형제의 자식을 양자로 삼으면서 이따금 관청에 알리지 않는 경우가 있지만, 이 일은 결국 흠이 있어 필경 허다하게 난처한 일을 야기할 것입니다. 무릇 부자 관계는 천성(天性)입니다. 오직 임금만이 하늘을 대신해 만물을 다스리기 때문에 끊어진 대(代)

152 어려운……한다 : 《논어》 〈옹야(雍也)〉에, 번지가 인(仁)에 대하여 묻자, 공자가 "인자는 어려운 일을 먼저 하고 얻는 것을 뒤에 하니, 이렇게 한다면 '인'이라고 말할 수 있다.〔樊遲問仁, 曰仁者, 先難而後獲, 可謂仁矣.〕" 하였다.

153 숙독상미(熟讀詳味) : 〈독대학법(讀大學法)〉 말미에, "익숙히 읽고 자세히 음미하면, 오랜 뒤에 마땅히 알 수 있을 것이다〔熟讀詳味, 久當見之.〕" 하였다.

를 이어줄 수 있는 뜻이 있습니다. 사가(私家)에서는 비록 아버지가 높은 존재이기는 하지만 감히 하늘이 끊어버린 부자 관계를 이을 수는 없습니다. 이 때문에 양자를 들이는 자는 반드시 임금에게 명을 받은 뒤에야 부자지간이 될 수 있으니, 이는 대경대법(大經大法)입니다.

아무개의 일은 그 아비의 뜻이 비록 아들이 양자로 나가는 것을 허락했다고 하지만, 이는 다만 임금에게 명을 받지 않고 개인적으로 한 일입니다. 지금 아비의 상을 당해 참최복을 입지 않고 기년복을 입는다면, 이는 임금의 명을 받지 않고서 스스로 부자간의 인연을 끊어버리는 것이니, 어찌 이런 일이 있을 수 있겠습니까.

우옹(尤翁 송시열)이 이러한 일에는 지극히 엄정하셨습니다. 친속인 이삼귀(李三龜)가 '양자 허가서〔禮斜〕'를 받지 않은 상황에서 먼저 숙부를 위해 삼년복을 입었다가 얼마 뒤 잘못인 줄 깨달아 숙모를 위해서는 삼년복을 입지 않았는데, 문득 "예전에는 틀리고 지금은 옳다."라고 허여하셨습니다.[154] -우옹의 문집에 보인다.- 이미 삼년복을 입은 사람의 경우에도 그러한데, 하물며 천장(遷葬) 때 승중복(承重服)을 입고, 혼서(昏書)에 '출후(出後)' 두 글자로 기록된 사람이야 말할 나위가 있겠습니까. 이 사람이 참최복을 입어야 함에는 의심의 여지가 없으니, 이는 제 소견이 아니라 우옹의 말씀입니다.

종가(宗家)의 제사가 끊어진 일은 망인(亡人)의 큰 형수가 사실대로 조정에 아뢰어 그 처분을 따르는 것이 옳습니다. 어떻게 생각하십니까?

154 친속인……허여하셨습니다 : 《송자대전(宋子大全)》 권105 〈심명중에게 답하다 정사년 2월〔答沈明仲丁巳二月〕〉는 편지에 관련 내용이 보인다.

백생 시적 에게 답하다 경신년(1740, 영조16)

答白生 時迪○庚申

지난번에 화석(花石)의 이생(李生)이 과연 두 선생의 신주(神主)의 위차(位次)에 관한 문제를 찾아와서 물었습니다.[155] 선현(先賢)의 도덕의 고하(高下)는 후생들이 감히 우열할 따질 수 있는 문제가 아니니, 차라리 향당에서 나이를 존중하는 의리[156]를 따르는 것이 낫지 않을는지요? 그러나 사액(賜額)을 받은 서원은 일의 체모가 엄중하니, 상소를 올려 청하지도 않고서 계속해서 추가로 배향하는 것은 지극히 온당치 못합니다. 비록 전례가 있기는 하지만 실제 뒤의 폐단과 관련되니, 가벼이 조처해서는 안 될 듯합니다. 신주의 위차에 관한 문제는 상소로 아뢰어 청한 뒤에야 논의할 수 있습니다. 저의 구구한 이 말은 그대 고을의 여러 군자들이 다시 잘 헤아려서 일을 신중하게 처리하기를 바라서입니다. 그런데 막 길일을 택해 시행하기로 정했다 하니, 대체가 이미 신뢰를 받지 못했는데 작은 일의 득실을 어찌 감히 더불어 논하겠습니까. 부디 잘 헤아려 보시기 바랍니다. 이 일은 다만 마땅히 일시의 사론(士論)을 따라야 하니, 어떻게 생각하십니까?

155 화석(花石)의……물었습니다 : 화석(花石)은 화석정이 있는 경기도 파주를 말하며, 두 선생은 휴암(休菴) 백인걸(白仁傑)과 절효(節孝) 성수종(成守琮)을 말하는 듯하다. 441쪽 주149 참조.

156 향당에서……의리 : 고을에서는 다른 조건보다 나이가 많은 사람을 가장 존중한다는 뜻이다. 《孟子 公孫丑下》

여생 상현 에게 답하다 계축년(1733, 영조9)

答呂生 尙賢○癸丑

한 번의 만남이 이미 이십 년 전의 일이니, 어찌 얼굴을 알아볼 수가 있겠습니까. 예전에 학유(學諭) 이여(李璵)를 통해 그대의 스승의 덕을 기록하는 글[157]을 부탁받았는데, 이군이 갑자기 세상을 떠나고 제가 또 산골에서 묻혀 살던 터라, 제 집에 들르는 북방의 인편이 없어 한번 그대의 생사를 묻고 싶어도 역시 알 길이 없었습니다. 늘 천리 먼 곳에서 저에게 부탁하신 뜻을 생각할 때마다 이를 저버린 것이 부끄러웠습니다. 그런데 뜻하지 않게 돌아오는 민령(閔令)의 편[158]에 그대가 늦봄에 보내신 편지를 받아보았는데, 참으로 이는 다른 세상의 소식이니, 놀랍고도 위로가 되는 마음이 어떻겠습니까. 어느덧 한풀 꺾인 더위에 체후가 편안하신지요?

157 그대의……글 : 여상현의 스승인 현이규(玄以規, 1641~1706)의 행장을 말한다. 현이규의 본관은 (吉州), 호는 백암(白菴)이다. 학행(學行)이 뛰어나 관북지방에서 유명하였다. 어렸을 적부터 예학(禮學)에 전념하여 송시열과 송준길에게 편지로 질의하며 배웠고, 송시열이 덕원에 유배되었을 때는 직접 찾아가 배웠다. 《근사록》 등을 깊이 이해하였으며, 관혼상제를 고례(古禮)에 따라 행하여 북방의 호걸지사(豪傑之士)라 일컬어졌다. 이여(李璵)의 부탁을 받고 저자가 지은 〈처사현공행장(處士玄公行狀)〉이 본서 제50권에 실려 있다.

158 돌아오는 민령(閔令)의 편 : 저자의 외사촌 민형수(閔亨洙)가 1733년 부수찬이 되어 이광좌를 소척하다가 갑산(甲山)에 유배된 적이 있는데, 그의 형제인 민창수(閔昌洙)와 민통수(閔通洙) 중에 한 명이 갑산에 다녀온 것으로 보인다. 민형수는 이듬해 풀려났다. 《承政院日記 영조 9年 7月 16日》

근래에는 세도가 크게 무너져 사우(師友)의 무리가 더욱 날로 퇴색되고 있는데, 오직 그대만은 스승을 위한 성성이 늙어서도 이처럼 독실하니, 이 어찌 쇠퇴한 세상에서 쉽게 볼 수 있는 일이겠습니까. 참으로 감탄스럽습니다. 지금 지어 놓았던 글을 정서해서 드립니다. 완성한 지는 오래되었으나 아름다운 덕의 만에 하나도 밝히지 못했으니, 다만 그대가 저와 같이 변변찮은 사람에게 글을 맡긴 것이 안타까울 따름입니다.

가만히 생각해보니 그대가 젊은 시절에 전수받은 것을 익히는 공부에 매우 전념하였는데, 나이가 들어서도 게을러지지 않으셨겠지요? 마음으로 애 쓰고 정성을 다하는 그대가 진실로 몹시 감탄스럽습니다. 그러나 아름다운 덕을 밝히고 드날리는 것이 다만 문자에만 있는 것이 아니니, 다시 바라건대 조문(朝聞)의 뜻[159]을 깊이 체득하여 종신토록 부지런히 힘써서 사문(師門)을 빛내도록 하십시오. 정성스럽게 돌보아 주시는 뜻에 보답할 길이 없어 대략 이렇게 권면하는 말을 적으니, 부디 너그러이 이해하십시오.

159 조문(朝聞)의 뜻 : 31쪽 주14 참조.

장생 우남 에게 답하다 갑자년(1744, 영조20)

答張生 宇南○甲子

그대 종형의 상(喪)에 대해서는 놀라움과 애통함을 무슨 말로 다하겠습니까. 그가 은거하며 살았던 터라, 감추고 드러내지 않은 그의 절조를 세상에서 알아주는 자가 없는 것을 평소 개탄스러워하였습니다. 만사(挽詞)에 조금 저의 심정을 드러내었으나, 숨겨진 덕을 밝힐 수 없는 것이 부끄럽습니다.

그대의 아들이 왕년에 저에게 배운 것은, 실제로 헛된 제 명성을 듣고 잘못 발걸음을 한 것입니다. 지금은 시험해보아 실체를 알았으니, 그만두어야 합니다. 더군다나 지금 이렇게 인사하러 온 것이 피차에 무슨 도움이 되겠습니까. 만일 그가 진실로 학문에 뜻을 두었다면 몇 년 사이에 반드시 많은 양의 책을 읽고, 책을 읽고 나서는 반드시 많은 의문이 생겨 만났을 때 질문이 이루 다할 수 없이 많아야 할 것인데 그저 약간 공부했다고만 말하고 입을 닫고서 질문 하나 없었습니다. 비록 우환이 있었다 하더라도 어찌 이처럼 공부를 폐할 수 있단 말입니까. 이 몸은 날로 늙고 병들어 사람을 응대할 길이 없는지라, 오직 성심으로 자기의 수양을 위해 공부를 하는 사람 이외에는 일절 사양하여 돌려보내니, 저의 이런 뜻을 알아서 다시는 헛되이 오가는 일이 없도록 하십시오.

서생 영후 의 문목에 답하다 신유년(1741, 영조17)

答徐生 永俊 問目 辛酉

문 우암 선생(尤菴先生 송시열)은 "하루에 대사(大祀)와 소사(小祀)를 아울러 지내는 뜻에 대해서는 이미 주자(朱子)의 말씀이 있으니, 하루에 두 제사가 중첩되었다 하여 폐지해서는 안 된다."고 하였습니다.[160] 그렇다면 먼저 시제(時祭)를 지내고 뒤에 속절(俗節)을 지내야 합니까?

답 이는 참례(參禮)[161]와 기제(忌祭)를 가리켜 말한 것이니, 시제(時祭)의 경우는 참례를 반드시 중첩해서 지낼 필요가 없을 듯합니다.

문 내상(內喪 여자의 상)을 당했을 경우 기한이 넘도록 장례를 지내지 못했다면 자식은 마땅히 장례를 지낸 뒤에 연제(練祭)를 지내야 하는데, 남편은 비록 장사지내기 전이라도 상복을 벗을 수 있는 것입니까? 우암 선생께서는 "자식과 그 진퇴를 동일하게 해야 할 듯하다."[162]라고 하였습니다. 만약 장례의 기일이 상제(祥祭)와 담제(禫祭)의 뒤에 있

160 우암 선생(尤菴先生)은……하였습니다 : 《송자대전》 권78 〈한여석에게 답함〔答韓汝碩〕〉에 관련 내용이 보인다.

161 참례(參禮) : 정월 초하루, 동지, 매달 초하루와 보름에 사당에 참배하고 제사를 지내는 의식이다. 《家禮 卷1 通禮》

162 우암 선생께서는……듯하다 : 《송자대전》 권86 〈답민사앙(答閔士昂)〉에 관련 내용이 보인다.

다면 남편과 아들은 어떻게 해야 합니까?

답 비록 상제(祥祭)와 담제(禫祭)를 지내야 하는 기한이 지난 뒤라도 이번 달에 장례를 치렀다면 다음 달에 소상(小祥)을 지내고 또 그 다음 달에 대상(大祥)을 지내야 하지만, 담제는 지낼 수가 없습니다. 아들과 더불어 진퇴를 동일하게 한다는 설은 마땅히 우암 선생의 설을 따라야 합니다.

도암집

제14권

書서

송회가[1] 명흠 에게 답하다 무오년(1738, 영조14)

答宋晦可 明欽○戊午

이 몸이 친형제는 없고 오직 대심(大心)[2]을 아우로 둔 것을 다행으로 여겨 수족처럼 붙어 지내며 하루도 차마 떨어지지 못했는데 지금 갑자기 잃고 말았네. 생각건대 세운(世運)이 쇠퇴한 오늘날 어찌 이런 인물을 오랫동안 이 세상에 머물게 할 수 있겠는가마는 평소의 기대가 이처럼 허망하게 무너질 줄 생각지도 못하였네. 더구나 끊어진 가문을 이으려는 한 집안의 바람이 전혀 믿을 데가 없어졌으니, 그 원통하고 애통한 심정을 어찌 차마 말로 다하겠는가. 멀리서 편지를 보내어 위로해주니 참으로 감사하네.

가을 더위에 시학(侍學)[3]은 평안하신가? 나는 졸렬하게 그럭저럭 지내지만, 대심이 이미 지난달 초열흘에 땅에 묻히고, 영궤(靈几)도 그 형을 따라 서쪽으로 돌아가 버려 텅 빈 산에 덩그러니 앉아있으니, 대체 어떤 사람이라고 해야 하겠는가.

학천(鶴泉)의 승경(勝景)을 한 번도 본 적이 없지만, 대심은 몹시도 그곳을 좋아하여 죽음을 앞두고도 그리워하여 마지 않았으니, 어찌 차마 그의 소망을 저버릴 수 있겠나.[4] 지금 아이를 시켜 그의 뜻을

1 송회가(宋晦可) : 송명흠(宋明欽, 1705~1768)으로, 본관은 은진(恩津), 호는 역천(櫟泉)이고, 자가 회가이다. 송준길의 4세손으로, 저자의 문인이다.

2 대심(大心) : 이유(李維, 1704~1738)로, 저자의 종제(從弟)이다.

3 시학(侍學) : 부모를 봉양하고 학문에 힘을 쏟는 상대의 근황을 뜻하는 말이다.

이어서 집을 짓고 있는데,[5] 용유동(龍游洞)의 그대 집과 보거(輔車)의 형세[6]를 이루고 있네. 설령 훗날 집이 완성되어 늙은 내가 그 속에서 서성이며 그대들과 때때로 함께 어울리더라도 무슨 즐거움이 있겠는가. 그러나 이것으로나마 저세상으로 멀리 떠난 그의 한을 위로할 수 있지 않겠는가. 말이 여기에 미치니 슬픔의 눈물이 끝없이 흘러내리네.

장사지낼 때 다른 사람들에게 뇌문(誄文)을 청하지 않았으나, 그의 죽음을 슬퍼하는 사람들이 왕왕 글을 아끼지 않고 지어주었네. 그대들도 이런 마음이 있을 테지? 비록 때는 늦었지만 차마 듣지 않을 수가 없네. 서로 붙들고서 한번 통곡할 길이 없는지라 더더욱 목이 멜 뿐이네.

4 학천(鶴泉)의……있겠나 : 본서 제40권 〈종제 대심의 묘표〉에 "죽을 때도 다른 말은 없이 오직 '학천은 죽을만한 가치가 있는 곳이니, 내가 죽었다고 해서 이곳을 버리지 말라.'라고 하였다."는 내용이 있다.

5 그의……있는데 : 한국문집총간 225집에 수록된 《한정당집(閒靜堂集)》 권8 〈학천처사이군애사(鶴泉處士李君哀辭)〉에 따르면, 이유(李維)가 학천에 집을 짓다가 집이 완성되기 전에 죽었다고 한다.

6 보거(輔車)의 형세 : 광대뼈와 잇몸, 또는 수레의 덧방나무와 수레바퀴라는 뜻으로 서로 의지해 있어서 떨어질 수 없는 관계를 말한다.

송회가에게 답하다 신유년(1741, 영조17)

答宋晦可 辛酉

세초(歲初)의 안부 편지를 어제 비로소 안동(安洞)에서 전해 받았네. 새해에 학리(學履)[7]가 더욱 평안하다는 소식을 들으니 기쁘네만, 자당(慈堂)을 멀리 떠나 있는 그대의 심정이 염려되네.

이 몸은 해마다 더욱 쇠해져서 지금은 노쇠한 늙은이가 되고 말았으니, 참으로 학문을 하지 않은 데서 연유하네. 스스로를 돌아봄에 망연하여 그저 슬피 탄식할 뿐이네.

《역경(易經)》 공부는 현재 어느 괘(卦)에 이르렀는가? 다시 사서(四書)를 공부하는 것은 참으로 좋은 생각이네. 그러나 모든 책을 대충 읽고 지나가며 다시 후일을 기다린다는 것이 실로 학자들의 큰 병통이네. 옛사람은 《주례(周禮)》 주소(註疏)를 한번 읽고 바로 불태웠으니, 이것과 비교하면 과연 어떠한가.

7 학리(學履) : 공부하는 학자에게 안부를 물을 때 쓰는 말이다.

송회가에게 답하다
答宋晦可

《연보(年譜)》[8] 간행하는 일을 비로소 시작했다니 매우 다행스러운 일이네. 별지(別紙)의 질문은 찌를 붙여서 돌려보내니, 이에 대하여 다시 재량해 보시게.

발문(跋文)은 내가 선생의 성대한 덕을 만에 하나라도 드러낼 수 있다면 이로 인해 책 말미에 이름을 올리는 것이 어찌 지극한 소망이 아니겠는가. 그러나 참으로 그렇게 할 수 없다면 얼마 안 되는 분량에 서문과 발문을 두는 것이 중첩될 듯하니, 선정의 문자만 써서 체격(體格)을 얻는 것만 못하네.

별지 別紙

문 1권 제12판, 이행진(李行進)과 이시해(李時楷) 등이 훈신(勳臣)과 재신(宰臣)의 집을 드나들었다는 내용[9]

답 이 일은 문집에 실려 있어 온 세상이 알고 있는 사실이니, 애당초 숨길 만한 일이 아니네. 더구나 이것은 선생이 쓰신 본문이니, 후인들

8 연보 : 송준길의 연보를 말한다.

9 이행진(李行進)과……내용 : 송준길이 1649년(인조27)에 올린 계사(啓辭)에 나오는 내용으로, "이행진과 이시해 등도 훈신과 재신의 집에 출입하여 압객(狎客 친하게 지내는 사람)이라 일컬어졌으므로 사람들의 말이 매우 많으니, 이들 역시 경중을 구분하여 모두 논죄해서 국인의 마음을 위로하고 조정의 혼탁을 맑게 해야 합니다."라는 것이다.

이 어찌 감히 그 사이에서 마음대로 보태고 뺄 수 있겠는가. 두 집이 이미 혼인하여 원평(原平 원두표(元斗杓))이 애초에 유감으로 여기지 않았고, 그 자손들도 꺼려하지 않았네. 그렇다면 이 부분을 없애지 않더라도 완백(完伯 전라도 관찰사)이 홀로 어찌 연보 간행 돕기를 꺼리겠는가. 깊이 생각하지 못한 듯하네. 또 이것이 선생이 조정에서 주장한 큰 의론(議論)의 시초인 만큼 당초에 설사 빠졌더라도 지금 또한 보충해 넣어야 할 것인데, 그대가 고친 말은 매우 구차하여 세력에 아부하고 영합하니 기상이 좋지 못하네. 어찌 학문의 힘이 지극하지 못해서 그런 것이 아니겠는가.

문 제20판, 을해년(1635, 인조13) 주강(晝講)에서 말씀한 "형이상(形而上)은 형적(形迹)을 초월한다."는 내용

답 도(道)와 기(器)[10]는 본디 서로 떨어지지 않지만 그 처한 위치에 대해서는 각기 해당되는 말이 있네. 윗글에서 이미 형적이 있다고 말하고서 이 형적에 나아가 가리켰으니, "형적을 초월한다"고 말하는 것이 의리를 매우 해치는 것이라 볼 수 없네. 또 당시 경연의 문의(文義)는 사관(史官)이 반드시 선생에게 나아가 질문했을 터이니, 기록의 오류라고 대번에 핑계해서는 안 될 듯하네. 우선 본문을 그대로 따라서 과오를 적게 하는 것만 못하네.

"형체가 있기 전에 초월한다〔超乎有形之前〕"는 부분에 대해서는 '선후(先後)'라는 두 글자가 이미 '상하(上下)'라는 글자의 오묘함만 못하

10 도(道)와 기(器) : 《주역》 〈계사(繫辭)〉에 "형이상의 것을 도라 이르고 형이하의 것을 기라 이른다.〔形而上者, 謂之道; 形而下者, 謂之器.〕"라고 하였다.

고, 또 '초월했다〔超乎〕'는 두 자가 '앞〔前〕'이라는 글자와 합당하다고 여겨지지 않네.

3권 제7판, "성상의 병환이 위독하여 급히 두 찬선을 불렀다"는 내용

두 선생의 말씀이 같지 않은 것은 각자 들은 바에 따라 기록해서 그런 것일 뿐이네. 이미 손수 쓰신 글이 있는데 또 무엇을 의심한단 말인가. 《일록(日錄)》대로 "급히 두 찬선을 불렀다"고 고친다면 선생이 부름을 받고 입시하여 들어가보니 이미 어쩔 수 없는 상황이었던 것이니 더욱 온당하지 않겠는가.

송회가에게 답하다

答宋晦可

대현(大賢)의 서문(序文)을 이미 책머리에 넣었는데 학문이 깊지 못한 후생이 또 감히 별도로 짓는다면 앞사람이 드러내지 못한 것을 꼭 드러내지는 못한 채 그저 참람된 짓만 한 것이 될 뿐이니, 엄중하고 신중하게 하는 도리가 아닐 듯하네. 내가 머뭇거리며 감히 함부로 맡지 못하는 것은 이 때문이네.

사체로 논하자면, 책 말미의 몇 행에는 이번에 개간(改刊)하게 된 사유와 중간에 약간의 구절을 수정한 사유만 싣는 것이 마땅할 것이네. 이것은 존문(尊門)의 부형이나 혹은 그대들의 이름으로 지어도 무방한데, 어떻게 생각하시는가?

송회가에게 답하다

答宋晦可

그대가 말한, 권 감사(權監司 권혁(權爀))가 의심하는 단서를 끝내 이해할 수가 없네. 《연보》의 수미(首尾)에 일을 서술한 것이 아마도 눈에 거슬리는 듯한데, 단지 성명만 기록하는 것도 구본(舊本)보다 꼭 더 나을 것은 없네. 본래의 연보는 이미 예전에 지어진 것인데, 지금 한두 자구를 수정하기는 했지만 이는 사실의 오류를 바로잡은 것에 불과하고, 이밖에는 감히 한 글자도 바꿔서는 안 되네. 그대들의 도리에 있어서도 마땅히 이러할 것이네. 그런데 그대 숙부의 본래 의견이 간혹 그대들과 차이는 있지만, 이는 마침 상관(上官)과 하관(下官)으로 있을 때의 일이니, 조금이라도 바꾼다면 어찌 지금의 세력을 편든다는 비난을 크게 초래하지 않겠는가.

내 생각으로는 간행하는 일은 그만둘 수 있어도 이 단락은 고쳐서는 안 되네. 대체로 이 《연보》는 이미 오래 전에 간행된 것이고 지금은 단지 구본 그대로 중간(重刊)하는 것뿐이네. 설령 원평(原平 원두표(元斗杓)) 상공에게는 거리낄 것이 있다 하더라도 권 감사에게야 어찌 털끝만큼도 꺼릴 것이 있겠는가. 내가 속히 이런 뜻을 편지로 써서 말하고 싶지만, 권 감사와는 어린 시절 만난 이후로 다시 만난 적이 없는데다 근래에 간혹 편지를 주고받기는 했어도 이 일은 얕은 교분에 깊은 내용을 말하는 우를 범하는 일인 듯하여 감히 할 수가 없네. 부디 세심하게 생각하고 잘 처리하여 후회를 남기지 않도록 하시게.

송회가에게 답하다 을축년(1745, 영조21)

答宋晦可 乙丑

회덕(懷德)의 향교(鄕校)에서 유벌(儒罰)[11]을 시행한 일이 사실인지는 모르겠지만 또한 하나의 변괴이니 불행이 심하네. 그대들이 비방에 대처하는 방도는 그저 묵묵히 자신을 수양하는 것뿐인데, 모르겠지만 과연 이처럼 하였는가? 앞서 만났을 때 내가 문득 경계하는 말을 했던 것은 본래 고식적으로 사랑하지 않으려 했던 것이 장구한 인정[12]이 되기를 바라서였는데, 마치 의심하고 멀리할 일이라도 있는 것처럼 점차 벌어져 소원하게 될 줄 생각지도 못하였네. 어찌 그렇기야 하겠는가. 만일 털끝만큼이라도 비슷한 점이 있다면 통렬하게 제거하여 마음과 뜻이 서로 미덥게 되도록 힘쓰시게.

11 유벌(儒罰) : 유생이 유가(儒家)의 규범에 어긋나는 행위를 하였을 때 자치적으로 제재를 가하는 징벌이다.

12 장구한 인정 : 주희(朱熹)가 왕자합(王子合)에게 답한 편지에서 한 말로, 사람을 너그럽게 대하는 작은 인〔小仁〕은 상대를 그르치게 하므로 큰 인〔大仁〕에 해롭고, 사람을 엄하게 대하면 면목은 없지만 크게 진보시키므로 장구한 인정이라고 하였다. 《朱子大全 卷49 答王子合》

송회가에게 답하다

答宋晦可

작년 가을에 보낸 긴 편지를 늦봄에야 전해 받았네. 이 또한 의심하고 멀리한 결과라 비록 한스럽기는 하지만, 의심스런 일을 통렬하게 말하여 숨기지 않는 의리를 깊이 얻었으니, 여러 번 반복하여 읽으면서 감탄하기를 그칠 수가 없네.

내가 말을 하고 글을 쓸 때 본래 부드럽게 표현하는 것이 부족하고 생각하는 대로 말이 나와서 걸핏하면 남의 심기를 건드리는 일이 많았는데, 지금 또 다시 함부로 말하여 효성스런 그대 마음을 이처럼 슬프게 했을 줄 생각지도 못하였네. 그대가 말해주지 않았다면 무슨 수로 조심할 줄을 알겠나.

임군(任君)[13]이 전한 나의 말이 본래의 내 뜻과 얼마나 차이나는지 모르겠지만, 전혀 맥락이 기억나지 않네. 중사(仲思)가 내 말을 전했으니 아마도 착오는 없을 듯하지만, 만나서 자세히 알아보고서 그 잘잘못을 반성할 수 없는 것이 한스럽네.

회덕(懷德)에서 유벌(儒罰)을 시행한 일은 지금에서야 그 진상을 알았네. 다만 그대의 말로 살펴보면, 내 이름도 유벌을 주장하는 사람들의 명단에 들어있다고 한 듯한데, 이런 말은 애초에 들은 적도 없거니와 문하의 인사(人士)가 대번에 통문을 보냈다는 것도 본래 이러한

13 임군(任君) : 임성주(任聖周, 1711~1788)로, 본관은 풍천(豐川), 자는 중사(仲思), 호는 녹문(鹿門)으로, 저자의 문인이다.

일은 없었네. 떠도는 소문이 어떤지는 모르겠지만, 이 세상의 허다한 유인비이는 전혀 믿을 것이 못되는 것을 이 몇 가지 일에서 알겠으니 더 이상 말하지 않겠네.

이 편지를 보기 전에 형숙(亨叔 권진응(權震應))에게서 "이미 눈덩이처럼 불어난 말이 많다"는 이야기를 전해 들었는데, 그대 동생이 전해주지 않은 것이 또한 옳은 일인지 모르겠네. 형숙이 이 편지를 한번 보기를 원하는데 굳게 감추고 있다가 보여주었으니, 또한 징갱취해(懲羹吹虀)[14]가 너무 지나친 것일세. 조만간 한번 찾아와 자세히 이야기를 나누세.

14 징갱취해(懲羹吹虀) : 뜨거운 국을 먹다가 속을 데고 나면 냉채국을 먹을 때도 불어서 먹는다는 뜻으로, 지나치게 경계하거나 두려워하는 것을 비유할 때 쓰인다.

송회가에게 답하다
答宋晦可

내 생각은 이전 편지에서 다 말하였고, 그대의 말도 이미 어긋나고 멀어질 단서는 없는 듯하니, 다시 무슨 말을 하겠는가. 임군(任君 임성주(任聖周))을 만났을 때 했던 말은 그 전말이 전혀 기억나지 않았는데, 그대 동생에게 자세히 듣고 나니 과연 이런 이야기를 했던 것이 생각났네. 예전에 알지 못하여 의심하던 것을 지금은 알고서 의심이 없어졌으니, 다른 나머지 일도 대체로 이와 같다면 어찌 좋지 않겠는가. 내가 바라는 바는 오직 그대 마을의 오래된 집안싸움[15]이 점차 소멸되어 다시 두 집안의 자손이 화합하는 미덕을 보는 것뿐이네.

점차 소원해진다는 말[16]은 그다지 소원해지기 전에 먼저 말한 것이니, 여기에서 소원해지지 않으려는 마음을 볼 수가 있네. 이미 괴로워하고 탄식하는 말이 이미 있으니 선단(善端)이 성대하게 일어나는 것일세. 이전의 말은 참으로 망언이 뿐이니, 더 이상 의심하거나 멀어지지 않기를 희망하네. 한번 찾아오겠다고 하니 다소의 이야기는 모두 만나서 하세나.

15 그대……집안싸움 : 송시열과 송준길의 후손들이 문묘(文廟) 배향의 순서에 대하여 선후를 다툰 일을 말한다.

16 점차 소원해진다는 말 : 본서 본권 〈송회가에게 답하다〉에, "앞서 만났을 때 문득 경계하는 말을 했던 것은 본래 고식적으로 사랑하고 싶지 않고 장구한 인정이 되기를 바라서였는데, 마치 의심하고 멀리할 일이라도 있는 것처럼 점차 벌어져 소원하게 될 줄 생각지도 못하였네."라고 말한 것을 가리킨다.

송사행[17] 문흠 에게 답하다 갑자년(1744, 영조20)
答宋上行 文欽○甲子

묘표(墓表)를 지금까지도 기다리는 자가 있네. 문장과 견식이 늙어가면서 조금씩 진보하기를 여전히 바라지만, 지금 도리어 이전보다 못해진 것을 깨닫네. 병들어 죽음을 앞두고 있는지라 부득불 병을 무릅쓰고 초고를 완성하였네. 군이 문장을 보는 눈이 제법 신통함을 알기에 이 한 편을 보내 질의하니, 부디 통렬하게 수정하여 돌려주게나.

군의 형제[18]가 유벌(儒罰)을 받았다고 들었는데, 놀라움과 탄식을 금할 수가 없네. "어떤 일을 하고서 뜻대로 되지 않으면 자신에게 돌이켜서 원인을 찾아야 한다.〔行有不得, 反求諸己.〕"는 말이 《맹자》에 나오는데,[19] 이것을 주부자(朱夫子)는 학규(學規) 접물조(接物條)에 게시하였으니,[20] 이외에는 별다른 방법이 없네.

대체로 이 일은 지극히 불행한 일이네. 현재 마무리를 잘 하는 계책

17 송사행(宋士行) : 송문흠(宋文欽, 1710~1752)으로, 본관은 은진(恩津), 호는 한정당(閑靜堂), 자가 사행이다. 송준길의 4세손으로, 저자의 문인이다.

18 군의 형제 : 송명흠(宋明欽)과 송문흠으로, 모두 저자의 문인이다.

19 어떤……나오는데 : 《맹자》 〈이루 상(離婁上)〉에 나온다.

20 주부자(朱夫子)는……게시하였으니 : 주자(朱子)가 백록동서원(白鹿洞書院)을 중건하고 서원의 벽에 다섯 개 항목의 규약을 게시하였는데, 오교지목(五教之目), 위학지서(爲學之序), 수신지요(修身之要), 처사지요(處事之要), 접물지요(接物之要) 등이다. 접물지요에 "어떤 일을 하고서 뜻대로 되지 않으면 자신에게 돌이켜서 원인을 찾아야 한다.〔行有不得, 反求諸己.〕"는 세목이 있다. 《朱子大全 卷74 雜著 白鹿洞書院揭示》

으로는, 이해하지 못하고 지나치게 의심하는 친지들에 대해서는 절대로 노해서는 안 되고, 기회를 타고서 한꺼번에 죄다 해치려는 군소배들에 대해서는 그 정상을 환히 살펴야 하니, 설사 추존하여 보호하자는 말이 있더라도 절대 기뻐하지 마시게. 이렇게 한다면 오랜 세월이 흐른 뒤에 저절로 잘 수습될 것이니, 어찌 사림에 다행스런 일이 아니겠는가.

송사행에게 답하다

答宋士行

윤(尹)에게 보낸 답장[21]은 작년의 일이라 기억할 수가 없었는데, 자세하게 생각하고서야 비로소 보고 들었던 분명한 말이 있었음이 생각이 났네. 말을 하거나 글을 쓸 때 생각하는 대로 말하여 이리저리 고려하고 조심할 줄 모르는 것이 본래 나의 졸법(拙法)이라, 나도 모르게 종종 남의 심기를 이토록 건드리고 마니, 이제부터 조심할 줄 알게 되었네.

송덕상(宋德相)[22]과 편지를 주고받을 때 '노하였다〔慍〕'는 글자에 대해 분명 지적한 것이 있으니, 비단 저쪽이 기뻐한 것을 가지고 이쪽이 노했음을 알았던 것이 아닌데도, 소문은 그저 군의 집안에서 듣기 싫어하는 한 부분만을 거론하였네. 그렇다면 이 한 부분이 전해지는 사이에 또 십분 확실하고 하나의 착오도 없다고 어찌 장담하겠는가.

21 윤(尹)에게 보낸 답장 : 본서 제12권 〈윤경유에게 답하다〔答尹景孺〕〉이다. 1717년(숙종43) 권상하가 온양(溫陽)의 행궁에 입대하여 동춘(同春)을 먼저 언급하고 우옹(尤翁)을 나중에 언급하였다. 나중에 사우들이 묻자, '동춘과 우옹은 형제의 차서가 있고 또 징소된 시기도 선후의 차이가 있다. 비록 만년에 우옹이 먼저 정승이 되어 이후부터 조정의 사체 때문에 부득불 우옹을 먼저하고 동춘을 뒤로 하였지만, 사림에서의 칭호는 처음과 변함이 없으니 서원의 위패 차서만 보아도 알 수 있다.' 하였다. 수옹의 이 말씀으로 춘옹 집안의 자손들은 매우 기뻐하고 우옹 집안의 자손들이 매우 노하였으니, 그 기뻐하고 노하는 것은 모두 자잘한 사의(私意)이다." 하였다.

22 송덕상(宋德相) : ?~1783. 본관은 은진(恩津), 자는 숙함(叔咸), 호는 과암(果菴)으로, 송시열의 현손(玄孫)이다.

송사행에게 답하다

答宋士行

《사례편람(四禮便覽)》은 모아서 완성한 뒤에 천천히 보내어 의논하겠네. 《존양편(尊攘編)》은 이곳에 있는 몇 편을, 참착하여 교정하도록 보내겠네.

존왕(尊王)[23]의 근본은 지평 이태수(李泰壽)가 지은 《존주록(尊周錄)》에 이미 먼저 드러나 있으니 이것을 보면 알 수 있을 것일세. 이 본은 심하(深河) 전투[24]부터 시작하여 병자호란과 정묘호란으로 이어지고, 대보단(大報壇)[25]과 만동묘(萬東祠)[26]로 끝마치는 것이 더욱 긴밀할 듯하네. 부디 초본을 잘 손질하여 속히 돌려주길 부탁하네.

병자년과 정묘년 이하의 일도 이미 초고는 나왔으나 단지 중첩되는 것을 꺼려 후편에 이어 붙였을 뿐이네. 팔송(八松 윤황(尹煌))의 계사는 단지 "윤아무개가 아뢰기를〔尹某啓曰〕"이라고 쓰고, 다른 것도 모두 이와 같이 하는 것이 좋겠네.

23 존왕(尊王) : 주(周)나라 왕실을 높이고 오랑캐를 물리친다는 존왕양이(尊王攘夷)의 뜻으로, 명(明)나라의 은혜에 보답하려는 의리이다.

24 심하(深河) 전투 : 1619년(광해군11)에 건주위(建州衛)를 치려는 명나라의 요청으로 후금(後金) 군대와 심하에서 싸운 전투이다.

25 대보단(大報壇) : 임진왜란 때 군대를 보내 준 명나라 신종(神宗)의 은혜를 추모하기 위해 쌓은 제단으로, 1704년(숙종30)에 창덕궁(昌德宮) 북쪽 담 밖에 세웠다.

26 만동묘(萬東祠) : 명나라 신종(神宗)을 제사지내기 위해 1704년에 충북 괴산군 청천면(青川面) 화양동(華陽洞)에 지은 사당이다.

김제대[27] 용겸 에게 답하다 정사년(1737, 영조13)

答金濟大 用謙○丁巳

《역경》을 읽는다고 들었네. 이 책이 본디 읽지 않아서는 안 되는 책이지만 또한 매우 읽기 어려운 글이네. 내가 공부한 경험을 가지고 말해 보겠네. 처음에 정전(程傳)을 위주로 하고 마지막에 본의(本義)를 취하여 공부하면서 오랜 시일에 걸쳐 읽었지만, 모든 것을 포용할 만한 크나큰 마음이 없고, 또 상수(象數)[28]나 궁구하는 말단의 학문에 쉽게 떨어지고 말았으니, 몸과 마음에 절실한 사서(四書) 공부만 못하기에 버려두고서 더 이상 공부하지 않았네. 늙어가면서 한번 다시 읽어보려 했지만 여전히 하지 못하고 있네. 지금 그대의 공부가 어떠한 경지에 이르렀는지 알 수 없으니 감히 함부로 말할 수가 없네. 부디 힘써 공부하여 장구하고 원대한 공부를 마치시게.

27 김제대(金濟大) : 김용겸(金用謙, 1702~1789)으로, 본관은 안동(安東), 호는 효효재(嘐嘐齋)이고, 자가 제대이다. 저자의 문인이다.

28 상수(象數) : 《주역》에서 '상(象)'은 괘상(卦象)과 효상(爻象)을 가리키며, '수(數)'는 음양수(陰陽數)와 효수(爻數)를 가리킨다.

김제대에게 답하다 병인년(1746, 영조22)

答金濟大 丙寅

새해에 달리 바라는 것이 없고, 오직 바라는 것은 세도(世道)가 회복되고 사습(士習)이 크게 바뀌어 서원(書院)의 면모가 더욱 빛나는 것, 즉 이 한 가지 일 뿐이네. 그런데 갑자기 오늘 아침에 수복(守僕)[29]이 그대가 스스로 이름을 삭제하고 물러났다는 소식을 알려왔네. 통쾌하다면 통쾌한 일이지만 인인군자(仁人君子)의 마음가짐은 아닌 듯하네.

오늘날의 세상에서 이런 일을 행하는 것이 어렵다는 것을 어찌 이전에 미리 헤아리지 못했겠는가. 그러나 일단 일을 시작한 뒤에는 오직 한 줄기 원기(元氣)를 부지하여 혹 그 사이에 뜻을 지닌 자가 나오기를 바랐네. 구구한 나의 뜻이 본래 이러하였으니, 감히 나날이 다달이 성대해져서 당장에 그 달라진 모습을 기대했던 것은 아니네.

그대가 이미 나와 함께 일하며 지성으로 책임을 맡은 만큼 나의 이런 마음을 이미 알 텐데도 갑자기 이런 일을 하였으니, 이는 비단 나를 버린 것일 뿐 아니라 서원 하나를 전부 버린 것이네. 차마 이렇게 해서야 되겠는가. 스스로 자신의 이름을 삭제함이 비록 부끄러워 나갈 수 없는 자의 모습인 것 같지만 이는 도리어 더욱 나갈 수 없는 자의 기색이네. 한때의 분노를 참지 못해 가벼이 스스로 끊어버린 것이 참으로

29 수복(守僕) : 묘(廟)·사(祉)·능(陵)·원(園)·서원(書院)에서 제사에 관한 일을 맡아 보던 벼슬아치이다.

애석하네. 내가 이미 그대를 잃었으니 이 일을 함께 할 사람이 없네. 필경엔 나도 스스로 이름을 삭제하게 될 듯하니, 남을 탓할 겨를도 없이 도리어 절로 웃음만 나네.

김백춘[30] 원행 의 문목에 답하다 병오년(1726, 영조2)

答金伯春 元行 問目 丙午

신주를 모시는 탁자를 각각 두지 않고 단지 덮개만 제거하는 것은 우리 집안에서도 이렇게 하네. 예법에 어긋남을 진작부터 알고 있었지만 종가(宗家)에서 행하는 방식을 감히 바로 바꿀 수 없는지라, 확실하게 정하고자 하면서도 아직까지 못하고 있네. 바로 바꾸는 것이 진실로 온당치는 못하지만 예법을 잃은 가운데에도 경중이 있으니, 또한 마땅히 그 사이에서 이리저리 비교해야 하네. 이는 비단 이 일만 그런 것이 아닐세.

치포관(緇布冠)을 옛날에는 초가례(初加禮)[31]의 복장으로 썼지만, 관은 해어지는 물건이라 또한 상복(常服)이 아니네. 심의(深衣)에 치포관을 쓰고서 복건(幅巾)으로 감싸는 것은 온공(溫公 사마광(司馬光)) 때부터 시작된 일인데, 주자(朱子)가 이미 《가례(家禮)》에 드러내었으니 한 시대의 제도로 이루어 진 것이네. 은(殷)나라의 수레와 주(周)나라의 면류관[32]을 어찌 다른 시대의 것이라고 꺼린 적이 있었던가.

30 김백춘(金伯春) : 김원행(金元行, 1702~1772)으로, 본관은 안동(安東), 호는 미호(渼湖) 또는 운루(雲樓)이고, 자가 백춘이다. 저자의 문인이다.

31 초가례(初加禮) : 관례(冠禮) 때 처음으로 관을 씌워주는 의식을 말한다. 관례는 세 번 관을 갈아 씌우는데 초가(初加), 재가(再加), 삼가(三加)로 나눈다. 초가에는 치포관(緇布冠), 재가에는 피변(皮弁), 삼가에는 작변(爵弁)을 쓴다.

32 은(殷)나라의……면류관 : 《논어》 〈위령공(衛靈公)〉에 나오는 말로, 안연(顔淵)이 나라를 다스리는 법을 묻자 공자가 "하(夏)나라의 책력을 사용하며, 은(殷)나라의

남편이 다른 사람의 후사가 되었는데 남편의 본생(本生) 외조부모(外祖父母)를 위해 또 시복(緦服)을 입는다면 이는 계통이 둘이 되는 것이네. 이런 것은 예로써 정을 끊는 것이 지극히 마땅하네. 어떻게 생각하시는가?

수레〔輅〕를 타며, 주(周)나라의 면류관을 쓴다." 하였다.

심신보[33] 조 에게 답하다 기유년(1729, 영조5)

答沈信甫 潮○己酉

편지의 가르침이 정성스럽고 간절하니, 비루하게 여기지 않고 말씀해 주신 데에 깊이 감사드립니다. 심지어 저를 조사(造士)[34]로 기대하시니, 실로 우매한 제가 감당할 바가 아닙니다.

젊은 벗들을 왕왕 종유하면 대체로 재주가 없는 것이 걱정이 아니라 뜻이 없는 것이 걱정이니, 그중 박실하여 이 학문을 짊어지고 갈 자를 얻기는 더욱 어렵습니다. 그러나 저는 본래 스승의 도로 자처하는 사람이 아니고 단지 부득이 응할 뿐입니다. 제가 믿는 것은 남들과 함께 선(善)으로 들어가는 것인데, 아침저녁의 강설(講說)이 그저 앞사람의 말을 주워모은 데 불과하고 몸에서 체득한 것은 하나도 제대로 된 것이 없습니다. 자신을 다스림이 이와 같은데 남에게 미칠 수 있겠습니까.

정자(程子) 문하의 근엄함에 대해 논하신 한 단락은 일깨워주심이 매우 간절하니 감히 명심하지 않겠습니까. 지금 함양(涵養)이라는 하나의 일에 힘을 기울이고 계시다니, 이는 바로 학문을 하는 근본 토대입니다. 그러나 "한쪽만 해서는 안 되니 이치도 궁구해야 한다."는 주자(朱子)의 말도 염두에 두어야 합니다. 어떻게 생각하시는지요?

33 심신보(沈信甫) : 심조(沈潮, 1694~1756)로, 본관은 청송(靑松), 호는 정좌와(靜坐窩)이고 자가 신보이다. 권상하(權尙夏)의 문인이다.

34 조사(造士) : 선왕(先王)의 시(詩), 서(書), 예(禮), 악(樂) 등의 학업을 성취한 사자(士子)를 말한다. 《禮記 王制》

심신보에게 답하다 무오년(1738, 영조14)

答沈信甫 戊午

고향을 떠난 이래로 더욱더 멀어졌고 편지를 주고받는 것도 6, 7년 전의 일입니다. 늙은이 마음속에 늘 그리움이 있었는데, 홀연 그대의 서찰을 받으니 위로되는 마음이 어찌 끝이 있겠습니까. 근래 따뜻한 봄 날씨에 시학(侍學)은 진중하신지요?

저는 어느덧 늙어서 나이가 육십이 되어 가는데, 지난 일을 돌아보며 앞날을 대처하자니 후회와 두려움이 서로 쌓입니다. 그대는 근래에 힘을 쓰는 것이 어떠하며, 힘을 얻은 것은 또 어떠한지요? 필시 날마다 새로워져서 스스로 그칠 수 없는 경지에 이르렀으리라 생각되는데, 직접 만나서 한두 가지 여쭈어 이 몽매한 소견을 트이지 못하는 것이 한스러울 뿐입니다.

세간에 긴 편지를 왕래하며 오로지 강설을 숭상하는 자들은 왕왕 실질은 버려둔 채 헛된 일에 힘쓰는 병폐가 있으니, 저는 일찍이 이것을 병통으로 여겼습니다. 그러나 혹 이것을 징계하여 강설하기를 좋아하지 않는다면 이는 목이 멘다고 밥을 먹지 않는 격이니, 참으로 그대의 말씀과 같습니다.

일찍이 제 자신을 살펴보니, 젊었을 때는 행(行)에 대한 뜻을 중시하였고, 근년 이래로는 지(知)에 대한 뜻을 중시하였습니다. 요컨대 수레의 바퀴와 새의 날개처럼 행과 지를 나란히 수행하여 발로 행하는 것과 눈으로 보는 것이 모두 지극해야만 폐단이 없는데, 저는 이것을 힘쓰기를 바라지만 전혀 힘을 얻지 못하였습니다. 지금 그대의 말씀을 보건대 명백하고 핍절하여 통렬하게 침을 놓아주시니, 제 자신의 편벽된 부분을 극복하지 못하여 이처럼 일에 따라 드러나는 것을 더욱 알겠습니다. 다만 이것은 과루한 제가 매우 듣기 좋아하는 바이니, 부디 이후로도 자주 훌륭한 말씀을 들려주어 시들어 말라가는 저를 충분히 적셔주시길 바랍니다.

사우(士友)가 서원의 일로 이르렀습니다. 성대한 덕을 지닌 분들이 모두 돌아가셨으니, 우리들이 마침내 이 책임을 맡아야 할 것입니다. 감히 사양하지는 못했지만 두렵고 부끄러운 마음이 심합니다.

심신보에게 답하다
答沈信甫

서원은 전적으로 강학을 위해 설립된 것이지, 선현을 높이 받들기 위해서만 설립된 것이 아닙니다. 그런데 근래에 이러한 뜻이 모두 민멸되어 심지어 시속을 탄식한 삼연(三淵 김창흡(金昌翕))의 시[35]가 권세가들의 구실거리가 되고 말았으니 사류(士流)의 부끄러움이 극에 달하였습니다. 이러한 때일수록 더욱 강학하여 밝히기를 서둘러 백록동서원(白鹿洞書院)[36]의 유지(遺旨)가 이 세상에서 어두워지지 않게 해야 합니다. 다른 서원은 비록 이 일에 뜻을 둔 사람이 있어도 가르치고 이끌어줄 적임자를 실로 찾기 어렵습니다. 그런데 그대의 마을은 다행스럽게 그대가 있음에도 불구하고 권면하여 함께 일을 할 수 없습니다. 그대도 훈장(訓長)을 맡기를 달가워하지 않아 이렇게까지 머뭇거리는데 다시 누구에게 기대하겠습니까. 바라건대 지금부터 개연히 자신의 책임으로 삼아 한 고을을 새롭게 변모시키는 터전으로 삼는 것이 어떻겠습니까? 그대가 만일 또 굳게 사양하고 생각을 돌리지 않는다면

35 삼연(三淵)의 시 : 김창흡(金昌翕)의 시 중에서 "퇴도 선생이 백운서원 세우심은 나라와 백성을 살리는 길이 여기에 있다고 생각해서였네. 먹고 마시는 놀이에 글 읽는 소리 끊기니, 분분한 온갖 폐단을 뒷사람이 알리라〔退陶初創白雲祠, 活國醫民謂在斯. 酒肉淋漓絃誦絶, 紛紛百弊後人知.〕"는 시를 말하는 듯하다.

36 백록동 서원(白鹿洞書院) : 현재 중국 강서성 여산(廬山)의 오로봉(五老峯) 남쪽 기슭에 있는 서원으로, 주희(朱熹)가 남강군(南康軍)을 다스리던 1179~1181년에 중수하고 직접 강학하던 곳이다.

어찌 저도 이 직임에 헛되이 매여 해마다 부질없이 복주(福酒)[37]만 마시고 있겠습니까.

또한 생각해 보니, 이 서원은 쇠퇴함이 심한지라, 공부에 전념하는 선비를 뒷바라지 할 힘이 없습니다. 더구나 배우는 자들로 말하자면, 애당초 집안에서 배우지 않고 다만 학교에만 책임을 지우고자 하니, 의리에 맞지 않습니다. 마땅히 향숙(鄕塾)에서부터 시작해야 합니다. 제가 있는 이곳에선 바야흐로 마을 단위의 강학을 먼저 권면하여 절목(節目)을 강론하여 결정한 다음 엄격하게 독려하여 매달 초하루와 보름마다 사장(社長)이 모든 강학생을 거느리고 서원에 나아가 모여 강학하는데, 주자(朱子)가 순휴일(旬休日)[38]에 열흘간 배운 책을 복습시켰던 방법대로 하고 있습니다. 시험삼아 이것을 말씀드리니, 다행히 마을의 사우들과 상의한다면 혹 참작하고 손질하여 시행할 수 있지 않을까요? 누누이 이를 언급하니 참으로 제 자신의 우활함에 저조차도 웃음이 납니다.

37 복주(福酒) : 제사를 마치고 나서 제관(祭官)이 나누어 마시는 술이다.

38 순휴일(旬休日) : 열흘에 한 번씩 돌아오는 휴일이다.

심신보의 문목에 답하다
答沈信甫問目

심(心)은 기(氣)입니다. 기는 맑고 탁하고 순수하고 박잡함의 차이가 있으니, 심이라는 물(物)도 성인(聖人)과 범인(凡人)의 차이가 없을 수 없습니다. 그런데 지금 "심이 본디 기이지만, 반드시 성(性)과 기(氣)를 합하여 말해야만 그 뜻이 갖추어진다."라고 하시고, 또 "이(理)와 기(氣)를 합하여 말해야지, 기 자 하나만 붙여서는 안 된다"고 하시어, 마치 이것으로 심순선(心純善)[39]의 증거로 삼고자 하는 듯하시니, 이는 진실로 의심스럽습니다.

정성스러운 말씀으로 몽매하고 비루한 소견을 깨우쳐주시니 매우 감사드립니다. 다만 이른바 호중(湖中)의 일종의 심순설론(心純善論)이란 바로 이공거(李公擧)[40]를 가리켜 말씀한 것입니까? 공거와는 왕년에 여러 편지를 주고받았는데, 일찍이 한번 그 학설을 두루 살펴보고 그 전말을 얻고 싶었지만 아직 하지 못하였습니다.

제 설에 대해서는 충분히 생각해 보았다고 여깁니다. "성(性)과 기를

39 심순선(心純善) : '심(心)은 순선(純善)하다'는 설로, 이간(李柬)이 주장한 설이다.

40 이공거(李公擧) : 이간(李柬, 1677～1727)으로, 본관은 예안, 호는 외암(巍巖) 또는 추월헌(秋月軒)이고 자가 공거이다. 권상하(權尙夏)의 문인인 강문팔학사(江門八學士) 의 한 사람으로, 인물성동론(人物性同論)을 주장하였다. 그의 학설을 지지하는 일파와 낙론(洛論)을 형성하여 호락논쟁(湖洛論爭)을 이끌었다.

합하여……"라는 것은 반드시 이와 같이 한 뒤에야 그 뜻이 갖추어집니다. "단지(單指)" 이하의 부분과 세주(細註)의 "성(性)을 논할 때 본연지성(本然之性)과 기질지성(氣質之性)의 차이가 있는 것과 같다."[41]에 이르러서도 일찍이 나누어 말하지 않은 적이 없는데, 그대의 말씀은 이 한 부분에 대해 아직 세밀하게 궁구하지 못하신 듯합니다. 심의 본체는 담일(湛一)하고 허명虛明)한데, 담일이 바로 기의 근원이기 때문에 자연히 허령(虛靈)한 것입니다. 이는 저도 그렇게 생각합니다. 그 속에 나아가 또 이치와 합하여 말하는 것이 도리어 무슨 문제이기에 이렇게까지 의심하십니까? 미발(未發)과 기발(已發)이 본디 심(心)의 체(體)와 용(用)인데, 《중용장구》에서 "미발은 성(性)이다."라고 말하지 않았습니까, 비단 성이라고 말할 뿐만 아니라, 기라고 말하더라도 이때는 담일허명한 본연의 체가 저절로 있으니, 어찌 '기질(氣質)' 두 자를 붙일 수 있겠습니까. 만약 여기에 기질을 붙인다면 '미발시에는 성인과 중인이 같다'는 설은 또 무슨 말입니까.

성과 지각을 합하여 심이라고 한 것은 장횡거(張橫渠 장재(張載))의 정론(定論)이 있는데도[42] 그대는 오히려 의심하시니, 아마도 기(氣)

41 단지(單指)……같다 : 이에 대해서는 저자가 윤병구(尹鳳九)에게 보낸 편지에 비슷한 구절이 있다. "단지 기만 가리켜 말한다면 이(理)는 하나지만 기는 둘이기에 성인과 중인의 마음이 같지 않은 것입니다. 이 두 말이 바로 성(性)을 논함에 있어 본연지성(本然之性)과 기질지성(氣質之性)의 차이가 있는 것과 같습니다."

42 성과……있는데도 : 장재(張載)의 《정몽(正蒙)》에 "태허(太虛)로 말미암아 '하늘'이라는 이름이 있고, 기(氣)가 만물로 화생(化生)함을 말미암아 '도(道)'라는 이름이 있고, 태허와 기(氣)를 합하여 '성(性)'이라는 이름이 있고, 성과 지각을 합하여 '심(心)'이라는 이름이 있는 것이다.〔由太虛, 有天之名; 由氣化, 有道之名; 合虛與氣, 有性之名; 合性與知覺, 有心之名.〕"라 하였다.

자를 주장하는 것이 너무 지나쳐서 그런 듯합니다. 만약 이에 대해서 뜻대로 다 말해버리면 혹 선악혼설(善惡混設)[43]에 가깝게 되니, 이는 제가 매우 두렵게 여기는 바입니다.

부디 다시 공평한 마음으로 따져보십시오. 저도 차분하게 심사숙고하여 새로 터득하는 게 있으면 감히 가르침을 구하지 않겠습니까.

43 선악혼설(善惡混設) : 성(性)에는 선과 악이 뒤섞여 있다는 양웅(揚雄)의 설이다.

심신보의 문목에 답하다 기미년(1739, 영조15)

答沈信甫問目 己未

선생께서 이미 심순선(心純善)을 잘못이라고 하시고선 또 심(心)에 선악이 있는 것을 선악혼설(善惡混說)에 가깝다고 하시니, 이것이 매우 의심스럽습니다. 대개 순선하면 악이 없고, 순선하지 않으면 악을 없을 수 없습니다. 이 두 설 이외에는 다른 도리가 없을 듯한데, 선생께서 둘 다 잘못이라고 말씀하시는 것은 어째서입니까?

그대의 말씀을 잘 알았습니다. 천하의 일은 이것이 옳으면 저것은 잘못이고 저것이 옳으면 이것은 잘못이니, 어찌 둘 다 잘못일 리가 있겠습니까. 그러나 저는 이 문제에 대해서는 할 말이 있습니다.

심순선을 말하는 자들은 매우 심(心)과 성(性)의 구분이 없어 쉽게 불가(佛家)의 교리로 떨어지고 맙니다. 심에 선악이 있다고 말하는 자들은 미발 이전에도 악이 있다고 말합니다. 미발은 성인데, 미발시에 악이 있다면 도리어 선악혼설에 가깝지 않겠습니까. 이 설의 폐단으로 심지어 '명덕(明德)에 분수가 있다'는 설까지 생겼으니, 이는 또 제가 매우 근심하는 것입니다.

부디 선입견을 주장하지 마시고 공평한 마음으로 생각하십시오. 제가 장황하게 말하고 싶지는 않지만 그 대략은 이러합니다. 어떡하면 한번 만나서 통렬하게 시비를 논하여 끝나지 않은 논란이 되지 않도록 할 수 있을지요?

심신보에게 답하다 신유년(1741, 영조17)

答沈信甫 辛酉

이전 편지에서 정성스러운 말씀으로 제 어리석음을 깨우쳐주셨으니 참으로 감사합니다. 다만 그 중에 "비단 이(理)의 본선(本善) 뿐만 아니라 심체(心體)의 담일허명(湛一虛明)도……"라고 말씀하신 것[44]이 바로 저의 견해입니다. 그대의 말씀으로 말하자면 상하의 구절이 저절로 모순이 있습니다. 이에 다시 제 생각을 모두 말씀드리고 싶지 않은 것은 아니지만, "일이 사문(師門)에 관계된다"는 말단의 말씀[45]은 마치 사문을 위해 변론하는 것 같아 저를 놀랍고 두렵게 만듭니다.

생각건대 이 의리는 정미하여 몽매한 제가 감히 참여하여 들을 수 있는 바가 아닙니다. 그러나 외람되게 이미 서신을 주고받았으니, 도리를 말하여 피차간에 서로 극진하게 말해야 하지만 이러한 형세는 매우 좋지 못하니 조짐이 드러나는 데서 그칠 뿐만이 아닙니다. 우리의 도가 쇠미해진 이때 어찌 서로 시끄럽게 떠들고 다투어 불행의 단서를 열어

44 그……것 : 한국문집총간 73집에 수록된 《정좌와집(靜坐窩集)》 권3 〈상도암(上陶菴)〉에 "이(理)의 본선이 혼연자약할 뿐만 아니라, 심체의 담일허명도 여기에서 볼 수가 있다. 그러나 이것을 가지고 그 기질의 본색이 이에 이르러 모두 선하다고 말할 수는 없다." 하였다.

45 일이……말씀 : 《정좌와집(靜坐窩集)》 권3 〈상도암(上陶菴)〉에 "선입견을 주장하지 마시고 공평한 마음으로 생각하라[毋主先入, 平心思之]는 여덟 자는 전후의 말씀이 간곡할 뿐만이 아니니, 감히 유념하지 않겠습니까. 다만 말이 사문에 관계되는지라, 한번 곡진하게 아뢰지 않을 수 없기에 감히 다시 누누하게 아룁니다." 하였다.

서야 되겠습니까. 이후로는 더 이상 말하지 않았으면 합니다. 죽기 전에 다시 성현의 글을 읽어서 하루아침에 환연히 스스로 그 오류를 깨닫는다면 감히 그대에게 말씀 올리지 않겠습니까. 그저 진덕수업(進德修業)[46]이 날로 새로워지기를 바랄 뿐입니다.

별지 別紙

이(理)는 조작(造作)이 없고 심(心)은 운용할 수 있습니다. 주자(朱子)가 매번 '인심(人心)'이라는 두 글자를 '천명(天命)'과 '태극(太極)' 위에 두었던 것도 이 때문입니다. "인심은 저절로 허령(虛靈)한 것이지, 태극으로 말미암아 허령한 것이 아니다"라는 그대의 말씀은 감히 이해할 수 없습니다. 이(理)와 기(氣)는 본디 저절로 오묘하게 합하여 간격이 없으니, 이러한 것은 마땅히 합쳐서 보아야지, 심과 태극을 나누어 둘로 만들 필요는 없습니다. 어떻게 생각하시는지요?

와기(窩記)에 대해서는 왕년에 편지를 주고받을 때 서문(序文)이나 기문(記文) 등의 체제(體制)에 능숙하지 못한 점을 들어 사양하고서 편지 말미에 정좌(靜坐)의 의리를 대략 진술하여 그대의 정성스러운 뜻에 보답하였습니다.[47] 또 이 말씀을 하시니 아마도 그 편지가 전해지지 않아 그런 듯하니, 참으로 의아한 마음이 들고 탄식이 나옵니다.

46 진덕수업(進德修業) : 덕을 향상시키고 학업을 닦는다는 뜻으로, 《주역》〈건괘(乾卦)〉에 나오는 말이다.

47 와기(窩記)에……보답하였습니다 : 심조(沈潮)가 저자에게 와기를 지어달라고 부탁한 듯한데, 정좌(靜坐)의 의리를 대략 진술했다는 것은 심조의 호가 정좌와(靜坐窩)이기 때문에 한 말이다.

심신보 문목에 답하다
答沈信甫問目

주자(朱子)의 〈감흥(感興)〉시에 "인심은 오묘하여 헤아릴 수 없는데 기기를 타고 출입한다.〔人心妙不測, 出入乘氣機.〕"[48]라 하였습니다. 언뜻 보면 이 말은 참으로 기(氣) 이외에 별도의 심(心)이 있어 마치 태극처럼 기기(氣機)를 타고 출입하는 듯이 느껴집니다. 근래에 심을 주장하는 학문에서 더러 이 시를 가지고 심과 기질에 구별이 있다는 증거로 삼는데, 이 시를 어떻게 해석해야겠습니까?

제가 일찍이 생각하건대, 심이라는 한 글자에 대하여 선유(先儒) 중에 전적으로 기(氣)를 가지고 말한 사람도 있고, 이(理)와 기(氣)를 겸하여 말한 사람도 있습니다. 주자의 이른바 "심은 기의 정화(精華)이다"라는 말과 이른바 "기 속에 저절로 허령(虛靈)한 물사(物事)가 있다"는 말은 전적으로 기를 가지고 심을 말한 것이고, 횡거(橫渠)의 이른바 "성(性)과 지각(知覺)을 합하여 심이라는 이름이 생겼다"라는 말과 율곡(栗谷)의 이른바 "성과 기를 합하여 몸을 주재(主宰)하는 것을 심이라고 한다."는 말은 바로 이와 기를 겸하여 심을 말한 것입니다. 대개 전적으로 기를 가지고 심을 말하면 정화가 바로 기이고 기가 바로 정화이니 다시 분별이 없습니다. 이와 기를 겸하여 심을 말하면 이는 행위가 없고 기는 행위가 있으니 발하는 것은 기이

48 인심은……출입한다 : 주자(朱子)의 〈재거감흥(齋居感興)〉 제3수의 첫 번째 구절이다.

고 발하게 하는 것은 이입니다. 이렇게 본다면 이 시에서 말한 인심의 심 자는 아마도 또한 이와 기를 겸하여 말하고, 그 뜻도 "사람의 마음은 신묘하여 헤아리기 어려운데 출입하고 작용할 적에는 기기를 탄다."라는 의미인 듯하니, "발하는 것은 기이다"라고 말하는 것과 같습니다. 제 생각은 이러한데, 어떻게 생각하시는지요?

심은 기이지만 이가 여기에 갖추어져 있습니다. 기가 있어야 이가 있으니, 서로 떨어질 수도 없지만 또한 서로 섞일 수도 없습니다. 이와 기가 합하여 모든 천지만물을 총괄하므로 오묘하다고 한 것이며, 기가 없으면 이를 말할 수 없고 이가 없으면 기를 말할 수 없으며, 없다고도 말할 수 없고 있다고도 말할 수 없기에 헤아릴 수 없다고 한 것입니다. 이는 스스로 움직일 수 없으니 출입하는 것은 기기를 탄 것입니다. 이는 고요하고 기는 움직입니다. 움직이는 단서가 바로 기(機)이니, 기가 움직이기 때문에 이가 움직입니다. 기(氣)의 기(機)를 탄 것이 또한 기(氣)이고, 기의 기를 타게 만드는 것이 또한 이입니다. 이와 기를 나누어 심을 말하면 사람이 두 개의 심이 있는 것이니, 어찌 이런 이치가 있겠습니까.

우암(尤菴)은 말하기를, "귀신은 기(氣)로 말한 것도 있고, 이(理)로 말한 것도 있으니 장구(章句)를 보면 알 수 있다. 이 장(章)은 그 덕(德)이 지극히 성대함을 말하고 성(誠)을 가릴 수 없다는 말로 끝맺었으니, 이를 주로 삼아 말한 것을 알 수가 있다."[49]-우암의 설은

49 우암(尤菴)은……있다 : 이 내용은 《송자대전(宋子大全)》 권95 〈답이동보(答李同甫)〉에 보인다. 이 장이란 《중용장구》 제16장을 말하는데, "귀신의 덕이 성대하다.

여기까지입니다.-라고 하였는데, 제 생각에는 그렇지 않은 듯합니다. 대개 이의 비은(費隱)[50]은 기의 비은에서 알 수 있습니다. 그러므로 이 장은 전적으로 기의 비은을 말한 것이니, 귀신은 결국 기입니다. 비록 "장구(章句)를 보면 알 수 있다"고 하였지만, 장구에 나오는 정자(程子)와 장자(張子)와 주자(朱子)의 설은 '조화의 자취'라고 말하고, '음양(陰陽)의 양능(良能)'이라고 말하고, '음(陰)의 영(靈)과 양(陽)의 영'이라고 말하는 데에 불과하였고,[51] 또 공자의 "그 기운이 위로 발양하여 영험이 밝게 드러나며, 쑥 향기가 위로 올라가 사람을 감촉하고 사람의 마음을 두렵게 한다."는 말씀[52]을 인용하였으니, 어디에서 이를 위주로 말한 것을 볼 수 있습니까. 또 덕(德)이라는 한 글자를 "성정공효(性情功效)라는 말과 같다."고 풀이하였는데,[53]

〔鬼神之爲德, 其盛矣乎.〕"는 말로 시작하고 "은미한 것이 드러나니, 성을 가릴 수 없음이 이와 같다.〔夫微之顯, 誠之不可揜, 如此夫.〕는 말로 끝맺었다.

50 비은(費隱) : 비(費)는 도(道)의 광대한 공용(功用)이고, 은(隱)은 도의 은미(隱微)한 본체(本體)이다. 《중용장구》 제12장에 "군자의 도는 비하고 은하다.〔君子之道. 費而隱.〕"라 하였는데, 주자의 주석에 "비(費)는 용(用)이 넓음이요, 은(隱)은 체(體)가 은미(隱微)함이다." 하였다

51 장구……불과하였고 : 《중용장구》 제16장에 "귀신의 덕이 성대하다."라는 구절의 주석에서, 정자는 "귀신은 천지의 공용이요 조화의 자취이다."라고 하였고, 장자(張子)는 "귀신은 음양 두 기운의 양능(良能)이다."라고 하였고, 주자는 "두 기운으로 말하면, 귀(鬼)는 음(陰)의 영(靈)이고, 신(神)은 양(陽)의 영이다." 하였다.

52 공자의……말씀 : 이는 《예기》 〈제의(祭義)〉에 나오는 말인데, 《중용장구》 제16장 "천하의 사람들로 하여금 재계하여 깨끗이 하고 의복을 성대히 하여 제사를 받들게 하면 충만하게 그 위에 있는 듯하며 그 좌우에 있는 듯하다.〔使天下之人, 齊明盛服, 以承祭祀, 洋洋乎如在其上, 如在其左右.〕"는 구절의 주석에서 주자가 인용하였다.

53 덕(德)이라는……풀이하였는데 : 《중용장구》 제16장 "귀신의 덕이 성대하다."에

성정공효는 반드시 전적으로 이치만은 아닙니다. 비록 "성을 가릴 수 없다"는 말로 끝맺었지만 장구(章句)에서는 "음양이 합하고 흩어짐이 진실 아님이 없다."고 하였으니, 이는 "귀신이 이처럼 성대한 이유는 실리(實理) 아님이 없어서이다."라고 말한 것입니다. 제가 이 때문에 장구(章句)에서 보면 기를 위주로 말한 것을 알 수 있다고 한 것입니다. 어떻게 생각하시는지요?

기는 한계가 있고 이치는 다함이 없으니, 비은을 겸하고 대소를 포함하는 것은 기를 위주로 말한 곳에서는 말해서는 안 될 듯합니다. 이 한 장은 유현(幽顯)과 거세(巨細)를 통틀어 실리가 있지 않음이 없음을 전적으로 말한 것입니다. 그러나 이는 볼 수 없기에 기에 나아가 말한 것이니, 기를 위주로 말해서는 안 될 듯합니다.

"이오지정(二五之精)"의 주석에 "정(精)은 둘이 없다는 말이다."라고 하였는데,[54] 둘이 없다는 것은 무슨 말입니까? 목(木)의 기운은 목의 기운에 오로지하고 금(金)의 기운은 금의 기운에 오로지한다는 말입니까?

기(氣)는 정(精)과 추(粗)가 있으니, 정하면 하나인 것이고 추하면

대한 주자의 주석에 "덕은 성정공효라는 말과 같다.〔爲德, 猶言性情功效.〕" 하였다.

54 이오지정(二五之精)의……하였는데 : 주돈이(周敦頤)의 〈태극도설(太極圖說)〉에 "무극의 참된 이치와 음양오행의 깨끗한 기운이 묘하게 합하고 응결되어 건도는 남기(男氣)을 이루고 곤도는 여기(女氣)를 이룬다.〔無極之眞, 二五之精, 妙合而凝, 乾道成男, 坤道成女.〕"고 하였는데, 이에 대해 주자가 "진(眞)은 이(理)로써 말한 것으로, 거짓이 없는 것이다. 정(精)은 기(氣)로써 말한 것으로 둘〔二〕이 없다는 것이다.〔眞, 以理言, 無妄之謂也; 精, 以氣言, 不二之名也.〕" 하였다.

둘인 것입니다. 오행을 합하여 말하면 오행에 정과 추과 있으며, 한 기운만 가지고 말하면 금에 금의 정과 주가 있고 목에 목의 정과 주가 있습니다. 둘이 없다는 것은 정에만 한결같다는 말입니다. 만약 목의 기운은 목의 기운만 오로지 하고 금의 기운과는 섞이지 않으며, 금의 기운은 김의 기운만 오로지 하고 목의 기운과는 섞이지 않는 것을 가지고 둘이 없다고 말한다면 아마도 원주(原註)의 뜻이 아닐 듯합니다.

심신보에게 답하다 계해년(1743, 영조19)

答沈信甫 癸亥

정성스럽게 여러 말씀을 해주시니 그 성대한 뜻에 더욱 감사드립니다. 근래에 심설(心說)이 한바탕 분분하게 일어나 불가(佛家)에서 말하는 마음으로 쉽게 떨어지니, 이는 그대의 근심일 뿐만 아니라 저도 일찍이 근심하던 바입니다. 혹 선악혼설(善惡混說)에 가까울까 제가 걱정하던 바인데 그대는 그렇지 않으니, 각자 마땅히 마음을 비우고 기운을 평온하게 하여 선입견을 주장하지 않고서 시비(是非)의 소재를 궁구해야 할 것이니, 이는 갑자기 말할 수 있는 문제가 아닙니다. 매번 이간(李柬)과 한원진(韓元震)[55] 두 어른의 전후의 편지를 모두 취하여 보고 싶었지만 아직 하지 못하였습니다. 조만간에 한번 그 전말을 연구하여 혹 새로운 견해가 생기면 감히 아뢰지 않겠습니까.

55 이간(李柬)과 한원진(韓元震) : 이간과 한원진은 권상하(權尙夏)의 문인으로, 이간은 인물성동론(人物性同論)을 주장하고 한원진은 인물성이론(人物性異論)을 주장하였다.

심신보 문목에 답하다
答沈信甫問目

삼년상 안에 뒤늦게 후사를 세운 경우, 재기(再期)가 지난 뒤에 궤연(几筵)을 철거하느냐 철거하지 않느냐는 예문(禮文)에 명시된 조문이 없습니다. 저는 항상 "궤연은 철거하지 않더라도 상식(上食)은 철폐해야 한다."고 생각하였으니, 상식은 고례(古禮)에서 졸곡(卒哭) 후에 그만둔 만큼 4, 5년을 그대로 행하는 것이 의의가 없을 듯해서입니다. 듣자니 그대는 "상식도 철폐해서는 안 된다."고 하셨다는데, 정말 그렇습니까?

근래에 한 의론은 "궤연을 철거하지 않아서는 안 된다. 단지 이전에 궤연을 설치했던 곳에 허위(虛位)를 설치하여 아침저녁으로 나아가 곡하고, 연제(練祭), 상제(祥祭), 담제(禫祭) 때는 신주를 받들고 나와서 그 자리에 나아가 행한다. 이러한 뜻은 3년 만에 사당에 들어가는 것이 귀신의 떳떳한 도리이고, 3년 동안 복상(服喪)하는 것이 자식의 떳떳한 도리이기 때문이다. 이는 모두 예의 큰 법도이니 각자 그 떳떳한 도리를 극진히 해야지 뛰어넘어서는 안 된다."라고 합니다. 이 설이 좋은 듯한데, 어떻게 생각하시는지요?

송사능(宋士能)[56]은 "궤연을 철거한 뒤에 마땅히 여묘(廬墓)에서 삼년을 마쳐야 한다."고 하는데, 이 설은 또 어떠한지요?

56 송사능(宋士能) : 송능상(宋能相, 1710～1758)으로, 본관은 은진, 호는 운평(雲坪) 또는 동해자(東海子)이고, 자가 사능이다. 송시열의 증손이다.

이 예의(禮疑)는 평소에 의심을 쌓아두고 해결하지 못했던 문제입니다. "상식도 철폐해서는 안 된다."고 한 것은 아마도 궤연을 대번에 철거하는 것은 어렵게 여기는 뜻에서 나온 말인 듯한데, 또한 매우 잘못되었습니다.

말씀하신 설이 좋기는 하지만 근거가 없습니다. 마땅히 다시 깊이 헤아려 취사해야 하니, 과연 어떠한지 모르겠습니다.

심신보 문목에 답하다 갑자년(1744, 영조20)

答沈信甫問目 甲子

문 뒤늦게 후사를 세운 경우에 상제(祥祭)를 지낸 뒤 궤연의 철거 여부에 대해서는, 우암(尤庵 송시열)은 "중국은 혹 3년이 끝나갈 무렵에야 처음 상을 듣는 경우가 있다. 이런 경우라면 마땅히 6년까지 궤연을 설치해야 한다."고 말씀하였고, 농암(農巖 김창협)은 또 "3년이 지난 뒤에도 그대로 궤연을 두는 것은 끝내 온당치 못하다."고 하였습니다. 어떻게 생각하시는지요?

답 후사를 세운 경우에 상제를 지낸 뒤 궤연을 철거하는 문제는 중대한 변례(變禮)인지라 여러 해 동안 생각하다가 이제 막 궤연을 먼저 철거하는 것으로 결론지었습니다. 두 노선생의 논의가 이러하니 혹여 어긋나지나 않을지요?

문 적손(嫡孫)은 없고 차손(次孫)만 있는데 할아버지의 상을 당한 경우에는 마땅히 기년복(朞年服)으로 상을 주관해야 하는데, 《의례문해(疑禮問解)》에는 삼년상을 물려받아 주관하는 뜻이 있는 듯합니다. 어떻게 생각하시는지요?

만약 차손도 없고 단지 며느리와 손자며느리만 있다면 부득이 부인이 주관해야 하는데, 두 부인 중에 어느 부인이 주관합니까?

답 차손은 비록 상을 주관하더라도 감히 삼년상을 물려받을 수는 없으니, 《의례문해》의 설은 따르기 어려울 듯합니다.

며느리와 손자며느리 중에서 부득이하게 상을 주관해야 한다면 손자며느리에게 맡겨야 할 듯합니다. 어떻게 생각하시는지요?

심신보에게 답하다

答沈信甫

심상(心喪) 중의 복대(服帶)[57]에 대한 제 생각은 다음과 같습니다. 심상은 몸에 최질(衰絰)[58]을 갖추지 않고 마음으로 슬퍼하는 것입니다. 참대(黲帶)[59]가 이미 복이 아니니, 다른 상을 만났을 경우에 어찌 각자 자신에게 해당하는 복을 입지 않을 수 있겠습니까. 일찍이 이를 물어보는 자가 있으면 그때마다 이런 말로 답해주었습니다. 알지 못하겠습니다만, 예의 뜻에 크게 어긋나지는 않겠지요?

57 심상(心喪) 중의 복대(服帶) : 심상 중에 다른 상을 당했을 경우 그 복에 해당하는 띠를 착용하는가에 대한 문제이다.

58 최질(衰絰) : 상중에 입는 삼베옷을 말한다. 상복(喪服)과 수질(首絰) 및 요질(腰絰)이 있다.

59 참대(黲帶) : 심상에 착용하는 띠이다.

조중보 익신 에게 답하다 계해년(1743, 영조19)

答趙仲輔 翊臣○癸亥

소식이 끊어진 지 이미 10여 년이 되었습니다. 사우(士友)들의 왕래도 없었던 터라, 죽었는지 살았는지조차도 거의 듣지 못하고 있었는데, 뜻밖에 그대 아드님이 수십 리 밖에 있는 나를 찾아와 편지를 전해주니, 마음이 너무도 위로됩니다. 다른 세상의 소식을 듣는 것과 무엇이 다르겠습니까.

초겨울에 고요히 지내시는 일상이 평안하신지요? 저는 풍비(風痺)가 발작한 지 3년이 되었습니다. 거듭 풍을 맞은 이후로 더욱 고질이 되어 지금은 남의 도움 없이는 움직이지도 못하고, 강업(講業)도 황폐해지고 말았습니다. 비록 아침에 도를 듣고 저녁에 죽고 싶은 소망[60]이 있으나 그 소망을 이루지 못할 듯합니다. 괴로워하고 탄식하시는 허다한 말씀은 겸손한 뜻에서 나온 듯하니, 그대처럼 학문에 부지런하고 독실하신 분이 어찌 이럴 리가 있겠습니까.

그대 부친[61]의 묘갈(墓碣)을 외람되게 부탁받은 것이 정미년(1727, 영조3)쯤입니다. 그대 형님[62]의 부음을 들은 뒤로 부탁받은 글을 완수

60 아침에……소망 : 31쪽 주14 참조.

61 그대 부친 : 조태흥(趙泰興, 1655~1720)으로, 본관은 순창(淳昌), 자는 사호(士豪)이다.

62 그대 형님 : 조언신(趙彦臣, 1682~1731)으로, 본관은 순창(淳昌), 자는 여보(汝輔)이다.

하지 못한 죄를 지어 돌아가신 분의 한을 풀어드릴 길이 없음을 알았기에 즉시 졸렬한 솜씨로 힘써 글을 짓고는 돌려달라고 하기를 기다렸는데, 끝내 먼지 쌓인 상자의 미완성 원고가 되고 말았습니다. 우연히 최우(崔友)와 말할 때 이를 언급한 적이 있는데, 지금에서야 그간의 사정을 모두 알게 되어 비로소 의문이 풀렸습니다. 다만 장암(丈巖 정호(鄭澔))이 지은 묘도문자[63]가 이미 세워졌는지 모르겠습니다만, 묘갈(墓碣)과 묘표(墓表) 중에 어떤 것인지요? 문체가 대체로 같지 않으니 반드시 이것을 알아야만 중복되는 것을 면할 수 있습니다. 초고 또한 미처 정서하지 못했기에 돌려보내지 못합니다. 부디 장암이 지은 묘도문자의 등본(謄本)을 보내주시어 이로 인해 다시 수정할 수 있게 된다면 더욱 완비될 듯합니다.[64] 어떻게 생각하시는지요? 시급하게 비석을 세워야 하는 기한이 없으니 여유 있게 해도 무방할 것입니다.

지난번에 도봉서원(道峯書院)의 재임(齋任)에게 통유(通諭)하는 글을 보냈는데, 혹 이미 보셨는지요? 이 일에 대해선 저조차도 심히 우활한 일이라 비웃으니, 속인(俗人)들과는 말하기가 쉽지 않습니다. 그대와 같은 분이 만일 합심하여 협력하려 하지 않는다면 다시 누구를 믿겠습니까. 만에 하나라도 강학(講學)을 설행하게 되면 늙고 병들었다는 이유로 사양하지 마시고 모임 때마다 반드시 참석하시어 후생들에게 보고 느껴서 개발할 기회를 주시기를 지극히 바랍니다.

63 장암(丈巖)이 지은 묘도문자 : 한국문집총간 157집에 수록된《장암집(丈巖集)》 권18에 〈목사조공묘표(牧使趙公墓表)〉가 실려 있다.

64 부디……듯합니다 : 저자가 지은 조태흥(趙泰興)에 대한 묘갈은 본서 제33권 〈목사 조공의 묘갈〔牧使趙公墓碣〕〉이란 제목으로 실려 있다.

조중보에게 답하다

答趙仲輔

도봉서원(道峯書院)의 강회(講會)에 대해서는 이러한 때 어찌 이런 일을 쉽게 말하겠습니까마는 우활하고 어리석어 자못 헤아리지 못했으니, 오직 뜻을 함께하는 여러 군자들을 믿었기 때문입니다. 더구나 존형처럼 덕을 지닌 분에게 거는 기대가 매우 컸습니다. 작년 겨울의 첫 강회에 참석하지 않으신 것이 너무도 서운하지만, 매우 움직이기 어려운 사정이 있지 않았다면 그러지 않았을 줄 분명히 알고 있습니다. 두 번째 강회는 제법 모양을 갖추었으니, 앞으로 어찌 이 정도 수준에서 그치겠습니까. 대향(大享)이 점차 다가오니, 그때 많은 인재들이 참석하기를 더욱 기대합니다.

한 구역 골짜기가 오랜 세월 동안 적막하게 지냈는데, 춘옹(春翁 송준길)이 쓰신 "거문고 타고 글을 읽으며 졸졸 흐르는 물소리에 화답하네.〔絃誦答潺湲〕"라는 구절[65]과 같은 광경을 오늘날 직접 볼 줄 어찌

65 춘옹(春翁)이……구절 : 이 시구는 주희(朱熹)의 〈사십숙부가 백록동에서 지은 시에 차운하다.〔次韻四十叔父白鹿之作〕〉에 나오는 구절이다. 도봉서원 건너편 바위에 새겨진 이 시구는 송시열의 필적으로 알려져 있는데, 저자가 착각한 듯하다. 한국문집총간 73집에 수록된 《정좌와집(靜坐窩集)》 권12 〈도봉행일기(道峯行日記)〉에 "높은 바위가 하나 있는데 동쪽 면에 동춘당(同春堂 송준길)이 쓴 '수사진원염락정파(洙泗眞源濂洛正派)'라는 여덟 글자가 새겨져 있다. 그 아래 와암의 남쪽 면에 가로로 우옹(尤翁 송시열)이 쓴 '제월광풍갱별전(霽月光風更別傳)', '요장현송답잔원(聊將絃誦答潺湲)'이라는 한 구절이 새겨져 있고, 서쪽 면에 한수옹(寒水翁 권상하)이 쓴 '무우대(舞雩臺)'라는 세 글자가 세로로 크게 새겨져 있다." 하였다.

생각이나 했겠습니까. 우리 당의 선비들은 필시 풍문을 듣고 일어나 부르지 않아도 저절로 이를 것이라 생각합니다. 그러나 그대 말씀 중에 "강학하는 선비들이 많지 않은 것이 걱정이 아니라 오직 강습이 독실하지 못할까 걱정이니, 반드시 성심(誠心)으로 서로 기대하고 실사(實事)로 서로 권면해야 한다."는 말씀은 참으로 적절하고 지당한 논의입니다. 이 밖에 어찌 특별한 방법이 있겠습니까. 병들어 성대한 의식을 참관할 수 없는 제 자신이 한스럽습니다.

강록(講錄)은 삼가 잘 받았습니다. 다만 의목(疑目)을 예전에는 보내줬는데 지금은 빠졌으니 어째서입니까?

권형숙[66] 진응 에게 답하다 임술년(1742, 영조18)

答權亨叔 震應○壬戌

기신제(忌辰祭)에 돌아가신 부모를 합제(合祭)하는 문제에 대해서는 인정에 근본하면 차마 대번에 폐할 수는 없지만 예(禮)의 올바름을 논한다면 한 분의 신위(神位)만 설치하는 것이 옳네. 어떤 이의 집에서 수대에 걸쳐 행한 것이 이미 올바른 예이네. 지금 모셔온 온 조위(祧位)[67]가 일찍이 합제했던 신위이기 때문에 달리 하기가 어려워 이런 의문이 생기는 것이네. 이것이 비록 높은 분을 끌어들이는 혐의[68]가 있는 듯하지만, 그 올바른 예를 폐하고 잘못된 예를 따르는 것이 옳은 일이겠는가. 조위로 논하자면 그간에 제사 의식이 같지 않았으니 진실로 온당치 못할 듯하지만, 합설과 단설은 오직 제사를 받드는 사람이 어떻게 조처하는가에 달려 있으니 굳이 의심할 필요는 없을 듯하네.

66 권형숙(權亨叔) : 권진응(權震應, 1711~1775)으로, 본관은 안동(安東), 호는 산수헌(山水軒)이고, 자가 형숙이다. 권상하(權尙夏)의 증손이다.

67 조위(祧位) : 제사를 받을 대수(代數)가 다하여 가묘(家廟)에서 다른 곳으로 옮긴 신위(神位)를 말한다.

68 높은……혐의 : 《예기》〈잡기(雜記)〉에 "높은 분에게 일이 있을 경우에는 아랫사람에게까지 미칠 수가 있으나, 아랫사람에게 일이 있을 경우에는 감히 높은 분을 끌어들이지 못한다.〔有事於尊者, 可以及卑, 有事於卑者, 不敢援尊.〕" 하였다.

권형숙에게 답하다 계해년(1743, 영조19)

答權亨叔 癸亥

일전에 지나가는 인편을 통해 군의 편지를 받고서 즉시 답장을 부쳤으니, 군이 늙은이의 말을 버리지 않고 가까운 시일에 찾아와 만나리라 생각했는데 지금까지도 오지 않으니 의아함을 떨칠 수 없네.

이런 시기에 통유(通諭)하여 학문을 권장하는 것이 우활한 일이라고 나도 스스로 비웃고 있네. 이는 속인들과는 말할 수 없는 일인데, 수옹(遂翁 권상하)의 어진 손자인 군조차도 선뜻 뜻을 함께하지 않으니 장차 누구를 믿겠는가. 정리상 불편하다는 말도 꾸며대는 말인 듯하니, 더 이상 사양하는 글을 보내지 말고 즉시 속히 와서 모든 일을 확정짓는 것이 어떻겠는가?

권형숙에게 답하다

答權亨叔

강학(講學)하는 일은 "시작이 반이다"라는 속담에 가깝지만, 이 일을 맡는 자는 "백 리를 가는 사람은 구십 리를 절반으로 삼는다."[69]는 마음을 지녀야 하네. 이 일을 오직 군 한 사람에게 의존하니, 군 또한 어찌 시작만 하고 끝맺지 않으려 하겠는가.

지난번 녹지(錄紙)에 기록된 사람 중 강회(講會)에 참석한 자는 오직 유생 유언집(兪彦鏶) 뿐이었네. 녹지를 거두어들인 뒤에 부르기를 기다리지 않고 참석한 자들은 또 어찌 그리도 적었단 말인가. 이러한데도 이어서 행하려 한다면 또한 쉽지 않을 듯하네. 그러나 다음 달에는 이 장의(李掌議) 와 최 색장(崔色掌)이 모두 참석할 것이니, 부디 마음을 합쳐 일하여 기필코 성취하기를 바라네.

학규(學規)는 원만하고 좋으니 더 이상 논의할 것이 없네. 이전에 보내준 강학안(講學案)은 연소배들이 돌려보다가 잃어버렸으니, 부디 다시 베껴서 보내주시게.

69 백……삼는다 : 목표 지점에 가까이 다가갈수록 제대로 마무리하는 것이 어려우므로 더욱 노력해야 한다는 뜻으로, 《전국책(戰國策)》 진책(秦策) 5에 나오는 말이다.

권형숙에게 답하다

答權亨叔

나를 비루하게 여기지 않고 혼례(婚禮)의 일은 의논해 주니 참으로 고맙네. 우리나라의 풍속은 본디 동성(同姓)이라도 관향이 다르면 통혼을 꺼리지 않았는데, 우옹(尤翁 송시열)부터 그 폐단을 바로잡았네. 동성이라는 것을 분명하게 안 이상 어찌 잘못을 그대로 답습하고 고칠 줄 몰라서야 되겠는가. 경주(慶州) 김씨(金氏) 집에서도 예를 어기고 혼인해서는 안 되네. 내 의견은 이러하니, 부디 다시 자세히 헤아리시게.

임중사[70] 성주 의 문목에 답하다 신해년(1731, 영조7)

答任仲思 聖周 問目 辛亥

문 "도천승(道千乘)"[71] 장에서, 양씨(楊氏)는 "단지 마음속에 보존할 바를 논하였을 뿐, 정사를 하는 데는 미치지 않았다."라고 하였습니다. 일을 신중히 하고 재용을 절약하며 백성을 때에 맞게 부리는 것이 정사가 아니고 무엇입니까?

답 예악형정(禮樂刑政)이라야 정사인 것이네. 이것은 단지 마음속에 보존할 바를 논하고 다스리는 법령에는 미치지 않은 것이니, 또한 근본을 힘쓰는 뜻이네. 주자(朱子)는 "이것은 위정자의 마음을 가지고 논한 것이다."고 하였네.

문 주충신(主忠信)[72] 주석에 나오는 정자(程子)의 설[73]을 매우 이해하

70 임중사(任仲思) : 임성주(任聖周, 1711~1788)로, 본관은 풍천(豐川), 호는 녹문(鹿門)이고 자가 중사이다. 저자의 문인이다.

71 도천승(道千乘) : 《논어》 〈학이(學而)〉의 "천승의 나라를 다스릴 때는 일을 신중히 하고 미덥게 하며, 재용을 절약하고 백성을 사랑하며, 백성을 때에 맞게 부려야 한다.〔道千乘之國, 敬事而信, 節用而愛人, 使民以時.〕"는 구절이다.

72 주충신(主忠信) : 《논어》 〈학이〉의 "군자는 중후하지 않으면 위엄이 없으니 학문도 견고하지 않다. 충신을 위주로 하며, 자기만 못한 자를 벗 삼지 말고, 허물을 고치기를 꺼리지 말아야 한다.〔君子不重則不威, 學則不固. 主忠信, 無友不如己者, 過則勿憚改."는 구절이다.

73 정자(程子)의 설 : 주충신(主忠信) 구절의 정자의 설은 다음과 같다. "사람의 도는 오직 충신에 있으니 성실하지 못하면 사물이 없다. 또 드나듦이 일정한 때가 없어 그

기 어려운데, 대개 "사람이 행해야 할 도는 충신에 있으니, 충신하지 못하면 일에 실상이 없다. 또 이 마음은 드나듦이 일정한 때가 없으니 반드시 충신을 위주로 한 뒤에야 마음이 비로소 보존된다."는 의미입니다. '또〔且〕'라는 글자는 별도로 시작하는 말이니, 상단의 이른바 '사물이 없다〔無物〕'는 말은 사물과 언행에 나아가 말한 것이고, 하단은 다시 마음에 나아가 근원을 궁구하여 말한 것입니다. 이처럼 보는 것이 어떠한지 모르겠습니다.

답 충신이 바로 성(誠)인데, 《중용》의 "성실하지 못하면 사물이 없다.〔不誠則無物〕"는 구절[74]을 주자(朱子)는 "사람의 마음이 한번이라도 성실하지 못함이 있으면 비록 하는 바가 있더라도 또한 없는 것과 같다."라고 해석하였네. 정자가 여기에서 인용한 것도 바로 이런 뜻이네. '인심(人心)'이라는 일전어(一轉語)[75]를 삽입한 것은 본원(本原)에 나아가 그것이 지키기 어렵고 잃기 쉽기에 반드시 충신을 위주로 해야 한다는 뜻을 밝힌 것이네. 상하의 '물(物)' 자를 다른 뜻으로 보아서는 안 되는데, 그대의 말은 혹 아래의 '물' 자를 '심(心)' 으로 본 것인가?

방향을 알 수 없는 것이 사람의 마음이니 만약 충신함이 없다면 어찌 다시 사물이 있겠는가〔人道惟在忠信, 不誠則無物. 且出入無時, 莫知其鄕者, 人心也. 若無忠信, 豈復有物乎?〕"

74 중용의……구절 : 《중용장구》 제25장의 "성은 사물의 처음과 끝이니 성실하지 못하면 사물이 없게 된다. 그러므로 군자는 성실함을 귀하게 여기는 것이다.〔誠者, 物之終始, 不誠, 無物. 是故君子誠之爲貴.〕"라는 구절이다.

75 일전어(一轉語) : 선가(禪家)에서 유래한 말로, 깨달음의 계기를 제공해 주는 한 마디의 번뜩이는 어구(語句)를 말한다.

문 위정이덕(爲政以德)[76] 장 주석에서, 이미 '정사를 한다〔爲政〕'고 말해놓고, 또 '하는 일이 없다〔無爲〕'고 하였으니,[77] 그 뜻이 끝내 상충되는 듯합니다. 제 생각으로는, '위정(爲政)'의 '위(爲)'는 단지 '임(臨)' 자의 뜻과 비슷하고, 무위(無爲)는 작위(作爲)하는 바가 없다는 뜻인 듯합니다.

답 '위정'의 '위'는 '무위'와 어긋나는 것이 아니네. 만약 '무(無)' 자를 피해서 억지로 '임(臨)' 자로 해석한다면 천착일세. 《주자어류(朱子語類)》에 "성인이 아무 일을 안 하는 것이 아니다. 다만 민심이 귀향하는 곳은 덕(德)에 있지, 일에 있지 않다."고 하였고, 또 "예악형정은 진실로 폐할 수 없는 것이다. 단지 본분에 따라 행할 뿐, 지술(智術)로 농락하지 않기 때문에 무위이다."라고 하였네. 부디 본문을 융통성 있게 보고 이 설을 참고하게나. 그렇게 한다면 저절로 깨달을 수 있을 것일세.

문 "귀로 들으면 그대로 이해된다〔耳順〕"[78]는 것은 생각하지 않아도

76 위정이덕(爲政以德) : 《논어》 〈위정(爲政)〉의 "정사를 덕으로 하는 것은 비유하면 북극성이 자리를 잡고 있으면 여러 별들이 그에게로 향하는 것과 같다.〔爲政以德, 譬如北辰居其所, 而衆星共之.〕"는 구절이다.

77 이미……하였으니 : '위정이덕(爲政以德)' 구절 주석에서, 주자는 "정사를 덕으로 하면 하는 일이 없어도 천하가 돌아온다.〔爲政以德, 則無爲而天下歸之.〕" 하였다.

78 귀로……이해된다 : 《논어》 〈위정〉의 "나는 열다섯 살에 학문에 뜻을 두었고, 서른 살에 자립하였고, 마흔 살에 사리에 의혹하지 않았고, 쉰 살에 천명을 알았고, 예순 살에 귀로 들으면 그대로 이해되었고, 일흔 살에 마음에 하고자 하는 바를 좇아도 법도를 넘지 않았다.〔吾十有五而志于學, 三十而立, 四十而不惑, 五十而知天命, 六十而耳順, 七十而從心所欲不踰矩.〕"라는 구절이다.

터득하는 것이니, 저절로 화(化)하는 성인의 일입니다.[79] 이 수준에 이르면 힘쓰지 않아도 도에 맞을 수 있는데 반드시 십 년을 기다린 뒤에야 "마음이 하고 싶은 대로 한다〔從心所欲〕"고 말한 것은 어째서입니까?

답 "귀로 들으면 그대로 이해되는" 것과 "마음이 하고 싶은 대로 하는" 것이 모두 저절로 화(化)하는 일이지만, 지(知)와 행(行)의 구별이 있네. 귀로 들으면 그대로 이해되는 것은 단지 남의 말을 듣고 생각하지 않아도 곧바로 이해하는 것이니, 비록 앎은 지극해도 행동에는 미치지 못하네. 마음이 하고 싶은 대로 한다는 것은 주자(朱子)가 말한 "왼쪽으로 오고 오른쪽으로 가는 것이 모두 천리이니 어찌 쾌활하지 않겠는가."라는 것이네. 십년 동안 진보한 것은 성인의 마음에 익숙하고 미숙한 구분이 있음을 조금 느끼다가 이때 이르러 비로소 자신한 것이네.

문 공이단(攻異端)[80]장 주석의 "전적으로 연구하여 정밀히 알고자 한다."[81]는 것에 대하여, 지난번에 달마(達磨)의 일을 인용하여 밝혀주셨

79 저절로……일입니다 : 《맹자》 〈진심 하(盡心下)〉에 "커서 저절로 화하는 것을 성이라 이른다.〔大而化之之謂聖〕" 하였다.

80 공이단(攻異端) : 《논어》 〈위정〉의 "이단을 전공하면 해로울 뿐이다.〔攻乎異端, 斯害也已.〕"는 구절이다.

81 전적으로……한다 : 공이단(攻異端)장의 범씨(范氏)의 주석으로, "이단은 성인의 도가 아니고 별도의 일단이 된 것이니, 양주(楊朱)와 묵적(墨翟) 같은 것이 이것이다. 이들은 천하를 거느려 아비도 없고 임금도 없는〔無父無君〕의 지경에 이르게 하였으니, 전적으로 연구하여 정밀하게 알고자 하면 해됨이 심하다." 하였다.

으니 이는 매우 의미가 있습니다. 혹자(或者)는 "학자들이 이단의 서적에 대하여 난지 대충대충 보아 넘기면 그다지 해가 되지 않는다. 만약 전심으로 연구하여 그 귀취(歸趣) 끝까지 궁구하려 하면 자신도 모르게 점차 동화될 것이니, 이보다 더 심한 해가 어디 있겠는가."라고 하였습니다. 이 설이 자못 긴요한 듯한데, 어떻게 생각하시는지요?

답 공이단 장에 대한 혹자의 설은 일찍이 《주자대전(朱子大全)》의 어떤 이에게 준 편지 속에서 본 적이 있는데, 울타리 가에 둔 하찮은 물건쯤으로 여겨야 할 듯합니다.

문 체(禘) 제사의 내용[82]에 대해 생각건대, 이른바 안다는 것은 반드시 눈앞의 사물을 보는 것처럼 환하게 참으로 안 뒤에야 비로소 안다고 할 수 있는데, 평이하고 천근한 일의 경우엔 혹 유추하여 알거나 마음속으로 이해하여 알 수 있습니다. 체(禘)제사의 경우에는 그 도가 지극히 심오하고 은미하면서도 광활하고 심원하니, 만일 오랫동안 이치를 완미하여 성인의 궁신지화(窮神知化)[83]처럼 깊이 나아가고, 성인의 인효성경(仁孝誠敬)처럼 실제로 성취하지 않았다면 환하게 이해할 수 없습니

82 체(禘)제사의 내용 : 체제사는 천자가 지내는 제사의 일종으로, 천자가 시조의 사당을 세우고, 그 시조가 나온 제(帝)를 추존하여 시조 사당에서 제사를 모시며 시조를 배향한다. 《논어》 〈팔일(八佾)〉에 "어떤 사람이 체제사의 내용을 묻자, 공자가 '알지 못하겠다. 그 내용을 아는 자는 천하를 다스림에 있어 여기에다 올려놓고 보는 것과 같을 것이다.'라고 말하고, 그 손바닥을 가리켰다.〔或問禘之說, 子曰不知也, 知其說者之於天下也, 其如示諸斯乎! 指其掌.〕" 하였다.

83 궁신지화(窮神知化) : 신묘한 이치와 조화의 원리를 안다는 의미이다. 《주역》 〈계사전 하(繫辭傳下)〉의 "신묘한 이치를 궁구하여 조화의 이치를 아는 것이 덕의 성대함이다.〔窮神知化, 德之盛也.〕"라고 한 데서 온 말이다

다. 그러므로 이 체제사의 내용을 참으로 알 때는 이미 지극이 높은 지위에 처하여 천하의 이치를 알지 못함이 없고 천하의 사물을 감응하지 않음이 없어서 천하를 다스리는 일에 있어 저절로 성대할 것입니다. 대개 천하의 일은 유현(幽顯)과 근원(近遠)이 하나의 이치일 뿐이지만, 이것을 아는데 어렵고 쉬움이 있고 감응하는데 깊고 얕음이 있습니다. 만약 그 어렵고 깊은 것을 능히 알고 감응한다면 쉽고 얕은 것도 진실로 알 수 있습니다. 대체로 이 뜻은 달리 정교한 의미가 있는 것이 아니라, 단지 체제사의 내용을 알 때는 이미 그 의리가 대단히 명백하고 그 덕성이 십분 성취되어 천하의 일에 저절로 성대하게 막힘이 없다는 것을 알아야 하는 것뿐입니다. 어떻게 생각하시는지요?

답 그대가 말한 "유현과 근원이 하나의 이치일 뿐이나 이것을 아는데 어렵고 쉬움이 있고 감응하는데 깊고 얕음이 있다."는 부분은 명백하여 기뻐할 만하네. 그 대체는 본디 이와 같지만, '체(禘)'부터 '어천하(於天下)'까지 이어지는 어맥(語脈)을 분명히 이해하지 못하여 끝내 뒤섞어 말하고 말았네. 반드시 《중용》의 귀신장(鬼神章)[84]부터 체상지의(禘嘗之義)[85]까지 충분하게 읽어서 실제로 이러한 이치를 본 뒤에야 비로소 눈앞의 사물을 보는 것처럼 환하게 참으로 알 것이네. 어떻게 생각하는가?

84 귀신장(鬼神章) : 《중용장구》 제16장의 "귀신의 덕이 성대하도다.〔鬼神之爲德, 其盛矣乎!〕"는 구절을 말한다.

85 체상지의(禘嘗之義) : 《중용장구》제19장의 "교제(郊祭)와 사제(社祭)의 예와 체제(禘祭)와 상제(嘗祭)의 의의에 밝으면 나라를 다스리는 일이 손바닥을 보는 것처럼 쉬울 것이다.〔明乎郊社之禮, 禘嘗之義, 治國, 其如示諸掌乎!〕"는 구절을 말한다.

문 관저(關雎)[86] 장에 대하여, 저는 매번 《시경》의 주석을 인용하여 자나깨나 생각하고 그리워하고[87] 종과 북으로 즐겁게 하는[88] 것은 궁인(宮人)이 이렇게 한 것이지, 문왕(文王)이 이렇게 한 것은 아니니, 이 장의 성정(性情)의 바름[89]도 시인에게 속해야 한다고 생각하였습니다. 어떤 이가 주자(朱子)의 "이 시는 잉첩(媵妾)이 지은 것으로 봐야 한다. 외부 사람이라면 이렇게 형용할 수 없다."는 일설(一說)을 인용하여 "문왕이 자나 깨나 그리워하고 뒤척이며 잠 못 들었고, 문왕이 종과 북으로 즐겁게 하고 거문고와 비파로 친애하였다."고 합니다. 어떻게 생각하시는지요?

답 관저 장에 대해서는 일찍이 궁인이 지은 시라고 분명히 생각하였으니, 성정의 바름도 시인에게 붙여야 하네. 주자의 일설도 궁중 사람이라야 능히 궁중의 일을 이렇게 말할 수 있다고 간주한 것이니, 반드시

86 관저(關雎) : 《논어》 〈팔일(八佾)〉의 "관저편은 즐거우면서도 지나치지 않고 슬프면서도 화를 해치지 않는다.〔關雎, 樂而不淫, 哀而不傷.〕"는 구절이다.

87 자나깨나 생각하고 그리워하고 : 《시경》 〈관저〉의 "구하여도 얻지 못하는지라, 자나깨나 생각하고 그리워한다.〔求之不得, 寤寐思服.〕"는 구절을 말한다.

88 종과……하는 : 《시경》 〈관저〉의 "요조숙녀를 종과 북으로 즐겁게 하도다.〔窈窕淑女, 鍾鼓樂之.〕"는 구절을 말한다.

89 성정(性情)의 바름 : 〈관저(關雎)〉 주석에 "관저는 후비(后妃)의 덕이 마땅히 군자에 짝할 만하니, 구하여 얻지 못하면 자나 깨나 생각하며 몸을 뒤척거리는 근심이 없을 수 없고, 구하여 얻으면 금슬(琴瑟)과 종고(鐘鼓)의 악기로 즐거워함이 마땅하다고 말하였다. 그 근심이 비록 깊으나 화(和)를 해치지 않고, 그 즐거움이 비록 성대하나 그 바름을 잃지 않았다. 그러므로 부자께서 칭찬하시기를 이와 같이 하셨으니, 배우는 자들로 하여금 그 말을 음미하고 그 음을 살펴서 성정의 바름을 알게 하고자 하신 것이다." 하였다.

문왕이라고 여길 것은 아니네.

문 공야장피혐설(公冶長避嫌說)[90]은 진실로 정자(程子)가 지적한 바[91]와 같습니다. 다만 다음과 같은 하나의 설이 있습니다. 만약 그 딸의 현부(賢否)와 나이의 장유(長幼)는 같고, 그 사위는 우열이 있는 것이 마치 공야장과 남용 및 문정공(文正公) 범중엄(范仲淹)이 논한 장(張)과 부(富)의 부류[92]와 같다면, 형을 우선으로 생각하고 자신을 뒷전으로 여겨야 할 듯합니다. 다만 형을 먼저 생각한 이유가 혐의를 피하려

90 공야장피혐설(公冶長避嫌說) : 《논어》 〈공야장〉의 "공자가 공야장을 평하여 '사위 삼을 만하다. 비록 감옥에 갇혀 있지만, 그의 죄가 아니다.'라고 하고는 사위로 삼았고, 공자가 남용(南容)을 평하여 '나라에 도가 있을 때는 쫓겨나지 않고 나라에 도가 없을 때는 형벌을 면했다.'라고 하고는 그 형의 사위로 삼았다."는 구절 주석에서 혹자가 "공야장의 어짊이 남용에 미치지 못하였으므로 성인이 자신의 딸을 공야장에게 시집보내고 형의 딸을 남용에게 시집보냈으니, 이는 형에게 후하게 대하고 자신을 박하게 대한 것이다."라고 말한 것을 가리킨다.

91 정자(程子)가 지적한 바 : 공야장피혐설에 관하여 정자(程子)는 "이는 자신의 사심(私心)으로 성인을 엿본 것이다. 사람들이 혐의를 피하는 것은 모두 자기 마음에 부족함이 있기 때문이다. 성인은 지극히 공정하시니 어찌 혐의를 피할 일이 있겠는가. 하물며 딸을 시집보내는 일은 반드시 딸의 재질을 헤아려서 배필을 구하는 것이니, 더욱 피하는 바가 있어서는 안 된다. 공자의 일로 말하면, 그 연령의 차이와 시집간 시기의 선후를 모두 알 수 없는데, 오직 혐의를 피했다고 하는 것은 크게 옳지 않다. 혐의를 피하는 일은 현자도 하지 않는데, 하물며 성인이 하겠는가." 하였다.

92 문정공(文正公)……부류 : 공야장(公冶長)과 남용(南容)처럼 사위가 될 대상에 대해 범중엄(范仲淹)이 우열을 논한 자료는 미상이다. 따라서 장(張)과 부(富)가 누구를 가리키는지 알 수 없다. 다만 북송(北宋) 때 재상이었던 안수(晏殊)가 평소 부필(富弼)의 앞날을 알아보고 호감을 가졌는데, 이를 본 범중엄이 부필을 사위로 삼으라고 권한 일화는 있다.

는 마음에서 나왔다면 불가할 뿐입니다. 만약 그 마음이 순수하여 단지 형이 자신보다 중함을 알아서 한 것이라면 무슨 해가 있겠습니까?

답 공야장에 대한 가상의 질문은 그런 것 같네.

문 자화(子華)에게 곡식을 주는 것이 부당했다면 염유(冉有)가 청할 적에 어찌하여 곧바로 의리로 깨우쳐주지 않고 곡식을 주었던 것입니까? 다시 요청할 때도 깨우치지 않고 또 주었던 것은 어째서입니까?[93] 정자(程子)는 "성인은 너그럽게 용납하고 곧바로 남의 말을 거절하려고 하지 않는다."라고 하였습니다. 만약 그렇다면 이는 성인이 의(義)가 아님을 알면서도 남을 거절하기 어려웠기에 일단 주어서 그 뜻을 은미하게 보인 것인 듯합니다. 어떻게 생각하시는지요?

답 자화의 일은 마땅히 정자의 말씀에 나아가 너그럽게 용납하는 성인의 뜻을 보아야지, 굳이 '의가 아님을 알면서도 남을 거절하기 어려워하였다'는 것으로 별도의 의심스러운 단서를 만들어서는 안 되네.

문 안자(顏子)가 석 달 동안 인을 떠나지 않을 때는 그 마음이 성인과 다시 구분이 없었던 것입니까. 그 나머지 사람들이 하루에 한 번 혹은 한 달에 한 번 인에 이른 때도 안자의 마음과 같았던 것입니까?[94]

93 자화(子華)에게……어째서입니까 : 《논어》 〈옹야(雍也)〉의 "자화가 제나라로 공자 심부름을 갔는데, 염자(冉子)가 그의 어머니를 위하여 양식을 주기를 청하자, 공자께서 '1부(釜)를 주어라.' 하였다. 더 주기를 청하자, '1유(庾)를 주어라.' 하였는데, 염자가 이보다 많은 5병(秉)을 주었다."는 구절이다.

94 안자(顏子)가……것입니까 : 《논어》 〈옹야〉에 "안회는 그 마음이 석 달 동안 인을 떠나지 않았고, 나머지 사람은 하루나 한 달에 한 번 인에 이를 뿐이다.〔回也, 其心三月

답 인을 떠나지 않은 것과 인에 편안한 것이 대략 구분이 있고, 하루에 한 번 이르는 것은 인을 떠나지 않는 것에 비해 또 차이가 있네. 대체로 경계는 같지만 공력의 익숙함과 미숙함, 의미의 깊음과 얕음은 같지 않은 듯하네.

문 "거의 자신에게 있는 것이 아니다.〔幾非在我〕"[95]의 '기(幾)' 자는 무슨 뜻입니까? 우옹(尤翁 송시열)은 '서기(庶幾)'의 '기(幾)'로 보았는데, 어떻게 생각하시는지요? 주자(朱子)가 '극기복례(克己復禮)'를 논한 곳에서 "이기는 것과 이기지 못하는 것, 돌아가는 것과 돌아가지 못하는 것은 관건이 나에게 달려있을 뿐이다."고 하였습니다. 그렇다면 '기(機)' 자의 뜻으로 보는 것이 아마도 근거가 있지 않을까요?
답 "거의 자신에게 있는 것이 아니다.〔幾非在我〕"의 '기(幾)' 자는 나도 '서기(庶幾)'의 뜻으로 보고 있네. 그대가 말한 '기(機)' 자는 옳지 않은 듯하네.

문 《중용》에 나오는 "비은(費隱)"[96]의 '비(費)'를 예전에는 '넓다〔廣〕'

不違仁, 其餘則日月至焉而已矣.〕" 하였다.

95 거의……아니다 : 《논어》 〈옹야〉의 "안회는 그 마음이 석 달 동안 인을 떠나지 않았고, 나머지 사람은 하루나 한 달에 한 번 인에 이를 뿐이다"는 구절의 장자(張子) 주석에 나오는 말인데, "처음 배우는 자의 요점은 마땅히 석 달 동안 인을 떠나지 않음과 하루나 한 달에 한 번 인에 이르는 것의 내외(內外)와 빈주(賓主)의 구별을 알아야 한다. 그리하여 마음으로 하여금 차근차근 부지런히 힘써 그만두지 않게 해야 할 것이니, 이 경지를 지나면 거의 자신에게 있는 것이 아니다.〔始學之要, 當知三月不違與日月至焉內外賓主之辨, 使心意勉勉循循而不能已, 過此, 幾非在我者.〕" 하였다.

는 뜻으로만 보았는데, 근래에 선유(先儒)들이 '드러나다〔著〕'는 뜻으로 해석한 것을 보고 믿지 않다가, 최근에 '넓다'는 것이 몬디 올바른 해석이지만 '드러나다'는 뜻도 없을 수 없음을 깨달았습니다. 대개 이 이치의 용(用)이 유행하고 발현하니 또한 '드러나다'고 하는 것이 무엇이 해롭겠습니까.

다만 율옹(栗翁)의 "소당연(所當然)은 비(費)이고 소이연(所以然)은 은(隱)이다"라는 말씀에 대해서는 끝내 의심이 없을 수 없습니다. 소당연과 소이연이 모두 이(理)입니다. 다만 소당연은 분수(分殊)[97]로 말한 것이기 때문에 비라고 할 수 있습니다만, 그 실상은 볼 수 있는 형상이 없으니, 어찌 은미하지 않은 적이 있겠습니까. 주자는 "당연한 이치가 바로 이른바 도(道)요, 형이상(形而上)이요, 충막무진(冲漠無眹)[98]이다." 하였고, 또 "단지 이 당연한 이치가 충막무진이고, 이 이치 이외에 따로 별도의 충막무진이라는 하나의 물이 있는 것이 아니다." 하였습니다. 이미 '충막무진'이라고 하였으니 그렇다면 '은'이 아니고 무엇이겠습니까.

답 제 생각에는 비와 은이 단지 하나의 물사(物事)인데, 발현하여

96 비은(費隱) : 《중용장구》 제12장의 "군자의 도는 광대무변(廣大無邊)하고 은미(隱微)하다.〔君子之道, 費而隱.〕"는 구절이다.

97 분수(分殊) : '이일분수(理一分殊)'에서 나온 말로, 우주의 근원은 하나지만 이것이 나뉘어지면 각각 다른 형태와 성질을 갖게 된다는 것이다.

98 충막무진(冲漠無眹) : 공허하고 적막하여 아무 조짐도 없다는 뜻이다. 《근사록》 권1 〈도체(道體)〉에 "지극히 고요하여 조짐이 없을 적에 만상의 이치가 이미 빼곡히 갖추어져 있다.〔冲漠無眹, 萬象森然已具.〕" 하였는데, 이것은 태극을 설명한 정이(程頤)의 말이다.

드러나지 않는 물사가 없는 것을 가지고 말하면 비이고, 그 충막무진을 가지고 말하면 은이니, 그 구법이 '무극이면서 태극이다.〔無極而太極〕'라고 하는 것과 비슷합니다. 그런데 지금 마침내 소당연을 비에 소속시키고 소이연을 은에 소속시킨다면, 알지 못하는 자들이 은을 별도의 하나의 물사로 생각하여 소당연의 밖에서 구하지 않겠습니까. '넓다'는 글자는 '드러나다'는 뜻을 포괄하지만, '드러나다'는 글자는 '넓다'는 뜻을 포괄할 수 없네.

비와 은은 단지 이치에서 체와 용을 나누어 말한 것일 뿐이니, 소이연과 소당연이 또한 어찌 두 개의 물사이겠는가. 단지 소당연 속에 소이연의 이유가 있을 뿐이네. 장구(章句)에서 비은을 말한 곳의 "군자의 도는 가까이는 부부가〔君子之道近自夫婦〕" 이하의 내용[99]이소당연이 아니고 무엇이겠나. 그리고 은(隱)을 말한 곳에선 바로 소이연 세 자를 거론하였네. 율옹의 설이 바로 주자의 뜻이니, 의심할 것이 없네. '무극이면서 태극이다.'를 인용하여 비교하는 것은 맞지 않는 듯하네.

문 "귀신의 덕〔鬼神之爲德〕"[100]에 대하여, 주자가 《혹문(或問)》에서

99 군자의……내용 : 《중용장구》 제12장 주석에 있는 내용으로, "군자의 도는 가까이는 부부가 집에 거처하는 사이로부터 멀리는 성인과 천지도 능히 다할 수 없는 것에 이르러 그 큼이 밖이 없고 그 작음이 안이 없으니, 비하다고 이를 만하다. 그러나 그 이치의 소이연은 은미하여 드러나지 않는다.〔君子之道, 近自夫婦居室之間, 遠而至於聖人天地之所不能盡, 其大無外, 其小無內, 可謂費矣. 然其理之所以然, 則隱而莫之見也.〕" 하였다.

100 귀신의 덕 : 《중용장구》 제16장의 "귀신의 덕이 성대하도다.〔鬼神之爲德, 其盛矣乎!〕"는 구절이다.

이미 덕(德)을 성(誠)으로 여긴 후씨(侯氏)의 잘못을 지적하였는데,[101] 여자약(呂子約)에게 답한 편지에서는 "귀신의 덕이 바로 천명(天命)의 실리(實理)이니, 이른바 성(誠)이다."라고 하였습니다. 아마도 초년과 만년의 견해에 다름이 있어 그런 듯한데, 지금 어느 설을 따라야 합니까?

또 귀신은 바로 음양의 영처(靈處)이니,[102] 비록 보고 들을 수는 없지만 본디 형이하(形而下)와 떨어진 적이 없습니다. 그렇다면 장구(章句)에서 '보아도 보이지 않고 들어도 들리지 않는' 것을 '은(隱)'이라고 한 것은 어째서입니까? 도(道)와 기(器)가 나뉜 까닭은 단지 형체가 있고 형체가 없고의 차이에 있을 뿐입니다.[103] 그렇다면 형체도 없고 소리도 없는 귀신을 기(器)에 소속시킴은 그 뜻이 혹 맞지 않는 듯합니다. 심(心)이 본래 형체가 없지만 그 신령하고 밝고 활동하기 때문에 기(氣)라고 하니, 보고 들을 수 없는 귀신도 마땅히 이 예(例)로 기준을 삼아야 합니까. 만약 그렇다면 마음의 무형처(無形處)도 은이라고 할 수 있습니까? 이러한 의리가 매우 막혀서 통하지 않는 점이 있으니, 부디 분명히 변별해 주십시오.

101 주자가……지적하였는데 : 후씨가 "귀신은 형이하(形以下)로 성(誠)이 아니고, 귀신의 덕은 성이다."라고 한 것과 관련하여, 주자는 "후씨가 귀신과 그 덕을 나누어 두 물로 만들어 형이상과 형이하로 말하였다." 하였다.

102 귀신은……영처(靈處)이니 : 《중용장구》 제16장 주석에서 주자는 "음양을 가지고 말하면 귀는 음의 영이고, 신은 양의 영이다.〔以二氣言, 則鬼者陰之靈也, 神者陽之靈也.〕" 하였다.

103 도(道)와……뿐입니다 : 《주역》 〈계사(繫辭)〉에 "형이상의 것을 도라 이르고 형이하의 것을 기라 이른다.〔形而上者, 謂之道; 形而下者, 謂之器.〕" 하였다.

어떤 이는 보이지 않고 들리지 않는 것을 귀신의 이(理)로 삼고자 하는데, 이와 같다면 조금 통할 듯합니다. 그러나 장구(章句)에서 이미 "귀신은 형체와 소리가 없다."고 하였으니, 이는 단지 귀신을 형체와 소리가 없는 것으로 여긴 것이지, 이(理)로 말한 것이 아닙니다. 지금 만약 보이지 않고 들리지 않는 것을 이(理)라고 하고 단지 드러나서 볼 수 있는 물을 귀신에 해당시킨다면 귀신이 어찌 형체가 있고 소리가 있는 존재이겠습니까.

답 귀신의 의의는 그 중요성이 양능(良能)[104]과 영처(靈處)에 있네. 음양은 본디 형이하(形而下)지만 귀신은 형체와 소리가 없기에 음양이라고 하지 않고 귀신이라고 한 것이니, 여기에서 이(理)와 기(氣)가 한 덩어리가 되어 틈이 없는 묘미를 볼 수 있네.

주자가 후씨의 설을 배척한 것은 바로 귀신과 그 덕을 나누어 두 가지 물로 여겨 형이상과 형이하로 말하였기 때문이니, 그렇다면 혹자의 설은 공격하지 않아도 저절로 깨질 것이네. 여자약에게 답한 편지는 전적으로 실리(實理)를 말한 것이고 후씨처럼 나누어 둘로 만든 것이 아니니, 《혹문》의 설과 어긋나는 점을 볼 수 없네.

104 양능(良能) : 《중용장구》 제16장 주석에서 장자(張子)는 "귀신은 음양의 양능이다.〔鬼神者, 二氣之良能也.〕" 하였다.

임중사의 문목에 답하다 계축년(1733, 영조9)

答任仲思問目 癸丑

문 《대학혹문(大學或問)》에 "명덕(明德)은 사람마다 함께 얻은 것이지, 내가 사사로이 가질 수 있는 것이 아니다."고 하였습니다. 그렇다면 성인(聖人)의 명덕과 중인(衆人)의 명덕은 조금도 차이가 없습니다. 어떤 이는 "대체는 같지만 그 정미함의 극치를 논한다면 차별이 없을 수 없다."고 하는데 이 설이 어떠합니까?

답 일찍이 명덕에 분수가 있다고 주장하는 한두 벗이 있었는데, 나는 옳지 않다고 생각하네. 만약 "가리움에 후박(厚薄)이 있는 까닭에 지혜와 어리석음의 차이가 있게 된다."고 한다면 괜찮지만, 지금 "명덕에 분수의 다과(多寡)가 있다"고 말한다면 되겠는가?

문 '명덕(明德)'의 주석에 "사람이 하늘로부터 받아서 허령하고 어둡지 않아 중리를 갖추고 만사에 응하는 것이다.〔人之所得乎天, 而虛靈不昧, 以具衆理應萬事者也.〕"라 하였고, 지(知) 자를 풀이하여 "심(心)의 신명함이니, 중리를 묘용(妙用)하고 만물을 주재하는 것이다.〔心之神明, 所以妙衆理宰萬物者也.〕"라 하였고, 《맹자》 '진심(盡心)' 주석에 "심은 사람의 신명함이니, 중리를 갖추고 만사에 응하는 것이다.〔心者, 人之神明, 所以具衆理應萬事者也.〕"라 하였습니다. 이 세 부분이 조어(措語)가 각기 다르니, 필시 깊은 뜻이 있으리라 생각되나 간파할 수 없습니다. 삼가 밝게 가르쳐주십시오.

답 명덕이 바로 사람의 본심이기 때문에 심과 명덕의 주석에 "중리를 갖추고 만사에 응한다.〔具衆理應萬事〕"고 똑같이 말한 것일세. '하늘에서 얻었다〔所得乎天〕'는 것은 덕(德) 자를 풀이한 것이고, '허령하고 어둡지 않다〔虛靈不昧〕'는 것은 명(明) 자를 풀이한 것이네. 심(心)은 명(明) 자 위에 신(神) 자를 첨가함으로써 그 신묘하여 예측할 수 없는 것을 형용하였네. 지(知)에 대해서도 신명(神明)이라고 하면서 묘(妙)라고 하고 재(宰)라고 하였으니 이는 전적으로 운용의 뜻을 취한 것이네. 세 부분의 조어가 각기 마땅한 바가 있네.

문 "그 성이 가장 귀함이 된다.〔其性爲最貴〕"[105]에서 이 성(性) 자는 기질지성(氣質之性)인지, 본연지성(本然之性)인지요?
답 "그 성이 가장 귀함이 된다."에서의 성(性)은 기질에 붙여 보아야 할 듯하네.

문 "체용(體用)의 온전함을 극진히 하여 한 마디로 제시하였다."[106]는 구절에서 이 체용 두 자는 아마도 명덕(明德)과 신민(新民)을 가리키는 듯합니다. 대개 명덕이 체(體)이고 신민이 용(用)이지만, 여기에서

105 그……된다 : 《대학혹문》에 나오는 구절로, "오직 사람만이 태어나면서 그 기의 정통을 얻기에 그 성이 귀함이 된다. 이 때문에 마음 사이에 허령하고 통철하여 만리가 모두 갖추어지니, 금수와 다른 이유가 여기에 있다.〔惟人之生, 乃得其氣之正通者, 而其性爲最貴. 故其方寸之間, 虛靈洞澈, 萬理咸備. 蓋其所以異於禽獸者在此.〕" 하였다.

106 체용(體用)의……제시하였다 : 《대학혹문》에 나오는 구절로, "이 뒷 단락에 이른 연후에야 그 체용의 전체를 지극히 하여 한마디 말로 제시하여 천하가 비록 크지만 내 마음의 체(體)가 포괄하지 않음이 없고, 사물이 비록 많지만 내 마음의 용(用)이 관통하지 않음이 없음을 나타내었다.〔至此後段, 然後極其體用之全, 而一言以擧之, 以見夫天下雖大, 而吾心之體無不該; 事物雖多, 而吾心之用無不貫.〕" 하였다.

는 합하여 "천하에 명덕을 밝힌다.〔明明德於天下〕"고 했기 때문에 한 마디로 제시했다고 말한 것입니다. 다만 이와 같다면 아랫 구절의 '심의 체'와 '심의 용'의 체용과는 조금 같지 않은 듯합니다. 어떻게 생각하시는지요?

이른바 "천하가 비록 크지만 내 마음의 체(體)가 포괄하지 않음이 없고, 사물이 비록 많지만 내 마음의 용(用)이 관통하지 않음이 없다"는 것은 그 지취(旨趣)가 무엇인지 알기 매우 어렵습니다. 상세히 가르쳐주십시오.

답 체용의 온전함은 본디 명덕을 체로 삼고 신민을 용으로 삼지만, 하단의 심의 체용은 굳이 억지로 합하여 하나로 만들 필요는 없네.

"천하가 비록 크지만……"이라는 것은 천하에 명덕을 밝히는 뜻을 설명하면서 내 마음을 그 근저로 삼은 것이네. 그러나 이 두 구절은 포괄하는 뜻이 크니, 단지 이 장을 위해서만 말한 것이 아니네.

임중사에게 답하다 갑인년(1734, 영조10)

答任仲思 甲寅

단번에 사마시에 합격한 것이 매우 기쁘네만, 평소 그대에게 깊이 기대한 것으로는 이것이 축하할 일이 못되네. 특별히 안부를 묻는 편지가 홀연 이르러 그대가 지금 책을 들고서 화양산(華陽山) 깊이 들어갔음을 알았네. 더구나 편지 속의 '분발한다〔憤〕'는 글자가 참으로 무한히 좋은 소식이니 위로되는 마음이 어떠하겠는가.

이 몸은 날마다 노쇠해지니 끝내 알려지지 않은 채로 죽게 될까 두려울 뿐이네. 그대처럼 나를 아껴주는 자가 정녕 나를 불쌍히 여겨 구해주고 꺼내주어야 할 것인데, 어찌 갑자기 무지한 내게 이토록 묻는 것인가. 규모가 넓지 못하다는 것도 일찍이 망령되게 경계한 말인데, 날마다 반성하는 단서로 삼을 줄은 생각지도 못했네. 부디 다시 《맹자》의 호연장(浩然章)과 횡거(橫渠)의 진심설(盡心說)을 취해 읽고서 내 몸이 이처럼 큰데 무엇 때문에 이처럼 넓지 못한지를 스스로 생각하여 여기에서 터득한다면 저절로 힘을 붙여 공부할 곳이 있게 될 것일세. 어떻게 생각하시는가?

그대가 이전에 말했던 미발(未發)과 이발(已發)의 설은 오래되어 전혀 생각나지 않고 편지도 남아있지 않네. 옛사람이 학문을 논할 때 이처럼 허술하지 않았을 것이네. 하나를 보면 그 나머지를 알 수 있으니, 부끄럽고 송구하네. 혹 너그러이 이해하고 또 꺼리지 않고 보여준다면 게을리 묵혀두었던 빚을 조만간 갚을 것이네.

임중사에게 답하다 정사년(1737, 영조13)

答任仲思 丁巳

한 해 동안 소식이 없어 홀로 애태울 뿐이었는데, 지난번에 회가(晦可 송명흠(宋明欽))를 통해 비래암(飛來庵)에서 독서하고 있다는 소식을 듣고서 조금 위로가 되었네. 홀연 이렇게 편지가 이르니 참으로 정성스러운 뜻에 감사하네. 봄철에 시학(侍學)이 평안하다고 하니 기쁘네.

이 몸은 올해 더욱 노쇠해졌으니, 아침에 도를 듣고 저녁에 죽고 싶은 소망[107]이 절실하지 않은 것은 아니지만 의리는 무궁하고 정력은 미치지 못하네. 그대처럼 유익한 벗이 또 멀리 떨어져 있는지라, 조석으로 강마(講磨)하여 충분한 도움을 받을 길이 없으니 마음속에 개연한 생각이 없을 수 없네.

작년에 못난 내 자식이 과거에 급제한 것은 기뻐할 일이 아니라 걱정스러운 일이네. 그대가 아들놈에게 보낸 편지를 보니, 참으로 깊이 아껴주는 사람임을 알겠네. 부디 채찍질하여 잘 인도해 주시게.

심설(心說)에 대해서는 충분히 생각했다고 여기지만 여전히 확신할 수 없는 점이 있는 듯한데, 지금 깨우쳐주는 설을 들었으니 다시 생각해 보겠네. 조만간 만나서 한번 통렬하게 말하다보면 귀일되는 날이 있을 것일세.

107 아침에……소망 : 31쪽 주14 참조.

임중사의 문목에 답하다
答任仲思問目

문 《맹자》의 "그 기를 사납게 하지 말라〔無暴其氣〕"[108]는 구절에서 집주(集註)에 "그 기를 지극히 기른다."[109]고 하였으니, 아랫 구절의 '잘 기른다〔善養〕'[110]와 '곧음으로써 기른다〔直養〕'[111]는 것과 함께 단지 일반적인 공부일 뿐입니다. 그런데 《주자어류(朱子語類)》에서 '기운을 사납게 하는〔暴氣〕' 것을 논하면서 '많은 동작(動作)과 많은 언소(言笑)'라고 말하였습니다. 그렇다면 이른바 사납게 하지 말라는 것은 절제하고 몸을 보호하는 일에 불과하여, 이른바 '말을 알고〔知言〕', '의를 축적하는〔集義〕'공부 조목과는 차이가 있습니다. 이것이 매우

108 그……말라 : 《맹자》〈공손추 상(公孫丑上)〉 호연장(浩然章)에서, 맹자의 부동심(不動心)과 고자(告子)의 부동심에 대한 질문에 맹자가 "뜻은 기의 장수이고, 기는 몸에 꽉 차 있는 것이니, 뜻이 으뜸이고 기는 그 다음이다. 따라서 '그 뜻을 잘 견지하면서도 그 기를 사납게 하지 말라.'고 한 것이다.〔夫志, 氣之帥也; 氣, 體之充也. 夫志至焉, 氣次焉. 故曰持其志, 無暴其氣.〕"라고 답한 구절이다.

109 그……기른다 : 호연장 주석에 "뜻이 실로 지극하고 기는 그 다음이니, 사람이 실로 그 뜻을 공경히 지켜야 하지만 또한 그 기를 지극히 기르지 않으면 안 된다. 이는 내외와 본말을 두루 배양하는 것이다.〔志固爲至極, 而氣卽次之, 人固當敬守其志, 然亦不可不致養其氣, 蓋其內外本末交相培養.〕" 하였다.

110 잘 기른다 : 호연장에서, 공손추가 맹자에게 어떤 장점이 있느냐고 묻자, "나는 말을 알며, 나의 호연지기를 잘 기른다.〔我知言, 我善養吾浩然之氣.〕"라고 대답하였다.

111 곧음으로써 기른다 : 호연장에 "호연지기는 지극히 크고 지극히 강하니, 곧음으로써 잘 기르고 해치지 않으면 천지의 사이에 꽉 찬다.〔其爲氣也, 至大至剛, 以直養而無害, 則塞于天地之間.〕" 하였다.

의심스럽습니다.

답 《맹자》의 "그 기를 사납게 하지 말라"는 구절은 비록 고사(告子)의 병통[112]을 말한 것이지만, 아랫 구절에서 말한 맹자의 장점[113]과 먼저 대조되기 때문에 주자(朱子)가 "그 기를 지극히 기른다."고 해석하였으니, 이는 이 단락이 '잘 기른다'와 '곧음으로써 기른다'는 단락의 장본(張本)임을 드러내 밝힌 것이네. 《주자어류》에서 말한 '많은 동작과 많은 언소'는 아마도 '기가 전일하면 뜻을 움직인다〔氣壹則動志〕'는 한 구절을 말한 듯하네. 사납게 하지 말라는 것은 하나의 의미인데, 주석과 문답이 그 상황에 따라 말이 각기 달랐던 것이네. 본래의 뜻을 찾지 않고 단번에 구절마다 살펴서 반드시 부합되기를 구하려 한다면 막혀서 통하지 못하는 것이 이상할 것이 없네. 이런 곳에 지나치게 의심하여 다소의 말을 낭비할 필요가 없네. 어떻게 생각하시는가?

112 고자(告子)의 병통 : "말에 대해 이해가 안 되면 마음에서 알기를 구하지 말고, 마음에서 터득하지 못하면 기에서 도움을 구하지 말라.〔不得於言, 勿求於心; 不得於心, 勿求於氣.〕"는 고자의 주장을 말한다.

113 맹자의 장점 : 공손추(公孫丑)가 맹자에게 장점이 무엇이냐고 묻자, "나는 말을 알며, 나는 나의 호연지기(浩然之氣)를 잘 기른다.〔我知言, 我善養吾浩然之氣.〕"고 하였다.

임중사에게 답하다 임술년(1742, 영조18)

答任仲思 壬戌

이 일이 만약 선장(先丈)이 생존해 계실 때의 명인데도 그대 모친께서 지금까지 미루고 그대들도 간쟁하지 못하여 따르기만 하는 것이라면, '도리에 어긋나 명교(名敎)에 죄를 지었다'고 말해도 될 것이네. 지금은 그렇지 않아 애초에 상의한 일이 없고 단지 몇 글자 부탁의 말이 중요한 단서일 뿐이네. 비록 조카와 숙부 사이지만 이미 아버지와 임금의 명이 없는데 자식을 남에게 주는 것이 또 어찌 쉬울 수 있겠는가. 급히 분상(奔喪)하는 것을 허락하지 않는 것은 도리가 그러하네.

종자(宗子)와 문장(門長)이 관청에 알려 후사를 세우거나 또는 한편으로 복상(服喪)하면서 한편으로 관청에 알린다는 말은 전혀 의리에 맞지 않네. 이런 말은 거의 협박에 가까우니 지친(至親) 사이에 있을 일이 아닌 듯하네. 어찌 평소에 서로 믿음을 받지 못한 관계로 3, 4년 뒤에 상의하여 후사를 세운다는 말도 믿음을 받지 못해서 그런 것이 아니겠는가.

대종(大宗)이라야 후사를 세우고, 지자(支子)는 반부(班祔)[114]하는 것이 본디 올바른 예인데, 근세에는 은혜가 무람없고 법이 무너진 지 오래되었네. 지금 그대 계부(季父)의 상에 어찌 행할 수 있겠는가. 사행(士行)의 말이 대체(大體)는 옳지만 또한 오늘에 행하기는 어려울

114 반부(班祔) : 제사를 받들 자식이 없는 사람의 신주를 할아버지 항렬의 다른 신주에 붙여서 종위(從位)로서 합사(合祀)하는 것을 말한다.

듯하네.

지친 사이에는 끊어진 대를 이어주는 것이 중요하네. 애초 허락하지 않았다면 그만이지만, 허락해 놓고서 3, 4년 뒤에 후사로 세우겠다는 것은 복상(服喪)하지 않으려는 것이네. 후사 세우는 것을 중하게 여기는 까닭은 상주(喪主)를 세우는 일이기 때문인데, 만약 3년이 지나기를 천천히 기다린다면 후사를 세우는 의리가 어디에 있단 말인가. 이는 순전히 사의(私意)이니 의리로 논할 수 없네. 그대들이 차근차근 설명하여 부모를 도에 깨닫게 하는 교훈을 어기지 않아야 할 듯하네. 어떻게 생각하시는가?

복제(服制)에 관한 질문도 이해할 수 없네. 예안(禮案)[115]이 나오면 상인(喪人)이고, 예안이 나오기 전에는 단지 복인(服人)이니, 어찌 별도로 자처할 도가 있겠는가.

문장(門長)이 상언(上言)하는 격례(格例)[116]는 본래 종가(宗家)를 위한 것인데, 근래에 지자(支子)에게 행하는 경우가 많네. 지자가 후사를 세우지 않으면 그만이지만, 만일 후사를 세우는데 부모가 없다면 형세상 그럴 수밖에 없네. 후사를 세우기 전에 제사를 주관하는 일은 반부의 예(例)에 따라 종자가 해야 할 듯하네.

115 예안(禮案) : 후사를 허가하는 예조의 문서이다.

116 문장(門長)이……격례(格例) : 종가(宗家)에 후사가 없는 경우 문장(門長)이 임금에게 후사를 세워줄 것을 상주하는 일을 말한다.

임중사에게 답하다 갑자년(1744, 영조20)

答任仲思 甲子

도봉서원(道峯書院)의 강록(講錄)에서 한번도 그대의 이름을 보지 못했지만 감히 다시 권하지 않는 것은 참으로 묵묵히 수행하는 도에 방해될까봐 그런 것이네. 어제 들렀던 사우(士友)에게서 그대가 새로 유벌(儒罰)을 받았다는 소식을 전해 들었으니, 비방에 대처하는 것이 참으로 어렵네. 대체로 두 선생(송시열과 송준길)에 대해서는 감히 그 사이에 우열을 두어서는 안 되네. 자손이나 후학을 막론하고 그 누구든 아무런 계산 없이 행한다면 누구를 먼저 배향하고 누구를 나중에 배향하던지 전혀 불가할 것이 없지만, 어떤 의도를 가지고 선후의 순서를 짓는다면 볼썽사나운 일일세.

유벌(儒罰) 중에 '숨겼다〔周遮〕', '은밀하게 했다〔陰〕'는 죄목이 있는 것은 매우 좋지 못하네. 일찍이 율곡 선생의 편지를 읽었는데, "은밀한 곳에 있더라도 드러난 곳에 있듯이 하고, 혼자 있을 때도 대중과 함께 있듯이 하여, 맑은 하늘의 밝은 태양처럼 이 마음을 사람들이 볼 수 있게 하여야 한다."는 말씀이 있었으니, 사군자(士君子)가 마음을 세우고 행동을 절제함이 마땅히 이와 같아야 하네. 그대는 얼마나 오랜 세월동안 얼마나 많을 글을 읽었으며, 또 스스로를 기대함이 어떠하였는가. 그런데 어찌하여 남에게 이토록 믿음을 받지 못한단 말인가. 어떤 일을 하고서 뜻대로 되지 않으면 자신에게 돌이켜 원인을 찾아야 하니, 이밖에는 실로 별다른 방법이 없네. 부디 여기에 힘쓰시게나.

김사수[117] 민재 의 문목에 답하다 임술년(1742, 영조18)

答金士修 敏材 問目 壬戌

문 무거운 상을 치르는 중에 가벼운 상을 만난 경우에 《예기(禮記)》에 "경포중특(輕包重特)[118]"이라는 글이 있습니다. 이는 참최상(斬衰喪)에서 갈질(葛絰)로 바꾼 뒤에 자최상(齊衰喪)의 마질(麻絰)을 겸하거나 단독으로 두르는 것을 말합니다. 고례(古禮)에선 졸곡(卒哭)에 갈질을 받기 때문에 졸곡 뒤에 겸하거나 단독으로 둘렀는데, 《가례(家禮)》에는 이것이 빠져있고, 우암(尤庵 송시열)은 "연제(練祭) 뒤로 옮겨야 한다."고 하였습니다. 그렇다면 참최복 이후에 수복(受服)[119]하

117 김사수(金士修) : 金敏材(1699~1766)으로, 본관은 광산(光山), 호는 우계(愚溪) 또는 보가재(寶稼齋)이고, 자가 사수이다. 민진후(閔鎭厚)의 외손자로, 저자에게는 외사촌 누이의 아들이 된다.

118 경포중특(輕包重特) : 두 상(喪)을 아울러 당했을 경우, 비교적 가벼운 신체 부위에는 두 상의 복을 함께 입고 중하게 여기는 부위에는 한 상의 복만을 입는다는 의미이다. '포(包)'는 겸한다는 뜻이고 '특(特)'은 단독으로 하여 겸하지 않는다는 말이다. 《예기(禮記)》 〈간전(間傳)〉에 "참최상에 이미 우제와 졸곡을 지내고 나서 자최상을 당했을 경우, 가볍게 여기는 부위에는 포를 하고 중하게 여기는 부위에는 특을 한다.〔斬衰之喪, 旣虞卒哭, 遭齊衰之喪, 輕者包, 重者特.〕"라고 하였는데, 그 소(疏)에 "남자의 경우에는 가볍게 여기는 부위가 허리이므로 자최의 요대를 한 상태에서 참최의 요대를 겸할 수 있고, 부인의 경우에는 머리를 가볍게 여기므로 자최의 수질을 한 상태에서 참최의 수질을 겸할 수 있다. 그러므로 가볍게 여기는 부위에 포를 한다고 한 것이다. 남자의 경우에는 머리를 중하게 여기므로 참최의 수질만 단독으로 남기고, 여자의 경우에는 허리를 중하게 여기므로 참최의 요대만 단독으로 남긴다. 이것이 중하게 여기는 부위에 특을 하는 것이다." 하였다.

고 연복(練服)[120]을 입기 전에 제거하는 것입니다. 제가 오늘날 당한 상황에서는 겸하거나 단독으로 두르는 이 조목까지 또한 아울러 시행할 수 없으니, 이름만 기년상이지 실제로는 하루의 복도 없습니다. 졸곡에 갈질로 바꾸는 것을 《가례》에서 없앤 것은 단지 풍속에 따라 없앤 것이지, 고례를 옳지 않다고 여겨서가 아닙니다. 그렇다면 지금 고례에 근거하여 졸곡 이후에 갈질로 바꾸어서 겸하거나 단독으로 두르는 제도를 행하고 싶은데, 자최복에서 갈질을 받은 이후의 경우엔 비록 겸하거나 단독으로 두르는 의리가 없지만 또한 대략 그 뜻을 모방하여 두 개의 질(絰)을 겸하여 두르고자 한다면 혹 크게 예를 어기지는 않을 듯합니다. 이것이 이른바 "비록 하루를 더한다고 하더라도 그만두는 것보다 낫다."[121]는 것입니다. 또 고례에 근거할 만한 문장이 없는 것도 아니니, 그렇다면 제 마음대로 억단(臆斷)하여 무거운 복을 함부로 바꾼 것과 같은 죄목으로 귀결되지 않겠지요?

답 '경포중특'의 설은 본래 참최상에서 졸곡에 갈질을 받은 뒤에 자최상을 만난 경우를 위해 만든 것이니, 《예기》 〈간전(間傳)〉의 본문을

119 수복(受服) : 복(服)을 이어받아 무거운 상복을 가벼운 상복으로 바꿔 입는 것이다. 《의례(儀禮)》 〈상복(喪服)〉의 주에 "수(受)는 이어받는다는 의미이다. 무거운 복을 벗고 가벼운 복으로 이어받는 것이다." 하였다.

120 연복(練服) : 연사(練絲)로 만든 상복으로, 소상(小祥) 후 담제(禫祭) 전까지 입는 상복이다.

121 비록……낫다 : 《맹자》 〈진심 상(盡心上)〉에 나오는 구절이다. 당시 왕자(王子) 중에 생모(生母)가 죽은 자가 있었는데, 왕자의 사부(師傅)가 그를 위하여 임금에게 수개월의 상(喪)을 청하였다. 이에 공손추(公孫丑)가 이 경우는 어떠하냐고 질문하자, 맹자가 "이는 상기(喪期)를 마치고 싶어도 적모(嫡母)에게 압존되어 할 수 없는 경우이니, 비록 하루를 더한다 하더라도 그만두는 것보다 낫다."고 하였다.

상고하면 알 수 있네. 그대의 집은 자최상 성복(成服) 전에 또 참최상을 만난 경우이니, 비록 장사 지낸 뒤에도 어찌 마질과 갈질을 겸하거나 단독으로 하는 일을 논할 수 있겠는가. "연제 뒤에 겸하거나 단독으로 둘러야 한다."는 우암의 설은 단지 소상(小祥)을 예전의 졸곡으로 간주한 것일 뿐, 그 뜻이 〈간전〉과 차이가 없네. 한꺼번에 상을 당했을 경우에는 항상 무거운 복을 지켜야 하지만, 가벼운 복에 대해서도 제사 지낼 때는 그에 해당하는 복을 입으니, 그렇다면 압굴(壓屈)하는 중에도 혹 절로 마음을 펼 방도가 있네. 효자의 마음이야 비록 끝이 없겠지만 대의(大義)가 중하니, 어찌 사사로운 심정으로 고례를 사용하여 자신의 생각대로 할 수 있겠는가.

김재심[122] 간재 의 문목에 답하다 계해년(1743, 영조19)

答金在心 簡材 問目 癸亥

모친상이 부친상 이틀 전에 있었는지라, 부친이 살아계실 때 입은 모친상이라 하여 기년의 제도로 정했는데, 사람들이 자못 의심합니다.

현석(玄石 박세채)이 우옹(尤翁 송시열)에게, "모친상에 성복(成服)하고서 9일 뒤에 부친이 돌아가신 경우, 부친이 살아계실 때 이미 장기(杖期)로 모친의 복을 입었는데, 장례 때 현비(顯妣)라고 신주(神主)에 써야 합니까?"라고 묻자, 우옹이 "부친이 살아계실 때 모친의 복을 이미 기년으로 정했으니, 어찌 차마 부친이 돌아가셨다고 해서 대번에 자신의 심정을 펼 수가 있겠는가. 그대로 기년복을 입어야 하지만, 만약 모친의 장례 이전에 부친이 돌아가시면 신주에 '망실(亡室)'이라고 쓰는 것이 의의가 없으니, '비(妣)'라고 써야 하네. 그러나 연제와 상제는 부친이 살아 계실 때처럼 그대로 지내고, 신주를 쓸 때와 연제와 상제를 지낼 때는 사유를 갖추어 고해야만 일이 곡진할 것이네."라고 하였습니다.

제 생각으로는, 부친상이 이미 모친상에 성복하고 나서 며칠 뒤에 있는 경우엔 차마 부친이 살아계실 때의 예를 바꿀 수 없는 만큼 《통전(通典)》의 여러 설을 따라야 하니, 우옹이 대답은 의리상 참으

122 김재심(金在心) : 김간재(金簡材)로, 본관은 광산(光山)이고 자가 재심이다. 민진후(閔鎭厚)의 외손자로, 저자에게는 외사촌 누이의 아들이 된다.

> 로 옳습니다. 그러나 지금은 부친상이 모친상 성복 이전에 있어서 전상과 후상의 성복을 같은 날에 행하였습니다. 그렇다면 사체가 구별되니, 일례(一例)로 논단해서는 안 되고, 혹 스스로 마음을 펼 방도가 있을 듯합니다.

이에 대해서는 여러 말할 필요가 없네. 비록 하루 사이라 해도 어찌 부친 생존시에 당한 모친상이 아니겠는가. 부친 생존시에 당한 모친상인 만큼 11개월에 연제를 지내고 13개월에 상제를 지내고 상제 뒤에 궤연(几筵)을 철거하는 것을 한결같이 예에 따를 뿐, 다시 무슨 의심할 것이 있겠는가.

이백익[123] 보겸 에게 답하다 계해년(1743, 영조19)

答李伯益 普謙○癸亥

작년에 박사행(朴士行 박경양(朴景陽)) 군이 왔을 적에 그대의 긴 안부 편지를 전해 받았네. 두 집안이 본디 대대로 우호가 있기는 하지만, 얼굴을 보기 전에 먼저 편지로 인사하는 것은 또한 오늘의 시대에 살면서 옛 도를 행하는 것이라 할 만하네. 다만 이런 예를 행하는 상대가 그럴 만한 사람이 못되는 것이 두려울 뿐이네. 또 의심스러운 향음의절(鄕飮儀節)에 대해 질문하였으니, 이 뜻이 더욱 정성스럽네. 그런데 《의례(儀禮)》를 마침 남에게 빌려준 통에 천 리 밖 멀리 있으니 돌려받은 뒤에야 그 득실을 살펴볼 수 있었네. 이에 답장이 늦어지는 이유를 먼저 알려달라고 사행에게 부탁했었네. 사행이 불행하게도 돌아가는 길이 병을 얻어 며칠 만에 세상을 떠났는데, 집에 돌아간 뒤에 과연 만나보았는지 모르겠네.

《의례》를 근래에야 돌려받았지만 눈이 어두워 볼 수 없는 터라, 붕우(朋友)에게 읽게 하여 들으면서 이 기회에 살펴보게 하고서 조목마다 답을 적었네만, 그 말이 왕왕 나의 억측에서 나온 것이라, 이치에 꼭 맞는지는 모르겠네. 가르침을 청하는 그대의 뜻이 매우 성대한데, 귀결처는 단지 이 의례(儀禮)의 말단적인 문장일 뿐이니, 모르겠네만 그대가 물어야 할 것이 과연 이 일보다 급한 것은 없었는가? 그러나

123 이백익(李伯益) : 이보겸(李普謙, 1706~1782)으로, 본관은 용인(龍仁)이고 자가 백일이다.

이미 질문하였으니 또 감히 대답하지 않을 수 없네.

이로 인해 또 할 말이 있네. 그대의 지난 편지로 살펴보면, 인을 구하는 정성과 부끄러움을 아는 뜻이 절실하다고 할 만하네. 몽학(蒙學)으로 자처하는 것이야 본디 겸양의 미덕이지만, 어진 대부로 대우받는 것이라면 진실로 내가 감당할 바가 아니네. 내가 허명(虛名)으로 세상을 속인 것이 본디 부끄러운 일인 줄 스스로 알고 있네만, 만일 그대가 참으로 내가 이처럼 어질다고 생각했다면 지금까지 4, 5년 동안 한 번도 찾아오지 않은 것은 어째서인가? 나야 말할 것도 못되는 사람이지만, 설령 그대가 내게서 참으로 스승 삼을 만한 점이 있었다 해도 겨우 백 리 정도의 거리에서 한 번 찾아오는 것도 하지 못했으니, 《맹자》에서 말한 "진(秦)나라와 초(楚)나라 길을 멀리 여기지 않은"[124] 것과 비교하면 어떠한가? 그대가 일찍이 정성스럽지 못하다고 자책한 것이 지나친 말이 아님을 비로소 알겠네. 나를 도외시하지 않는 은혜를 입었기에 감히 한 마디 보답의 말이 없을 수 없으니, 늙은이라 하여 버려두지 마시게.

이경장(李慶章) 군이 들렀는데, 그대와 평소에 알고지내는 사이라 하기에 이것을 써서 돌려보내니, 부디 너그러이 이해해 주시게.

124 진(秦)나라와……않은 : 《맹자》 〈고자 상(告者上)〉에 나오는 말이다.

김백고[125] 종후 에게 답하다 병인년(1746, 영조22)

答金伯高 鍾厚○丙寅

병들어 움직이지도 못할 때 이렇게 찾아와 주었으니, 내가 보기에 정성스럽게 보살펴주는 그대의 뜻이 보통에 비할 바가 아니네. 그러나 그 정성을 헛되이 저버림이 실로 많은 데다 머물라고 권하지도 못한지라 지금까지도 한스럽네. 돌아간 지 며칠도 안 되어 다시 안부편지를 보내주니 부끄럽고 고마운 마음이 더욱 간절하네. 함께 말할 만한 사람을 만나는 경우가 흔치 않은데, 한번 만났는데도 또 공교롭게 마침 병이 심할 때라 입이 있어도 말을 하지 못했으니 이 또한 운명이라고 하겠네.

나는 벼슬아치 집안에서 생장하여 학문이 무엇인지도 알지 못했었네. 중년에 벼슬을 그만둔 이래로 우연히 〈호학론(好學論)〉의 "성인은 배워서 이를 수 있다."는 한 마디에 감발하여 비로소 문장을 좋아하는 마음을 없애고 위기지학(爲己之學)에 전념하였네. 공부의 경로를 대략 찾아보면, 사서(四書)의 집주(集註)와 장구(章句)[126]를 말미암았고, 소주(小註)는 먼저 보고 싶지 않아 조금 견해가 생길 때를 기다려 보려고 했는데, 이내 노안(老眼)에 눈곱이 가득하여 끝내 보지 못하고 말았

125 김백고(金伯高) : 김종후(金鍾厚, 1721~1780)로, 본관은 청풍(淸風), 호는 본암(本庵) 또는 진재(眞齋)이고, 자가 백고이다.

126 사서(四書)의 집주(集註)와 장구(章句) : 《논어》, 《맹자》의 집주와 《대학》, 《중용》의 장구를 말한다.

네. 대체로 타고난 기질은 해볼 만하였으나 공부가 매우 소략하여 이처럼 거칠고 졸렬하게 되었을 뿐이네. 《소학》은 종신토록 삼히 삼시도 손에서 놓은 적이 없고, 《근사록》은 만년 이후에 힘을 쏟은 것이 다른 책에 비해 조금 낫네. 근래에 《주자대전》을 귀결처로 삼았으나 너무나 깊고 방대하여 끝내 손을 대기 어려웠으니, 젊은 시절에 간편한 《주자서절요》를 곧장 취해 읽었던 것이 매우 후회스럽네. 나의 공부의 시종(始終)은 이 정도에 불과하네. 학문의 차례를 알고 싶다는 그대의 말을 들었기에 부득이 글로써 말을 대신하네.

《중용》의 의문은 병이 나으면 예전의 강의(講義)를 수정하려 하니 그때 대답할 수 있겠네. 우선은 이렇게 답장을 보내네.

오국보[127] 박 에게 답하다 갑자년(1744, 영조20)

答吳國寶 璞○甲子

자유(子輶)와 근래에 함께 지냈는데, 그대가 지난번에 이곳에 와서 삭강(朔講)을 참관하고 돌아가 〈주자행장(朱子行狀)〉을 아홉 차례 읽었다는 말을 들었습니다. 그대의 자질이 본래 좋은데다 만년의 정력도 이처럼 쇠하지 않았으니, 부디 이제부터 공부하여 글을 읽다가 의심스러운 것이 있으면 왕왕 강론하여 탐구했으면 하니, 서면을 통하거나 직접 만나거나 모두 불가할 것이 없습니다. 어떻게 생각하시는지요? 한가로이 살면서 좋은 시절을 허송하는 것이 어찌 아깝지 않겠습니까.

보내주신 은어(銀魚)는 도착한 즉시 요리해 먹었습니다. 고기 한 점에서 솥 전체의 맛을 알 수 있는 법이니, 합석해서 고기잡이 구경하는 것과 무엇이 다르겠습니까.

127 오국보(吳國寶) : 오박(吳璞, 1691~1751)으로, 본관은 해주(海州)이고, 자가 국보이다.

이사적 혜보 에게 답하다 경신년(1740, 영조16)
答李士迪 惠輔○庚申

문 선고(先考)의 장례에 다른 사람을 시켜 선비(先妣)의 묘소에 고하는 문제

답 친상(親喪)을 합부(合祔)할 때 사람을 시켜 구묘(舊墓)에 고하는 것은 마음에 편치 않은 점이 있을 듯합니다. 이 때문에 저는 일찍이 제가 고했습니다. 만약 이대로 행하고자 한다면 고하는 글에 그대의 이름을 쓰고 잔을 올리는 일은 사람을 시켜 하는 것이 좋겠습니다.

문 영거(靈車)가 도착하여 전(奠)을 차리는 문제

답 묘소가 멀리 있는 경우 영거가 도착하여 전을 차릴 때는 아마도 새로 차려야겠지만, 묘소가 가까운 곳에 있다면 비록 이전에 올렸던 전으로 차리더라도 괜찮습니다.

문 불삽(黻翣)[128]이 대부(大夫)의 예이지만 세속에 통용되어 이전의 초상에 이미 사용하였습니다. 대단히 참람된 것이 아니라면 사용해도 무방한지요?

답 불삽은 단지 대부(大夫)와 사(士)의 구분을 논할 뿐, 이전의 초상

128 불삽(黻翣) : 삽(翣)은 발인할 적에 상여의 앞뒤에서 들고 가는 제구(祭具)인데, 불삽은 아자(亞字) 형상이 그려져 있다. 대부(大夫)의 경우 불삽(黻翣)과 운삽(雲翣) 두 개를 쓰고, 사(士)는 운삽 두 개만 쓴다.

에서 사용했는가의 여부는 논할 것이 아닙니다. 이 일은 세속에서 참으로 혼용하는 자들이 많습니다만, "대단히 참람된 짓이 아니라면 사용해도 무방하다"는 그대의 말씀은 대단히 해롭습니다. 마음가짐이 이러하면 모든 일이 구차하게 됩니다.

문 포포(筂脯)[129]는 편방(便房)[130]에 보관하기 위한 것인데, 지금은 이미 명기(明器)[131] 등을 쓰지 않습니다. 그렇다면 견전(遣奠)[132]이 끝난 뒤에 포(脯)를 거두어 포(筂)에 넣어도 갈 곳이 없을 듯합니다.
답 명기를 비록 쓰지 않았더라도 포포에는 여전히 옛 뜻이 있으니, 어찌 없앨 수 있겠습니까. 이 또한 전(奠)을 철거하지 않는 뜻일 뿐입니다.

129 포포(筂脯) : 포(筂)에 담긴 포(脯)를 가리킨다. 포(筂)는 대나무를 엮어 만든 부장품(副葬品)의 일종으로, 포(脯) 등의 전물(奠物)을 담는 용기이다.

130 편방(便房) : 살아 있을 때 기거하던 것을 형상하여 묘 속에 만들어놓은 방으로, 편(便)은 편안하다는 의미이다. 《상변통고(常變通攷)》에는 "편은 곁의 의미이다. 광 옆을 뚫어 방을 만든다.〔便側也, 穿壙側爲房.〕"라고 하였고, 《가례(家禮)》〈치장(治葬)〉에는 "명기 등을 안장한다.〔藏明器等〕"라고 하였는데 그 주(註)에 "흙을 반쯤 채운 뒤에 편방에 명기, 하장, 포, 소, 앵을 안장하고 판자로 그 문을 막는다.〔實土及半, 乃藏明器下帳筂筲甖於便房, 以板塞其門.〕" 하였다.

131 명기(明器) : 장사 지낼 때 무덤에 함께 묻는 기물(器物)이다.

132 견전(遣奠) : 발인(發靷)할 때 문 앞에서 지내는 제사로, 노전(路奠) 또는 노제(路祭)라고도 한다.

이사적에게 답하다 임술년(1742, 영조18)

答李士迪 壬戌

담제(禫祭) 때 신위(神位)를 반드시 영좌(靈座)의 옛 자리에 설치하는 것은 예(禮)의 뜻이 정미합니다. 마땅히 옛 자리에 나아가 제사를 지낼 뿐, 정침(正寢)이든 정침이 아니든 논할 필요가 없습니다.

옛 자리에 그대로 신주를 봉안한다면 상제(祥祭) 뒤에도 영좌를 철거하지 않습니다. 예는 혐의를 분별함을 중시하니 결단코 해서는 안 되고, 별도의 장소로 옮겨 봉안하는 것도 매우 의의가 없으니, 마땅히 선비(先妣)의 신위를 임시로 모셨던 곳에 함께 봉안하되 각각의 탁자를 써야 합니다. 제사가 끝나 모시고 들어갈 때는 말을 만들어 고하지 않을 수 없는데, "고례(古禮)에는 응당 조고(祖考)의 사당에 합부(合祔)하였지만, 분가(分家)한 지자(支子)의 집에서는 형세상 이 예를 행할 수 없어 부득이 선비(先妣)의 신위를 임시로 모셨던 곳에 봉안합니다."라고 씁니다. 선비의 신위에는 하루 전날 말을 고하되, 길제조(吉祭條)의 "새 신주를 합제할 때의 축문〔合祭新主祝〕"의 조어를 대략 수정하여 쓰는 것이 마땅할 듯합니다. 어떠한지요?

이사적에게 답하다
答李士迪

문 의려(倚廬)[133]를 언제 철거하는지에 관한 글은 보지 못했고, 소(疏)에는 "더 이상 중문(中門) 밖에서 자지 않고 빈궁(殯宮)의 침소로 돌아간다."[134]고 하였습니다. 그러나 고례(古禮)에서 상제(祥祭)라고 말한 것은 대다수 담제(禫祭)를 겸하여 말한 것이니, 또한 이것을 이끌어 대상(大祥)에 의려를 철거하는 증거로 삼을 수는 없습니다. 담제 이전까지는 아직도 상인(喪人)으로 자처하니 마땅히 의려를 철거할 수 없고, 조문객이 있으면 의려에서 맞는 것이 어떠합니까?

답 의려를 언제 철거하는지에 관한 글은 보지 못했습니다. 그러나 보지 못했습니다. 그러나 위(衛)나라 장군 문자(文子)가 상복을 벗은 뒤에 월(越)나라 사람이 조문하러 오자, 심의(深衣)에 연관(練冠)을 쓰고 사당에서 기다리며 눈물을 흘렸으니,[135] 이것이 혹 상제 이후에 의려를 철거하는 증거가 될 듯합니다.

문 〈상대기(喪大記)〉에 "상제(祥祭)를 지낸 뒤에는 중문(中門) 밖에

133 의려(倚廬) : 부모의 상중에 상주가 집상(執喪)하는 여막으로, 빈소가 있는 중문(中門) 밖 동쪽 담장 아래에 짚으로 지붕만 덮은 허름한 집이다. 《禮記 喪大記》

134 소(疏)에는……돌아간다 : 《예기》〈상대기(喪大記)〉의 "길제(吉祭)를 지낸 뒤에 침소로 돌아간다.〔吉祭而復寢〕"는 구절의 소(疏)에 나오는 내용이다.

135 위(衛)나라……흘렸으니 : 《예기》〈단궁 상(檀弓上)〉에 나오는 내용이다. 문자(文子)는 위 영공(衛靈公)의 손자이자 위 소공(衛召公)의 아들이다.

서 곡하지 않고, 담제(禫祭)를 지낸 뒤에는 중문 안에서도 곡하지 않는다."고 하였습니다. 이것으로 미루어 보면, 압존(壓尊)의 혐의가 없는 지자(支子)의 경우엔 상제를 지낸 뒤 초하루와 보름에 중문 안에서 곡을 해야 할 것입니다.

답 사당에 들어간 뒤에 만일 또 곡하면서 제사를 지낸다면 비록 압존의 혐의는 없더라도 슬픔이 줄어드는 뜻이 아닐 듯하니, 행해도 될지 모르겠습니다.

윤중옥[136] 계정 에게 답하다 병진년(1736, 영조12)

答尹仲沃 啓鼎○丙辰

도움을 구하는 뜻은 매우 성대하지만 과루한 제가 여기에 간여하기 부족합니다. 그러나 세간에서 배울 수 없음을 걱정하는 자들은 대번에 기질(氣質)과 물욕(物慾)에 이유를 댑니다. 기질은 오직 학문으로 바꿀 수 있으니, 기질에 죄를 돌리는 저런 자들은 본디 뜻을 지녔다고 말할 수 없습니다. 물욕 중에는 과거시험에 얽매임이 가장 심한데, 이것은 그대의 걱정거리가 되기엔 부족합니다. 이 밖의 여러 가지 얽매임도 어렵지 않다고는 말할 수 없습니다. 그러나 천지에 사무치는 원통함을 지닌 그대는 죽지 못해 한 가닥 목숨을 이어가고 있으나 또한 어찌 차마 세상 사람들이 말하는 욕심에 얽매이겠습니까. 이에 대해서는 이미 완전히 벗어났으니, 그렇다면 오직 부모에게 받은 몸을 온전히 보전하여 돌아가는 하나의 도리로 몸을 편안히 하고 명을 세우는 바탕으로 삼을 뿐이니, 이 밖에 다시 무슨 일이 있겠습니까.

만일 배우고자 한다면 덕(德)에 들어가는 길로는 《대학》이 상세합니다. 독서의 차례에 대해서는 주자(朱子)가 또 모두 말하였는데, '위기(爲己)' 두 글자가 또 근본이 됩니다. 그대가 과연 여기에 뜻이 있습니까? 비루하게 여기지 않는 은혜를 지나치게 받은지라, 감히 우매한 정성을 다하지 않을 수 없습니다. 부디 스스로 힘쓰십시오.

136 윤중옥(尹仲沃) : 윤계정(尹啓鼎, ?~?)으로, 본관은 함안(咸安), 호는 덕곡(德谷)이고, 자가 중옥이다.

윤중옥에게 답하다 경신년(1740, 영조16)

答尹仲沃 庚申

그대 종질 집안의 길제(吉祭)는, 형세로 말하면 매우 절박하여 참으로 행하지 않을 수 없을 듯하고, 예법으로 논하면 지극히 참람되어 끝내 감히 대번에 시행할 수 없습니다. 대개 섭사(攝祀)라는 명칭은 단지 초상에 상주(喪主)가 없어서는 안 되고, 또 부인이 상을 주관할 수도 없기 때문에 한때의 권도를 쓴 것입니다. 그런데 지금 또 이로 인하여 사세(四世)의 신주를 고쳐 쓰고 조천(祧遷)할 신위를 체천(遞遷)한다면 이는 바로 종자(宗子)로 자처하는 것이니, 어찌 매우 온당치 못한 일이 아니겠습니까. 이러한 예법과 형세의 사이에서 참작하고 변통하는 것이 바로 이른바 '의기(義起)'[137]이니, 성덕(盛德)을 지닌 자가 아니면 누가 감히 할 수 있겠습니까. 그러므로 경도(經道)를 지키라는 것 말고는 정성스러운 그대의 질문에 끝내 대답할 말이 없습니다.

제사를 지내는 데 이르러서는, 이미 섭사라고 하였으니 조묘(祖廟)의 고위(考位)는 변동이 없을 듯합니다. 비록 축사(祝辭)에 손자라고 칭하고 예를 제대로 갖추더라도 어찌 크게 의를 해치는데 이르겠습니까. 그러나 이것도 한 잔만 올리는 것이 올바른 법입니다. 섭사(攝祀)의 섭(攝)은 실로 가(假)자의 뜻으로 쓰이는데, "섭질(攝姪)"이라고 한다면 도리어 대섭(代攝)의 예(例)를 쓰려는 것이니, 이는 도리에 맞지 않는 듯합니다. 어떻게 생각하시는지요?

137 의기(義起) : 335쪽 주20 참조.

박사호[138] 정양 의 문목에 답하다 임술년(1742, 영조18)

答朴士豪 挺陽 問目 壬戌

문 저희 집 여러 종친들은 상중(喪中)의 제사나 외출시의 복장을 모두 중단의(中單衣)[139]로 행하면서 말하기를, "우리 선조 잠야 선생(潛冶先生 박지계(朴知誡))께서 정하신 예이다."라고 말합니다. 제가 근래에 예를 논한 선조의 여러 책을 살펴보니, 애당초 이를 증명할 것이 없었고 단지 "주자(朱子)가 졸곡(卒哭) 뒤에 묵최(墨縗)[140]로 항상 가묘(家廟)에 제사지냈으니, 이를 근거로 행하는 것이 가하다."라는 말만 있었습니다. 그렇다면 묵최를 과연 중단의라고 할 수 있습니까? 《가례(家禮)》 제사조(祭祀條)에 "주인 이하는 심의(深衣)를 입는다."고 하였으니, 그렇다면 심의가 바로 주자가 제사를 지낼 때 입은 옷입니다. 거상(居喪)하는 사람이 비록 얼굴빛은 초췌하여 검지만 제정된 옷은 심의라는 것을 미루어 알 수 있습니다. 그렇다면 선조가 정하신 것은 심의이지 단의(單衣)가 아님을 알 수 있습니다.

138 박사호(朴士豪) : 박정양(朴挺陽, 1710~?)으로, 본관은 함양(咸陽)이고, 자가 사호이다.

139 중단의(中單衣) : 최의(衰衣) 안에 받쳐 입는 옷으로, 흰색 비단인 백증(白繒)으로 만든다.

140 묵최(墨縗) : 검은 상복으로, 베로 된 직령(直領)에 흑립(黑笠)과 흑대(黑帶)를 갖추어 착용하는데, 춘추시대에 진 문공(晉文公)의 아들 양공(襄公)이 아버지의 장사를 치르자마자 곧바로 진(秦)나라와 싸우러 나가면서 상복에 검정 물을 들여서 입고 나간 데서 유래하였다.

외출시의 복장에 있어서도 비록 상고할 만한 선조의 예(禮)는 없지만, 《가례》주석에서, 어떤 이가 묵최로 출입하는 것에 대해 물으니, 주자는 "오로지 외부에 나가서 일을 다스릴 때만 입을 수 있다."고 대답하였습니다. 선조의 예설(禮說)은 주자를 따르니, 단의로 출입하는 것이 또한 어찌 선조의 예이겠습니까. 제 중고조(仲高祖)이신 좌랑공이 일찍이 선조의 거상 중에 율곡(栗谷)의 설[141]을 따라 시속 제도의 상복 차림으로 외출하고 제사를 지냈는데, 성균관 사업 조극선(趙克善)이 지은 〈삼관기(三官記)〉에 나오는 이야기입니다. 시속 제도의 상복이라는 것은 다름이 아니라, 바로 《상례비요(喪禮備要)》에 기록된 직령(直領)입니다. 그렇다면 우리 선조가 직령을 입지 않았다는 말은 없는 것이 분명하고, 이미 직령을 입었다는 증거는 확실합니다.

대개 여러 종친들이 쇠락하고 번성하지 못한 탓에 문헌에 징험할 것이 없어 매번 초상을 치를 때면 문생이나 후손들이 벽을 사이에 두고 들은 설[142]을 간혹 따라 행했으니, 이로 인해 잘못 전해진 것이 많습니다. 이를테면 3년 동안 요질(腰絰)을 늘어뜨리고 묶지 않는다는 것이 첫 번째이고, 삽(翣)[143]과 부채를 무덤 속에 넣지 않는다는 것이 두

141 율곡(栗谷)의 설 : 《율곡전서(栗谷全書)》 권27 〈상복중행제의(喪服中行祭儀)〉에 "주자는 상중에 묵최를 입고서 사당에 천향하였으나, 지금 사람들은 시속 제도의 상복을 묵최 대신 입고서 출입하니, 만약 복이 가벼운 자가 없으면 속제의 상복을 입고서 제사를 지내도 될 듯하다.〔朱子喪中以墨衰薦于廟, 今人以俗制喪服, 當墨衰著而出入. 若無服輕者, 則亦恐可以俗制喪服行祀.〕" 하였다.

142 벽을……설 : 얼핏 보면 큰 문제가 없는 듯하지만 자세히 보면 문제가 많은 논설을 말한다. 송(宋)나라 후사성(侯師聖)의 의론이 크기만 하고 정밀하지 못한 것에 대해 이천(伊川) 정이(程頤)가 "단지 벽을 사이에 두고 듣는 것이 좋다.〔只好隔壁聽〕" 하였다. 《二程外書 卷11》

번째이고, 영침(靈寢)에 신주를 봉안한다는 것이 세 번째이고, 소상(小祥) 이후 상식(上食)에 곡하지 않는다는 것이 네 번째입니다. 이것들이 모두 선조가 정한 것이 아님에도 점차 잘못을 답습되어 마침내 선배들의 문집에 흘러들어가 이것이 간행되어 후세에 유포되는 바람에 함부로 말하는 자의 비난을 초래하였으니, 저는 마음이 아픕니다.

요질을 늘어뜨리고 묶지 않는 것에 관해서는, 당시 문인 중에 묶지 않은 자가 있어 어떤 사람이 선조에게 질문하자, 선조께서 "나의 설이 아니다"라고 대답하였는데, 여러 종친들이 선조의 예라고 생각하고 따른 통에 우암(尤庵)이 의심하는 일까지 있었으니,[144] 이것이 첫 번째 오류입니다.

삽과 부채를 무덤에 넣지 않는 것에 대해서는, 우암의 문답에 "잠야의 문인은 삽을 무덤 속에 넣지 않는다."는 말이 있습니다. 그러나 선조의 예설(禮說)에는 단지 "《가례》에 따라 보삽(黼翣), 화삽(畫翣), 불삽(黻翣)을 모두 빼놓아서는 안 된다."[145]라고만 되어 있고, 저희 선세

143 삽(翣) : 발인할 적에 상여의 앞뒤에서 들고 가는 제구이다.

144 우암(尤庵)이……있었으니 : 한국문집총간 110집에 수록된 《송자대전(宋子大全)》 권65 〈답박화숙(答朴和叔)〉에 나오는 내용으로, "요질을 늘어뜨리는 것에 대해서는 끝내 묶으라는 문장이 없지만 어찌 이로 인해 3년을 마치도록 묶지 않을 리가 있겠는가.……박 잠야(朴潛冶) 집안사람들이 3년 동안 요질을 늘어뜨리고 묶지 않고 삽(翣)을 무덤에 넣지 않으니, 가례(家禮)를 믿고 따르는 점은 지극하다고 하겠으나, 어찌 이것이 빠진 문장이 아니라고 장담하겠는가. 〔如腰絰散垂, 終無結之之文, 豈可因此而終三年不結之理乎? …… 聞朴門諸人三年散絰不結, 亦不以入壙, 其尊信家禮, 則可謂至矣, 然安知此非闕文耶?〕" 하였다.

145 가례에……된다 : 한국문집총간 제80집에 수록된 《잠야집(潛冶集)》 권5 〈답김태숙(答金泰叔)〉에 나오는 내용으로, "삽(翣)은 《가례》에서는 귀천의 등급을 말하지

(先世)에도 삽을 무덤 속에 넣지 않는 법도가 없으니, 이것은 혹 문인의 예일 것인데 세상에서는 잠야의 예라고 칭해지니, 이것이 두 번째 오류입니다.

영침에 신주를 봉안하는 것에 대해서는, 선조께서 일찍이 정 한강(鄭寒崗 정구(鄭逑)) 등 여러 공들과 함께 강정(講定)하면서 "영좌(靈座)를 철거하는 조목이 《가례》 대상장(大祥章)에 들어있고, 영상(靈床)을 먼저 철거한다는 예문도 없다."라고 하셨기 때문에 과연 삼년 동안 시행하고 있습니다. 그러나 장례를 마친 뒤에는 영침과 영상만 설치할 뿐, 신주를 받들어 그 속에 봉안한다는 말은 듣지 못했습니다. 전하는 자들이 실제보다 지나치게 과장하는 바람에 심지어 남계(南溪 박세채)의 예설에까지 거론되었으니,[146] 이것이 세 번째 오류입니다.

소상 이후 상식에 곡하지 않는다는 것에 대해서는, 《남계집(南溪集)》에 "어떤 사람이 이것을 잠야의 예라고 지적하며 질문하자, 남계가 '《상례비요》 이전에는 온 세상이 퇴계(退溪)의 설을 따라 행하였다.'고

않고, 단지 보삽(黼翣), 화삽(畫翣), 불삽(黻翣)이라고만 하였으니, 보삽, 불삽, 화삽을 모두 빼놓을 수 없을 듯하다. 만약 고례(古禮)에 따라 행하면 대부(大夫)는 보삽을 빼고, 사(士)는 보삽과 불삽을 빼야 하니 《가례》와 어긋나 온당하지 않을 듯하다.〔翣則家禮不言貴賤有等數, 而但言黼翣、畫翣、黻翣. 黼黻畫, 恐皆不可闕也. 若依古禮爲之, 則大夫闕黼, 士闕黼黻, 與家禮相違, 似爲未安.〕" 하였다.

146 남계(南溪)의 예설에까지 거론되었으니 : 한국문집총간 제139집에 수록된 《남계집(南溪集)》 권33 〈답김사직(答金士直)〉에 나오는 내용으로, "영상(靈床)을 철거하는 문제에 대해서는, 잠야(潛冶)의 논의는 철거하지 않는다는 분명한 증거를 말한 것에 불과하다. 그러나 장사 지낸 뒤 차례로 슬픔을 줄이는 뜻으로 헤아려보면 초상(初喪)의 예를 3년간 설행해서는 안 될 듯하다.〔撤靈床事, 潛冶所論, 不過以無徹去明證爲辭. 然揆以葬後次第等殺之意, 恐不可遂以初喪之禮, 設行三年也.〕" 하였다.

대답하였다."는 내용이 있습니다. 그렇다면 이는 본디 선조의 예가 아니며 제 부모님도 이렇게 하신 적이 없는데, 지금 종중에서 다시 어떤 사람의 설을 써서 갑자기 행한다면 세간에서 퇴계의 설을 알지 못하는 사람들은 참으로 이것을 잠야의 예법이라 생각할 것이니, 이것이 네 번째 오류입니다.

부친 생존시에도 자최(齊衰) 삼년복을 입는다는 설은 선조의 뜻을 잃은 것이 더욱 심합니다. 선조는 일찍이 세상 사람들이 아버지를 예로 섬기지 못하고 심상(心喪)[147] 때도 일반인처럼 행동하는 것을 병통으로 여겨 논하신 말씀이 있은데, "상제(祥祭)와 담제(禫祭)는 《가례》를 따라 삼년 뒤에 행하여 아버지가 자식의 뜻을 이루어주고, 의복은 《의례(儀禮)》를 따라 자식이 아버지를 위해 길복(吉服)을 입는 것이 무방하다"[148]고 하였습니다. 또 다른 설에서 "아버지가 살아계시면 어머니의

147 심상(心喪) : 몸에 상복을 입지 않고 마음으로 서글퍼함을 이른다. 부재모상(父在母喪)의 경우 비록 아버지에게 압존되어 기년복을 입지만 심상으로 삼년상을 마친다.

148 상제(祥祭)와……무방하다 : 한국문집총간 제80집에 수록된 《잠야집(潛冶集)》 권4 〈상중씨(上仲氏)〉에 나오는 내용으로, "《의례》의 부재모상조(父在母喪條) 아래의 자하(子夏)의 전(傳)에 '아버지가 반드시 3년이 지나 새장가를 드는 것은 자식의 뜻을 이루어주는 것이다.' 하였으니, 자식의 뜻은 3년 이전에는 상제와 담제와 같은 편안함에 이르지 못한다. 그렇다면 반드시 3년을 기다린 뒤에 상제와 담제를 지내는 것이 자식의 뜻을 이루어주는 것인 듯하다. 의복의 제도는 비록 《가례》에 명시된 조문이 없다고 하나, 반드시 《의례》를 따르는 것이 마땅할 것이다. 대상과 소상 때엔 《가례》에는 명시된 조문이 있고 《의례》에는 명시된 조문이 없으니, 의복은 아버지를 위해 길복(吉服)을 입다가 대상과 소상에는 자식의 정을 따라 행하는 것이 혹 무방할 듯하다.〔儀禮父在母喪條下, 子夏傳曰, 父必三年而後娶, 達子之志. 子之志, 三年之內, 未至於祥與禫之平安. 則必待三年, 然後薦祥與禫事, 恐亦達子之志也. 衣服之制, 則雖謂家禮無明文, 而必遵儀禮爲當然矣. 大小祥則家禮有明文, 而儀禮無明文, 衣服則爲父從吉, 大小祥則從子

복을 강등하는 것이 성인의 제도이다."라고 말씀하신 것이 한두 번이 아닙니다. 그런데 후손들 중에는 간혹 내빈에 심년복을 입는 자가 있어 지금까지 의안(疑案)이 되고 있으니, 이것이 다섯 번째 오류입니다.

이 다섯 조목은 여러 종친들이 행하기도 하고 행하지 않기도 하지만, 제가 분별한 바에 증거가 있었기 때문에 종의(宗議)에서 심하게 배척되지는 않았습니다. 그런데 유독 중단의(中單衣)에 대해서는 오랫동안 준행해 온 터라, 모두들 "뒤집는 것은 옳지 않으니 중세(中世) 동안 따랐던 법도이다."라고 하니, 아직 고칠 수 없는 안건입니다. 만약 근거할 것을 찾으면 고치지 않는다고 어찌 장담하겠습니까. 제가 끝내 여러 의논을 물리치고 스스로 결단하여 고쳐서 행한다면 종의가 준엄하게 일어나 선조의 예를 무너뜨렸다고 질책할 것입니다. 이에 감히 우러러 여쭙니다.

답 말씀한 다섯 조목의 설은 세상에서 논하는 자들이 매번 잠야공의 예가 본래 이러하다고 하였고, 나도 들은 지 오래되었네. 지금 그대의 말을 듣고서야 비로소 뒷사람들이 인습해 온 오류임을 알았으니, 도리어 다행스런 일이네. 주자(朱子)의 주석이 나오기 전에는 한유(漢儒) 이래로 정자(程子)와 장자(張子) 등 여러 노선생의 해석에 이르기까지 이동(異同)이 없지 않았는데, 주자의 주석이 나온 뒤로는 여러 노선생들이 일찍이 해석했던 것을 후인들이 굳이 고집스럽게 지키지 않네. 이것이 어찌 정자와 장자를 존경함이 주자에게 미치지 못해서 그런 것이겠는가. 이것으로 유추하면 《상례비요》에 기재된 상복(喪服)에 관한 여러 설들은 이미 고례(古禮)에 근거하고 현 제도로 참작하여

之情而行之, 亦或無妨也.〕" 하였다.

한 시대의 정례(定禮)로 이루어졌네. 《상례비요》가 나오기 이전에 비록 잠야의 정설이 있어도 지금 후인들이 굳이 고집스럽게 지키지 않는데, 더구나 뒷사람들이 인습해 온 오류에 대해 어찌 고치지 않을 리가 있겠는가.

중단의의 제도가 전습(傳襲)된 지 오래되었지만 선조의 말씀이 이미 분명하지 않으니, 또한 어찌 그것이 반드시 잠야의 정설에서 나왔다고 보장하겠는가. 그대가 이미 고례에 따라 심의를 입었다면 이미 훌륭한 일이니, 종중의 논의에 동요되어 다시 바꿀 필요는 없을 듯하네. 어떻게 생각하시는가?

박사호에게 답하다
答朴士豪

시장(諡狀)에 관한 일은 지난번에 다른 사람을 통해 전해 들었네. 과연 사우(士友)들 간에 주고받은 말이 있었으니 전하는 자의 말이 이상할 것이 없네.

행장은 삼가 보고서 돌려드리네. 시장을 짓는 일은 절로 백세(百世)의 공의(公議)가 있으니, 감히 가볍게 말할 것이 아니네. 나는 평소 독실하게 사노(沙老 김장생)를 믿어왔네. 이 때문에 그대 선조의 시장[149]을 그대 중형(仲兄)[150]이 살아 있을 때 누차 부탁받았지만 감히 할 수 없다고 사양했던 것이니, 시장을 짓는 예를 어렵게 여겨서라네. 그대는 혹 듣지 못했는가? 나는 본래 번거롭게 편지 쓰는 것을 좋아하지 않지만 그대의 말을 들었기에 어쩔 수 없이 답장을 보내니, 부디 너그러이 이해해 주기를 바라네.

그대 중형의 묘도문자는 돌아가신 분의 정을 저버려서는 안 되는데, 오랫동안 미루고 있으니 또한 매우 부끄럽고 두렵네.

149 그대 선조의 시장 : 박정양(朴挺陽)의 5대조 박지계(朴知誡, 1573～1635)의 시장을 말하는데, 이해(1742) '문목(文穆)'이라는 시호를 받았다.

150 그대 중형(仲兄) : 박경양(朴景陽, 1708～1740)으로 자는 사행(士行)이다. 저자의 문인이다. 본서 제36권에 〈진사 박군의 묘갈〔進士朴君墓碣〕〉이 실려 있다.

박사호의 문목에 답하다 갑자년(1744, 영조20)

答朴士豪問目 甲子

문 대상(大祥)이 지난 뒤에 새로운 신위(神位)를 즉시 합독(合櫝)[151] 하지 않고 반드시 협제(祫祭)[152]를 기다리는 것은 조천(祧遷)해야 할 신위가 미처 체천(遞遷)되기 않았기 때문에 차마 대번에 소목(昭穆)에 들일 수 없는 뜻입니다. 지금 저의 조묘(祖廟)에는 조천해야 할 신위가 없고, 또 승중종손(承重宗孫)이 모친상 중이라 길제를 행할 수 없습니다. 그렇다면 상제(祥祭)를 마치고 사당에 들일 때 즉시 합독하는 것이 무방할지요?

답 《상례비요(喪禮備要)》 길제조(吉祭條) 주석의 "우소왈(又疏曰)" 이하의 말을 한번 다시 살펴본다면, 새로운 신위를 즉시 합독하지 않는 이유가 단지 조천 때문만은 아님을 알 수 있을 것이네. 길제를 행한 뒤 합독하는 것 말고 어찌 다른 도리가 있겠는가.

문 종질(宗姪) 대화(大和)가 선비(先妣)의 상을 승중(承重)하였는데, 또 지금 모친상 중에 있습니다. 선비의 상제(祥祭)를 마친 뒤에 대화가 《의례문해(疑禮問解)》에서 동춘(同春 송준길)에게 대답한 설[153]

151 합독(合櫝) : 부부의 신주를 한 독(櫝) 안에 모시는 의식이다.

152 협제(祫祭) : 조상의 신주를 조묘(祖廟)에 함께 모아 지내는 제사이다.

153 의례문해(疑禮問解)에서……설 : 《의례문해》 〈담제유무(禫祭有無)〉의 "적손이 할아버지의 상을 위한 담제를 지낼 때 어머니가 죽었을 경우〔嫡孫祖喪禫時母亡〕" 조에

을 끌어와, 담제(禫祭)를 지내지 않더라도 저의 변복(變服)[154]은 마땅히 자리를 설치하여 행해야 한다고 하였습니다. 그런데 《의례문해》에서 이 백강(李白江 이경여(李敬輿))의 질문에 대답한 말에는 또 "여러 숙부가 말을 고하고 담제를 지내는 것이 가하다"고 하였습니다. 두 설이 같지 않은데, 어떤 설을 따라야 하는지요?

답 《의례문해》의 두 설이 과연 같지 않네. 그러나 의리로 말하면 종자(宗子)가 이미 상중이라 제사를 주관할 수 없는데, 여러 숙부가 어찌 마음대로 대신 지낼 수 있단 말인가. 앞의 설을 따라야 할 듯하네.

문 '때가 지나면 담제를 지내지 않는다.'는 것이 본디 예가(禮家)의 글이고, 《의례문해》에서도 '거듭 상을 당했을 때의 예'에서 인용하여 증거로 삼은 터라, 온 세상이 준행하고 있습니다. 그런데 어떤 사람은 말하기를, "때가 지났다는 것은 바로 《주자어류》의 이른바 '3년 만에 장사를 치른 자는 반드시 두 번 제사를 지내되 담제는 지내지 않는다.'는 경우이다. 또 외방에 있다가 분상(奔喪)하느라 뒤늦게 성복(成服)한 경우와 상제(祥祭) 즈음에 상을 당하여 상제를 물려서 행하는 경우

나오는 내용으로, 송준길이 "승중(承重)한 손자가 장차 조부의 담제를 지내려는데, 또 어머니의 상을 당했다면, 응당 어머니의 상이 끝나기를 기다린 뒤에 담제를 지내야 합니까? 만약 그렇다면 여러 숙부들은 응당 어느 때 탈복(脫服)을 합니까?"라고 묻자, 김장생이 "상중에는 담제를 지낼 수가 없으며, 때가 지나서 뒤늦게 제사를 지내어서도 안 되네. 제부(諸父)들의 경우에는 어찌 적손이 제사를 지내지 않는다는 이유로 탈복하지 않을 수 있겠는가. 위를 설치한 뒤 곡읍하고 변제(變除)하는 것이 마땅할 듯하네."라고 대답하였다.

154 변복(變服) : 상복을 바꾸어 입는 것을 말한다.

에는 때가 지났다는 말을 쓸 수 있다. 그러나 거듭 상을 당한 경우에 있어서는 선현(先賢) 중에 '후상(後喪)은 비록 상중이지만 전상(前喪)은 이미 슬픔이 흐려졌다."고 합니다. 이 설이 어떠한지요?

답 인용한 선현의 설이 누구의 설인지 모르겠네. 내 생각에는 전상은 비록 슬픔이 흐려졌지만 후상은 막 상중에 있으니, 결코 담제를 지낼 수 없네. 담제를 지낼 수 없으니, 어떤 이가 '때가 지났다〔過時〕'는 두 글자를 억지로 구별한 것이 쓸데없는 변론이 될 듯하네. 《의례문해》에 이 조목이 매우 분명한데, 무엇 때문에 굳이 의심하는가?

조 영광[155] 중직 에게 답하다 갑자년(1744, 영조20)

答趙靈光 重稷○甲子

호중(湖中)의 사우를 통하여 종래 그 지방의 현송(絃誦)의 소리[156]와 그대가 돌아올 때 백성들의 반원(攀轅)의 그리움[157]을 연이어 익히 들었으니, 인성(人性)이 예나 지금이나 다르지 않음을 더욱 알겠네. 윗사람이 선으로 잘 인도하면 교화시키지 못할 사람이 없을 듯하네. 오늘날의 세상에 살면서 옛 도를 행하려 하였으니 곧장 낭패에 이른 것이 당연하네. 어찌 개탄하지 않을 수 있겠는가. 주묵(朱墨)[158]의 얽매임에서 벗어나 편안히 앉아 독서하는 것이 그대에게 잘못된 계책이 되지 않을 것이네. 이처럼 한가한 때 학문에 전념하여 더욱 그 견식을 키워서 세상의 쓰임이 되는 것이야말로 그대를 아끼는 사람의 바람일세.

155 조 영광(趙靈光) : 조중직(趙重稷, 1698~?)으로, 본관은 함안(咸安), 자는 여근(汝近)이다. 조중직은 1743년부터 1744년까지 영광 군수(靈光郡守)로 재직하였다.

156 현송(絃誦)의 소리 : 거문고를 타며 시가를 읊조리는 것으로, 예악으로 백성들을 교화하는 뜻이다. 공자의 제자 자유(子遊)가 무성(武城)의 읍재(邑宰)가 되어 백성들에게 예악을 가르쳐 곳곳마다 현가(絃歌)가 울렸다. 《論語 陽貨》

157 백성들의 반원(攀轅)의 그리움 : 선정(善政)을 베푼 수령이 떠날 때 백성들이 수레를 붙잡고서 못 가게 만류하는 것을 말한다. 후한(後漢)의 후패(侯霸)가 임회 태수(臨淮太守)의 임기를 마치고 떠날 때, 백성들이 수레를 붙잡고서 유임해 줄 것을 청한 데서 온 말이다. 《後漢書 卷26 侯霸列傳》

158 주묵(朱墨) : 주필(朱筆)과 묵필(墨筆)을 가지고 장부를 정리하는 것으로서, 지방 관청의 사무를 집행하는 것을 말한다.

성생[159] 덕조 에게 답하다 기미년(1739, 영조15)

答成生 德朝○己未

별지(別紙)에 질문을 주었는데, 스스로 생각건대 보잘것없는 몸이 평소에 그대 선친에게 지나친 우호를 입었으니, 그대가 스스로 멀리하지 않는 것도 그대 선친 때문이네. 슬프면서도 고마워 무슨 말을 해야 할지 모르겠네.

장례 때의 명정(銘旌)에는 호(號)를 써야 하는데, 소옹(疎翁)[160] 두 자가 좋으니 바꿀 필요가 없네. 다만 지금 단서(丹書)가 지워지지 않았으니[161] 그대의 경우엔 옛사람이 고장(藁葬)[162]하던 것처럼 처신해야 하네. 반드시 만사(輓詞)를 청하지는 않았을 듯한데, 이미 청한 것은 지금 회수해서는 안 되네. 만일 지어 오는 자가 있으면 발인(發靷)해서 길을 갈 때는 쓰지 않는 것이 어떻겠는가? 내 생각이 이러하니 감히 그대의 부탁을 들어 줄 수가 없네. 다행히 죽지 않고 살아있다면 또한

159 성생(成生) : 성덕조(成德朝, 1716~?)로, 본관은 창녕(昌寧), 자는 도백(道伯)이다.

160 소옹(疎翁) : 한국문집총간 205집에 수록된《병계집(屛溪集)》권58〈승정원동부승지성공행장(承政院同副承旨成公行狀)〉에는 자호가 나옹(懶翁)으로 되어 있다.

161 단서(丹書)가 지워지지 않았으니 : 단서는 죄인의 범죄 사실을 붉은 글씨로 기록한 문서이다. 성덕조의 부친 성진령(成震齡, 1682~1739)은 당시 흑산도(黑山島)로 유배 가던 중 공산현(公山縣) 여사(旅舍)에서 죽었다.《屛溪集 卷58 承政院同副承旨成公 行狀》

162 고장(藁葬) : 예(禮)를 갖추지 않고 시신을 짚이나 거적에 싸서 장사지내는 것을 말한다.

어찌 차마 끝내 한 마디 말이 없겠는가. 부디 너그러이 이해하시게. 슬픔을 절제하고 몸을 잘 보진하여 초상에 최선을 다하기를 오로지 바라네.

조생 종부 의 문목에 답하다
答趙生 宗溥 問目

문 처사와 수재라는 명칭은 예문(禮文)에 명시된 조문이 있습니다. 지금 글을 읽어 옛 도를 배우는 선비가 직명(職名)이 없다면 예에 따라 처사라고 써야 할 듯합니다. 세상에 나오지 않았으나 직명이 몸에 이른 경우엔 이름은 관인(官人)이지만 마음은 처사이니, 자식된 자는 마땅히 어버이의 뜻에 따라 신주와 명정(銘旌)에 직명을 쓰지 않고 처사라고 써야 할 듯합니다. 의(義)에 해가 되지 않을 듯하지만, 고례(古禮)에 근거할 것이 있습니까? 처사라고 쓴다면 별호(別號)도 함께 써야 하는데 함중(陷中)[163]에도 그렇게 하는지요?

답 효자의 마음은 단지 어버이의 뜻이 편안히 여기는 바를 본받을 뿐이니, 세속의 시비야 어찌 말할 것이 있겠는가. 처사라는 명칭이 예문에 명시된 조문이 있다는 것은 그대가 이미 알고 있는 사실이네. 만약 고례에서 근거할 것을 듣고자 한다면, 《이정전서(二程全書)》에 "속(屬)은 고조·증조·조부·부친을 의미하고, 칭(稱)은 관직·호·항렬을 의미한다."고 기록되어 있네. 호는 별호이고, 항렬은 '원씨(元氏) 둘째', '유씨(劉氏) 아홉째'와 같은 따위이네. 이천(伊川 정이(程頤))의 아들 단중(端中)도 이천을 선생(先生)이라고 칭하였네. 신주에 이렇게 쓴다면 함중도 마찬가지이고 명정은 따질 것도 없네.

163 함중(陷中) : 신주 뒷면에 오목하게 파낸 홈이다. 여기에 죽은 이의 성명, 별호, 관직 등을 적는다.

이생 위재 의 문목에 답하다 신유년(1741, 영조17)

答李生 渭載 問目 辛酉

옛사람은 상제(祥祭)를 지낼 때 본디 날을 택하여 행했지만, 그래도 사망한 달에서는 벗어나지 않았네. 그대 집의 경우는 이와 다르니, 단지 부고를 들은 날을 넘겨 행해야 하네. 첫 기일에는 한 잔만 올리고 축문도 없지만, 하루 전에 사유를 고하는 절차가 없어서는 안 될 듯하네.

○사유를 고하는 말은 마땅히 "아무개 죄역흉흔(罪逆凶釁)이 효도를 끝마치지 못해 작년에 부고를 들은 것이 7월 2일입니다. 이 날을 넘겨 소상(小祥)을 행하려는데 내일 기일(忌日)에는 단지 한 잔만 올리는 예를 행하겠습니다. 이에 더욱 망극하여 감히 고합니다."라고 해야 하네.-조상식(朝上食) 때 고하는 것이 가하네.-

이생[164] 명환 의 문목에 답하다
答李生 明煥 問目

문 망처(亡妻)의 연제(練祭)를 이번 달에 행해야 하는데, 지난달에 처모상(妻母喪)을 만났습니다. 어떤 사람은 "예(禮)에 따르면 기년복 이하의 상(喪)은 빈(殯)을 한 뒤에 연제와 상제와 담제를 지내는데 게다가 다른 집에서 이미 빈을 하였으니, 제사를 지내는 데 의심할 것이 없다."라고 하고, 어떤 사람은 "어머니의 장례 전에 성대한 제수를 차려 제사를 지내는 것은 신령과 인정에 부합하지 않는다."라고 합니다. 어떤 설이 옳은지요?

답 질문한 두 설의 득실을 내가 어찌 감히 그 사이에서 절충할 수 있겠는가. 그러나 또한 그대의 정성스러운 뜻을 전적으로 저버릴 수 없네. 대개 후설(後說)은, 살아있는 사람의 심정으로 보면 온당치 못함이 그러한 듯하지만 예에는 근거할 곳이 없네. 모든 제사는 한결같이 제사를 주관하는 사람이 주인인데, 지금 그대의 복은 시마복이네. 새로운 상(喪)으로 말하면 이미 빈을 한 상태이고, 죽은 사람으로 말하면 또 장례를 지낸 뒤이니, 모두 귀신의 도로 섬기는 것을 행하지 못할 의(義)가 없네. 전설(前說)에서 인용한 것이 이미 예가(禮家)의 정론(定論)이니, 이를 따라야 할 듯하네. 그러나 다시 널리 묻고서 자세히 살펴 택하기를 바라네.

164 이생(李生) : 이명환(李明煥, 1718~1764)으로, 본관은 전주(全州), 자는 사회(士晦) 혹은 사휘(士輝), 호는 해악(海嶽)이다.

장생 학성 의 문목에 답하다

答張生 學聖 問目

문　저는 세 살 이전에 외숙모에게 수양(收養)되어 마침내 모자지간처럼 지냈습니다. 몇 년 전에 선친께서 장래의 복제(服制)에 관하여 선생을 만나 뵙고 여쭈었는데, 선생께서는 사재(思齋)의 일[165]을 인용하여 말씀하셨습니다. 또 우암(尤庵 송시열)이 남계(南溪 박세채)에게 답한 편지[166]를 살펴보니, "양부모의 복제는 고례(古禮)에는 없으니 한결같이 국전(國典)을 따라야[167] 하지만 삼년상을 입을 수 없다면 또한 부장기(不杖期)의 조문(條文)을 따라야 한다."는 말이 있었습니다. 《경국대전(經國大典)》에는 이미 "세 살 이전에 수양된 경우는 자최삼년복(齊衰三年服)을 입는다."고 되어 있고, 《상례비요(喪禮備要)》에는 "자신의 부모가 살아 있는 경우는 강복(降服)한다."고 되어 있습니다. 이 때문에 작년 외숙모의 초상에 저는 《상례비요》의 부장기 조문을 따라 복을 입었는데, 선친께서 또 선생께 이러한 뜻을 편지로 여쭈

165 사재(思齋)의 일 : 사재는 김정국(金正國, 1485~1541)의 호로, 본관은 의성(義城), 자는 국필(國弼)이다. 김정국은 10살에 아버지가 죽은 뒤로 이모부인 조유형(趙有亨)에게 양육되었다.

166 우암(尤庵)이……편지 : 한국문집총간 110집에 수록된 《송자대전(宋子大全)》 권65 〈답박화숙(答朴和叔)〉에 실려 있다.

167 국전(國典)을 따라야 : 《경국대전》에 "양부모는 자최삼년복(齊衰三年服)을 입는데, 자신의 부모가 계시면 강복(降服)하여 기년복이며, 관직을 사직하고 심상삼년(心喪三年)을 한다."고 되어 있다.

어보니 "이 일은 이미 우옹(尤翁)이 논한 바가 있으니 감히 다른 뜻을 용납하겠는가."라고 대답하셨습니다.

《의례문해속(疑禮問解續)》[168]을 살펴보니, 진천 현감(鎭川縣監) 이열(李悅)이 외숙모의 복을 입는 내용[169]이 있는데, 어떤 사람이 이것을 가지고 저의 복제를 비난하였습니다. 다만 이 진천의 편지에 이미 "세 살 이전에 수양된 것이 아니다."라고 하였고, 신재(愼齋 김집(金集))도 답하기를, "삼부팔모도(三父八母圖)[170]에 양모(養母)는 자최삼년복으

168 《의례문해속(疑禮問解續)》: 김집(金集)이 부친 김장생(金長生)이 편찬한 《의례문해(疑禮問解)》를 보완하여 만든 책으로, 《의례문해》에서 다루지 못한 문제를 보충하여 질의문답 형식으로 만든 책이다.

169 진천 현감(鎭川縣監)……내용 : 《의례문해속(疑禮問解續)》〈상례(喪禮) 성복(成服)〉에 나오는 내용이다. 진천 현감 이열(李悅)이 묻기를, "저는 어려서 어머니를 여의고 외삼촌댁에 의탁하여 모자지간으로 의지하였는데, 이번에 양모(養母)가 돌아가셨습니다. 예문에는 비록 외숙모의 복이 없지만, 어찌 차마 그 보답하기 어려운 은혜를 저버리겠습니까. 심상(心喪)이라면 제가 알아서 해야 하는데, 말이 많아 마음대로 할 수도 없습니다. 어떤 이가 말하기를, '세 살 이전에 수양된 것도 아니고 부모까지 계시는데, 어떻게 정만 내세워 3년씩 심상을 하겠는가. 심상은 1년으로 하고, 관직을 그만두어서는 안 된다.'라고 하였습니다. 만약 관직을 그만두지 않는다면 사형을 집행하는 등의 일을 수행하지 않을 수 없고, 또 수행한다면 이는 심상이 될 수 없습니다. 심상 문제는 1년을 주장하는 사람도 있고 3년을 주장하는 사람도 있어 논의가 일정하지 않으나, 관직을 그만두는 문제에 대해서는 다름이 없을 듯합니다. 좋은 길로 지도해 주시기 바랍니다."라 하자, 김집(金集)이 답하기를, "삼부팔모도(三父八母圖)에 양모는 자최삼년복으로 되어 있는데, 이는 세 살 이전에 양육해 준 경우를 말합니다. 그대의 경우는 이와 다르니 삼년복과 관직을 그만두는 여부는 논할 바가 아닙니다. 예문에 외숙모는 복이 없다고 하였고, 《대전(大典)》에는 시마복을 입는다고 되어 있으니, 내 생각에는 《대전》에 정해진 대로 시마복을 입고 복을 벗은 후에 정의가 미진한 점이 있으면 감안해서 몇 달의 심상 기간을 갖는 것이 옳을 듯합니다." 하였다.

로 되어 있는데, 이는 세 살 이전에 양육해 준 경우를 말하니, 그대의 경우는 이와 다르다."고 하였습니다. 그렇다면 제 경우는 이열(李悅)과는 매우 다릅니다. 대개 복의 강쇄(隆殺)는 단지 세 살을 전후로 기준을 삼으니, 외숙모라는 친척인 점은 같지만, 은혜와 의리상 자최복을 입어야 할지와 본래의 시마복(緦麻服)을 입어야 할지는 동일하게 생각할 수 없습니다. 어떻게 생각하시는지요?

답 우암의 설은 이미 《상례비요》와 《경국대전》에 근거하여 말한 것이네. 내가 이전 편지에서 "다른 논의를 용납할 수 없다."고 한 것은 이 때문인데, 의논하는 자들이 대부분 옳지 않게 여긴다는 것을 추후에 들었네.

대개 친족의 상에는 복(服)을 더해서는 안 되니, 이것이 바로 횡거(橫渠 장재(張載))의 정론(定論)[171]이네. 외숙모에게는 이미 본래의 복이 있는 만큼 수양된 은혜가 있더라도 감히 더해서는 안 되니, 의논하

170 삼부팔모도(三父八母圖) : 삼부와 팔모에 대한 복제(服制)의 도식(圖式)이다. 동거 계부(同居繼父)·부동거 계부(不同居繼父), 원부동거 계부(元不同居繼父)이고, 팔모는 적모(嫡母)·계모(繼母)·양모(養母)·자모(慈母)·가모(嫁母)·출모(黜母)·서모(庶母)·유모(乳母)이다.

171 횡거(橫渠)의 정론(定論) : 장재(張載)는 "한퇴지(韓退之 한유)는 어려서 고아가 되어 형수에게 양육되었다. 그러므로 형수를 위해 복을 더했다. 대개 족속(族屬)의 상에는 복을 더해서는 안 된다. 만약 형수에게 양육된 은혜가 있다 하여 복을 더한다면, 이는 형의 은혜를 지극히 박하게 대하는 것이다. 어머니가 없는데 형수에게 양육되지 않으면 어디에서 양육되겠는가. 만약 족속이 은혜가 있다고 하여 복을 더한다면, 자신에게 은혜가 없는 자는 복을 입지 않아도 되는 것인가. 옛날에 어떤 사인(士人)이 어려서 형수에게 양육되었는데, 생전에 어머니처럼 섬기고 스스로 자최복을 입었다. 어떤 이가 선왕의 예가 아니라고 하자, 마침내 복을 벗고는 오직 심상(心喪)을 치르며 다시는 과거에 응시하지 않으니, 사람들이 예에 합당하다고 하였다." 하였다.

는 자들의 말은 아마도 이 때문일 것이네.

예의 뜻이라면 이와 같지만, 당시 그대 집에서 보내온 문목(問目)에는 우암의 편지를 중하게 거론하였고, 그 편지에는 애초에 이 일을 언급하지 않았네. 그 때문에 일찍이 조금의 의심도 없이 오직 질문에 따라 대답했던 것뿐이네. 지금 그대가 보여준 책자 속에서 사계(沙溪)가 동춘(同春)에게 답한 편지[172]를 살펴보니 매우 놀랍네. 만일 이것을 마음에 돌이켜 참으로 그 잘못을 안다면 반드시 자처할 바가 있을 것이네. 그러나 복제는 본래의 복 이외에도 본디 행할 수는 있지만, 어떤 이가 전하기로, "단지 그 복을 입을 뿐만 아니라 이어서 제사까지 받든다."고 하니, 이는 예와 법에 모두 지극히 어긋나는 일이네. 친족이

172 사계(沙溪)가……편지 : 한국문집총간 107집에 수록된 《동춘당별집(同春堂別集)》 권2 〈상사계선생(上沙溪先生)〉에 나오는 내용이다. 송준길이 김장생에게 질문하기를, "어떤 선비가 아들이 없어 생질의 아들을 데려다가 양자로 삼았는데, 세 살 이전에 데려다 기른 것이 아닙니다. 그 선비가 죽은 뒤의 그 양자의 복제에 대해서는 예전(禮典)을 살펴보아도 근거할 것이 없습니다. 혹자는 '기년복을 입어야 한다.' 하고, 혹자는 '생전에 이미 양자가 되었고, 또 앞으로 제사도 받들어야 하니, 국법의 양자의 예(例)에 따라 자최삼년(齊衰三年)을 입어야 한다.' 하고, 혹자는 '기년만 입고 복을 벗고서 심상삼년(心喪三年)하는 것이 마땅하다.'라고 합니다. 이 몇몇 설은 모두 억측에서 나온 말입니다. 어떻게 하는 것이 옳습니까? 절충의 논의를 듣고 싶습니다. 비록 양육의 은혜를 입었다고는 하나 어려서부터 데려다 기른 것이 아니니, 삼년을 입는 것은 진실로 지나친 것 같습니다. 어찌 생각하시는지요? 그 신주에도 '외종조고(外從祖考)'라고 써야 하는지요?"라고 하자, 김장생이 답하기를, "《경국대전》에 '3세 이전부터 양육된 자는 그 양부모를 위해 자최삼년을 입는다.' 하였네. 그러나 지금 이 사람의 경우는 3세 이전부터 양육된 것이 아닌 만큼 삼년복을 입어서는 안 되는 것이 분명하니, 기년을 입는다는 설이 근리한 듯하네. 그러나 내가 어찌 그 사이에 절충할 수 있겠는가. 신주의 칭호는 그대 편지에서 말한 대로 '외종조고'로 쓰는 것이 마땅하네." 하였다.

아닌 사람의 제사는 귀신도 본디 흠향하지 않거니와 구구절절 얽매이는 문제가 필시 이루 다 밀힐 수 없을 정도로 많을 것인세. 여론이 불평하는 이유가 아마도 이 때문인 듯하네. 당초의 질문이 단지 복제 문제였을 뿐, 제사를 받드는 일을 언급하지 않았기 때문에 일찍 알지 못해 그 잘못을 바로잡지 못했으니, 이것이 매우 한탄스럽네.

유생 충 에게 답하다 병진년(1736, 영조12)

答柳生 忠○丙辰

전후로 정성스럽게 말해주니 그대의 뜻을 잘 알겠네. 세상의 사소한 영리(榮利)가 사람으로 하여금 그곳에 빠져 오르락내리락하게 하니, 남보다 뛰어난 식견을 가진 자가 아니면 쉽게 벗어날 수 없네. 그런데 그대는 개연히 이 학문에 뜻을 둘 수 있으니 매우 감탄스럽네.

복괘(復卦)의 뜻에 대해서는 이전에 했던 말을 기억할 수 없네만, 그대는 잊지 않고서 이처럼 존성(存省)[173] 공부를 하고 있었네. '육삼(六三)의 위태로움〔厲〕'[174]이 자주 잃기 때문이지만, 돌아오는 것은 아무리 자주해도 허물이 되지 않네. 모르겠네만, 그대의 현재 생각은 바야흐로 돌아와서 잃지 않은 상태인가? 이는 알 수 없네.

그대가 질문한 맛을 보는 방도는 본디 긴요하고 절실하네. 그러나 이른바 맛이라는 것은 말할 수도 없고 그림으로 그릴 수도 없고 단지 이 마음으로 자득(自得)하는 것이네. 음식을 가지고 말하면, 반드시 먼저 먹어도 되는지 안 뒤에 먹고, 먹을 때 또 반드시 마음을 다른데 두지 않고 충분히 씹은 뒤에야 그 맛이 절로 나오는 법이네. 그러므로 공자께서 '좋아하는 것〔好之者〕'을 '아는 것〔知之者〕' 뒤에 두셨던 것이

173 존성(存省) : 조존성찰(操存省察)로, 마음을 보존하고, 마음에서 일어나는 선악의 기미를 살피는 것이다.

174 육삼(六三)의 위태로움 : 《주역》〈복괘(復卦) 육삼(六三)〉에 "돌아오기를 자주 함이니, 위태로우나 허물이 없다.〔頻復, 厲, 无咎.〕" 하였다.

니,[175] 좋아하는 것이 바로 맛을 본다는 말이네. 그대가 알지 못하는 것을 걱정하지 않고 좋아하지 못하는 것을 걱정하는 것은 또한 너무 갑작스럽지 않은가. 만일 참으로 안다면 깊이 맛보지 못할까 걱정할 것이 없네. 안자(顔子)의 '그만두고자 해도 그렇게 할 수 없다.〔欲罷不能〕'는 것이 바로 지극하게 맛본 것인데, 자득처(自得處)는 반드시 또한 치지(致知)와 극기(克己) 두 가지에서 벗어나지 않았네.[176]

대체로 학문의 요체는 뜻을 세움이 우선이니, 뜻을 세우면 또 반드시 위기지학(爲己之學)과 무실역행(務實力行)을 위주로 해야 하네. 그러나 뜻을 세워야 하고 두 가지를 위주로 삼아야 하는 것은 또한 반드시 안 뒤에야 행할 수 있으니, 이것이 격물치지(格物致知)가 《대학》의 제일의(第一義)가 되는 이유이네. 어떻게 생각하시는가? 호의를 끝내 저버릴 수 없어 이렇게 간략하게 답하니, 부디 스스로 힘쓰시길 바라네.

175 공자께서……것이니 : 《논어》 〈옹야(雍也)〉에 "도를 아는 것은 도를 좋아하는 것만은 못하고, 도를 좋아하는 것은 도를 즐기는 것만은 못하다.〔知之者, 不如好之者; 好之者, 不如樂之者.〕" 하였다.

176 안자(顔子)의……않았네 : 《논어》 〈자한(子罕)〉에 "부자께서 차근차근 사람을 잘 이끄시어 문(文)으로써 나의 지식을 넓혀주시고 예(禮)로써 나의 행동을 요약하게 해 주셨다. 공부를 그만두고자 해도 그만둘 수 없어 이미 나의 재주를 다하니, 부자의 도가 내 앞에 우뚝 서 있는 듯하였다. 그리하여 그를 따르고자 하나 어디로부터 시작해야 할지 모르겠다.〔夫子循循然善誘人, 博我以文, 約我以禮, 欲罷不能, 旣竭吾才, 如有所立卓爾, 雖欲從之, 末由也已.〕" 하였는데, 후씨(侯氏)의 주석에 "문으로써 나의 지식을 넓혀 주었다는 것은 치지와 격물의 일이고, 예로써 나의 행동을 요약하게 해주었다는 것은 극기복례이다.〔博我以文, 致知格物也. 約我以禮, 克己復禮也.〕" 하였다.

지은이 **이재(李縡)**

본관은 우봉(牛峰), 자는 희경(熙卿), 호는 도암(陶菴), 한천(寒泉)이다. 부친은 이만창(李晩昌), 모친은 민유중(閔維重)의 딸로 인현왕후(仁顯王后)의 동생이다. 1680년(숙종6) 9월 28일 한양 훈도방(薰陶坊) 주자동(鑄字洞) 외가에서 태어났다. 5세에 부친상을 당하여 중부(仲父) 이만성(李晩成)의 훈도를 받았다. 1702년(숙종28) 문과에 급제하여 예문관 검열, 이조 정랑, 함경북도 병마평사, 수원 부사, 대사성, 예조 참판을 역임하였다. 1722년(경종2) 중부가 신임옥사에 연루되어 옥사하자 인제(麟蹄)에 은거하였다. 영조 즉위 후 대제학, 이조 참판에 임명되었으나 모두 사직하고, 1728년(영조4) 모친상을 계기로 용인에 한천정사(寒泉精舍)를 짓고 강학에 몰두하였다. 이후 대사헌, 공조 판서, 좌참찬에 임명되었으나 모두 사직하였다. 1746년(영조22) 10월 28일 광주(廣州)에서 세상을 떠났다. 문집 《도암집(陶菴集)》과 함께 《사례편람(四禮便覽)》, 《서사윤송(書社輪誦)》, 《삼관기(三官記)》, 《주형(宙衡)》, 《검신록(檢身錄)》, 《사서강설(四書講說)》 등 많은 저술을 남겼다. 시호는 문정(文正)이다.

옮긴이

최예심(崔禮心)

1967년 충북 제천 출생. 민족문화추진회 국역연수원 연수부 및 상임연구부를 졸업하였다. 민족문화추진회를 거쳐 단국대학교 동양학연구원 선임연구원으로 재직 중이다. 《승정원일기》(공역), 《월정집》(공역), 《용주유고》(공역), 《어우집》(공역) 등을 번역하였다.

장유승(張裕昇)

1976년 서울 출생. 성균관대학교 한문학과를 졸업하고, 한국학중앙연구원 한국학대학원을 거쳐 서울대학교 국어국문학과에서 〈조선후기 서북지역 문인 연구〉로 박사학위를 받았다. 한국고전번역원 고전번역교육원 전문과정을 마치고 한국고전번역원 번역위원을 거쳐 현재 단국대학교 동양학연구원 책임연구원으로 재직 중이다. 《정조어찰첩》(공역), 《영조 승정원일기》(공역), 《동국세시기》, 《현고기》, 《한국산문선》(공역) 등을 번역하였다.

권진옥(權津鈺)

1979년 경북 영천 출생. 고려대학교 한문학과를 졸업하고, 동 대학교 국어국문학과에서 〈택당 이식의 변문·고문 연찬과 산문 창작의 실제〉로 석사학위를 받고 〈귤산 이유원이 하문 성향과 유서·필기 편찬에 관한 연구〉로 박사학위를 받았다. 고려대학교 민족문화연구원 연구원을 거쳐 현재 단국대학교 동양학연구원 선임연구원으로 재직 중이다. 《낙전당집》(공역), 《어우집》(공역), 《한비자집해》(공역), 《오천집》 등을 번역하였다.

이승용(李承容)

1981년 경북 의성 출생. 영남대학교 한문교육과를 졸업하고, 성균관대학교 한문학과에서 《조선후기 강화학파 한시연구》로 박사학위를 받았다. 한국고전번역원 고전번역교육원 연수과정과 전문과정을 마치고 단국대학교 동양학연구원 선임연구원으로 재직 중이다. 《완구유집》, 《정관정요》(공역), 《낙전당집》(공역), 《완역정본 택리지》(공역) 등을 번역하였다.

권역별거점연구소협동번역사업 연구진

연구책임자　**김문식**(단국대학교 사학과)
공동연구원　**윤재환**(단국대학교 국어국문학과)
　　　　　　김우정(단국대학교 한문교육과)
책임연구원　**허호구**(단국대학교 동양학연구원)
　　　　　　장유승(단국대학교 동양학연구원)
　　　　　　최예심(단국대학교 동양학연구원)
선임연구원　**권진옥**(단국대학교 동양학연구원)
　　　　　　이승용(단국대학교 동양학연구원)
연구보조원　**신윤수**(단국대학교 동양학연구원)

도암집 4

이재 지음 | 최예심·장유승·권진옥·이승용 옮김
2019년 12월 31일 초판 1쇄 발행
편집·발행 학자원
등록 2011.4.6 제2011-14호
주소 (05355) 서울시 강동구 천호대로 1121
전화 02-6403-1000 | 팩스 02-6338-1001 | 이메일 hakjaone@daum.net

값 40,000원
ISBN　979-11-6247-141-8　94810
　　　979-11-6247-088-6 (세트)